Ludwig van Beethoven

〔美〕约翰·克拉布 / 著　　胡韵迪 / 译

John Clubbe

The Relentless Revolutionary

BEETHOVEN

终生的革命者

贝多芬

社会科学文献出版社
SOCIAL SCIENCES ACADEMIC PRESS (CHINA)

他用音乐征服"最遥远的精神领域"，

伸张正义，实现启蒙，

带领人类走向一个更美好的未来。

目 录

序　言

> 对我们来说，贝多芬就是法国大革命。
>
> ——休·奥塔韦（Hugh Ottaway）[1]

　　贝多芬为音乐世界带来了彻底的变革。他继承了当时的音乐传统，同时开辟了新的发展道路。最为关键的是，他也是一位政治上的革命者，以自己独特的方式继承了法国大革命的衣钵。本书旨在将贝多芬置于法国大革命结束后的时代背景下进行分析。贝多芬就生活在这个时代，并在这个时代创作出了令人惊叹和倍感震撼的作品。本书也将贝多芬与当时的一些文学家和艺术家进行了对比。这样的对比为我们提供了一种新的视角，帮助我们了解贝多芬英勇奋斗的历程、在绝望中的挣扎以及希望通过音乐改变当时以及未来世界的雄心壮志。

　　因此，贝多芬的音乐既反映了他所处时代的动荡，也反映了他内心的动荡。在成长过程中，他对自己的信仰越发坚定。贝多芬音乐中的革命性本身就是他对自己所处的大革命时代的一种回应，通过探讨这种革命性的起源，我们得以窥探到贝多芬创作才华的核心。对于渴望实现政治和社会变革的听众来说——无论是过去还是当今的听众——贝多芬的音乐都是并将永远是激励他们前进的声音。我认为，将贝多芬置于时代背景下有助于我们对贝多芬及其作品进行更客观的评价。本书章节虽然大致按时间顺序排列，但它们可以被视为对相互关联的思想和主题进行的系列研究。以这种方式撰写传记，对贝多芬的生平进行解读，我得以从学者常常忽略的角度探讨贝多芬的才华。

　　我们可能永远都无法参透贝多芬非凡创造力的奥秘，但人们仍在乐此不疲地尝试着。我们也无法完全确定法国大革命对贝多芬的政治观念和他的艺术作品产生的影响。但毫无疑问的是，这场革命对贝多芬的激励作用远比人们认识到的要大得多。在 18 世纪 90 年代，贝多芬虽身在远方，但他通过创作音乐作品参与了 1789 年在法国爆发并很快就蔓延到了欧洲其他国家的这场革命。法国大革命对贝多芬的思想和音乐创作产生了终生的影响。它为人类开辟了一条新的道路。1792 年，贝多芬从波恩移居到音乐之都维也纳——欧洲最大的专制主义国家的首都。在这里，他虽然偶尔也会发表一些政治观点，但通常对政治问题缄口不言。尽管如此，贝多芬通过他革命性的音乐作品成了德语世界中的革命领袖。

将贝多芬视为革命者这一主张是否过于激进了呢？当我们将过去的音乐家置于他们所处的时代背景下时，难道巴赫就不是一位革命者吗？格鲁克、海顿、莫扎特不是革命者吗？继贝多芬之后，瓦格纳、马勒、勋伯格、艾夫斯（Ives）和凯奇（Cage）难道不是革命者吗？难道音乐之外其他领域的创作天才不是革命者吗？杰斐逊、华兹华斯、拜伦、戈雅、乔伊斯、塞尚、玛丽·居里、密斯·凡德罗（Mies van der Rohe）、爱因斯坦等人不也是革命者吗？他们不是也改变了当时及后世的人看待世界的方式吗？因此，我们似乎有必要讨论法国大革命对贝多芬的创作才华产生的深远影响，首先我们会讨论贝多芬在波恩时受到的影响，之后讨论他在维也纳受到的影响。

不论是早期为约瑟夫二世和利奥波德二世创作的康塔塔，还是晚期作品《第九交响曲》，贝多芬的作品总是洋溢着革命热情。他在整个职业生涯中创作的惊世作品——包括《英雄交响曲》、《菲岱里奥》①、第四和第五钢琴协奏曲、为歌德戏剧《埃格蒙特》谱写的乐曲——都体现了他的革命立场。贝多芬

---

① 亦译《费德里奥》。——译者注（本书脚注均为译者注，后文不再标注）

希望通过这些作品的结构、音响、节奏、和声规则的使用以及将它们视为统一整体的创作理念呈现出一个全新的世界。在这些惊世作品的创作过程中，贝多芬深知，在他生活的维也纳，政府对革命思想充满了敌意。尽管如此，他使维也纳的音乐爱好者感受到了欣赏音乐的新方式，并毫不犹豫地向现状发出了挑战。新出现的政治思潮让贝多芬产生了建立理想共和国及改善社会关系的愿望。

在 1779 年至 1828 年的近半个世纪里，西方音乐出现了一个高潮。这一阶段始于莫扎特和海顿的成熟，以 1827 年贝多芬的逝世和 1828 年舒伯特的逝世告终。贝多芬也生活在欧洲历史上的一个重要时期，这一时期以法国大革命推动的重大社会和文化变革为标志。从一开始，作曲家就对身边出现的新思潮做出了积极的回应。不可否认的是，他脑海中的丰富想法有时会催生出令人不安的音乐。一个世纪后，这种音乐的力量让列宁感到恐惧。在过去的 200 年里，从政治层面来说，贝多芬的才华为他带来的赞美远远多过批评。为了在时代背景下讨论贝多芬的生平和作品，我将许多同时期的杰出人物与贝多芬进行对比，包括歌德、席勒、黑格尔、费希特、夏多布里昂、拜伦、戈雅、克莱斯特等，这些人的成就有助于我们理解贝多芬的成就。当法国诺贝尔奖获得者、贝多芬传记作者罗曼·罗兰被问及为何在诸多作曲家中选择为贝多芬立传时，罗曼·罗兰回答说，对贝多芬研究越多，就越感到"他让我捉摸不透"。[2] xiv
如今这位作曲家依然让很多人感到捉摸不透，这体现出了贝多芬的伟大中带有一种复杂性。

* * *

贝多芬对拿破仑·波拿巴这位同样难以捉摸的人物进行的

思考不比他对大革命的思考少。但对于这位天才的事业和功绩为贝多芬带来的影响，学者讨论甚少。比贝多芬早一年出生的拿破仑是我们了解贝多芬生平的一把钥匙。虽然类型不同，但两人都是天才。两人都让人看到了一种不同以往的伟大。当受到激励时，拿破仑和贝多芬会以强劲的势头推进他们的战斗和音乐。1796年，波拿巴将军在意大利打了一系列精彩的胜仗，以一种极富戏剧性的方式登上了欧洲舞台。他的早期功绩使得贝多芬将他视为榜样，贝多芬希望自己的音乐事业能与拿破仑的战役一样成功。后来，他的音乐成就也确实可以和拿破仑在军事、战略和政治上的成就媲美。

拿破仑也决定了贝多芬此后的职业发展。贝多芬受到拿破仑影响而作的音乐不只出现在他职业生涯中的某些阶段，而是持续了数十年。贝多芬将拿破仑视为法国大革命的继承者和化身，甚至是未来更伟大的人物和革命运动的领导者。作为推动共和社会发展的新时代的普罗米修斯，拿破仑象征古罗马的自由理想，这个理想一直激励着人们摆脱专制主义的桎梏。在拿破仑身上，贝多芬看到了欧洲实现自由的希望。后来，随着奥地利政治压迫的加剧以及拿破仑倒台后欧洲各国再次陷入分崩离析的局面，贝多芬也不得不将他的梦想束之高阁。

* * *

本书并不是对贝多芬生平和所处时代的全面研究，这样的研究已不在少数。本书旨在以贝多芬成年后（1790~1827）发生的政治事件以及当时的思潮和运动为背景对贝多芬进行解读。贝多芬，这位被解放的普罗米修斯，他的音乐不仅为当时的人们而写，也为后世的我们而写。我没有对贝多芬数量众多的作品进行解读，而是主要讨论一些能够体现贝多芬革命思想的作品，重点关注这些作品的历史背景、表达方式、音乐风格和意义内涵。虽然我也很尊重音乐学家的研究方法，但我主要从文化史的角度对贝多芬进行分析。尽管我希望本书能受到音乐专业学生的关注，但我主要基于当时的社会和政治环境对贝多芬进行解读，我想本书的论点更能够引起贝多芬音乐爱好者的兴趣。

与诗人威廉·华兹华斯和哲学家黑格尔一样，贝多芬出生于1770年，比探险家、博物学家亚历山大·冯·洪堡和拿破仑小一岁。从很早的时候起，贝多芬就对来自法国的新思潮表现出了浓厚的兴趣。对于一个在法国大革命爆发时还未满19岁的人来说，这场革命让他和同龄人看到了一个更广阔的欧洲，他们目睹了法国君主制的垮台，虽然这一局面只出现在了法国。

本书的论点，即贝多芬是一位"革命者"，并不是我本人的原创。它是几乎与贝多芬同龄的奥地利皇帝弗朗茨一世对贝多芬及其音乐的评价，这个词几乎成了对贝多芬最准确的定义。弗朗茨一世的话原本并不是一句赞美，而是对贝多芬及其作品最强烈的谴责。弗朗茨一世对贝多芬的音乐会避之不及，因此他从未见过贝多芬，对他的音乐也知之甚少。但弗朗茨一世准确地感觉到，这个人和他的音乐都充满了革命热情。理查德·瓦格纳（Richard Wagner）也曾将贝多芬称为革命者。瓦格纳本人也是一位革命者，他曾在1848年参加德累斯顿的起义活动。但是，弗朗茨一世的话是对贝多芬的贬低，而瓦格纳的话是对贝多芬的高度赞扬。"进步与自由"成了贝多芬的座右铭。但是哈布斯堡王朝既不想实现进步，也不想赋予人们自由权。他们追求"进步与自由"的反面，即停滞不前和专制镇压。我们不应忘记，专制主义国家的生活和其他地方的生活是不同的。

我从很久以前就深刻意识到了这一点，当时我去了两个这样的专制国家。我曾在 1961 年到访苏联，在列宁格勒（即今天的圣彼得堡）和莫斯科的酒店里，每层楼的服务台都有一个人记录我的进出情况。五年后，为了前往魏玛进行一些研究，我开着一辆小巧的奥斯汀·库柏（Austin Cooper）穿过当时的东德，沿着坑坑洼洼的道路从柏林的查理检查站（Checkpoint Charlie）一路行驶到捷克边境。在这次略显紧张的旅途中，我被检查证件的警察拦住了不下三十次。我在两个国家都只停留了数周，而成年后的贝多芬却几乎一直居住在这样的国家里。在极权体制下，施加或加强暴政统治比赋予人民自由权利更容易实现，原因很简单，暴政的力量通常比自由的力量更容易控制。虽然贝多芬移居到维也纳后很快就意识到了这一点，但他并没有因此放弃对自由的倡导，无论他身在哪里，他都用可能的方式宣扬着自由思想。我的经历也让我深刻意识到政治制度对各类著作的基本观点起到了决定性作用。在柏林墙倒塌前的 40 多年间，东德和西德学者对贝多芬的研究在社会和政治立场方面往往大相径庭。西德的学者更关注贝多芬的作品而非他的生平与时代背景，而东德的学者则常常从社会主义或马克思主义的视角对贝多芬进行解读。也许他们别无其他选择。

　　也许有人会说，贝多芬的音乐比他的生平更具有讨论意义。我并不反对这个观点，但如此震撼人心的音乐是由一个活生生的人——一个需要不断应对专业、个人、社会和政治等方面的复杂问题的人——创作出来的。我认为，理解这样一个人不比理解此人的音乐更简单。贝多芬虽然不认为人类或人类社会是完美无缺的，但他身上有着强烈的乌托邦气质。他相信最终的乌托邦存在于人的思想或精神之中。贝多芬的内心世界一定是非同寻常的。那里充满了神秘的谜团，需要我们不断进行探索。为此，我详细探讨了贝多芬的三幅肖像画，这些画像可以让我们了解到作曲家不同时期的思想状态。我也介绍了在贝多芬的研究中很少被提及但对作曲家产生了深远影响的几个人物，其中有罗马英雄、罗马共和国的建立者卢修斯·尤尼乌斯·布鲁图（Lucius Junius Brutus），也有与贝多芬几乎处于同一时期的萨克森作家约翰·戈特弗里德·索伊默（Johann Gottfried Seume），通过索伊默，我们得以了解贝多芬对那个革命时代的看法。将贝多芬置于他所处的欧洲大环境下进行解读，让我十分享受《贝多芬：终生的革命者》这本书的撰写过程。我希望读者也能在阅读本书的过程中体会到个中乐趣。

在本书中，我将贝多芬解读为一位革命者，不仅是因为他的音乐作品具有革命性，更重要的是，他的社会观念和政治观念也具有革命性。我将贝多芬置于欧洲的大环境之下，主要关注当时的社会与政治问题，以及贝多芬可能读到、看到或听到（在失聪之前）的东西。为着重探讨他的一些关键作品，我不得不略去一些对贝多芬个人生活和作品的叙述与分析。本书中探讨的关键作品包括贝多芬早期创作的《约瑟夫二世之死康塔塔》和《利奥波德二世登基康塔塔》，歌曲《自由人》（Der freie Mann），基于亨德尔的《英雄凯旋歌》创作的变奏曲，"英雄"交响曲和《菲岱里奥》，《第五交响曲》和《第五钢琴协奏曲》，为《埃格蒙特》创作的乐曲，为维也纳会议（1814~1815）创作的公演作品，以及晚期作品《庄严弥撒曲》和《第九交响曲》。与当时其他作曲家相比，贝多芬的音乐更能反映出法国大革命、拿破仑的崛起以及拿破仑为欧洲带来的精神上和实质上的全新且深刻的变革。

＊　＊　＊

二战之后，关于贝多芬的大部分英语传记和一小部分用其他语言撰写的传记都是由音乐学家写给其他音乐学家看的。美国当今的贝多芬研究基本为大学里的专业学者所垄断，外行人很难涉足。然而，在喜爱贝多芬并希望对贝多芬其人其乐有所了解的人当中，音乐学家只占了一小部分。从19世纪中叶开始，非专业人士和专业学者都对了解贝多芬的才华和生活轨迹表现出了浓厚的兴趣。从这方面来说，早期一些以普通读者为受众的著作比后来的一些著作可读性更强。

贝多芬的音乐不断吸引着人们。难道我们不应该以通俗易懂的方式帮助感兴趣的人去理解这些作品吗？虽然我希望本书能够得到音乐界专业人士的关注，但在表达观点时我也考虑到了非专业领域的读者。因此，本书为喜爱贝多芬音乐的读者提供了一种解读贝多芬作品的方式，即从作曲家所处的时代背景入手，并思考这些作品与它们所处时代的联系以及对于推动社会进步的意义。

本书假定潜在读者对贝多芬的生活、他成年后的生活环境以及他的音乐有一定兴趣。我希望读者对贝多芬的音乐抱有一定的好奇心，能够主动思考这些作品吸引他们的原因以及音乐的内涵。即使对于不太喜欢的作品，我希望他们也可以进行这样的思考。读到这里你一定已经意识到我不是一名音乐学家。我的主修领域为历史和文学，同时也涉猎艺术和欧洲语言，因此我将自己视为一名文化史学者。从文化史的角度探讨贝多芬生活的时代——尤其以启蒙运动及法国大革命时期的历史、文学和艺术为切入点——我不断为作曲家展现出的活力及渊博的才华而惊叹。在贝多芬的一生中，欧洲发生了一系列惊天动地的政治和社会变革。在本书中，我将探讨贝多芬对这些关键事件的看法以及他的社会和政治观点，并紧密结合时代给他带来的影响对他的作品进行解读。

1

贝多芬在波恩

我能够知道什么？我应该做什么？我可以期望什么？

——伊曼努尔·康德

早年经历

除母亲以外，对于小贝多芬来说最重要的人是他的祖父。祖父是佛兰德人，贝多芬就是以他的名字命名的。至少在贝多芬的记忆里，他从小就受到祖父的照顾，祖父是他最亲密的伙伴和保护者。路德维希刚满三岁时，老贝多芬就去世了，这件事对他产生了深刻的影响。贝多芬移居到维也纳许多年后，曾让波恩的朋友弗朗茨·韦格勒（Franz Wegeler）将祖父的肖像寄给他，这幅肖像很可能是利奥波德·拉杜（Leopold Radoux）在 1770 年绘制的。[1] 它对于贝多芬来说有着重要意义，一直被贝多芬珍藏，直到他去世。贝多芬名字中的"凡"（van）是弗拉芒语，和德语中的"冯"（von）不同，它并不是贵族身份的象征（后来贝多芬到了维也纳才遗憾地意识到了这一点），只是一个简单的介词，表示一个人来自哪里。贝多芬的祖父出生于梅赫伦（Malines），位于现在的比利时，当时是奥属尼德兰的一部分，隶属于广袤且组织松散的哈布斯堡王朝。1740 年，具有音乐天赋的老路德维希来到莱茵河畔的波恩小城，加入了科隆选帝侯马克西米利安·腓特烈（Maximillian Friedrich）活跃的宫廷乐队，选帝侯的宫殿就位于波恩附近。最终他当上了宫廷乐队的乐长。老路德维希结婚之后，在定居波恩三年后生了一个儿子，起名约翰。1767 年，约翰与玛丽亚·玛格达莱娜·克费里希（Maria Magdalena Keverich）

结了婚，这个姑娘来自莱茵河上游的村庄埃伦布赖特施泰因（Ehrenbreitstein）。1769 年，两人生下了儿子路德维希·马里亚，但这个孩子出生不久后便夭折了。第二个儿子也叫路德维希·马里亚，可能出生于 1770 年 12 月 16 日。没有记录显示这个孩子的出生日期，但新生儿一般会在出生后的第二天接受洗礼。贝多芬的父母以及晚年的贝多芬本人有时会把自己的出生年份与哥哥的出生年份弄混。后来夫妻俩又生了五个孩子，但只有两个男孩，即卡什帕·卡尔（Kaspar Karl）和尼古劳斯·约翰（Nikolaus Johann）活到了成年。

当时的德意志①不是一个国家，而是一个语言区域。这里有诸多邦国和各种各样的政治制度，与阿尔卑斯山另一边的意大利不同的是，这里甚至还有不同的宗教教派。波恩城内大约有一万名居民，大多信仰天主教。虽然城市规模不大，但波恩是一个生机勃勃、思想进步、文化繁荣的多元化中心。波恩位于莱茵河中游，汇聚了来自欧洲四面八方的新思想，这里有着繁荣的佛兰德人社区，也有不少意大利居民。贝多芬这样的家庭通常被称为"尼德兰人"（Niederlander）。显然当时一些人把贝多芬的祖父看作荷兰人。与那个时代的大多数人一样，贝多芬不会想到，几年后，他青少年时期所熟悉的旧秩序将被彻底颠覆。

波恩所处的地方风景如画，文化底蕴深厚，经济相当活跃。当时这里有着全欧洲最美的河畔风景（今天也依然如此）。作为一条交通要道，莱茵河将沿岸城市联系在了一起，这种联系比德意志其他地区城市间的联系更加紧密。天气晴朗时，可以看到波恩以南莱茵河对岸的七峰山（Siebengerbirge），

---

① 由于当时的德国并不统一，德意志境内存在几百个邦国，包括奥地利、普鲁士等，因此本书中将 Germany 译为"德意志"，将德意志统一之后的创作者称为"德国作曲家 / 作家 / 学者"。

这个风景如画的地方坐落着几座破败的城堡，当地流传着很多关于这些城堡的故事和中世纪的民间传说。再往南，在莱茵河与摩泽尔河（Moselle）的交汇处，坐落着科布伦茨（Coblenz），1789年法国大革命之后这里成了流亡贵族的主要聚集地。莱茵河下游不远处就是科隆，它曾经是神圣罗马帝国的最东点，也是德意志最古老的城市之一，中世纪时期是德意志最大的城市。科隆是莱茵河上最大的转运港，运往荷兰及佛兰德的货物在这里由水路转为陆路运输。

在贝多芬生活的时代，波恩四面城墙环绕，城中居民的生活范围只有几条街道。步行横穿小城只需不到15分钟。贝多芬出生在波恩巷（Bonngasse）的一栋房子里（现在这里成了贝多芬博物馆），但在莱茵巷（Rheingasse）一栋背靠莱茵河的房子里长大，这条巷子现在已经不复存在了。如今的河道大部分已被加宽取直，河水川流不息，但在当时莱茵河只是一条细流潺潺的蜿蜒小河。贝多芬看着家门前莱茵巷的热闹景象长大，邻居们一边刷洗着门前的卵石路，一边在驶过的马匹和马车的喧嚣声中聊着天。

奥地利的广阔疆域内有七位选帝侯，在这七位有权选举皇帝的人中，有四位是教会选帝侯。由于位高权重，这些选帝侯在他们的领土上有着绝对的世俗方面的控制权。他们实际上是王公贵族，也过着王公贵族般的生活。在德意志的土地上，有不少法国君主的效仿者，有些贵族兴建的宫殿几乎和凡尔赛宫一样奢华。

在文化和政治方面，科隆对波恩的影响远不及遥远的哈布斯堡王朝首都维也纳对波恩的影响。选帝侯乐团虽规模相对较小，但在组织架构上却可以和维也纳的宫廷乐队媲美。乐团演出的曲目包括天主教堂音乐、当时流行的歌剧（包括莫扎特的作品）以及各式各样的器乐曲。最流行的乐器从羽管键琴变成钢琴，交响乐也逐渐成为最重要的音乐体裁。作为一名初出茅庐的作曲家，年轻的贝多芬在波恩创作了几首变奏曲以及两部交响曲的部分初稿。

18 世纪 80 年代初，波恩生活着一群白手起家的人，从事各行各业的工作。亚当·魏斯豪普特（Adam Weishaupt）在巴伐利亚创立的光明会（Order of the Illuminati）迅速发展到了莱茵兰，吸引了不少希望推动君主和教堂实施启蒙思想的人。怀有类似理想的人在波恩成立了共济光明会（Masonic Illuminati）的分会——波恩光明会。当时约翰·海因里希·福斯（Johann Heinrich Voss）首次将荷马史诗翻译成了德语，这些作品对青年贝多芬产生了深远影响。《奥德赛》于 1781 年出版，《伊利亚特》也在十几年后出版。事实证明，这两部史诗，尤其是《奥德赛》，在贝多芬后来的音乐生涯中发挥了至关重要的作用。

可以想见，当时的执政者常常对共济会持担忧和怀疑态度。光明会波恩分会因被指控策划颠覆性政治活动，于 1785 年宣布解散。1787 年，文学之友协会，亦称读书会（Lesegesellschaft），实际上取代了光明会。该协会致力于推广启蒙思想及相关文学作品。协会成员经常在市场附近的小酒馆策尔花园（Zehrgarten）里集会，在庭院里喝酒、吃饭、聊天。小酒馆由科赫（Koch）一家经营，波恩五家书店中的一家就在这里，店主是弗劳·科赫（Frau Koch），书店出售最新版的新老经典读物，包括柏拉图、普鲁塔克、卢梭和孟德斯鸠的著作。夫妇俩有三个漂亮的女儿，其中最活泼可爱的芭贝特（Babette）最受贝多芬的青睐。在这几十年里，作为自由思想的集结地，策尔花园为波恩的文化生活带来了生机。[2]这里的社交和音乐活动，以及在这里建立起的友谊，都让贝多芬在遥远的维也纳回顾少年岁月时充满了深情。

导师

贝多芬的父亲约翰是宫廷乐队的男高音，他很早就发现了儿子的音乐天赋。他知道利奥波德·莫扎特（Leopold Mozart）成功地把天赋过人的儿子沃尔夫冈（Wolfgang）培养了起来，因此也想把路德维希塑造成一个神童。他是路德维希的第一位老师，也是最差劲的一位。他的教学方法平平无奇，训练方法十分严苛，并且由于长期酗酒，他的行为举止也让人难以忍受。他经常打骂儿子。约翰最终意识到儿子需要接受更好的指导，之后他给小贝多芬找了几位老师，而这些老师也对贝多芬产生了不同的影响。1779年，克里斯蒂安·戈特洛布·涅夫（Christian Gottlob Neefe）受波恩国家剧院的邀请，来到波恩担任剧院的音乐总监。涅夫是一位多才多艺的音乐家，偶尔也创作一些乐曲，尤其是艺术歌曲（lieder），后来他成了宫廷管风琴师及乐长。他是波恩主要的公知人物，也是一位编辑和诗人，他的诗作深受克里斯蒂安·富尔希特戈特·格勒特（Christian Fürchtegott Gellert）和弗里德里希·戈特利布·克洛卜施托克［（Friedrich Gottlob Klopstock），涅夫为他的《颂歌》谱过曲］的影响，他还是波恩读书会里的"杰出人物"，但最重要的是，他是一位音乐哲学家。他认为所有音乐作品都应以哲学为基础。想成为作曲家的学生必须研读哲学著作，这甚至比学习专业音乐知识还重要。实际上，对于涅夫来说，音乐"是心灵的语言"。[3] 1781年，颇具才华的涅夫成了贝多芬的老师，这对于10岁的贝多芬来说是件幸事。

虽然涅夫本人的作曲水平一般，但他很快意识到了贝多芬的天赋，对贝多芬照顾有加。作为一个有着远大理想的人，他是杰出的榜样。在这样优秀的人的指导下，贝多芬的音乐学习有了显著进步。作为一个曾在萨克森生活的路德宗信徒，涅夫让小贝多芬学习了约翰·塞巴斯蒂安·巴赫（Johann Sebastian Bach）的《平均律钢琴曲集》（*Well-Tempered Clavier*）。涅夫也喜欢卡尔·菲利普·埃马努埃尔·巴赫（Carl Philipp Emanuel Bach）的作品，当时这位巴赫的名气远远超过了他的父亲。因此，贝多芬自小就学习了至少两位巴赫的键盘作品。

1783 年，涅夫成为宫廷管风琴师之后，贝多芬担任他的助手。他曾在方济住院会教堂（Minoriten Church）演奏。贝多芬后来只写了三部管风琴曲，但在青少年时期演奏如此宏大的乐器一定让他获得了一种力量感。贝多芬很早就形成了自己的音乐风格。虽然他也曾经向宫廷乐队中的其他资深乐手学习，但涅夫一直是他最主要的老师，而且涅夫也认为，如果他的这位天才学生能够持之以恒地努力学习，一定能有所成就。得益于这些经历，小贝多芬应该很早就知道自己长大后可能会成为音乐家。他的一些早期作品，如《德莱斯勒变奏曲》和未完成的钢琴协奏曲（未编号作品 WoO 63 和 64）都体现出了他的巨大潜力。

马克斯·弗朗茨（Max Franz）

如果没有 1784 年上任的科隆大主教兼选帝侯马克西米利安·弗朗茨（Maximilian Franz）的帮助，贝多芬很难取得这些早期的成就。成为选帝侯之前，马克斯·弗朗茨曾担任前任选帝侯马克西米利安·腓特烈的副官。腓特烈是一位喜欢寻欢作乐的亲王，在漫长的任期（1761~1784）内，他经常沉迷于女色。马克斯·弗朗茨是玛丽亚·特蕾莎女王（Empress Maria Theresa）最小的儿子，也是当时哈布斯堡王朝皇帝瑟夫二世最小的弟弟。马克斯·弗朗茨十分支持约瑟夫颁布并实施的自由主义措施。他将科隆选侯国变成了一个真正开明的国家。马克斯·弗朗茨是一个友善且正派的人，做了不少努力以改善当地的经济状况与管理制度。[4] 他说："我没有侄子或家人要帮助，也没有情人或私生子要养。"他总穿着一件破旧的灰色大衣走在波恩的大街上，与城里的居民亲切自然地交谈，身边没有任何护卫。在一封私人信件中，他说："我将保护弱者和受压迫者视为我的终身事业。我仅以为他们谋求正义为宗旨，不以为自己谋利为宗旨。"有趣的是，贝多芬后来也说过类似的话。马克斯·弗朗茨同样重视教育和艺术，他继续推动已经在波恩形成的自由思想的传统。[5] 对基础教育和教师培训进行了彻底改革之后，他开始推进对帝国和诸侯联盟①的改革。[6] 1786 年他建立的一所大学迅速成为自由思想的堡垒，与保守的科隆形成了鲜明对比。和之前的普鲁士国王腓特烈大帝一样，马克斯·弗朗茨相信一国之主的责任是尽可能地优化国家的管理制度。[7] 简而言之，他希望把波恩建成一个微型雅典。

正如奥地利著名历史学家弗里德里希·希尔（Friedrich Heer）所说，马克斯·弗朗茨是在神圣罗马帝国末期还坚挺着的德意志王侯的代表。这些领导者在改革和启蒙思想方面做了不少卓有成效的努力："他们兴建学校和大学，建立医学和科学实验室，推动工业、农业和手工业的发展。"[8] 作为欧洲启蒙运动末期世俗和宗教领域颇具影响力的人物，马克斯·弗朗茨就任选帝侯时年仅 28 岁，而此时贝多芬还不到 14 岁。这位天赋过人的少年将弗朗茨看作一位开明的领袖。而在一些重要方面，这位选帝侯也对少年贝多芬产生了决定性的影响。贝多芬从马克斯·弗朗茨身上学到了谦逊和慷慨，以及他对臣民福祉的关切。

18 世纪德意志的许多统治者和欧洲其他地区的统治者一

---

① 德意志诸侯联盟是由普鲁士国王腓特烈二世领导的 1785 年成立的神圣罗马帝国中主要由新教诸侯组成的联盟。

样，长期以来将法国的太阳王（Roi Soleil）路易十四当作君主的榜样，效仿他的穿衣打扮和生活方式。[9]除波恩的宏伟宫殿外，马克斯·弗朗茨在南边不远处的波珀尔（Poppels）有一座规模小一些的夏宫，另外在巴特戈德斯贝格（Bad Godesberg）有一座名为勒杜特（Le Redouten）[①]的宫殿，后者是马克斯·弗朗茨的温泉疗养院，如今这里成了一个高端俱乐部。马克斯·腓特烈的前任选帝侯克莱门斯·奥古斯特（Clemens August）曾在位于波恩西北的布吕尔（Bruhl）建造了一座宏伟的建筑。这座建筑建于洛可可晚期，其浮夸的构造反映了贵族对奢靡生活的追求。马克斯·腓特烈和马克斯·弗朗茨在任时，王室成员经常到那里去避暑。作为宫廷乐师的贝多芬应该也十分熟悉这些地方，受到了他们所效仿的法国贵族的影响以及他们对艺术尤其是音乐的热爱。贝多芬在布吕尔听到了海顿新创作的交响曲，并通过演奏对这些乐曲熟悉了起来。十几年后他创作自己的交响曲时，这些经历对他产生了潜移默化的影响。

在近十年中，作为一位钢琴、小提琴、管风琴演奏者，管弦乐队成员，以及初出茅庐的作曲家，贝多芬在波恩的音乐生活丰富多彩。在城堡的皇家礼拜堂（Hofkapelle）里，他经常要在早上六点的礼拜仪式上演奏管风琴。贝多芬的第一张画像是他 16 岁时的一幅剪影，画像中的他作为宫廷乐队中的一名小成员，穿着制服和带褶边的衬衫，戴着扑了粉的假发，并且由于他的肤色较深，当时的人以为他有着西班牙血统。

马克斯·弗朗茨将海顿和莫扎特的新作带到了波恩，他在维也纳时就熟识这两位音乐家。他是贝多芬最主要的赞助人，长期聘用贝多芬担任助理管风琴师和宫廷乐队里的小提琴手。马克斯·弗朗茨和莫扎特的渊源可以追溯到 1775 年，当时

---

① 原文疑有误，该国际俱乐部官网显示其名为 La Redoute，见 https://redoute-bonn.de/zh-hans/。

莫扎特创作了歌剧《牧人王》（*II re pastore*，又名《和平王子》）。同年 4 月 23 日，这部歌剧在萨尔茨堡进行了首演，莫扎特将它献给了时年 18 岁的马克斯·弗朗茨。

在这位选帝侯的开明统治下，贝多芬成长为一名成熟的音乐家。波恩城堡另一侧的宫廷剧院里也上演着种类繁多的剧目，包括莎士比亚的《哈姆雷特》和《麦克白》、席勒的《强盗》和《斐耶斯科的谋叛》以及莱辛的《萨拉·萨姆逊小姐》。虽然 1784 年国家剧院被关闭，但马克斯·弗朗茨上任后于 1789 年在曾经的市政厅里重新开放了剧院。这里上演了格雷特里（Grétry）的《采米尔与阿佐》（*Zémir et Azor*）以及迪特斯多夫（Ditersdorf）、皮奇尼尼（Piccinini）、萨列里（Salieri）、格鲁克（Gluck）、本达（Benda）的歌剧，同时还有莫扎特的作品，包括《后宫诱逃》和《费加罗的婚礼》。

贝多芬的维也纳之行

1787 年，马克斯·弗朗茨资助年轻的贝多芬去维也纳，跟随他的故交莫扎特学习音乐。后来，据人们所说，贝多芬被莫扎特的非凡才华深深折服。如果这个说法是可信的，那么贝多芬确实见到了莫扎特，后者听了贝多芬的即兴演奏后对他的才华赞赏有加。据说莫扎特无法相信这样的即兴演奏是未经过排练的，直到贝多芬演奏了一首莫扎特本人的作品证明了自己的实力。这个故事虽然流传甚广，但没有目击者可以证实。即便如此，我们一般认为这个由来已久的说法是可信的。在维也纳停留期间，有两个人给 16 岁的贝多芬留下了深刻的印象：莫扎特和约瑟夫二世。[10] 贝多芬很可能在维也纳见到了这位奥地利皇帝——一个虽不完美但十分低调的人。和马克斯·弗朗茨一样，他也喜欢不带护卫在城中散步。因此在贝多芬的印象中，约瑟夫是一位理想的开明君主。

近年不少学者认为贝多芬在哈布斯堡王朝首都停留的时间并非以前所说的两周（大约从 1787 年 5 月 7 日到 5 月 20 日），而是几个月，即从 5 月到 7 月。[11] 7 月初，他收到母亲病重的消息。虽然贝多芬和父亲有些矛盾，但他和母亲向来很亲密。他及时赶回了波恩照料母亲，但不久后她还是去世了。贝多芬的母亲在那一年的 7 月 17 日离世。她的死进一步刺激了贝多芬的父亲，后者的酗酒问题愈发严重。在这种情况下，贝多芬照顾起了两个弟弟和襁褓中的妹妹，但妹妹不久后便夭折了。16 岁的贝多芬基本上成了孤儿，也成了家中实际上的家长，在这个分崩离析的家中，他承担了大多数的事务。

但贝多芬在维也纳体验到了丰富多彩的生活。维也纳是德语音乐世界的多民族中心，城市面积是波恩的 20 倍。这座紧凑的奥地利城市四面城墙环绕，城墙外围的开阔区域散布着城郊的村落。当时的维也纳已成为一个多元文化的聚集地，汇聚了来自各地的人。那时的哈布斯堡王朝地域辽阔，横跨了半个欧洲，领土从比利时延伸到奥斯曼帝国边界，覆盖今天的匈牙利、捷克、斯洛伐克以及意大利北部的部分地区。背景各异的人们说着不同的语言，穿着各地的特色服装。在这样一个多元文化中心生活的经历一定给年轻的贝多芬留下了深刻的印象。即便提前结束了行程，他也一定感受到了这个广阔的世界可以为有才华的年轻人提供无限的机遇。虽然他的家乡波恩是一个开明的地方，但对于一个雄心勃勃的 16 岁少年来说，维也纳是一个更加广阔、吸引他去征服的舞台。

音乐家的教育

由于破碎的家庭给他的生活带来了不少艰辛，贝多芬的快乐大多来自家庭之外。他几乎成了思想进步的冯·布罗伊宁（von Breuning）家的一员。这家的父亲在 1778 年摧毁波恩城堡的大火中丧生，留下了他的妻子和四个孩子——两个女孩、两个男孩。一家人很有教养，博览群书，爱好音乐，拥护启蒙思想和共和理想。表面上来看，贝多芬受雇教这家的小儿子洛伦茨（即"伦茨"）和女儿埃莱奥诺蕾（即"洛琴"）弹钢琴。贝多芬有时脾气不太好，但冯·布罗伊宁一家对他总是那么友好和宽容。他与社会上流人士相处的时间比在波恩宫廷里的时间更多。贝多芬将冯·布罗伊宁家看作自己的第二个家，一个让他可以逃离家里的烦扰获得平静的地方。

热爱读书的冯·布罗伊宁一家也将贝多芬培养成了一个勤学好问的人。冯·布罗伊宁让他接触到了古典作家及其思想。[12] 这时的贝多芬沉浸在文学和哲学中：席勒、歌德、克洛卜施托克、康德，还有弗里德里希·冯·马蒂松（Friedrich von Matthisson）的诗歌。尤洛吉乌斯·施奈德（Eulogius Schneider）的著作和诗歌也吸引了他的注意，后文还会提到这一点。贝多芬与冯·布罗伊宁家的大儿子斯特凡和伦茨都成了好朋友，他还一度对埃莱奥诺蕾产生了爱慕之情。贝多芬离开波恩移居维也纳多年之后，埃莱奥诺蕾和弗朗茨·韦格勒（Franz Wegeler）结了婚，后者也成了贝多芬的挚友和支持者。这位年轻作曲家的创作才华在这个时期已初现端倪。在与冯·布罗伊宁一家的交往中，贝多芬成长了起来。他的"癫狂"——弗劳·冯·布罗伊宁用这个词形容他灵感迸发或沉浸在音乐幻想中的状态——出现得越来越频繁。

除了偶尔接受各式各样严格的音乐训练以外，贝多芬接受过的正规教育十分有限。然而，席卷德意志各邦的新思潮和新思想让他深深着迷。来自外界的新思想在波恩传播，贝多芬也在这个时期对外面的广阔世界有了更多了解。他阅读广泛，并且终生如此。他曾说，没有什么话题是他不感兴趣的。启蒙哲学家"喋喋不休地讨论着'理性'，却表达着对生活、正义和人性的热情……他们所表达的是纯粹的活力"。[13] 贝多芬在波恩度过的岁月为他的成长及探索广阔世界提供了沃土。没有这些经历，他的音乐创作也不会如此硕果累累。

法国的影响

在思想领域，法国的影响很容易并且经常传播到莱茵兰地区。在启蒙思想家中——也就是促成了法国大革命的"哲人"中——让-雅克·卢梭（Jean-Jacques Rousseau）是最杰出的一位。他游历四方，作品常被翻译成其他语言，因此自18世纪60年代末起，他就是一位在德意志各邦文化界十分有名的国际性人物了。就连康德和罗伯斯庇尔（Robespierre）这两位思想观念差距极大的同时期人物都承认他们受到过卢梭著作的影响。在赫尔德（Herder）、歌德、费希特（Fichte）、谢林和黑格尔眼中，卢梭是绝无仅有的最伟大的哲学家。在对"情感"与"自然"的推崇中，他帮助很多同时期思想家释放了头脑中蕴藏的巨大能量。从某些方面来说，随之而来的法国大革命和浪漫主义都是他的遗产。

贝多芬应该是在波恩的启蒙学界接触到了进步思想，也感受到了卢梭思想的颠覆性影响。和卢梭一样，贝多芬很少对具体某个人表现出喜爱或兴趣。然而他应该对理想的人和人的潜力——尤其是社会中的人——感到深深着迷。卢梭不仅是一位作家和哲学家，他也创作音乐作品，并对音乐的本质进行了理论性研究。他的短篇歌剧《乡村占卜师》（*Le Devin du village*，1752）当时很受欢迎。在畅销小说《新爱洛伊丝》（*Julie, ou la nouvelle Heloise*，1761）中，卢梭讨论了音乐的力量，这样的讨论比他为《百科全书》撰写的音乐相关的枯燥文章更富有激情。在故事中，由于阶级偏见，贵族小姐朱丽无法和她的恋人圣普勒结婚，因为圣普勒是个平民。后来贝多芬在追求贵族出身或家境优越的女性时频频受挫，如果他读过这部小说，圣普勒的困境应该会让他产生共鸣。

卢梭认为是整个社会腐蚀了他，但他依然相信自己内心是正直的。当时人们不知道他有多么偏执，只把他看作受到庸俗之人追逼迫害的伟大天才。[14] 实际上，如果贝多芬知道卢梭遭受的迫害，不论是真实存在还是想象出来的，贝多芬可能会对这位哲学家更感兴趣。在他影响深远的著作《社会契约论》（1762）中，卢梭开门见山地指出，人生而自由，却无往不在枷锁之中。在这部著作和同样出版于1762年的《爱弥儿》（*Émile*）中，他强调人的公民性高于平等性。席勒对这一理念有着切身的体会。他和卢梭都崇尚自由，有了自由，人可以展翅翱翔，主宰自己的命运，甚至依照自己的想法改变世界。

随着1789年法国大革命的爆发，《社会契约论》成为卢梭最知名的著作。实际上，它推动了法国大革命的进程。罗伯斯庇尔和马拉（Marat）等人将它奉为圭臬。[15] 在这部著作中，卢梭讨论的核心问题是："如果人的心中没有道德这种东西，那么人对高尚行为的热情憧憬和对伟人的虔诚信仰从何而来？"[16]《社会契约论》对德意志产生了巨大影响，其受欢迎程度仅次于《爱弥儿》。年轻的黑格尔更喜欢后者，赫尔德、歌德和康德也是如此。他们更关注人的尊严和道德约束。即便是在英国、美国和法国对个人来说最重要的理念——自由，在德意志也不会成为个人特征，而是社会整体的特征。不论是当时还是现在，德语里都没有与"自由"完全对等的词。

狂飙突进

强调理性和进步的启蒙运动是在反对巴洛克晚期感性主义的思潮中发展而来的，而"狂飙突进"这个叫法则源于弗里德里希·马克西米利安·克林格尔（Friedrich Maximilian

Klinger）1776 年的戏剧《混乱：狂飙突进》（*Der Wirwarr, oder Sturm und Drang*）。当时"混乱"这个词的含义和今天的"不理智""不正常"相近。狂飙突进代表着"不受约束的创造力的猛烈爆发——猛烈是关键——它与 18 世纪的其他主张均不相同"。[17] 这种主张在文学界和音乐界都有类似的体现。这个时代的年轻作家克林格尔、雅各布·米夏埃尔·赖因霍尔德·伦茨（Jacob Michael Reinhold Lenz），以及弗里德里希·冯·席勒早期作品中的不正常、不理智在海顿、莫扎特、C.P.E. 巴赫的音乐里也得到了体现。虽然海顿的第 45 号交响曲（《告别》）可以说是这个时期最伟大的交响曲，但狂飙突进运动也影响了他的第 46 号交响曲，而且在第 49 号交响曲《受难》中体现得尤为明显。[18] C.P.E. 巴赫的作品中也有一些狂飙突进的迹象。[19] 如果说克林格尔 1766 年的《混乱》揭开了狂飙突进运动的宏伟序幕，那么席勒 1782 年的《强盗》则代表了这一运动的最后一次胜利。[20]

18 世纪 70 年代末的狂飙突进文学在贝多芬身上留下了印记。虽然其他思想家也在贝多芬的思想发展过程中起到了重要作用，但贝多芬认为自己与狂飙突进运动中的作家以及几年后的席勒最接近，与他们的思想更有共鸣。而对于同时期的浪漫主义作家，他却没有这种感觉，贝多芬对他们的认识十分有限且不成体系。[21] 他在席勒的作品中看到了激烈的戏剧冲突：《强盗》里误入歧途的浪漫主义男主角卡尔·莫尔，《阴谋与爱情》（*Ingritue and Love*）中贵族带来的不公待遇，《唐·卡洛斯》（*Don Carlos*）中的背叛与爱情，以及十多年后《威廉·退尔》（*William Till*）中出现的反抗暴君的无私英雄。

康德与赫尔德

对于支持启蒙思想的人来说，伊曼努尔·康德是一座伟大的灯塔。在法国大革命之前的十年里，他作为哲学家的名声已传遍了德意志各邦。直到 1789 年法国大革命前夕，康德还致力于在政治界宣扬他的道德自由理念。他是席勒的指引者。正如歌德对 17 世纪哲学家斯宾诺莎（Spinoza）的理想深信不疑，席勒也将康德的观点——真正的自由只能在艺术中体现——奉为圭臬。1789 年，康德热情支持革命，并且对革命有着很高的期望。康德对法国发生的一系列戏剧性事件是如此的热衷，以至于德国诗人海因里希·海涅（Heinrich Heine）后来讽刺性地将他比作法国革命家罗伯斯庇尔。

虽然 1789 年时康德已经 65 岁，但他相信大革命为人文思想和自由理念带来了激动人心、超乎想象的机遇。然而，他将大革命看作一个思想观念，而不是去建立一个人人均可参与的政府。康德认为他可以通过知识上的领导实现自由。[22] 在《论永久和平》一文中，他提倡建立一个由自由共和国组成的世界联盟。任何压迫自由理性的行为都被他称为"违背人性的罪行"。思想史学家认为卢梭关于人性和道德的构想很大程度上影响了康德的思想。而康德的观点进而在很大程度上影响了后康德哲学和思想。康德称："人无法理解精神层面的问题。人只能观察道德行为。"[23]

康德和后来的黑格尔都没有将音乐列为最高级的艺术形式。康德甚至将没有人声、没有歌词的器乐曲当作一种简单的乐趣，一种"背景"，算不上文化。[24] 但这只代表了少数人的观点。相比之下，很多与贝多芬生活在同一时代的人，尤其是作家兼音乐家 E.T.A. 霍夫曼（E.T.A. Hoffmann），认为音乐是伟大事物的最纯粹表达。在他之后，阿图尔·叔本华（Arthur Schopenhauer）也在《作为意志和表象的世界》（*The World as Will and Idea*，1819~1820）中将音乐赞为最伟大的艺术形式，这无疑是受到了贝多芬蒸蒸日上的事业与

15

成就的影响。在此几十年前，年轻的贝多芬决定走上音乐道路时，他便选择了在现实意义和未来前景方面充满了无限可能的领域。

显然，贝多芬从未对康德进行过系统的研究，也不熟悉他的主要著作。尽管他的实际知识有限，但康德的思想在当时的各类著作中随处可见。由于康德的哲学思想在当时已受到广泛讨论，因此贝多芬可能很早就通过席勒等人的作品间接了解到了这些思想。不论贝多芬实际读过康德的哪些著作，他应该都会赞成这位哲学家所坚信的"头顶的浩瀚星空和内心的道德法则"。25 贝多芬后来曾引用这句至理名言，而它也似乎伴随了贝多芬一生。这句话说明贝多芬认同上帝的世界中存在无限可能，但同时也认为人需要在凡间的旅途中采取负责任的、明智的行为。贝多芬认为人受道德约束，而上帝也在看着人类。他将通过音乐实现自己的目标，并以康德的话作为人生格言。

另一个影响了少年贝多芬的人是约翰·戈特弗里德·赫尔德（Johann Gottfried Herder）。和康德一样，他相信"一个全然不同的新时代"即将到来，它"无疑［将成为］整个文化史上最重要、最灿烂的时代"。26 赫尔德关于原始才华和人性（*Humanität*）的观点强化了贝多芬对人类可能实现的美好未来的思考。

2

主要影响：席勒与施奈德

他原本自由自在地呼吸，

但在墓穴的气氛之中他活不下去。

——弗里德里希·席勒，《威廉·退尔》①

弗里德里希·席勒

比康德或赫尔德对贝多芬影响更大的人是席勒。迅速脱离了"狂飙突进"的阶段后，席勒成为德意志启蒙思想的代表人物。青年席勒的文学旋律，就像比他小 11 岁的青年贝多芬的音乐旋律一样，如火山一般迸发。两人注定会度过不平凡的一生。席勒的政治性很强，尤其是在《强盗》和《唐·卡洛斯》中，他用大胆的笔触描绘了善与恶、可怖的罪行和动人的故事，将美德与罪恶以普鲁塔克《希腊罗马名人传》（*Parallel Lives*）的对比形式展现了出来。18 世纪 80 年代初，在符腾堡（Württemberg）长大的席勒应该不会想到，莱茵河下游的波恩住着另一位年少的德意志艺术家，未来他将与罗伯斯庇尔、米拉波（Mirabeau）、圣茹斯特（Saint-Just）和德穆兰（Desmoulins）等法国大革命中的主要人物一同成为"革命理想最纯粹的化身"。[1] 1794 年，法国国民议会为表彰席勒的激进思想和高尚品格，授予他荣誉公民的称号。

贝多芬在冯·布罗伊宁家和重建的大学里接触到自由思想之前，就已经读过席勒的许多著作，看过他的几部戏剧，并且

---

① 《威廉·退尔》，第四幕，第二场。此处译文出自《席勒文集》第 5 卷，人民文学出版社，2016。

深受触动。他钦佩席勒的勇气和独立的立场。席勒称："我以世界公民的身份写作，不为某一位王子效力。"[2] 在音乐方面，贝多芬也秉持着类似的原则。他力图以世界公民的身份创作，不被社会身份高于他的人所左右。虽然后来贝多芬认为莎士比亚比席勒更伟大，但此时后者可能早已对他产生了更深远的影响。席勒的刚正不阿，对真理的热情求索，以及对信念的执着追求，都让贝多芬在波恩逐渐形成的人生理想有了更明确的焦点。正如席勒铿锵有力的戏剧语言深深触动了观众的心弦，贝多芬也期望用饱含深情的音乐触动听众的内心与思想。正如席勒希望用诗歌、戏剧和历史故事引导德意志人民迎来一个更自由的时代，贝多芬也力求通过作品启迪和重塑人性，指引人类走向更光明的未来。

18 世纪，剧院在人们的教育中发挥了极其重要的作用。在席勒长大的德意志邦国符腾堡，人们忍受着专制统治者卡尔·欧根（Karl Eugen）公爵的压迫，这位公爵总是凭借着贵族和官僚的权威实施统治。当贝多芬在开明的选帝侯马克斯·腓特烈和马克斯·弗朗茨的统治下成长时，席勒正在卡尔·欧根的统治下经受着专制君主的全部威力。[3] 此外，马克斯·弗朗茨也和席勒一样，认为人类有进步的可能。他开明的政策为贝多芬提供的文化环境和符腾堡暴政统治下席勒的处境全然不同。与席勒相比，贝多芬接受的教育更缺乏体系，也更随意。由于将主要精力放在了音乐上，贝多芬没有时间像席勒一样对人文学科进行深入的学习。但他以自己的方式获得了广泛的知识。

对于黑格尔和贝多芬那个时代的知识青年来说，席勒是自由的捍卫者。他的革命思想、关于人类前景的理想主义观点和他展现理想时的极强表现力早就深深地吸引了贝多芬。从很多方面来说，席勒在大革命开始之前就已经成了一名革命者。然而他始终没有成为法国意义上的革命者，积极地、全身心地投入革命事业。虽然席勒痛恨暴政，他最优秀的几部剧作也都以抨击暴政为主题，但对于那些在巴黎街垒旁随时准备投入战斗的哲人来说，他对自由的理解似乎过于保守，甚至可以说是反动的。

席勒的作品伴随了贝多芬的整个职业生涯。20世纪初最睿智但不太出名的贝多芬诠释者、德国学者保罗·贝克尔（Paul Bekker）认为，贝多芬和席勒的本质联系在于两人都支持进步思想。[4] 席勒21岁时创作的《强盗》明显带有自传性质，甚至体现了席勒的痛苦回忆。符腾堡的卡尔·欧根公爵不顾少年席勒本人和他父母的意愿，将他送进了一所军事学校。在那里，他接受严格的军事管理，见惯了各种各样的排场，过着不快乐的生活。学校外，狂飙突进运动的革命性文学正在广泛传播，[5] 这些文学作品让公爵大为不悦。英国学者 E.M. 巴特勒（E. M. Butler）曾一针见血地指出，席勒作品中的所有暴君都是这位统治者"这样或那样的戏剧性化身或升华。那些暴政都来自他和执行他命令的仆人们"。[6]

《强盗》

《强盗》（1782）是席勒的第一部也是最轰动的一部剧作。剧中的主角，即年轻贵族卡尔·莫尔是一名天性善良、颇具潜力的青年，但他的光明前途却被这个冷酷、邪恶的世界扼杀。当他读到普鲁塔克所描写的伟人时，他说，眼下这个三流作家的时代让他作呕。他不知道阴险的弟弟弗朗茨在父亲面前造谣中伤自己，他离开了家族，带领一群被社会排斥的人成了强盗。在当时君主专制统治下的欧洲，尤其是在西班牙、意大利、塞尔维亚、俄国等地，很多人将强盗视为绿林好汉，十分推崇他们。在18世纪60年代末，影响深远的《面相学文集》（*Essay on Physiognomy*）的作者约翰·卡斯帕·拉瓦特尔

20

（Johann Kaspar Lavater）年轻时就梦想成为一名绿林好汉。卡尔·莫尔认清了残酷的现实，他发现自己与身边的人格格不入，于是被迫走上了可怕的犯罪道路。曾经展现出伟大品格的他，逐渐失去了原有的光芒。他的堕落是不可避免的。

令人感到矛盾的是，卡尔·莫尔所做的坏事都出于正义。虽然席勒无法将梦想变为现实，但他塑造的这个试图改变世界的人物十分深入人心。对剧本进行排版时，席勒弱化了具有革命色彩的前言和台词中的一些段落。并且在曼海姆剧院经理的要求下，将这部剧作的时代背景从当时改到了中世纪末。年轻的贝多芬很早就喜欢上了席勒的作品。席勒的剧作他也许看的不多，但一定读到过或听人们说起过这些作品。

卡尔·莫尔的第一句台词里就出现了"普鲁塔克"，而卡尔·莫尔身上也有着普鲁塔克的影子。与席勒同时代的人很欣赏他笔下主人公那种无穷无尽的勇气，凭借着这种勇气，刚正不阿的他们匡扶正义、打抱不平。莫尔喜爱音乐胜过文字，这也加深了贝多芬对他的喜爱。《强盗》让席勒在德语世界出了名。剧中振奋人心的语言以及莫尔的团队和平民社会之间的戏剧冲突震撼了整整一代人。这部剧对于贝多芬的革命和艺术事业发展都起到了至关重要的作用。

《阴谋与爱情》

席勒将他的第二部剧作《阴谋与爱情》（1784）称为"中产阶级戏剧"。贵族青年向社会地位低于他的纯真少女求爱的故事在当时的德意志文学作品中屡见不鲜，演变出了多种版本，其中有莱辛抨击王室和宫廷生活的中产阶级悲剧《爱米丽娅·迦洛蒂》（*Emilia Galotti*），还有歌德的《少年维特的烦恼》（*Sorrows of Young Werther*）以及《浮士德初稿》（*Urfaust*）。在一系列跌宕起伏、激动人心又导致了悲惨结局的戏剧冲突中，席勒让《阴谋与爱情》中率性单纯的中产阶级女主人公路易丝和她的贵族恋人费迪南站在了"首相"瓦尔特伯爵和书记官乌尔姆（这个名字起得很巧妙，在德语里指"龙"或"蛇"）的对立面。主角们进行了激烈的对抗，这是最戏剧化的精神戏剧。与贵族身份的压迫者瓦尔特伯爵和乌尔姆不同，路易丝不会在说话时加上一些贵族常用的法语词。与路易丝的爱和通情达理相对的，是瓦尔特伯爵和乌尔姆的冷酷与不近人情；与路易丝和恋人追求的自由恋爱相对的，是伯爵和书记官的权威、强硬与冷酷。

席勒批判性地描绘了贵族的宫廷生活。父子间的冲突让年轻的费迪南站在了老父亲瓦尔特伯爵的对立面，体现了灵活、仁厚的新一代与古板的老一代之间的矛盾。瓦尔特伯爵对他的领土治理无方。谦逊的米勒，即路易丝的父亲，曾在军队服役，甚至立下了战功，但即便这样他也没能逃过贵族对他的不公对待和谋杀。尽管善解人意的费迪南会不时挺身而出对抗自己的父亲，但他终究还是不够强硬。

席勒在《阴谋与爱情》中对时代进行了猛烈的抨击。学者埃里克·奥尔巴赫（Erich Auerbach）认为这部作品"如一把尖刀刺进了专制暴政的心脏"。与《强盗》一样，它审视了自由的本质以及君主专制对自由的压迫。它展现了一个"臣民没有任何权利"的世界。[7]席勒想表达的是，在专制统治下，人无法成为完全人。他猛烈地抨击德意志国家将士兵卖到其他国家参加其他地区战事的行为，尤其是将士兵卖给英国再送他们去美洲打仗。[8]在法国大革命开始之前，革命思想早已在德意志的土地上生根发芽。埃贡·弗里德尔（Egon Friedell）认为这些思想恰巧预示了法国大革命"混乱但存在内在逻辑的氛围"。[9]不可避免的是，大革命很快跨过了莱茵河。它震惊了在德意志各邦实行专制统治的王公贵族以及欧洲其他地区的统治者，而这些人给出的回应却是继续镇压。

22

席勒的早期戏剧，同博马舍（Beaumarchais）的《费加罗的婚礼》（1784）一样，对当时的人们产生了深远的影响。席勒相信人类能够齐心协力走向进步、幸福甚至达到完美的境界，因此他试图通过《强盗》和《阴谋与爱情》展现人性和人类命运中伟大而理想的一面。[10] 由于席勒将戏剧作为一种构想，因此有时也不免会显露出其说教目的，即将下一代教育成为自由人。不久后，这也成了贝多芬音乐的宗旨。

席勒的早期剧作是对暴政的有力控诉。这些剧作在德国的首演引发了人们的热烈反响。席勒很快声名远扬，但也并非在所有地方都受到了欢迎，因为许多统治者不希望看到自由这类异端思想出现在自己的领土上。结果就是，这些剧作经常被审查删改或被禁演。维也纳就是一个保守思想顽固不化的地方，一开始审查办公室批准这两部戏剧在当地上演，后来却称《强盗》是"不道德的"和"危险的"，并在1793年至1808年将其与《阴谋与爱情》一起禁演。[11] 从专制君主的角度来看，这样的做法是有充分的理由的。传统上来说，剧院的观众向来是思想保守的中产阶级，剧目通常也很平庸。但席勒的剧作带来的热潮有时会让这些古板的观众陷入革命的狂热当中，成为席勒的拥趸，这确实很危险。[12] 毕竟，席勒不就像黎明之子路西法①一样，在他的威力里闪烁着光芒吗？在那个时代，正如华兹华斯在关于大革命早期的诗作中所说："活在黎明的时代是何等幸运，而若正值青春年华，则更是无上美好！"[13] 想必年轻的贝多芬也会赞成这样的说法。

《唐·卡洛斯》

《唐·卡洛斯》（1787）是席勒第一部以韵文写成的戏剧。

---

① 基督教与犹太教名词，出现于《以赛亚书》第14章第12节，字面意思为黎明使者，即黎明时分出现的金星。

和《阴谋与爱情》一样，这部以 16 世纪为时代背景的剧作也涉及六个主要人物。人物之间的纠葛使《唐·卡洛斯》成了一部复杂的作品。故事围绕统治西班牙、奥地利和佛兰德的菲利普二世和他懦弱的儿子卡洛斯王子（这个角色与《阴谋与爱情》中的费迪南有异曲同工之妙）展开。卡洛斯原本的未婚妻嫁给了菲利普二世，但两人依然相爱，让王子十分苦恼。其他男性角色包括卡洛斯的朋友罗德里戈·波萨侯爵，他是一个理想主义者；还有位高权重的大审判官，所有人都很畏惧他，连国王也不例外。故事中的女性角色有早先与卡洛斯订婚、后来被卡洛斯的父亲夺走迎娶的王后，以及企图摧毁卡洛斯和波萨的邪恶势力艾伯莉伯爵夫人。故事发生在马德里郊外的皇宫埃斯科里亚尔（Escorial）。

理想主义者波萨是自由思想的代表，他劝导卡洛斯将信仰新教的尼德兰从信仰天主教的西班牙统治下解放出来。因父亲娶了他的未婚妻而苦恼的卡洛斯为自由思想发表了一番动人的演说。失意的他大声疾呼："23 岁了，还没做出什么不朽的事来。"[14] 波萨也请求菲利普二世让尼德兰独立。席勒通过波萨激情澎湃的话语表达了他对自由的渴望。虽然这部剧以 16 世纪为背景，但很明显它讨论的是当时的政局。到了这个时期，持先进思想的人认为，贤明的专制统治者应为臣民的福祉着想，甚至应放弃部分权力，将政治权利赋予臣民。人民不再是臣民，而将成为公民。但在席勒的剧作中，这个理想还未实现。虽然波萨的行为导致了他和卡洛斯的死亡，但他就自由信仰发表的慷慨陈词可能也激起了贝多芬的思绪，让贝多芬意识到了自由的重要性。托马斯·卡莱尔（Thomas Carlyle）写过一部歌颂席勒的传记，但他在书中批评道，席勒和波萨一样，他的心不为受压迫的个体而跳动，只"为所有人类，为这个世界及后世"而跳动。[15] 卡莱尔认为，去想象整个人类的苦难要

24

比想象受压迫个体的苦难来得容易。他的观点有一定道理，同时我们也会发现，这个说法同样适用于贝多芬。

在《唐·卡洛斯》中，伊丽莎白王后和艾伯莉公主这两个女性角色的形象都很鲜明，她们聪明、心思细腻、善于观察，能够与时代和社会抗衡，主宰自己的命运。王后的贵族气质和意志力大概也让贝多芬浮想联翩。后来，贝多芬塑造自己歌剧中的女主角莱奥诺拉（Leonore）时也受到这两个女性角色的影响，这部以女主角命名的歌剧后来更名为《菲岱里奥》。

贝多芬甚至可能会同情菲利普二世——一个不被爱也不会爱的人。他冷漠、内向、不坦率、缺乏魅力、疑心很重，既不信任自己，也不信任其他人，他逐渐发现自己不知怎的酿下了这样一场悲剧。出于政治原因，菲利普二世娶了他儿子挚爱的女人。后来，他要求审判官以反叛思想和行为的罪名杀死波萨。波萨临死前劝说伤心的卡洛斯支持尼德兰的独立事业。卡洛斯遵从了他的遗愿，但菲利普二世听完卡洛斯的正义请愿后，也把他交给了审判官——实际上等同于判处他死刑。这样的极端做法是菲利普二世的行为特点。席勒可能希望以此表明软弱和力量一样会让暴政得到巩固。虽然菲利普掌控着原始的政治权力，但他缺乏坚强的性格。他常感到孤独、嫉妒和痛苦。贝多芬的偶像之一罗马执政官卢修斯·尤尼乌斯·布鲁图（Lucius Junius Brutus）同样大义灭亲，为了正义将两个儿子判处死刑，我们将在后文讨论他对贝多芬产生的影响。

《唐·卡洛斯》虽然是一部精彩的戏剧，但从史实上来看它具有误导性。对于席勒来说，他的目的比史实更重要。他的故事并非基于历史，而是基于当时的一部小说。尽管如此，席勒将《唐·卡洛斯》的时代背景16世纪看作一个重要的时期，认为它对欧洲的未来，尤其是政治方面的未来将产生重要影响。他感到在自己生活的时代，欧洲有望获得自由。关于这个时代的敏感性，席勒的判断是正确的。在所有批准演出的德意志地区，《唐·卡洛斯》均引起了轰动。不出所料，这部剧的讽刺意味和主旨激怒了符腾堡的卡尔·欧根公爵。《唐·卡洛斯》的首演同样是在巴登首府曼海姆进行的，那里比符腾堡更加开放。由于席勒偷偷跨过国界前往巴登参加首演，公爵下令禁止席勒再出版其他作品。公爵密探的监视反而激发了席勒的创作灵感，这位年轻的剧作家违抗了禁令，永远地离开了符腾堡。

在席勒的早期剧作中，《唐·卡洛斯》可能是最让贝多芬印象深刻的一部。它的感染力与主题都让贝多芬难以忘怀。他也理解这部剧对现实的影射。我们将看到，波萨的理想主义思想影响了贝多芬的《约瑟夫二世之死康塔塔》（1790），这部极为动人的作品是他向 18 世纪 80 年代奥地利皇帝的献礼。不得不承认，贝多芬没有像席勒那样受到过专制君主独裁统治的直接影响。贝多芬的世界里没有弗朗茨·莫尔、菲利普二世，也没有大审判官。虽然当时有很多目光短浅的德意志君主以近乎专制的手段统治着他们的领土，但马克斯·弗朗茨不是卡尔·欧根，也不是乌尔姆。他励精图治、思想开明、热爱艺术，是当时统治者中的一个例外。贝多芬也知道他是位开明的统治者，因此也认为自己生活在科隆选侯区是件幸运的事。

1780 年约瑟夫的母亲玛丽亚·特蕾莎去世时，贝多芬只有 9 岁。在位 40 年中，玛丽亚·特蕾莎严格按照西班牙的传统实行专制统治，1765 年她的丈夫去世，大儿子约瑟夫与她同掌朝政后，严苛的统治才有所缓和。当时几乎所有欧洲人都在君主的统治下长大，有时他们也会对统治者产生感情。玛丽亚·特蕾莎就是一位深受维也纳人爱戴的君主。讽刺的是，她的儿子约瑟夫二世在位期间虽然经常推行一些善意的甚至具有乌托邦性质的政策，却从来没能得到臣民的支持。

尤洛吉乌斯·施奈德

在波恩这个开放的社会里，外来的新思想得以自由传播。虽然贝多芬受过的正式教育较少，但他总是热切地关注着身边的新思潮。1789 年，他在马克斯·弗朗茨重建的大学里参加了一些课程。在那里，他听讲座，与同学们交谈，与教授互动，希望汲取大量的知识。那一年，马克斯·弗朗茨将约翰·乔治·施奈德，也就是尤洛吉乌斯·施奈德，任命为纯文学教授。施奈德曾是方济各会修士，但虔诚信仰上帝的他后来也开始崇拜伏尔泰和卢梭，成为启蒙价值观和思想的拥护者。法国大革命的爆发进一步激励了他。在莱茵兰推崇民主思想的人物中，施奈德和美因茨（Mainz）的格奥尔格·福斯特（Georg Forster）是最知名的两位。作为德意志雅各宾派中最重要的人物之一，他可能是最出名也是最投入的一位。施奈德直言不讳，在言语和行为上都很激进，他在波恩举行的宣传和讲座清晰地体现了他对启蒙运动和革命思想的支持。他极端的观点、教义和著作受到了当时不少人的攻击。

施奈德的《诗集》（*Poems*）包含了他为自己所欣赏的同时代人物写的颂歌，其中包括一首写给腓特烈二世的颂诗《大帝》和一首《不朽的约瑟夫二世》，两位君主分别于 1786 年和 1790 年逝世。第二首诗开篇写道："哦！［可怕］敌人死神的墙将你包围，宽容的约瑟夫。"得知约瑟夫病重并突然逝世后，施奈德对这首诗进行了修改，并以《为弥留之际的约瑟夫二世所作的挽歌》为题出版。其他诗歌大多涉及革命题材。他的《对话：论当今国家以及天主教德意志纯文学之困境》（*Discourse, on the Present State, and the Difficulties of Belles Lettres in Catholic Germany*）表达了对新思想的支持。虽然我们很难从他留下的作品中看出他的个性，但可以确定的是，施奈德本人和他的作品都展现出了一种个人魅力。

施奈德通过《诗集》强烈地表达了他的民主思想。大革命爆发后，他迅速成为德意志最主要的革命支持者之一。1789年7月14日，巴士底狱被攻占的消息传到波恩后的第二天，欣喜若狂的施奈德在讲座中途停下，读起了他前一晚所作的一首诗《论巴士底狱的陷落》。他将巴士底狱这个压迫的象征称为"一个国家的恐惧"。这首诗写于法国国王被推翻的前两年，最后一段是这样歌颂法国独立的：

> 暴政的枷锁已经脱落，
> 幸运的人们！枷锁从你们手中脱落：
> 君主的王座成了你们的自由之地，
> 国王的领土成了你们的祖国。
> 从此再无圣旨：只有我们的意志，
> 从此公民的命运由它决定。
> 在巴士底狱的废墟中，诞生了
> 一个自由人，他就是法国人！ 16

这首诗的最后一句"一个自由人，他就是法国人！"歌颂了圣旨和君主的消亡。对于年轻的贝多芬来说，政治自由将成为他毕生的追求，也是他反复讨论的话题。几乎可以肯定的是，戈特利布·康拉德·普费菲尔（Gottlieb Konrad Pfeffel）的诗作《自由人》也受到了施奈德的影响，贝多芬不久后为这首诗谱了曲。施奈德的其他诗作体现了启蒙思想，涉及道德和宗教主题，也歌颂伙伴情谊，如《友谊》一诗。他的作品有时也很有幽默感。讽刺诗《致理性》的第一句话是："理性，你是个淘气的女人。"虽然施奈德的很多诗作缺乏诗意，但即便是在两百多年后的今天看来，这些作品依然散发着

28

某种活力。施奈德也写过几首内容轻松的诗，当时流行在朋友的纪念册上为彼此留言，而《命名日》（*Namenstage*）就是专为这种场合而写的。《别了神学》的第一句写道："别了，神学！你折磨了我这么久！"最后一句是："晚安，神学！"不用说，即便使用了一些文学手法，这样的诗和诗集在信仰天主教的莱茵兰也一定冒犯了不少人。

除了在当地取得了一些成功，施奈德的《诗集》也比我们想象的流传得更广。不少人为法国大革命的前景感到欢欣鼓舞，施奈德的讲义也吸引了越来越多的订购者。这位教授有着很强的营销意识，他的订购名单可以说会集了活跃在莱茵兰和德意志南部的著名自由主义人士。很多订购者来自奥格斯堡（Augsburg），施奈德也在那里读过书。有五六十名订购者要么来自波恩，要么来自附近的科隆。波恩本地的订购者有选帝侯马克斯·弗朗茨，以及其他九位本地的贵族，有些人还买了不止一份。贝多芬的朋友冯·布罗伊宁家的孩子们也订购了讲义，19 岁的贝多芬本人也不例外。[17] 在波恩大学的所有教授中，激情澎湃的施奈德对贝多芬的影响最大。事实证明，他对贝多芬的影响是终生的。贝多芬内心的激进情绪从此翻涌起来，将在未来不时爆发（此前也爆发过）。成熟后的贝多芬对目标的执着追求，体现了他的核心政治思想中有一个坚定的人不时在他心中浮现。

但即便是在相对开放的波恩，施奈德很快也被认为过于激进了。当时莱茵兰人几乎没有什么反君主制情绪。虽然民众对法国大革命表现出了好奇，但他们对法国发生的事件并没有产生强烈的认同感。[18] 最终连马克斯·弗朗茨这样开明的选帝侯也被施奈德激进的政治主张和他对法国大革命最激进思想的支持耗尽了耐心。有一次，施奈德在韦茨拉尔（Wetzlar）演讲后回到波恩，发现波恩和科隆当局将他的诗作列为禁书。[19]

1791 年，马克斯·弗朗茨免去了他大学教授的职位，不过还是慷慨地补偿了他一年的薪水。

施奈德此后的职业发展更富有戏剧色彩。离开波恩后，他去了斯特拉斯堡（Strasbourg），在那里加入了雅各宾俱乐部（Jacobin Club）。在《政治信仰宣言》（*Avowal of Political Beliefs*，1792）中，他陈述了自己的革命信条。不久后，他成为将《马赛曲》翻译成德语的第一人。1792 年 7 月，他创立了激进派报纸《阿尔戈斯》（*Argos*）。[20] 被任命为斯特拉斯堡革命法庭的检察官之后，他以堪称典范的残酷无情履行着职责。他用从巴黎运来的断头台处决反对雅各宾派政权的人，被人称为"斯特拉斯堡的马拉"，显然他还为获得这个称号而得意扬扬。这个断头台也催生出了他最奇特的一首诗。第一句是："哦亲爱的断头台！你是多么受欢迎！"连圣茹斯特和罗伯斯庇尔都认为他的正义热情和极端观点有些过分。1794 年，罗伯斯庇尔命令施奈德前往巴黎，4 月 1 日，施奈德被送上了断头台。几个月后，罗伯斯庇尔也以同样的命运收场。[21] 但这些都是贝多芬到达维也纳之后的事了。

3

两首康塔塔

最让我们感兴趣的自然是为约瑟夫二世之死而作的康塔塔。作曲家为这样的一个历史事件写的不只是一部"应景之作"。如果我们要在今天去纪念那位令人难忘、不可替代的人，我们也会和贝多芬以及当时的所有人一样对它[约瑟夫的统治]充满热情……年轻的贝多芬也知道他有一些重要的内容要表达，确实，他在震撼人心的序曲开头就将其有力地表达了出来。

——约翰内斯·勃拉姆斯（Johannes Brahms）[1]

约瑟夫二世

在民间传说中，约瑟夫二世素有"人民的国王"之美誉。他是玛丽亚·特蕾莎的大儿子，1765年父亲去世后，他开始与母亲同掌朝政。从孩童时期起约瑟夫就是个难相处的孩子，长大后他成了一个更难相处的人。母子俩建立起了一个尴尬的联盟，他的进步思想总是与母亲的保守立场发生尖锐的冲突。由于经常屈于母亲的意愿，因此约瑟夫常在给年龄相仿的弟弟利奥波德的信中表达自己的愤懑之情。尽管如此，约瑟夫与母亲仍配合得很成功。他们颁布实施的法令数量比以往任何历史时期都多。这些法令和普鲁士国王腓特烈大帝的改革政策共同构成了欧洲君主专制改革的高潮。1780年玛丽亚·特蕾莎去世后，约瑟夫正式成为皇帝。

这位刚愎自用、满脑子启蒙思想的皇帝希望将封建世界彻底改变。但约瑟夫看起来出于好意的法令经常在他的臣民身上产生负面影响。他性格固执，无法落实那些缜密但野心勃勃的计划。他一意孤行、闭目塞听，导致推行的改革屡遭失败。虽然看得出来他是位开明的专制君主，但他终归还是一位专制君主。"皇帝很有才干，很有能力，精力充沛"，评价哥哥时，利奥波德客观地说：

> 他有很强的理解力、记忆力，会说多种语言，口才很好，文采更佳。他是一个不近人情、强硬、野心勃勃的人，他的一言一行都是为了获得他人的赞美，以期提高自己的声誉。他不能容忍异见，他的观念是武断的、蛮横的、坚决的，头脑里充满了最严苛、最极端的专制思想。任何非他本人产生的想法都会被他轻蔑地否定。[2]

任性固执、鲁莽专横的约瑟夫很少吸取历史的教训。有些人认为他是个行事草率的暴君。而有些人则认为他继承了罗马帝国皇帝马可·奥勒留（Marcus Aurelius）的开明思想，而刚巧这位贤明的皇帝于公元180年死于维也纳（古称文多博纳①，位于罗马帝国边境）。

不管怎么说，一心想成为"人民的皇帝"（Volkskaiser）的约瑟夫十分平易近人，愿意倾听臣民的声音。他意识到在这个启蒙时代还固守那些虚幻而过时的特权的专制君主都是老古董，因此他为自己树立了一个善于接受新思想的形象（尽管他的弟弟利奥波德对此表示怀疑）。让巴黎和伦敦的人难以置信的是，维也纳人将改革的希望寄托在了这位"仁慈的专制君主"身上。约瑟夫的文化改革受到了很多人的支持。奥地利著名历史学家恩斯特·旺格曼（Ernst Wangermann）认为："舆论团体的出现"正是"约瑟夫最伟大的成就"。[3] 在18世纪的

32

---

① 疑似原文有误，原文拼写为 Vindabona，而译名词典上的拼写为 Vindobona。

所有统治者中，他是最具革命性的改革者。他以孟德斯鸠的《论法的精神》作为决策指南。在藏于维也纳艺术史博物馆的约瑟夫和利奥波德华丽的双人画像（1769）中，这本书出现在显眼的位置。[4]通过巩固中央集权、消除阶级差异、减少教会对政府事务的干涉，约瑟夫将开明的专制君主统治进一步升级，在这一点上，他超越了他的竞争对手腓特烈大帝。约瑟夫会说他领土上的主要语言，包括法语、德语、意大利语、匈牙利语、捷克语、拉丁语，这不仅体现了他的王朝的多元性，也体现了他渊博的学识。1766 年，也就是与母亲共同执政一年后，他将维也纳的普拉特公园向公众开放，这个位于多瑙河畔的大公园和鹿园原本一直是皇室园林。对外开放后，普拉特公园成了深受人们喜爱的聚会场所。此外，约瑟夫也将附近的另一处皇家园林奥花园（Augarten）向公众开放，供人们游览。

1780 年，歌德在法兰克福参加了约瑟夫二世举行的加冕典礼后深受触动，于是在剧作《托尔夸托·塔索》（*Torquato Tasso*）中加上了这样的诗句：

> 世上没有比这更美好的事
> 王子用他的智慧统治臣民
> 在这个王国里人们为臣服于他而自豪，
> 认为这对他们而言有百利而无一害
> 因为这是他们唯一需要遵从的法律。[5]

在一次重大的政府改革中，约瑟夫颁布了《1782 年法令》（Edict of 1782）。这部法令不仅让农民摆脱了农奴身份，还颇具远见地禁止贵族收购农民的全部土地。约瑟夫也设立了行政部门，促进奥地利的商业发展。此外，他还限制了罗马天主教会对奥地利社会的影响。然而，他激进且全面的宗教改革政策引起了教会的强烈不满。1781 年 10 月 13 日，他签署了宽容敕令，为新教和其他基督教派的信徒赋予了完全的信仰自由和公平的公民权利，终结了君主完全等同于教会的时代。约瑟夫也没有继承母亲对犹太人的憎恨和蔑视。在 1782 年的敕令中，犹太人得以更自由地选择居住地和职业。虽然这份敕令默许了一些普遍存在的歧视现象，但它实现了约瑟夫的大部分心愿。敕令的成果之一是布拉格（当时位于哈布斯堡王朝境内）的犹太人将他们的聚居区命名为约瑟夫城，以此向约瑟夫二世致敬，如今那里依然保留着这个名字。

约瑟夫的统治时期为 1780~1790 年，在此期间贝多芬从 9 岁长到了 19 岁。在远离皇权的波恩长大的贝多芬将约瑟夫看作一个象征，甚至将他看作关心臣民的开明统治者。我们不知道贝多芬具体支持约瑟夫颁布的哪项措施，只知道他十分欣赏约瑟夫的进步思想。约瑟夫的敕令都是圣旨，他制定这些圣旨时没有与任何人商议，但年轻的贝多芬可能对此并没有什么太大意见。约瑟夫是一位思想进步的统治者，与其他国家的君主形成了鲜明对比。他的领土幅员辽阔，覆盖莱茵兰地区，西至奥属尼德兰，即如今比利时的大部分地区。与科隆选帝侯马克斯·腓特烈及其继任者马克斯·弗朗茨一样，约瑟夫致力于改善臣民的生活。贝多芬当时虽然比较年轻，但也从三位统治者身上学到了不少东西。

与他的母亲不同，约瑟夫热爱音乐，在他统治期间维也纳的音乐生活得到了繁荣发展。维也纳的沙龙成为奥地利音乐生活的核心，其地位比以往任何时候更加重要。1781 年，莫扎特在维也纳定居，约瑟夫成为他的赞助人，十年后莫扎特在这里逝世，比约瑟夫多活了不到两年。但对于莫扎特来说，这并不是一个利于发展的时期。约瑟夫听完《后宫诱逃》之后对作曲家说"音符太多了"[6]，对此莫扎特巧妙地回答说这部乐曲就

34

需要这么多的音符。尽管如此，莫扎特仍然认为约瑟夫胜过他的母亲玛丽亚·特蕾莎，因为后者曾公开反对共济会。有些人认为《魔笛》（*Magic Flute*）里夜后的原型就是这位王后。同样，也有人认为《魔笛》里睿智的萨拉斯托身上的一些特点就来自约瑟夫二世。乐评家常将莫扎特的最后一部歌剧《狄托的仁慈》（*The Clemency of Titus*）与约瑟夫和利奥波德的生平事迹联系起来，因为虽然常常事与愿违，但约瑟夫真心实意地想要改善臣民的生活；而利奥波德在位的不到两年间（罗马皇帝狄托也只统治了两年），他和狄托一样，以善意的统治而闻名。约瑟夫总体上十分欣赏莫扎特的音乐，但他不喜欢并经常取笑海顿作品中的幽默感。奥地利音乐界显然对此有不同的看法。1790 年，海顿来到维也纳，迎来了辉煌的事业晚期，其间他两度长期旅居伦敦，创作了大量著名的作品，包括 12 部"伦敦"交响曲、6 部弥撒曲，以及 2 部清唱剧——《创世纪》（*The Creation*）和《四季》（*The Seasons*）。

约瑟夫在位的十年间，他展现出了优点，同时也暴露出了弱点。在第一任妻子即帕尔马（Parma）郡主伊莎贝拉（Isabella）去世后，他的疑心病愈发严重。他的计划总是过于周密，执行时又过于僵化。在内政方面，他总是急功近利。约瑟夫在维也纳的时候经常会花一整天的时间接见各色人等。虽然他经常接见民众，但他从未想过为人民赋予权利，因此也从未真正受到人民的爱戴。

约瑟夫做事喜欢遮遮掩掩。在位十年间，他颁布了 6000多部法令。由于担心这些法令不能得到官员的执行或人民的遵守，他建立了一个周密的密探系统。[7] 1789 年他任命手段强硬的佩根伯爵（Count Pergen）为密探大臣，后者建立了一个地下监视网络，约瑟夫去世很久后他仍在担任此职务，这为未来埋下了祸根。因此，从很多重要方面来看，可以说约瑟夫的统治是失败的。斯塔尔夫人（Madame de Staël）曾写道，约瑟夫"将各式各样的启蒙主义［思想］带到了一个国家，而这个国家对这些思想可能带来的或好或坏的结果没有任何准备"。[8]早在1781年，约瑟夫就在奥属尼德兰和匈牙利野心勃勃地推行土地改革方案，农民不满庄园合并导致他们失去了土地而发起强烈抗议，致使这两个地区出现动乱。约瑟夫在统治末期，失去了对奥属尼德兰的控制。此外，他还在一场重要战役中输给了土耳其人。这样的败仗让他失去了军队和民众的支持。来自各方的反对势力迫使他修改或撤销了许多进步性的法令。多数民众也认为君主与人民共享权力是个极不现实的想法。约瑟夫二世面临的问题也解释了为什么启蒙思想家通常会将改革的希望寄托于社会上层的政府而非人民，以及为什么卢梭认为民主只能在小城邦中实现。

1790年2月20日，约瑟夫死于肺结核，他的大部分愿望都未能实现。许多维也纳人为他的死感到惋惜，也有些人感到如释重负。在约瑟夫弥留之际，他的国土上就开始叛乱四起。当他的死讯被公布时，一些人为摆脱了他的统治而感谢上帝。[9]也有一些人为他尚未完成宗教自由和改革事业而感到遗憾。从整体而非细节上来说，约瑟夫从顶层发起的革命以失败告终。他没能改变社会结构，也不想在这个方面做出改变。像很多其他为社会谋福利者一样，约瑟夫本质上是个专制独裁者。他的高尚情操、远见卓识是否值得赞扬，抑或他的鲁莽狭隘是否值得鄙视，后世对此尚无定论。约瑟夫希望推行从上到下的改革，是因为他担心落后的哈布斯堡王朝将被世界抛弃。但最终他的改革尝试只让他树敌无数。

虽然有很多好的想法，但约瑟夫选择了一个不完美的策略去实现它们。他一心想造福于人类，但他也清楚自己的社会政策收效甚微。他缺乏母亲玛丽亚·特蕾莎的人情味。他总

36

想以启蒙开化人民，但推行这些措施时又总是操之过急。他在临终之际意识到改革的尝试以失败告终。连关于葬礼的法令都引起了人们的不满。他下令公民不得使用木质棺材，只能用棉布包裹遗体，这让很多人感到难以置信。讲究排场的维也纳人喜欢用昂贵奢侈的棺材。但至少约瑟夫对自己颁布的法令身体力行：他下葬时使用的就是自己推行的简朴的棺材。哈布斯堡的皇室成员都安葬在维也纳嘉布遣会教堂的皇家墓穴（Kapuchinergrüfte）里。约瑟夫要求他的墓志铭这样写："长眠于此之人，虽有善意的想法，但终究一事无成。"[10] 如今到地下室里参观的游客会好奇地打量这里的纪念像，看着玛丽亚·特蕾莎似乎深情款款地看向丈夫，想象着巴洛克时代戏剧性的故事，却很容易忽略约瑟夫朴素而低调的棺材。

历史学家常将约瑟夫视为"自由主义的先驱"。在哈布斯堡王朝漫长而错综复杂的历史中，约瑟夫确实是一位与众不同、最为开明的君主。受他的性格和他接受的启蒙主义价值观影响，在所有哈布斯堡王朝的君主中，他可能对臣民的思想产生了最深远的影响。到了 19 世纪，这个曾经在欧洲最不受欢迎的人成了贤明统治者的代表，一位服务于人民的帝王。后世将他的思想称为约瑟夫主义，这些思想深入人心。同时代睿智的利涅亲王（Prince de Ligne）曾这样评价约瑟夫二世："强硬且不择手段……比起赢得同时代人们的支持，他成功地引起了后世人的兴趣。"[11] 虽然在那个时代约瑟夫算得上明君，但他依然有强烈的专制统治者的特点，总是要求臣民服从他的命令。约瑟夫二世很多出于好意的政策没能打动奥地利人民，但它们吸引了年轻的贝多芬的注意，至少在他的记忆里是如此。比起他的继任者——短期执政的利奥波德和长期执政的弗朗茨，即利奥波德的儿子——约瑟夫打动贝多芬的部分原因是他似乎更愿意接受改变的可能。

《约瑟夫二世之死康塔塔》

1790 年 2 月 20 日，约瑟夫在维也纳逝世，四天后这个消息传到贝多芬所在的波恩。不久后，支持改革思想的波恩读书会邀请或者说委托年轻的贝多芬写一部乐曲纪念这位先皇。在此之前，贝多芬就认为约瑟夫二世是一位理想的君主。从他根据自己的印象写出的这首康塔塔中可以看出，贝多芬似乎毫无保留地崇拜着约瑟夫，并将自己对人类美好生活的希望寄托在了这位皇帝身上。因此，成年后的贝多芬成了一位"约瑟夫主义者"，一位有着开明思想的改革者，并且终生如此。1789年 7 月 14 日法国大革命爆发时，贝多芬 18 岁。他一定十分清楚，在他祖辈的故乡、长期处于哈布斯堡王朝统治下的奥属尼德兰，于 1790 年 1 月召开的"比利时主权大会"（Sovereign Congress of Belgium）上宣布脱离约瑟夫的统治，并效仿法国和美国制定了一部革命性的宪法。[12] 一个月后约瑟夫突然去世，导致这件事不了了之，也让贝多芬陷入了心神不宁的状态。这时，贝多芬的 19 岁生日刚刚过去两个月。

约瑟夫的死成了青年贝多芬生命中的一个里程碑。他的《约瑟夫二世之死康塔塔》（WoO 87）以及随后的《利奥波德二世登基康塔塔》是他最早的两部革命题材的作品。对于当时欧洲各地的人来说，那是个激动人心的年代。约瑟夫康塔塔这部真挚动人的作品不仅体现了贝多芬对这位皇帝及其开明政策的崇敬之情，也体现了他对法国大革命带领人类走进新时代的希望。虽然贝多芬的愿景在现在看来有些理想化，但在当时这个愿景似乎很有可能实现——只要人类尽力而为。

波恩大学教授尤洛吉乌斯·施奈德写过一首《为弥留之际的约瑟夫二世所作的挽歌》及另外两首诗歌，贝多芬对此应有所耳闻。施奈德是读书会中的活跃人物，贝多芬也和这个协会交往甚密，因此贝多芬对悼念约瑟夫之死的看法很有可能受到了施奈德的影响。在启发贝多芬创作这首康塔塔方面，想必施奈德起到了很大作用。施奈德的朋友泽韦林·安东·阿弗东克（Severin Anton Averdonk）将诗改写成了这首康塔塔的歌词：

> 驾崩！驾崩！哀叹响彻凄凉的夜晚，
> 悲啼在山崖边回荡！
> 海浪从深渊中发出呼喊：约瑟夫大帝驾崩了！
> 约瑟夫，不朽功绩的创造者，
> 驾崩了，是的，驾崩了！

和施奈德一样，阿弗东克赞扬约瑟夫对自由的推崇和对宗教狂热主义（*Fanatismus*）的限制，即对奥地利社会中无处不在、不受限制的教会权力进行制约。约瑟夫的逝世是世界的损失，这种遗憾的情绪贯穿整首康塔塔。在合唱的伴奏下，咏叹调歌颂了约瑟夫在限制"怪物"——天主教会牧师——的权力方面取得的成就：

> 然而希望尚存。
> 人民站起来向着光明前行，
> 幸福的大地转向太阳，
> 太阳神圣的光芒温暖着上帝创造的世界。[13]

贝多芬也反对教会的宗教专制。在天主教占据主导地位的莱茵兰，教会与贵族关系紧密。虽然在信仰天主教的家庭长大，但青年时期的贝多芬似乎并不奉行教会的戒律，实际上他一辈子也没有奉行过。他似乎认为，人不需要教会作为信仰的中介。作为一个信仰上帝的年轻人，贝多芬认为自己可以直接与上帝建立联系。

1778 年，波恩的耶稣会（Jesuit order）①解散。波恩人积极支持共济会，并建立了支持自由思想的光明会分会。分会在 1785 年解散，但贝多芬离开波恩定居维也纳后，马克斯·弗朗茨又重新建立了光明会。贝多芬借用阿弗东克的诗歌尖锐地讽刺了狂热主义。他想用这首康塔塔攻击过度的宗教热情，以及思想教条、过分迷信某一宗教或政治制度的君主。贝多芬激情澎湃的音乐完美地契合了阿弗东克铿锵有力的语言节奏，面对文字描绘的严酷现实，音乐带来了强有力的信念："人民站起来向着光明前行"（Dastiegen die Menschen an's Licht）。共济会指明了一条穿越黑暗、走向光明的道路。这一点在《魔笛》（1791）中有所体现，而在此之前，启蒙思想强调的也是由黑暗走向光明这一历程。贝多芬信仰上帝却从未正式皈依某一教派，他认为每个人都可以独立地信仰上帝。实际上，他所说的"保持信仰"并非一种盲目的狂热主义的信仰，而是对理性和赫尔德（以及他借用其他思想家的观点）推崇的人性的信仰。法国贝多芬传记作者、政治家爱德华·赫里欧（Édouard Herriot）曾一针见血地指出，贝多芬的康塔塔"是对选帝侯的致敬，同时也是对逝者的告别，而且毫不夸张地说，它也是仁慈、博爱、和平主题的第一次体现，这些主题在后来，并且是很久之后，才出现在《第九交响曲》中"。[14]

贝多芬为阿弗东克平铺直叙甚至可以说有些平淡的诗文谱上了富有感情、极具感染力的乐曲。第一节出现了五次"驾崩"，足以让听众陷入沉默和敬畏。这一节在结尾重复出现。

---

① 天主教主要修会之一，1534 年成立于巴黎。该修会在反对欧洲的宗教改革方面发挥了重要作用。

40 这是对宣传狂热主义、用宗教思想蒙蔽民众的牧师发出的尖锐而持续的攻击。《约瑟夫二世之死康塔塔》主张人类可以通过理性获得救赎。贝多芬哀悼的约瑟夫二世并非那个时代的维也纳人所熟悉的约瑟夫，而是一个理想主义青年想象中的约瑟夫，这位青年住在远离维也纳的一个小城里，接受着约瑟夫弟弟的仁慈统治。想必贝多芬也不想冒犯他的领主。

这首约瑟夫康塔塔也体现出了席勒的影响。席勒写道，这是个戏剧性的时代，"舞台"将"所有社会阶级和等级"聚集在一起。同时，在一个书面文字频繁接受审查的时代，舞台也提供了"通往思想与内心的最佳道路"。[15]贝多芬希望他的康塔塔能够像席勒的戏剧一样打动观众，但他未能如愿。在贝多芬的有生之年，这首康塔塔从来没有演出过。贝多芬的朋友诺伯特·布格米勒（Norbert Burgmüller）的父亲曾尝试为这部作品安排一场演出，但以失败告终。至于其中原因，我们只能靠猜测了。也许当时已经错过了时机，或者人们认为约瑟夫的逝世是件丧事，不宜进行演出，又或者他认识的演奏者认为乐曲难度过大。也有可能贝多芬没有按时完成创作，后来他接受委托时偶尔会出现这种情况。不管出于什么原因，近一个世纪之后人们才听到了这首乐曲。

虽然没能上演，但这部作品一直活跃在贝多芬的记忆里。乐曲中不少乐思和主题在后来的作品中常常以贝多芬最爱的调性之一升 c 小调反复出现，因此在这首康塔塔中能看到贝多芬成熟时期无数作品的影子。20 年后，贝多芬将这首乐曲的素材用在了他为歌德的戏剧《埃格蒙特》（*Egmont*）创作的配乐中。在 1814 年的歌剧《菲岱里奥》里，第二幕开头阴森的地牢场景中也出现了康塔塔的开篇旋律。贝多芬没有使用同一个音乐构思，而是对这四个小节的旋律进行了改写。康塔塔中被后世称为"人性之歌"（Humanitatsmelodie）的旋律是由撒拉弗①演唱的。这首歌不论在哪里出现都显得那么悦耳动听，后来它还出现在《菲岱里奥》的终曲乐章里，由充满欣喜之情的莱奥诺拉演唱。再后来，贝多芬将这首"人性之歌"中的主题进行延伸和展开。《第九交响曲》的合唱乐章中也能找到这首康塔塔的影子，贝多芬用它呈现出了一个幸福的梦境。

童年时的贝多芬曾因深爱的祖父去世而感到悲伤。1800年，在定居维也纳8年后，贝多芬请他在波恩的挚友弗朗茨·韦格勒将拉杜绘制的祖父肖像寄给他。祖父路德维希和约瑟夫取代了父亲在贝多芬心中的位置，弥补了他缺失的父爱。不论搬到哪里，贝多芬都会把这幅画挂在显眼的位置，直到他去世。约瑟夫的逝世可能让他想起了祖父的逝世，让他感到了巨大的损失。贝多芬在约瑟夫康塔塔中表达出的对狂热主义的愤怒从未平息过。直到后来，贝多芬一直对约瑟夫抱有好感，1815年之后他还在维也纳加入了一个约瑟夫主义社团。

约瑟夫康塔塔等待了将近一百年才迎来它的首演。1884年春天，长期居住在维也纳的勃拉姆斯先是听了一场约瑟夫康塔塔的私人演出，接着又听了一场公开演出。勃拉姆斯说它是一部震撼人心的作品。作为一位"约瑟夫主义者"，勃拉姆斯在给他的朋友、维也纳著名但有些固执的评论家爱德华·汉斯立克（Eduard Hanslick）的一封信中承认，这位皇帝的改革思想是伟大的，并且他的统治对哈布斯堡奥地利产生了深远影响："我不禁想象当时的景象——正如他激昂的文字所体现的那样——那一刻全世界都明白了约瑟夫的逝世是一个多么大的损失。"16

---

① 这里可能指的是《基督在橄榄山上》中的耶稣和撒拉弗咏叹调。

要了解贝多芬对某个人的看法，方法之一就是评估他为此人创作的或献上的音乐作品。约瑟夫康塔塔所引用的诗作，以及他为这些文字配的音乐，都体现出贝多芬对这位逝去的皇帝怀有的深厚感情。除少数几部器乐作品外——其中最著名的仍是"英雄"交响曲——贝多芬很少通过音乐表达他对一个人的看法。但他在约瑟夫康塔塔中破了例，可见他对这位改革派皇帝评价很高。在贝多芬此后的所有作品中，很少有人能获此殊荣。《约瑟夫二世之死康塔塔》如今仍比较冷门（这部作品也很少登上音乐厅的舞台），没有在贝多芬的主要作品中获得应有的地位。但它是贝多芬的重要作品，为贝多芬后来的政治和音乐发展奠定了基础。[17]《约瑟夫二世之死康塔塔》是一个了不起的成果，可以说它是贝多芬的第一部杰作。

1791 年 9 月初，贝多芬被马克斯·弗朗茨选中，和另外 18 位音乐家一同被派往条顿骑士团（Teutonic Order）的大本营梅根特海姆（Mergentheim）。身为科隆选帝侯的马克斯·弗朗茨同时也是骑士团大团长。在前往德意志南部这座城市的途中，他们乘坐两艘船沿莱茵河逆流而上，再前往美因河（Main）上游。途中他们停靠在了阿沙芬堡（Aschaffenburg），在那里贝多芬听到了钢琴家约翰·弗朗茨·克萨韦尔·斯特克尔（Johann Franz Xaver Sterkel）演奏的贝多芬根据里吉尼歌剧创作的变奏曲。随后这位年轻的作曲家亲自演奏了这些变奏曲以及其他的一些作品，让全场听众为之惊叹并沉浸其中。一行人到达梅根特海姆后停留了数月，其间贝多芬的演出也取得了同样的成功。在与其他专业音乐家接触的过程中，他开阔了自己的音乐视野，也通过精湛的技术和高超的即兴演奏给他们留下了深刻印象。此行之前，贝多芬只在 1783 年和母亲去过一次奥属尼德兰，那一年他 12 岁。在那里他见到了一些亲戚，向他们展示了他过人的音乐才华。我们对这两次旅行都知之甚少，但他的第一次旅程可能比此前人们认为的要长得多，持续了几个月而非两个星期，他可能也见到了北海，并在后来以这段经历为灵感创作了《平静的海与幸福的航行》（*Meerestille und glückliche Fahrt*）康塔塔。[18]

《利奥波德二世登基康塔塔》

约瑟夫二世死后没有留下子嗣。与他年龄最为相近的弟弟利奥波德在 1790 年 9 月 30 日继位，成为利奥波德二世。很久之前，利奥波德的母亲就将他封为托斯卡纳大公，并将佛罗伦萨作为他的首府，此后利奥波德以无可挑剔的开明政策统治该地区。他刚上任后不久就为造福臣民实施了成效显著的改革，推行了先进的开明举措。和他好施暴政的哥哥不同，他的统治是温和适度的。他认为人民有权利要求更低的税收，反对专横的统治。当时的人认为他对托斯卡纳的管理是成功并且具有前瞻性的。他也对当地的权力结构进行了很好的调整。利涅亲王曾这样评价利奥波德："18 世纪能力最强的统治者之一"，"将托斯卡纳变成了启蒙运动中的模范邦国"。[19]

利奥波德不像约瑟夫那样思想进步，他性格更稳重，能够做出让步，更愿意听取别人的意见。他选择以开明的态度进行统治。在当时最著名的监狱改革者切萨雷·贝卡里亚（Cesare Beccaria）的带动下，利奥波德废除了酷刑与死刑，统一了各阶级的刑事诉讼程序。有些人希望利奥波德登基后能够继续实行他哥哥的开明政策，有些人则不然。利奥波德选择采取比约瑟夫更保守、更现实的措施，还撤销了约瑟夫颁布的几项法令。他也废除了约瑟夫异想天开地设置的一些税收政策，这些政策毫无意义，常被人们诟病。但如今他更多被看作约瑟夫改革措施的继承者，而非这些措施的改进者。和他的哥哥不同，利奥波德力图维持领土上的和平。他既不信任在莱茵河沿岸城镇和维也纳定居的法国流亡贵族，也不想对巴黎的革命者进行讨伐。

　　虽然利奥波德对托斯卡纳公国进行了 25 年卓有成效的统治，但 1790 年时，在哈布斯堡广阔的疆域内，他在阿尔卑斯山以北的地区并不是很出名。维也纳人对他知之甚少，人们对他众说纷纭。让人十分担忧的是，在对托斯卡纳进行长期统治期间，利奥波德建立起了一支密探队伍，据说比起约瑟夫在维也纳建立的密探队伍，监视能力有过之而无不及。成为皇帝之后，利奥波德继续对他认为具有潜在威胁的人进行监视，他和约瑟夫一样，认为这是维护国家稳定的重要手段。[20] 利奥波德向来不赞成约瑟夫开明但专制的统治手段，于是开始缓和领土内的不满情绪。但 1792 年 3 月 1 日，利奥波德在约瑟夫逝世两年后也去世了。他曾希望建立君主立宪制，但由于在位时间过短，没能实现这一目标，也未能在帝国留下自己的印迹。

　　1790 年春季完成约瑟夫康塔塔后，依然满怀希望的贝多芬决定创作一部《利奥波德二世登基康塔塔》。这首乐曲再次使用了阿弗东克的诗作，其宗旨是探讨一位统治者应具备的品质。在这部作品中，贝多芬对约瑟夫的逝世和新皇帝的继位给予了同样的关注，贝多芬和维也纳人一样，对这位继任者了解甚少。

　　利奥波德康塔塔延续了约瑟夫康塔塔的哀伤情绪，但缺乏后者的感染力，情绪表达也没有那么强烈。这也难怪。利奥波德执政的时间如此之短。虽然贝多芬无疑希望利奥波德将约瑟夫的开明政策延续下去，但他对此似乎没有足够的信心。似乎为了证明他的不祥预感，他为阿弗东克的诗句谱写的乐曲缺乏活力，体现出了不信任甚至是怀疑的情绪。但最终他以激动人心的合唱结束了这首康塔塔。贝多芬在后来的一些作品里也引用了这一素材，最明显的一个例子就是他 30 年后创作的《庄严弥撒曲》（*Missa solemnis*）中的信经（Credo）。贝多芬并非不喜欢利奥波德，但他可能本能地、自然地感觉到，在宏伟愿景方面，没有人能取代约瑟夫。除此之外，贝多芬只了解约瑟夫的政策，不了解利奥波德的政策，因此他可能也认为开明国家的愿景和理想已经和约瑟夫一起消亡了。

约瑟夫康塔塔是贝多芬出于敬仰和爱戴而创作的，也许不需要别人委托，他也会创作这样一部作品（虽然他可能确实受到了波恩读书会的委托），但利奥波德康塔塔与之不同，它很可能是贝多芬受到委托而作的。从成就上来说，约瑟夫康塔塔要胜过利奥波德康塔塔，但两者都表明年仅 19 岁的贝多芬已经开始深入思考如何让他身处的世界变得更加美好。这时的他已经开始尝试探索社会的本质。除了约瑟夫康塔塔和利奥波德康塔塔，贝多芬还为一部名为《贤王》（*Der gute Fürst*）的作品创作了部分草稿。当时的贝多芬显然花了不少心思思考"贤王"应具备哪些品质。

1792 年，利奥波德的儿子继承了王位，成为弗朗茨一世①。贝多芬是否期待过将他的约瑟夫康塔塔或利奥波德康塔塔搬上舞台，我们已无从知晓。如果他确实有过这样的期望，那么此时也已经落空。弗朗茨重新回归了天主教会，且整体上与约瑟夫和利奥波德的政策渐行渐远，因此这两部作品也不太可能被搬上舞台了。而贝多芬则依然反感天主教和贵族共同给市民生活带来的压迫。

45

---

① 末代神圣罗马帝国皇帝（1792~1806 年在位），一般被称为弗朗茨二世。拿破仑建立莱茵联邦后，弗朗茨以神圣罗马帝国皇帝身份退位，成为奥地利皇帝（1804~1835 年在位）。理论上来说 1806 年之后这位君主才被称为弗朗茨一世。

《自由人》

法国大革命在本国乃至欧洲其他地区催生出了数百首革命歌曲。1790 年，贝多芬以合唱与独唱一问一答的对唱形式创作了一首名为《自由人》（WoO 117）的歌曲。歌词改编自一首著名的雅各宾派诗歌，作者是来自科尔马（Colmar）的革命诗人戈特利布·康拉德·普费菲尔，诗中表达的平等与博爱思想和席勒《欢乐颂》的主旨不无相似之处。[21] 普费菲尔认为，只有遵从自己内心的准则而非当权者制定的准则的人才算得上真正的自由人。贝多芬为此诗谱写的乐曲算得上是一则宣言，这首歌很可能是他 1792 年在波恩写就的。贝多芬崇尚自由，而那一年发生的一件事让所有持不同想法的人备感意外。贝多芬为《自由人》谱曲的灵感很可能来源于 1792 年 9 月 20 日法军在瓦尔密（Valmy）取得的出人意料的胜利，当时以自由公民身份应征入伍、未经专业训练的法国士兵打败了一支奥普正规军。此事让很多欧洲人大为震惊。和贝多芬的许多作品一样，这首歌曲采用了 C 大调，凸显了战争胜利的气氛。后来，贝多芬在《第五交响曲》的开头复现了这首歌的前五小节，同样使用了 C 大调。

这首诗不断重复着一个问题："谁是自由人？"

> 谁是自由人？
> 不论出身，不论头衔，
> 无论是天鹅绒外套还是罩衣，
> 都无法掩盖这位兄弟，
> 他就是自由人！[22]

在革命初期的动荡岁月里，这是人们经常讨论的问题。

接下来的八个诗节里，普费菲尔对这同一个问题给出了不同的答案。他在每段进一步阐释了人为什么应该争取自由，每段都以"他就是自由人"结尾。无论出身、地位还是衣着，都不是自由人的标志。贝多芬的音乐支持了普费菲尔的观点，即自由人是有独立思想的个体，自由人不会向贵族和教士的统治屈服。

第二节再次问道："谁是自由人？"答案是那些不把教士当作主人的人。自由人无须向宗教教义低头，也无须屈服于神父的淫威。第四节重复了第一节，再次讨论作曲家关心的那个问题：真正的贵族不是由一个人的衣着、头衔或遗产决定的。它无关出身或社会等级，只有那些对人类怀有博爱之情的人才是真正高贵的人。高贵存在于一个人的品格之中，这成了贝多芬的终生信条。第九节讨论了自由人要有自由身。自由比"财产"更重要，甚至比生命本身更可贵。成为自由人意味着真正有价值的东西不会"丢失"。这些诗节实际上表达了贝多芬自己的信条。歌词和音乐都体现了他的决心，即便是在这样青涩的年纪，他也已经决定尽可能独立地活着。他为这些诗节谱写的充满活力的音乐体现了他决心以作曲家的身份投身于这首诗中所写的重要事业中去。

贝多芬日益意识到他生活在一个狭隘的、缺乏基本自由的世界，而《自由人》正契合了他的这一想法。难道美国革命和随后的法国大革命创造出的不是现代"公民"吗？贝多芬认为自己不是臣民，而是一个公民：公民是自由的，臣民不是。这个概念是如此之新，以至于托马斯·杰斐逊（Thomas Jefferson）在《独立宣言》的一份草稿中原本使用了"臣民"一词，后来他擦掉了这个词，将其替换为"公民"。

贝多芬是新思维方式、新世界观的开拓者，他知道身份自由和权利自由是不同的。首先要实现身份自由，然后再实现权利自由。汉娜·阿伦特（Hannah Arendt）提醒我们："身份自由（liberty）是权利自由（freedom）[①]的前提，但身份自由并不意味着一定会获得革命性的自由……我们所理解的平等，即每个人生来都是平等的以及平等是与生俱来的权利，是进入现代社会之前完全没有的概念。"[23] 贝多芬信仰自由，更信仰人类的同胞之情，但他不认为每个人都是平等的。尽管如此，他相信应为公民赋予平等权利，使所有人的权利都得到尊重，至少他在很多场合都表达过这一理念。

贝多芬的纪念册

1790 年的圣诞日，当时在欧洲名声正盛的约瑟夫·海顿（Joseph Haydn）在前往伦敦途中路过波恩。在此停留期间，贝多芬的崇拜者使这位著名的老音乐家注意到了年轻的作曲家，也可能是 1792 年 7 月他从伦敦返程时再次听人提起了贝多芬。看了几部推荐人拿来的作品后——其中应该包含了约瑟夫康塔塔——海顿被贝多芬所打动，于是邀请这位年轻的莱茵兰人到维也纳跟他学习音乐。

得到了海顿的认可和朋友的支持后，贝多芬十分高兴，于是便准备动身前往维也纳。出发前约一个星期，贝多芬的朋友和支持者按照当时的德意志习俗为他准备了一本"纪念册"（Stammbuch）。英语里并没有能完全表达 Stammbuch 的意思的单词或短语，它更像是留念册和题词本的结合体。贝多芬的纪念册是一份非同寻常的资料。留言者为贝多芬过去十年里在

48

---

① 此处翻译参考了汉娜·阿伦特《论革命》，陈周旺译，译林出版社，2007。陈译本将 liberation 译为"解放"，但没有对 liberty 和 freedom 进行区分，将两者均译为"自由"。一些文献指出，liberty 指与奴隶状态对立的状态，是解放的结果，而 freedom 指个人与生俱来的一种权利。在此将两者分别译为"身份自由"和"权利自由"。

钢琴、弦乐、管风琴演奏以及作曲方面的才华所折服，他们坚信在哈布斯堡王朝的首都，那个让格鲁克、莫扎特、海顿大放异彩的城市里，贝多芬能够发挥出他们在他身上看到的潜力，在音乐方面有所作为。[24] 这是大家合力献上的一份礼物，贝多芬在读书会结识的好友要么引用他们喜欢的文学作品中的经典段落，要么用自己的话语表达了对贝多芬的欣赏与喜爱。这本情深义重的小册子一直流传至今，让我们感受到了在贝多芬离开家乡远赴欧洲的德语音乐首都之前，他的朋友们对他的敬意与友情。其中最优美动人的留言来自贝多芬在波恩最热心的支持者瓦尔德施泰因伯爵，他写道，希望贝多芬到达维也纳后能够"从海顿手中接过莫扎特的衣钵"。[25]

在贝多芬的圈子里，席勒的《唐·卡洛斯》一定是部必读作品，他的三个朋友在纪念册里引用了这部剧作中的段落。[26]其他作品都只被引用了一次。这部剧作如同一首主题曲，贯穿了贝多芬整个青少年时期。他大概十分欣赏席勒的高尚情操，和朋友们一样对这部戏剧给予高度评价。他们欣赏《唐·卡洛斯》展现出的政治理想、主角的刚正不阿以及冒着生命危险为自由奋斗的品格，而且他们知道贝多芬也赞成这些观点。在初到维也纳的几年里，贝多芬曾力图实现波恩这些忠诚的朋友在纪念册中写下的愿望，不辜负他们的期望。

1793 年，贝多芬给他在维也纳认识的新朋友题词时也引用了《唐·卡洛斯》中的段落，从中可以看出这部剧作引发了贝多芬内心深处的共鸣。贝多芬引用了卡洛斯因父亲娶了自己的未婚妻而踌躇失意时发出的呐喊："我不是坏人——热血是我的过错——我的罪过在于我还年轻。我不是坏人，真的不坏。即便奔涌的情感出卖了我的心，我的心依然是善良的。"[27]虽然剧中波萨侯爵为追求自由而发表的理想主义宣言让贝多芬激情澎湃（后来在《菲岱里奥》中女主角莱奥诺拉充满激情的话语中也能看到这段宣言的影子），但他清晰地感到自己十分同情为情所困、软弱无能的唐·卡洛斯。虽然卡洛斯感情受挫，但他确实爱过。在贝多芬的价值观里，真爱占有极高的地位。尽管1792年至1808年，奥地利国务大臣施塔迪翁伯爵（Count Stadion）禁止了《唐·卡洛斯》的演出，但贝多芬引用了他朋友在纪念册中的题词。贝多芬一定很信任这位朋友，相信他的朋友也反对禁演。但他知道自己必须谨言慎行，因为此时他所在的地方不是波恩，而是君主专制的哈布斯堡王朝的中心。

为强调卡洛斯和波萨的话，贝多芬在他选取的引言后边附加了四条"准则"，来体现他心目中的优秀品质。以下是他的原话：

> 尽量行善事，
> 热爱自由胜过一切，
> 永远不要否认真相，
> 即便是在君王面前。[28]

这几句话概括了贝多芬内心最深处的信念。后来，他在《菲岱里奥》、《埃格蒙特》和《第九交响曲》中也表达了类似的观点。虽然贝多芬是在让–弗朗索瓦·布伊（Jean-Francois Bouilly）、歌德和席勒作品的启发下才表达出了这些观点，但他的音乐进一步阐释了这些思想，让人们产生了共鸣。

4

法国大革命

> 对所有国家来说，法国大革命都是一个里程碑……
> 因此［它］一直都是"那场"大革命。
>
> ——埃里克·霍布斯鲍姆（Eric Hobsbawm）[1]

> 如果对大革命的动因一无所知，我们就无法从人道主
> 义和社会方面透彻地理解［贝多芬］；同样，如果不了解
> 贝多芬的音乐，我们也无法透彻地理解法国大革命。
>
> ——威尔弗里德·梅勒斯（Wilfrid Mellers）[2]

1790 年约瑟夫二世的逝世以及两年后利奥波德二世的逝世
都没能打消贝多芬对社会变革的热情。1792 年 11 月中旬，贝
多芬乘坐马车历时一周到达维也纳，在那里他保持着青年时期
的希望与信念。但同年早些时候继任王位的弗朗茨一世很快就
变本加厉地实施对奥地利的压迫统治。审查制度一年比一年严
格。如果贝多芬想在维也纳成为一名成功的钢琴家、作曲家，
他就必须保持沉默，对自己的政治信仰闭口不谈，或者只与可
靠的朋友分享。不可避免地，他变得谨言慎行。但是他也说了
足够多，或者说当时认识他的人回忆了足够多，让我们了解到
他对法国大革命以及后来对拿破仑的看法。贝多芬理想中的奥
地利社会应该是一个共和国，但他也愿意接受为公众利益着想、
思想进步的政治领袖或贵族救世主，甚至是君主。

法国大革命的爆发

1789 年 7 月 14 日，对当局不满的法国人民冲进了巴士底

狱，此后的二三十年成了欧洲历史和文化中的一个重要阶段。当时贝多芬还有五个月才年满 19 岁。革命形势难以预测。人们从巴士底狱救出的七个人中，两个是疯子，四个是货币伪造犯，最后一个是萨德侯爵（Marquis de Sade）。他们是谁不重要。作为专制暴政的象征，巴士底狱的意义远比它实际的法律地位重要。它和可怕的"秘密逮捕令"（由国王盖章的无须审判即可将人投入监狱的信函）一样，象征统治者对公民自由的压迫。这座古老的监狱兼堡垒的陷落不断在法国乃至欧洲掀起波澜，这些浪潮很快成为欧洲变革的催化剂。

虽然青年时期的贝多芬应该对 18 世纪 80 年代德意志各邦和欧洲其他地区发生的政治动乱有所耳闻，但在很大程度上，1789 年的法国大革命及其广泛影响在接下来的几十年里造成了欧洲局势动荡，塑造了成熟时期的贝多芬。大革命自爆发之日起，就影响了贝多芬对未来的看法和他创作的音乐。大革命似乎标志着专制统治的终结，对于一些人来说这是场骇人听闻的灾难，而对于另外一些人——包括贝多芬——来说，它带来了变革的希望。多数历史学家认为它始于巴士底狱的陷落，但对大革命结束的时间，学界没有统一的说法。乔纳森·伊斯雷尔（Jonathan Israel）认为 1799 年 11 月 18~19 日拿破仑·波拿巴就任法国第一执政官标志着大革命的终结（见伊斯雷尔 2014 年出版的重要著作《革命思想》），我认为这一说法很有说服力。

52　　在这十年里，欧洲各地的人密切地关注着法国的局势。当时的消息虽然传播得比较慢，但终究传播到了各地。很多城市的报纸对外界新闻进行了广泛报道，翻印了欧洲各地记者的文章。当时对政治敏感的人也许无法判断局势的走向，但他们对当时事件的了解可能比今天最勤勉的历史学家还要多。大革命期间，波恩与巴黎的联系比它与维也纳的联系更为紧密，但即便受到政府的严格审查，维也纳的媒体也在巧妙而简短地报道着巴黎和其他地区的日常动态。

此时欧洲的年轻人可以直面他们刚刚形成的理想了。自由、平等、博爱的思想随处可见，关于人民主权、代议民主、公民权利甚至公民福祉的讨论已变得稀松平常。革命思想家很快意识到诗歌与政治、写作与自由之间有着紧密的联系。很多国家的诗人和音乐家通过歌颂自由的诗歌有意或无意地建立起了一种"神圣同盟"，成为人道主义事业的先锋。在英国和莱茵河沿岸的德语国家，很多人对法国新政治局面的热忱程度几乎和巴黎人相当。

建立共和国的理念

启蒙思想家拒绝接受基于神启或神迹得来的真理。对于他们来说，"共和国"这个词的含义和它在 21 世纪的含义十分不同。受孟德斯鸠和卢梭的影响，多数受过教育的欧洲人认为共和国只有在雅典或威尼斯这样的小城邦里才能实现。虽然他们对刚成立的美国取得的进步十分着迷，但美国这样如此之大、如此之新的共和国的未来——以及此时法国的未来——依然存在一个大大的问号。正如詹姆斯·费尼莫尔·库柏（James Fenimore Cooper）在《美国民主党》（*The American Democrat*，1838）中描述的那样，共和国可以是民主制也可以是贵族制。它的"根基可大可小"；它可以是美国，也可以是 18 世纪的威尼斯。库柏认为，"［共和国］与君主制的唯一区别就是，一个［主张］君主权利，另一个［主张］社会权利"。[3] 诚然，他写下这些文字时法国大革命已过去了近 50 年。在 1789 年，法兰西共和国的前途还十分不明朗。50 年后，君主专制再次在欧洲大行其道，共和国的前途也变得更加扑朔迷离。

不论政府采取何种管理形式，卢梭将法治国家一律称为

"共和国"。因此，按照当时的想法，君主立宪制国家也可以是共和国。毕竟在当时的欧洲，代议制民主还是个新兴的、未成形的概念。专制统治者甚至是专制暴君掌控着这片大陆上的多数传统政治实体。学生在学校里学习到的共和国的概念大多源于希腊和罗马历史。最受推崇的英雄是莱克格斯（Lycurgus）、老布鲁图（Brutus）和伯里克利（Pericles）。但对于18世纪希望实现人文复兴的思想家来说，在欧洲各国首都宣传共和思想并不是他们哲学纲领中的一部分。对于当时的许多人来说，建立共和国如同探索一片未知的海域。

令人意外的是，"自由、平等、博爱"这个官方口号最初并非由法国提出，而是由巴达维亚共和国（Batavian Republic，大约为今天的荷兰）提出。1792年法兰西第一共和国的官方文件上只同时出现了"自由"（Liberté）和"平等"（Égalité）。人们虽讨论着"博爱"，但直到后来人们才在信件或其他文件结尾以"致敬与博爱"（Salut et fraternité）作为落款。[4] 虽然没有放在一起，但"自由、平等、博爱"已成为人道主义的新口号。理解这些词的意思是一回事，而像1789年那代人一样对这些词有直接而切身的体会则是另一回事。

虽然没有在大革命时期的法国同时出现，但"自由、平等、博爱"不仅成了欧洲城市里启蒙思想界的战斗口号，也成了各地普通公民的口号。遥远的美洲殖民地开了个头，伟大的、看似富裕的法国紧随其后，而鉴于法国在过去两个世纪里的主导地位和语言上的支配地位，很多欧洲国家的人感到他们也有必要进行效仿。到了1790年夏末，欧洲人认为大革命结束了，人们喜悦地期盼着未来，但这种喜悦只是昙花一现，以前从未有过，以后也不会再有了。

巴士底狱陷落仅仅几个月后，在1789年7月被认为与人民作对的路易十六被正式任命为"法国自由的重建者"。后来，路易十六企图煽动反革命，并在 1971 年 6 月尝试逃离法国，此后他彻底失去了民心。即便如此，国民议会还是允许他继续担任皇帝，直至 1792 年 8 月 10 日。当时多数人依然盲目乐观地认为他是一位与贵族反革命者作斗争的君主，能够成为人民的救星。第一次法国大革命虽然组织混乱、诉诸恐怖主义并以失败告终，但它至今依然让法国人迸发爱国热情并引以为豪。5

战争

革命者试图通过建立一个世俗国家来复兴法国社会，在这个国家里，国民日常生活的方方面面都发生了改变。1792 年，"第二次"法国大革命的支持者下令废除法国天主教会。他们关闭了（经常亵渎）天主教的礼拜场所。由于人们开始对宗教产生怀疑，教会发现其地位已被歌剧、音乐厅和剧院所取代。新的大革命历法 ① 代替了由来已久的儒略历（Julian calendar），象征基督时代的终结。新历法以十天为一旬（décades），代替了原本的一周七天。1792 年 11 月，法兰西共和国甚至更进一步，为所有希望重获自由的人提供友好帮助和支持。然而，共和国的领导人对于其他国家的革命活动并没有表现出太大的兴趣。美因茨激进人士格奥尔格·福斯特曾到巴黎为家乡的革命活动寻求支持，但他很快就意识到了这个残酷的现实。

1792 年秋天，法国发生了几件大事。这年 6 月路易十六逃跑失败，两个月后，国民议会废黜了波旁王朝。9 月 2 日，在那场被称为九月屠杀的事件中，巴黎街头爆发了反对革命者的暴动，导致至少 1400 人丧生。随着雅各宾派统治下暴力事

55

---

① 即法国共和历。

件的增多以及奥普联军的逐渐逼近，看起来法国大革命也许会和 17 世纪的英国内战一样，可能会带来暴民统治，而不是一个新的伊甸园。

法国内部不断发酵的革命活动不可避免地导致了该国共和制政府和欧洲君主制之间的冲突。奥地利率先发起了攻击，这场战争后来断断续续地持续了二十多年。为了打击革命者的罪行，遏制那些干坏事的人，可能也是为了营救被囚禁的路易十六和出生于奥地利的女王玛丽·安托瓦内特（Marie Antoinette），奥地利于 1792 年 4 月 20 日对法国宣战。听到这个消息后，巴黎当权的君主立宪制领导者也以向奥地利宣战作为回应。奥地利说服普鲁士与其结盟，当时的普鲁士军队依然享有腓特烈大帝时期骁勇善战的名声。和其他隔岸观火的欧洲国家一样，发起进攻的奥普联军认为他们将会在短时间内取得胜利。这场战役确实很快就结束了，但以奥普联军的失败告终。

1792 年 9 月 20 日，在法国东部的瓦尔密，法国革命军与训练有素的奥普联军展开对抗，后者由普鲁士的布伦瑞克公爵（Duke of Brunswick）率领，当时人们认为他是最杰出的军人。奥普联军的目标是巴黎。公爵威胁称如果共和派政府敢碰路易十六和他妻子的一根头发，就要摧毁这座城市。他对迪穆里埃（Dumouriez）和克勒曼（Kellermann）将军率领的革命军十分不屑，称之为"乌合之众"。但革命军在他们自己选择的军官的领导下作战。战役打响后，没有经过正规训练的法军坚定地抵抗敌人猛烈的炮火。他们使用武器的熟练程度丝毫不逊于旧制度下战士阶级领导的部队。他们的顽强抵抗让奥普联军放弃了战场。法国共和主义者这种拼死一搏的精神起到了决定性作用，最终他们大获全胜。这场胜利表明了在战争的检验下，法国新秩序下的全民动员（*Levée en masse*）和充满爱国热情的公民军队，比反对它的旧制度下有偿招募的军队更加强大。因此瓦尔密战役是法国的一场关键的胜仗，它结束了敌人的侵略。9月22日，胜利后的第三天，国民议会宣布法兰西共和国成立。

在法国之外，很多人也为公民组成的临时部队打败欧洲帝国的雇佣军而赞叹。与普鲁士军队随行并目睹了他们落荒而逃的歌德似乎立刻就看清了瓦尔密战役的意义。在《1792年法国战役》（1822）中，歌德回忆他当晚在篝火旁对普鲁士军官说："此时此地，一个新的纪元开始了，可以说你们见证了这个过程。"[6]歌德说得没错。在法国大革命带来的新生力量面前，古老的欧洲显得无能为力。康德、赫尔德、克洛卜施托克、拉瓦特尔（Lavater)和黑格尔都将瓦尔密战役视为新历史阶段的开始。正是从这时起，大革命成了一股无法控制的力量。哲学、文学和艺术界的革命早已经开始，很多人认为革命军的胜利正是这场革命的延伸。

听说法军在瓦尔密战役中取胜后，1789年前曾在法国宫廷任职的作曲家弗朗索瓦-约瑟夫·戈塞克（François-Joseph Gossec）投身到革命事业中。戈塞克被誉为"法国大革命中的提尔泰奥斯"，即通过诗歌激励同胞取得胜利的斯巴达诗人。戈塞克用激昂的文字和音乐帮助人们重新认识了这个新时代。他鼓舞人心的清唱剧《共和国的胜利：大草原上的兵营》（*The Triumph of the Republic, or the Carp on the Great Meadow*，1794）描绘了战役前一天的法国部队。合唱部分唱道："打倒暴政；让全欧洲——/洒满压迫者的鲜血——/成为我们［自由］女神的广阔圣殿。"[7]清唱剧结尾处的激昂旋律引出了对自由女神的歌颂："人类与生俱来的基本权利/哦，最可贵的自由。"对此自由女神回答道："法国从此成为圣殿/我愿常驻于此。"[8]《共和国的胜利》结尾处的九支舞蹈代表了支持

57

大革命的九个国家。参与者抛开了国籍上的差异，成了"世界的公民"。

直到 1792 年秋天，除普鲁士和奥地利以外的欧洲专制君主都认为法军的胜利不会给他们的统治带来威胁，但这样的想法很快就发生了变化。俄国女皇叶卡捷琳娜大帝感到瓦尔密战役会给她的德意志故土带来不可估量的麻烦。实际上，这场战役确实开启了一场长达二十多年的斗争。对于贝多芬那一代人来说，瓦尔密战役之后的欧洲再也无法回到从前了。

恐怖统治

1789 年，几乎所有法国国民议会的成员都认为法国必须保留君主制。这样的想法持续了大约三年。有段时间，路易十六似乎愿意接受成为立宪制君主，尽管他对立宪制君主有自己的理解。但 1792 年 8 月 10 日的起义推翻了君主制后，将新制度移植到旧制度上的所有虚伪的假象也随之终结。9 月 22 日，瓦尔密战役结束两天后，国民议会宣布法国成为共和国。孟德斯鸠曾教导人们，只有当公民的公共行为以美德（*vertu*），即公正无私的公民精神为基础时，共和制才可能实现。直到 1792 年秋天，法国军队在与欧洲君主制国家的战役中连战连捷，建立共和制才成为大革命清晰、明确的原则。也只有当法国人宣布他们决定将大革命的原则向所有寻求他们支持和帮助的人输出时，欧洲君主才开始感到他们的统治受到了威胁。

在 1793~1794 年的恐怖统治下，人们的恐惧不断加深。几个月来，已有几批人被送上断头台。为了巩固政权，雅各宾派的恐怖统治似乎需要像最开始攻占巴士底狱那样，继续它的暴行。这种自相残杀的暴力景象震惊了很多人，以致一些组织联合起来反对雅各宾派革命者。1794 年罗伯斯庇尔被推翻时，多数人表示欢迎。启蒙派人士依然心存希望。在恐怖统治期间为躲避迫害而藏在朋友家中时，孔多塞（Condorcet）写出了《人类精神进步史表纲要》（*Historical Picture of the Progress of the Human Mind*，1795）一书，虽然其中有一些错误观念，但它描绘出了一个最为美好的乌托邦。一个世纪后思想激进的哲学家弗里德里希·尼采将大革命称为"上一个千年中最重要的事件"。[9]它不仅对旧制度造成了致命打击，还造成了法国的分裂。然而法国需要并且找到了保护自己的方法。如果不是因为当时法国深陷内忧外患、保王党流亡异国、军队需要新人代替离开的军官，年轻的拿破仑·波拿巴恐怕也难以在那些年里迅速崛起。

1790~1810年的二十年似乎开启了人类历史的新阶段。让一些人欣喜又让另一些人担忧的新奇想法在欧洲悄然生根发芽。正如后世的历史学家发现的那样，这些创新精神极大地推动了科学、技术、文学、艺术、音乐的蓬勃发展以及各类改革措施的出现。诗人和音乐家对人类精神世界的语言进行了区分和改进。也许因为他们感受得更多，也经历了更多痛苦，因此看得更加透彻。

59

法国大革命在德意志

18世纪的英国思想家埃德蒙·伯克（Edmund Burke）曾预言，对全世界而言，法国大革命带来的最严重、最危险的后果不会出现在法国，而会出现在德意志。[10]伯克并非唯一一个对大革命持批判态度的人。米拉波（Mirabeau）在1791年去世之前也曾预言，法国大革命对德意志各邦的影响将超过它对法国的影响。

1789年，大革命的钟声也在德意志各邦回荡着。德意志人着迷地——通常又有些惊恐地——关注着革命活动的进展。与贝多芬同时代的德国杰出评论家弗里德里希·冯·施莱格尔

（Friedrich von Schlegel）曾将歌德的自我教育小说《威廉·迈斯特的学习时代》（*Wilhelm Meister's Apprenticeship*）誉为"法国大革命在德意志的对应物"。[11] 他暗指德意志众邦不太可能会出现真正的政治革命。但施莱格尔的观点只代表少数人。德国传记作者瓦恩哈根·冯·恩泽（Varnhagen von Ense）曾回忆道："1785~1815 年的这三十年被政治和思想力量所改变，这样的变化在从前和以后都是少有的。"瓦恩哈根亲身经历了这场动荡，因此他对这一点深有体会。

约翰·戈特利布·费希特在 1793 年写道："在我看来，法国大革命将对全人类产生影响。"[12] 后来他提倡通过其他方式在德意志实现人类进步，即更优质的教育和德意志的统一。很多德意志启蒙思想家之所以如此支持 1789 年的革命事件，是因为他们和美因茨的革命者格奥尔格·福斯特一样，认为能看到哲学家长久以来的理想得以实现是件了不起的事。1792 年 10 月 21 日，美因茨向法国投降之后，人们在福斯特的领导下和激进派德意志拥护者的支持下建立了一个雅各宾派共和国。和多数自由主义者一样，曾经走南闯北的福斯特认为（他曾在青少年时期参加了詹姆斯·库克船长的第二次环球之旅）德意志的改革必须是自上而下的。他将希望寄托于开明的王公贵族，希望他们为臣民带来幸福，并最终赋予他们自由，就像他想象中的英国人所拥有的那种自由。在美因茨和莱茵河西岸的德意志土地上，支持共和制的人越来越多。美因茨是继法国之后成立的第一个共和国。在法国的支持下，福斯特在莱茵河上游西岸举行了自由德意志国民公会的选举。法国的影响也延伸到了德意志南方的巴登、符腾堡、巴伐利亚等地，在这些地方，人们开始制订计划并发动起义，以建立南方的德意志共和国。

1793 年 3 月，旨在决定大革命之后法国的前途而召开的巴黎国民公会宣布美因茨成为自由的国家。其领土范围为莱茵河沿岸城镇兰道（Landau）和宾根（Bingen）之间的区域。根据公会的意见，这个新成立的美因茨共和国隶属于法国，而且一开始莱茵兰地区的人也很欢迎法国的统治。这时，附近的城市和公国里有很多与美因茨雅各宾派志同道合的人。革命政党种下自由之树作为新时代的象征。但这个新时代并未持续多久。福斯特前往巴黎试图谈判期间，黑森军队于4月占领了美因茨周边的地区，7月美因茨沦陷。

从阿尔萨斯（Alsace）到荷兰边境，莱茵河沿岸的德意志人都认为大革命代表了一种变革，而这种变革的规模是史无前例的。18世纪90年代，莱茵河左岸的很多德意志人——他们无疑受到了身边对现实感到失望的法国流亡者的影响，这些人大多是贵族，曾经家境优裕但现在越来越贫困——也开始对新来的法国统治者发起持续的消极抵抗。1793年，福斯特在巴黎给妻子写了最后一封信，在这封信中，他悲痛地称，虽然从原则上来说他是一个坚定的革命者，但现在大革命展现出真面目后，他本质上是不赞成大革命的。这时恐怖统治已经开始。1794年1月，疾病缠身、心灰意冷的福斯特在法国去世。讽刺的是，法国人很快夺回了莱茵兰，在他们的统治下，莱茵兰的经济再次繁荣了起来。

恐怖统治很快打消了很多德意志人对革命持有的乐观心态。虽然自由和博爱的思想仍在广泛传播，但北方德意志国家和莱茵河沿岸的人已不再认为向新社会发展是大势所趋了。此前德意志的知识分子之所以支持大革命的理想，并不是因为这些理想来自法国，而是因为它们是人道的，并且被认为具有普适性。如今大革命的结果令人唏嘘。德意志的知识分子不久后也体会到了福斯特的失望。席勒、维兰德（Wieland）、克洛卜施托克等人曾经将大革命看作新的开端，但如今他们的想法都发生了巨变。现在他们强烈反对大革命。虽然他们依然秉持着青年时期的开明思想，但一些德意志人——包括弗里德里希·冯·根茨、海因里希·冯·克莱斯特、奥古斯特·威廉·冯·施莱格尔，甚至是席勒——最终都加入了保守派的阵营。

法国大革命爆发十年后，这场严重的危机带来的主要影响开始在德意志各地显现。但直到 1806 年 10 月 14 日，拿破仑在耶拿（Jena）和奥尔施泰特（Auerstädt）会战中连续击败普鲁士军队后，德意志各邦的民族主义情绪才开始高涨起来。黑格尔认为，大革命在"世界历史上的意义"在于它向其他国家，尤其是德意志各邦传播的思想观念。1806 年，当黑格尔在耶拿看到骑在马背上的拿破仑时，他将拿破仑视为"世界精神"，或者说是"世界灵魂"。[①] 和康德（以及后来的卡尔·马克思）一样，黑格尔认为大革命是人类现代史上一个决定性的转折点，哲学思想也应迅速发生转变。

作家、画家、雕塑家、艺术家、哲学家、音乐家开始努力探索新秩序的可能性。对于克洛卜施托克、让·保罗、维兰德、赫尔德这些老一代德意志作家来说，最开始大革命似乎带来了世界变革的希望。对于康德和费希特来说，它为人类思想与自由带来了激动人心和超乎想象的机遇。大革命的爆发为各地带来了希望，人们感到一个更好的社会即将到来。但变革不是一蹴而就的。虽然这场大革命的高潮阶段在 18 世纪 90 年代中期逐渐结束，创作者们依然以半讽刺、半严肃的态度期待着精神上的重生，希望通过艺术改变世界。这种由革命热情激发的创作在 1800 年前后达到了高潮。

---

① 在《历史哲学讲演录》中，黑格尔把"世界精神"看作决定一切社会现象和人类历史过程的东西，是人类社会历史发展的基础和决定力量。黑格尔将伟大的人物视为"世界精神的代理人"。

在这场艺术的复兴中，文学起到了主导作用。除受到法国大革命的启发，德意志的文学作品也从弗里德里希·克洛卜施托克的作品中汲取了力量，尤其是他弥尔顿风格的史诗《救世主》（*Messiah*）。用伯恩特·冯·海塞勒（Bernt von Heiseler）诗意的话说，这首诗"如光线或海浪般流畅"，它让"德语展现出了全新的风采"。[13] 克洛卜施托克是歌德、席勒、荷尔德林（Hölderlin）、让·保罗以及贝多芬青年时期钟爱的作家，他启发了一代人去重新审视文字的力量。克洛卜施托克的作品是那一代人的必读物。克洛卜施托克的《救世主》和《颂歌》（*Odes*）以创造性的语言和形式表达出了强烈的情感，因此赢得了人们的盛赞。流畅的六音步诗体为刚刚站起来的第三等级（即平民阶级）发出了声音：如果上帝无处不在，那么人与人之间的差异将不复存在，世间所有人都是平等的。

克洛卜施托克之所以能在18世纪90年代给当时的人留下深刻印象，是因为他通过摆脱理性约束、强调个人情感，让人发挥出无限的潜力。在克洛卜施托克的带领下，德意志诗人让德语重焕生机。克洛卜施托克热烈支持法国大革命，并呼吁德意志人民站起来反抗统治他们的王公贵族。1792年，法兰西共和国与普鲁士和奥地利开战后，他提笔写下了一首《法国大革命颂歌》。[14] 大革命初期，克洛卜施托克和席勒（在一段时间内）十分积极地宣传大革命思想，以至于法国国民议会授予他们"法国公民"的称号。毫无疑问，两人都是普鲁塔克的拥趸。克洛卜施托克的诗歌对音乐界产生的影响不亚于它们对文学界产生的影响。作为贝多芬最喜欢的诗人之一，克洛卜施托克很早就在贝多芬身上留下了印记。他的诗歌很可能也激励了这位年轻的作曲家思考如何让德意志的音乐重焕生机。

相比之下，约翰·沃尔夫冈·冯·歌德从未对大革命表现出一丝热情。他对这种规模的世界性灾难的唯一评价就是：悲剧。大革命既不是大势所趋，也不伟大，而是应该被坚决反对的。歌德反对革命的作品包括 1790 年的《威尼斯警句》（*Venitian Epigrams*）以及田园诗《赫尔曼和多罗泰》（*Hermann und Dorothea*，1796~1797）。这两首诗都试图抨击他认为大革命内在的魔鬼的一面。整体来说，歌德关于大革命题材的作品并不出彩。在赫尔德的影响下，他逐渐脱离了法国文学的影响和启蒙时期枯燥迂腐的特点。[15] 在《浮士德》（第一部分出版于 1808 年）中，他通过浮士德的仆人瓦格纳讽刺了迂腐的学究作派。

在接下来的几年中，在被分裂成几百个政体的"德意志"，"爱国者"这个词专指法国革命者。后来这个词的含义才逐渐变得更为宽泛，具备了今天的含义。歌德也不支持群众运动。在他看来，大革命混乱不堪、嘈杂喧哗，人们相互混战。从法国发生的内部冲突来看，歌德的观点不无道理。我们不能简单地给他对革命的看法贴上"保守"的标签。后来歌德成了拿破仑的狂热崇拜者，因为他认为拿破仑是"伟大的秩序创造者"。但从艺术家的视角来看，歌德也清晰地看到了拿破仑身上魔鬼的一面，认为他是权力的欲望培养出来的原始植物（*Ur-Pflanze*）①。歌德"亲眼看到它的蓬勃发展和华丽绽放，直到后来"，拿破仑战败并被流放时，"它只得枯萎和死亡"，歌德平静地接受了拿破仑的悲惨结局，说这是"命运使然"。

比歌德稍晚一些、以无与伦比的古典题材诗歌而闻名的弗里德里希·荷尔德林也密切地关注着大革命的进展。荷尔德林对大革命的看法介于克洛卜施托克和歌德之间，德意志作家素有不发表政治观点的传统，但荷尔德林是一个罕见的例外，

---

① 此为歌德《植物变形记》中的概念，他认为所有的植物都由一株原始植物变化而来，这种变化也适用于其他生物。

他的《致自由》（*To Freedom*，大约创作于 1791 年）歌颂了
法国的革命者。[16] 在他后来的颂歌《波拿巴》（*Buonaparte*，
1798）中，他歌颂了这位年轻的法国将军 1796~1797 年在
意大利北部战胜奥地利军队的英勇事迹。他意识到法国大
革命和拿破仑的成就将掀起一股广泛的创作热潮。荷尔德林
并非唯一一个支持拿破仑的人。在德意志的土地上涌现了
许多歌颂拿破仑的作品，包括施莱格尔兄弟《雅典娜神殿》
（*Athenäum*）① 中的箴言与评论，以及席勒的史诗戏剧，如
《华伦斯坦》（*Wallenstein*）和《奥尔良的姑娘》（*The Maid
of Orleans*）。那些年里，在德意志的土地上，人们逐渐将拿
破仑与大革命联系起来。约瑟夫·冯·戈雷斯（Joseph von
Görres）在 1799 年和 1800 年，以及恩斯特·莫里茨·阿恩特
（Ernst Moritz Arndt）在 1803 年，都表达了对拿破仑的支持
甚至崇拜。荷尔德林不仅钦佩拿破仑的军事成就，也对他建立
新意大利共和国予以赞扬，在那里，法国大革命的理想被付诸
实践。在意大利，乌戈·福斯科洛（Ugo Foscolo）被拿破仑
1796~1797 年的出色战绩所鼓舞，在早期的一首诗歌中歌颂了
这位年轻的将军，之后温琴佐·蒙蒂（Vincenzo Monti）也在
他的著作《普罗米修斯》（*Prometeo*）中表达了类似的情感。

在美国革命中，托马斯·杰斐逊的目标是追求幸福。《独
立宣言》中所说的追求幸福，实际上指的就是追求欢乐。杰斐
逊渴望实现法国大革命的目标，对此人们已经进行了不少讨
论，但这些带有浪漫主义色彩的愿望至今仍未被完全理解。在
德意志各邦，大多数希望看到变革的理想主义者要么缄口不
言，要么变成了纯粹的乌托邦主义者。

---

① 奥古斯特·威廉·施莱格尔和弗里德里希·施莱格尔创办并编辑的期刊，刊登的
文章大多为片段式文章。

贝多芬对法国大革命的看法

那么贝多芬呢？由于在一定程度上受到了席勒诗歌与戏剧的影响，贝多芬的目标是同时实现自由与欢乐。他的创作才华是在很长的一段时间内发展起来的。贝多芬确实是一位理想主义者，但和华兹华斯早年的激情澎湃不同，贝多芬的发展本质上虽然是积极向上的，但也是小心谨慎的。每次感受到强有力的冲动时，他要么以某种创作方式将其表达出来，要么将其封存在心底，直到找到合适的表达方式。

贝多芬与华兹华斯和黑格尔同岁，仅比拿破仑小一岁，他是在大革命期间步入成年的。他相信法国的事件将开启一个新的时代。1789 年 8 月 26 日国民议会在凡尔赛通过了《人权与公民权宣言》的消息应该很快就传到了波恩。虽然没有提到女性和奴隶，但这份效仿美国《独立宣言》的文件承诺为法国所有男性赋予自由和平等的权利。1793 年 5 月 22 日，身在维也纳的贝多芬给纽伦堡的特奥多拉·约翰娜·福克（Theodora Johanna Vocke）写信时说道："热爱自由胜过一切"（Freiheit uber alles lieben）。[17] 人们热爱自由，但必须承认的是，通常被解放的人似乎只会在有限的一段时间内为他们获得自由感到高兴。之后他们就会开始挑新制度的毛病。但这也是意料之中的事情。对于那些对变革期待已久的人来说，他们在大革命早期感受到的兴奋一定给他们带来了不少欢乐。

和当时欧洲正在崛起的作家与知识分子一样，站在时代浪潮前沿的贝多芬期待通过音乐在社会中发挥积极作用。他认为未来的几年很可能是一段辉煌时期。他希望向外界表达他的想法。在他所选择的音乐领域中，他一定相信自己是一名革命者。即便在职业生涯的早期阶段，贝多芬向对他的音乐感兴趣的朋友表达思想的同时，也在向世界表达他的思想。他确定了

一个主题，一个具有革命意义的主题。此后他不断地重复这个
主题，一次又一次地修正它、改变它，直到它在人们的意识中
深深扎根。[18]

66

贝多芬有着非常少见而独特的价值观。虽然他从未对政
治理论表现出丝毫兴趣，但他对当时的公共事件十分关注。他
从未成为一位教条的革命者。他更像是一位理想主义的反权威
者，或者更确切地说，很多时候他是一位反抗者，有时也是一
位革命者，更多时候则介于两者之间。贝多芬对当时的社会规
范和惯例有一套完全主观、个人的评判标准。

像贝多芬这样敏感的青年在经历了 1789 年及后续几年的暴
风雨后，还能丝毫不受影响吗？至少对于贝多芬来说，答案是
否定的。大革命之前，改革通常是自上而下进行的。否则还能
来自哪里呢？肯定不能来自被剥夺了政治权利且毫无权力的平
民百姓。难怪贝多芬不会将改革的希望寄托在革命者身上——
不论是法国活跃的革命者还是波恩较不活跃的革命者——而是
诉诸约瑟夫二世这样的进步统治者及其继任者利奥波德二世。
大革命的热潮也没能让法兰西放弃转变为君主立宪制的想法。
既然如此，德意志各邦有什么理由不能效仿呢？即便不太可能
实现，但终归存在这种可能。思维缜密的贝多芬重视控制力、
纪律性和组织性。他意识到要成功地实施社会改革，就需要采
取新的手段。作为"新时代的人"，贝多芬需要的不是乌托邦
思想或某种未来共和国的理想，而是要对他自己过人的音乐才
华有坚定的信心，相信自己能够创作出影响深远的音乐，不光
能在他的时代引起人们的共鸣，也能在以后的时代产生同样效
果。他似乎从来没有怀疑过自己这方面的天赋。

不可否认的是，贝多芬确实认为共和制是最好的解决方
案。这样的看法反映了人们世界观的历史性变化。1789 年，
除了英格兰实行议会制以外，欧洲各国实行的基本上是君主专

制。18 世纪的作家讨论共和制时，他们参考的一般是古典城邦形式的共和国，这样的城邦规模足够小，可以让所有公民共同决策。贝多芬的革命观点是从古希腊式共和国和罗马美德的理想观念中发展来的。有着一万名内城人口和两千多名郊区人口的波恩可能会让贝多芬联想到早期的共和国。无论是古希腊城邦还是古罗马共和国，都是贝多芬可以参考的古典时代的理想。当时他已经十分熟悉普鲁塔克的作品了。生活在 1789 年的很多人也参考了一些年代更近的共和国范例，如文艺复兴时期的意大利公国、瑞士联邦、威尼斯（虽然逐渐从共和制变成了寡头统治），甚至还有刚刚建立的美国。在当时，很多人愿意相信国王或统治者会为人民的利益着想，能够以此方式领导一个共和国。拿破仑麾下的一些元帅是共和主义者，他们希望法兰西能够成为一个共和国，但依然接受了拿破仑称帝的做法。贝多芬认为，未来再有一位像约瑟夫二世或比他更好的领导者能够实施和他一样或者更成功的统治就可以了。

通过革命来应对可能出现的挑战，年轻的贝多芬并不是唯一一个持有这种想法的人。我们可以将贝多芬与拜伦进行对比。文学批评家托尼·坦纳（Tony Tanner）曾指出，拜伦"总是持反对意见，你可以说他是一位反叛者，但他从来不是真正的革命者"。他认为拜伦是"坚定的共和主义者"，一个"看清了王室和宫廷真面目的人"。[19] 但他不认为拜伦会支持美国的共和制。这个说法是有待商榷的，因为拜伦曾多次表示希望造访北美洲和南美洲。如果不是为了看看那些新国家的运作方式，他又为什么想去那些地方呢？但坦纳对拜伦的评价也适用于贝多芬。过去的共和国规模较小，数量较少，国家的运作也不一定有效。在很多人看来，美国是个未经测试的试验品，在 1789 年，美国作为一个还在探索中的国家，事实也确实如此。美国政府的形式如此不同寻常。它是如此复杂多变、难以操控，分出了诸多半独立的州政府，跨越的地域范围又是如此之广。这样的政府能否创造一个稳定、等级制度明确的社会，成为丰富的文化生活的必要基础呢？从某种程度上来说，这个问题至今依然没有答案。

1793~1794 年的恐怖统治时期结束后，法国进入 1795~1799 年的督政府时期。这两个时期都是失败的尝试。两者都没有为其他地区的共和制国家带来希望。贝多芬的传记作家 W.J. 特纳（W.J.Turner）指出，贝多芬"最喜欢的主题"不是"作为政治家为自己和同僚争取政党支持、地位、权力的政治"，而是"作为一种创造出更富足、更美好社会的艺术的政治"。[20] 从康德到浪漫主义时期，这一阶段启蒙思想家发展出了一个更富有善意的社会观。它提倡以温和的方式提高公民的道德品行，鼓励他们成为更好的人。国家不应为了限制人们的卑劣本性而做"必要的坏事"，而应通过为公民的生活赋予意义来发挥正面力量。

启蒙哲学家十分重视自由。伏尔泰说，"我向来认为自由高于一切"。[21] 让·安托万·乌东（Jean Antoine Houdon）为伏尔泰制作的等身肖像展现了这位哲学家坐在椅子上静静地读书的情景。这尊雕像有着一个不同寻常的名字"打倒邪恶"（*Écrasez l'infâme*），这里的邪恶指的就是国家暴政、阶级差异和教会。这尊雕像及其名字体现出通过阅读这一简单的行为，我们可以教育自己，从而战胜压迫。多数革命者和伏尔泰有着同样的感受。和所有探索自由含义的人一样，贝多芬对自由有自己的看法和理解。对于贝多芬来说，自由主要指在一个政体里，不论这个政体实行的是君主制、共和制还是其他体制，公民都可以在公正的法律框架内自由地追求有意义的生活。贝多芬的老师尤洛吉乌斯·施奈德曾说，一年的自由（*Freiheit*），"对于人类来说，比一个世纪的专制统治更有益"。贝多芬的想法可能没有那么激进，但他信仰自由（*liberté*），将它视为生活中的行为准则以及自己最高的精神追求。[22]

至于博爱（*fraternité*），贝多芬更多将它看作理想，而非现实。作为一种理想，它给予了贝多芬个人生活中经常缺少的情感慰藉。贝多芬和血缘上的兄弟并不亲密，也不亲近社会地位比他低的人。但他在波恩读书会和冯·布罗伊宁家中感受到了兄弟般的情谊。作为一种理想，"博爱"体现在贝多芬的约瑟夫康塔塔和他为《自由人》谱写的乐曲中，后来也体现在了他的《菲岱里奥》和《第九交响曲》中。《第九交响曲》的合唱部分唱出了不屈不挠的坚定意志。他对博爱的重视程度不仅和德意志人一样，而且不亚于法国人，这个源于兄弟之情（*Bruderschaft*）的理想也是席勒对人类未来的期望。

但只有在平等（*égalité*）面前，贝多芬犹豫了。平等之所以被排除在外，不是因为贝多芬不支持平等的法律权利，而是因为在他看来，平等与自由相冲突。虽然自由是他的信条，但自由不一定意味着平等。虽然他或多或少支持公民平等，但这位坚定的个人主义者无法接受全社会平等这个想法。贝多芬的平等思想基本只涉及他的艺术家同行、挚友冯·布罗伊宁一家、费迪南德·里斯（Ferdinand Ries）以及帮助过他的贵族。但不管怎样，贝多芬经常说希望他的音乐能够具有意义，能够引起包括穷人在内的全人类的共鸣。

席勒的《欢乐颂》

大革命爆发之前，席勒就在 1785 年出版了风格轻松愉快的诗作《欢乐颂》（*An die Freude*），诗中的"亿万人民团结起来，大家相亲又相爱"（Seid umschlungen, Millionen/Diesen Küss der ganzen Welt）很快就成了名句。和席勒的其他作品一样，席勒创作这首诗的初衷是因为他坚信人类有着共通的本性，能够取得道德上的进步。但奇怪的是，席勒后来一直不喜欢他的这部作品。15 年后，他说这首诗让他感到难堪。[23] 他给朋友克里斯蒂安·戈特弗里德·克尔纳（Christian Gottfried Körner）写信时说："我的《欢乐颂》是首烂诗，它标志着我的一个发展阶段，我必须完全忘掉这个阶段，才能创作出一些像样的作品。"[24] 尽管如此，此诗一经发表，便立即受到了人们的欢迎。它本质上是一首祝酒歌，在 18 世纪 90 年代成了德意志共和主义者最爱的歌曲。德意志各地的合唱团满腔热情地高唱着这首激动人心的歌曲，人们也喜欢听。在贝多芬所在的波恩，自由主义者一定也听说过席勒的这首诗。贝多芬可能在《欢乐颂》发表时就读到过它。贝多芬也赞成诗中的人文情怀，因此这首诗对他来说有着特殊的意义。《欢乐颂》的歌词在他的脑海里有力地回响了将近 40 年，是他心目中的不朽佳作，也是他音乐记忆中的一个基调（*Grundton*）。

70

1790 年，贝多芬创作约瑟夫康塔塔时，脑海中回响的就是这首诗。后来，移居维也纳前夕，他不仅思考着席勒诗中自由的含义，也在为戈特弗里德·康拉德·普费菲尔的《自由人》谱曲时探索自由的意义。席勒对贝多芬的道德影响在《第九交响曲》中表现得最为显著，但这种影响在贝多芬的几乎所有作品中都或多或少地有所体现。除约瑟夫康塔塔和《自由人》外，我们也能从贝多芬后期作品中的歌词里、音乐里看到《欢乐颂》的影子，包括"英雄"交响曲、《莱奥诺拉 / 菲岱里奥》、《合唱幻想曲》、《第五钢琴协奏曲》以及他为歌德的戏剧《埃格蒙特》所作的配乐。在《第九交响曲》的终曲乐章中，《欢乐颂》以最震撼、最完整的效果再次出现。在这部作品中贝多芬再次重申了他将"欢乐"视为人类最高的追求，它不仅体现在人们的兄弟情谊中，也体现在我们选择的生活方式中。乌韦·马丁（Uwe Martin）将《欢乐颂》称为"革命宣言歌曲"，[25] 他说得没错。

法国大革命的音乐

18 世纪 90 年代初，音乐在法国大革命过程中的发展领先于其他艺术形式。无数的歌曲、进行曲、歌剧、康塔塔激发并体现了那个年代远见卓识者的热情。致力于创作新音乐的机构出现了，在某种程度上替代了被大革命取消或削减的公共机构。巴黎人饶有兴趣，有时也热切地关注着当时支持大革命、宣传自由思想的作曲家创作出的作品。

贝多芬也密切地关注着这些发展。长期居住在巴黎的作曲家，包括戈塞克、格雷特里、梅于尔（Méhul）、凯鲁比尼、帕伊谢洛（Paisiello）、勒絮尔（Le Sueur）等佛兰德或意大利作曲家，都对贝多芬的创作产生了影响。贝多芬后来的一些主要作品中常常出现大革命风格的进行曲和进行曲风格的旋律，包括清唱剧《基督在橄榄山上》（*Christus am Ölberge*）、"英雄"交响曲终曲乐章中的变奏部分、《第五交响曲》第二乐章中 C 大调军队风格的曲调、《第九交响曲》终曲乐章中的土耳其进行曲，以及《庄严弥撒曲》终曲乐章中简短而有力的旋律。

18 世纪的最后 10 年中，音乐在德意志人文艺术领域的地位得到了迅速提升。歌德和席勒这样的天才——以及后来的贝多芬——代表了人类创作力的巅峰，他们的作品接近神作，受到越来越多人的追捧。将欣赏艺术、文学、音乐作为陶冶情操、提高道德与精神修养的手段逐渐成为一种风尚。[26] 一旦人们不再仅将音乐厅看作世俗场所，而是看作教堂，他们就会越发期待在这里得到升华。

《马赛曲》

在大革命期间诞生的上千首歌曲中，《马赛曲》迅速成为最知名的一首。这首歌诞生于斯特拉斯堡。[27] 奥地利专制君主向法兰西共和国宣战后不久，法兰西共和国于 1792 年 4 月 24 日以向奥地利宣战作为回应。法国军队里有一位 20 岁的上尉，名叫克劳德·约瑟夫·鲁热·德·利尔（Claude Joseph Rouget de Lisle），他是一位不太有名的诗人，偶尔也作曲。当晚他受到了鼓舞，写下了《马赛曲》的词曲。这首歌最初名为《莱茵军团战歌》，由于曲调慷慨激昂，立刻受到了人们的欢迎。

　　鲁热创作此曲的初衷是鼓舞革命者和即将奔赴前线的士兵。这首歌受到了不少爱国团体的欢迎，其中，地中海马赛港部队的反响最为热烈。从 7 月 11 日起，这支部队拉着大炮，将鲁热的歌曲作为战歌，一路高歌行进到了巴黎。7 月 30 日，他们到达了首都。8 月 10 日，君主制倒台。此时，巴黎人也纷纷唱起这首歌，并以马赛部队的名字为它命名。在此过程中，这首歌成了法国大革命的音乐象征，后来它也成了所有革命的象征。

　　不到一个月，这首歌的词曲就像野火般蔓延到了全法兰西以及欧洲其他地区。它的歌词鼓舞听众要崇尚"自由"和"博爱"，争取"平等"。歌词的第一句是："前进，祖国儿女，光荣之日已经到来！"（Allons enfants de la Patrie, Le jour de gloire est arrivé!）但要迎来新时代，迎来"光荣之日"，就需要展现出勇于牺牲、勇于斗争以及为歌词表达的理想而死的精神。《马赛曲》每一段都以相同的歌词结尾，展现出了一种让人难以抗拒的力量："武装起来，同胞们，集结起来 / 前进，前进！/ 用肮脏的血做土地的肥料"（Aux armes, citoyens, formez vos bataillons / Marchons, marchons! / Qu'un sang impur abreuve nos sillons）。[28]

　　情绪激昂的《马赛曲》极具感染力。"开篇的战斗口号"（"前进，前进！"）甚至和"英雄"交响曲开篇的和弦有着异

72

曲同工之妙。此外，这首歌催人奋进的力量也与"英雄"交响曲中令人难以抗拒的推动力相似。后来贝多芬通过这部非凡的作品将《马赛曲》的主题以更广阔、更深刻的方式呈现了出来。他如此重视《马赛曲》的部分原因在于它不仅是一首鼓舞士气的战歌，也是一首赞美人类手足之情的颂歌。

73

这首歌以通俗的语言表达了各地人民对自由的渴望。它不仅受到了法兰西军队的欢迎，同时也受到了德意志人的欢迎。就连歌德，一个从未支持过大革命的人，1795 年在魏玛（Weimar）第一次听到《马赛曲》时都认为它"有力而可怕"。在歌德看来，这是一首"革命的赞美颂"。[29] 虽然其歌词曾在不同环境下被多次改写，但它的曲调一直具有这样颠覆性的力量，在整个欧洲乃至欧洲以外的地区，它成了进步、自由甚至文明的象征。在拿破仑的霸权统治下，《马赛曲》几乎彻底消失，但 1813 年末，当法兰西再度面临威胁时，人们又一次唱起了这首歌。在斯特拉斯堡的一间客厅里作为莱茵军团战歌诞生一个世纪后，《马赛曲》成了法国的国歌。斯蒂芬·茨威格（Stefan Zweig）曾说，它是"人类的一颗指路明星"。[30] 它体现了人们对暴政的憎恶、对自由的热爱和对胜利的信仰，也体现了母亲送儿子上战场时颤抖的声音和农民对家园被鲜血染红的恐惧。

莱茵河沿岸的《马赛曲》

人们常常低估《马赛曲》对贝多芬产生的影响。

波恩位于《马赛曲》的诞生地斯特拉斯堡下游，只需两三天的路程即可轻松到达。虽然在这个时期仅有的为数不多的书信文件中，贝多芬没有提到过《马赛曲》，但法国著名的贝多芬研究者让和布丽吉特·马森（Jean and Brigitte Massin）认为，1792 年的夏末秋初，还在波恩的贝多芬很有可能听到了这首歌的旋律。[31] 他们指出，席勒在法国大革命爆发前几年创作的《欢乐颂》和大革命爆发后几年出现的《马赛曲》属于同一时期的作品。并且他们认为，人们唱这两首歌时怀着同样的情感。[32] 德语版《马赛曲》的歌词有一百多个版本，在数量方面只有路德宗教改革时的宣传歌曲能和这首歌媲美。由于这些歌词的作者害怕遭到各式各样的报复或迫害，因此多数德语版歌词的作者都隐匿了姓名，这也在情理之中。[33]

在席勒的《欢乐颂》和鲁热·德·利尔的《马赛曲》之间存在着一个重要联系。在科隆，与贝多芬同年出生的米夏埃尔·费内代（Michael Venedey）回忆说他曾听到他的父亲雅各布用《欢乐颂》前两段的旋律演唱《马赛曲》。雅各布借用《欢乐颂》的曲调，将《欢乐颂》的歌词替换成了《马赛曲》的歌词。[34] 和米夏埃尔·费内代一样，1792 年，青年时期的贝多芬很可能也在波恩听到过用《欢乐颂》旋律演唱的德语版的《马赛曲》。原版或早期的《马赛曲》歌词里有这样一句话："暴君的王座将在我们光荣的歌声中崩塌。"这句话也体现了贝多芬在《约瑟夫二世之死康塔塔》中表达的观点：他希望人们听到他的音乐后，能够受到鼓舞，英勇斗争，将君主制的欧洲变成独立的国家，最好是共和国，在那里公民享有人身自由以及各种公民权利。贝多芬听到《马赛曲》的那个瞬间意义重大，这首歌可能对他产生了深远影响。在这些英勇、愤怒、热烈的歌词背后，是大革命所主张的崇高而伟大的理想，几十年后贝多芬将通过《第九交响曲》在音乐上实现这一理想，即全人类的解放。借用席勒和鲁热·德·利尔的名言，贝多芬将创作出一首新的《马赛曲》，鼓舞人们向新世界前进。[35]

离乡

1792 年 11 月 2 日，贝多芬在 22 岁生日前一个月离开波恩前往维也纳。具有讽刺意味的是，贝多芬乘坐的马车遇到了正要从法国人手中夺回美因茨的黑森部队。马车驶近黑森的关卡时，车上的乘客都紧张了起来。他们纷纷付钱，以让车夫通过关卡。随后，马车继续向东驶向哈布斯堡首都。马车沿着贝多芬五年前走过的路线，用了大约一周的时间走完了 550 英里的路程。乘客们可能还在路上听到了《马赛曲》。这首歌在维也纳应该不太出名，因为在公开场合演唱《马赛曲》可能会招致危险。

贝多芬在波恩的朋友都没想到他会永远地离开家乡。贝多芬自己也没有想到。直到 1794 年，他还表达过要返回波恩的想法。但法国革命军在 1792 年和 1794 年两度攻打并占领了莱茵兰，导致选帝侯马克斯·弗朗茨被迫离开了波恩。因此，贝多芬也不太可能再回到他热爱的家乡、看到他熟悉的风景了。

5

布鲁图与埃及密语

暴君独白，万民静默。

——阿尔贝·加缪（Albert Camus），《反抗者》

从 18 世纪 90 年代中期开始，贝多芬逐渐意识到他的听力正在衰退。对于一位作曲家和演奏家来说，听力是至关重要的。因此在那些年中，逐渐失聪一定成了他心中挥之不去的阴影。"普鲁塔克教会了我隐忍。"1801 年，贝多芬给他的波恩老友弗朗茨·韦格勒写信时如是说。曾在公元 2 世纪为希腊和罗马名人立传的普鲁塔克让贝多芬看到了很多了不起的人物事迹，却没法教会他如何获得幸福。作曲家接着说："隐忍，多么差劲的办法！但这是我的唯一选择——。"[1] 在极度痛苦的时刻，贝多芬总是诉诸古希腊、古罗马文学，从中汲取精神力量。在次年的《海利根施塔特遗嘱》（Heiligenstadt Testament）中，贝多芬写道："是美德在痛苦中支撑着我。"[2] 此时，对于贝多芬而言，听力衰退已成为残酷的事实，而普鲁塔克的豁达坚毅给了他坚持下去的动力。当时希腊和意大利南部的考古新发现激发了人们对古代世界的兴趣，人们便通过普鲁塔克的《希腊罗马名人传》来满足好奇心。在剧院里，伏尔泰的剧作《布鲁图》（1730）让人们对共和制有了进一步的了解。法国历史学家夏尔·罗兰（Charles Rollin）也在他的经典著作《古代史》（Ancient History，1731~1738）和《罗马史》（Roman History，1738~1748）中大量引用了普鲁塔克作品中的内容。

普鲁塔克指出，在拉丁语中，"美德"（virtus）指的是"男子气概"。他认为"美德"是一个人最基本的品质。它不仅指刚正不阿的德行，也指一个人展现出的整体力量。贝多芬将践行"美德"作为他的毕生追求。他将普鲁塔克所说的隐忍和美德视为自己的核心品质。要了解贝多芬的革命思想，首先要探讨的就是他对普鲁塔克的痴迷。

从文艺复兴时期开始，普鲁塔克的作品就受到欧洲人的广泛欢迎。和《圣经》一样，普鲁塔克的《希腊罗马名人传》和《道德论集》（*Moralia*）对欧洲文明的发展产生了重要影响。在贝多芬的时代，任何读过书的人都对普鲁塔克的作品十分熟悉——不论是通过阅读希腊语原文，还是更为普遍的翻译版本。就连最专横的统治者——读书甚少的太阳王路易十四——也在普鲁塔克十分流行的年代对他的作品颇有研究。在 18 世纪 90 年代初期的法国，普鲁塔克和李维（Livy）笔下罗马共和国的英雄成了享有政治自由的社会典范。贝多芬的第一位主要传记作者安东·辛德勒（Anton Schindler）回忆说普鲁塔克"伴随了贝多芬的一生"。[3] 在普鲁塔克描写的古代革命者中，卢修斯·尤尼乌斯·布鲁图是最杰出的一位，他推翻了塔奎因王朝，建立了罗马共和国并成为该国的第一执政官。

在欧洲和遥远的美洲，18 世纪成了名副其实的普鲁塔克时代。卢梭和本杰明·富兰克林都自称是普鲁塔克的拥趸。[4] 随着 1789 年法国大革命的爆发，古罗马作家和他们作品中的罗马精神在欧洲和美洲都发挥了重要作用。到了 19 世纪中期，罗马精神不仅成了公共生活中的话题，也在法国、英国、德国、美国的艺术、建筑、雕塑中大放异彩。在《护从搬来布鲁图儿子的尸体》（*The Lictors Bringing to Brutus the Bodies of His Sons*，藏于卢浮宫）这幅画中，雅克-路易·大卫（Jacques Louis David）① 歌颂了布鲁图在国家刚刚成立后对

78

---

① 通常拼写为 Jacques-Louis David，彩色插页中的名字也有连字符。

共和国理想的不懈追求。雅克－路易·大卫歌颂的另一位英雄是苏格拉底，在贝多芬看来，苏格拉底之死是仅次于耶稣之死的最值得纪念的历史事件。雅克－路易·大卫的《苏格拉底之死》（*Death of Socrates*，同样藏于卢浮宫）纪念了这位希望为世界匡扶正义的伟人。他无所畏惧，甚至希望在死亡中探索新世界。

晚年的贝多芬曾说："苏格拉底和耶稣是我的榜样。"[5] 贝多芬的一位同代人曾在 1823 年指出，贝多芬认为普鲁塔克胜过"其他所有人"。[6] 1785 年，14 岁的贝多芬就拜读过席勒的剧作《强盗》。剧中备受煎熬的主人公卡尔·莫尔说的第一句话十分关键，他说："当我读到普鲁塔克所描写的伟人时 / 这个三流作家的时代让我作呕。"[7] 这一观点贯穿了整部剧作。莫尔痛苦的话语代表了启蒙思想下成长起来的那一代人的想法。普鲁塔克不仅影响了席勒对高尚美德的理解，可能也通过席勒笔下的卡尔·莫尔间接影响了青年贝多芬。

贝多芬不断从普鲁塔克的著作中获得愉悦、引导以及在痛苦生活中获得慰藉。贝多芬从普鲁塔克的作品中了解到了古希腊和古罗马的历史、政体及伟人。贝多芬热衷于普鲁塔克作品的原因之一是他认为自己就是一位普鲁塔克式的英雄。他的学生卡尔·车尔尼（Carl Czerny）回忆说："即便对于古希腊和古罗马的作家，他的评价通常也是十分苛刻的，他仿佛将自己视为与他们平等的人。"[8] 虽然普鲁塔克给了他灵感与激励，但贝多芬并不认为他自己比普鲁塔克笔下的伟人逊色。

1794 年被送上断头台的法国革命者罗兰夫人（Madame Roland）曾骄傲地宣称："普鲁塔克让我变成了一位共和主义者。"这是她八九岁时说的话。[9] 她热衷于普鲁塔克，主要是"因为他就是'美德'，通过榜样教导我们"。[10] 就连玛丽·雪莱（Mary Shelley）的著作《弗兰肯斯坦》（*Frankenstein*）

中的怪物都读过普鲁塔克的作品。爱尔兰剧作家萧伯纳也将普鲁塔克的《名人传》视为革命者的必读手册。[11] 但是并非所有读过普鲁塔克的人都成了革命者。乔治·华盛顿也是普鲁塔克的读者，但他不是一位革命者，尽管如此，在吉尔伯特·斯图尔特（Gilbert Stuart）为乔治·华盛顿绘制的画像中，每一根线条都体现了普鲁塔克式的刚正不阿。本杰明·富兰克林、画家约翰·特朗布尔（John Trumbull）和后来的拉尔夫·沃尔多·爱默生（Ralph Waldo Emerson）都是普鲁塔克著名的支持者，但他们也都不是革命者。[12] 在思想活跃的莱茵兰小城波恩，普鲁塔克也吸引了一位不同寻常、自学成才的年轻人。

布鲁图与贝多芬

贝多芬酷爱收藏。但由于频繁搬家，他的收藏品大多在那些年间或他死后遗失了。根据一些留存下来的物件——如烛台、铜镇纸、时钟、小铃铛等——我们可以勾勒出他的日常生活。然而有一样东西更具有哲学意义，那就是贝多芬书桌上的布鲁图雕像。[13] 这尊雕像目前藏于波恩的贝多芬故居，高度只有 6.5 英寸（约合 16.5 厘米），值得特别注意。首先，这位布鲁图不是刺杀尤利乌斯·恺撒的布鲁图，虽然如今后者更为出名。大多数贝多芬研究者都忽略了这尊雕像，而提到这尊雕像的研究者也认为它代表的是刺杀恺撒的布鲁图。[14] 贝多芬知道马库斯·尤尼乌斯·布鲁图（Marcus Junius Brutus），但吸引他的并非此人。这尊雕塑刻画的是卢修斯·尤尼乌斯·布鲁图（Lucius Junius Brutus），贝多芬通过普鲁塔克的作品认识了他。卢修斯·布鲁图比刺杀恺撒的布鲁图早了五百多年，他成功推翻了罗马塔奎因王朝。李维和普鲁塔克共同为世人描述了布鲁图的事迹和为人。对历史和人文学科有着同样兴趣的贝多芬很可能在法国大革命初期读过这两部作品，也听说了布鲁图的很多事迹。在那个时代，这位布鲁图无疑更为出名，所有革命者都在讨论他。

从文艺复兴时期起，卢修斯·尤尼乌斯·布鲁图的故事就吸引了众多艺术家和作家。布鲁图的叔叔，罗马暴君塔奎尼乌斯·苏培布斯（Tarquinius Superbus，高傲者）谋杀了前任国王（他新婚妻子的父亲）、多位元老以及布鲁图家族中的多数人，包括布鲁图的父亲和兄长。塔奎尼乌斯觉得卢修斯·尤尼乌斯·布鲁图可能想要复仇，于是叫人严密监视他。据李维所述，布鲁图深知自己面临危险，便故意隐瞒了他的真实面目。李维描述说，布鲁图通过装疯卖傻在皇室里活了下来，甚至甘愿被人称为"愚人"（即 Brutus 在拉丁语中的含义），在这一蔑称的掩护下，这个后来解放了罗马的伟人等待着时机的到来。[15] 实际上，布鲁图一点都不愚蠢。他曾跟随塔奎尼乌斯的两个兄弟前往希腊的德尔斐（Delphi）获取神谕。神谕里提到第一个亲吻母亲的人将成为罗马的下一任国王。正当兄弟俩思索着神谕的意义时，布鲁图佯装被绊倒，脸朝下摔在地上，亲吻了"大地——万物之母"。[16] 他听懂了神谕，而兄弟俩还一头雾水。

后来，塔奎尼乌斯的儿子塞克斯特斯（Sextus）强奸了罗马行政官贞洁的妻子卢克雷蒂娅（Lucretia），为了自证清白，卢克雷蒂娅用匕首刺死了自己。[17] 在她临终之际，卢修斯·尤尼乌斯·布鲁图向她发誓将为罗马铲除塔奎因。布鲁图意识到只有改变罗马的政府形式才能拯救这座城市，于是他在聚集起来的民众面前发表演说，号召人们推翻塔奎因家族，建立共和国。李维写道，他雄辩的演说让在场的人大为震惊。他说："人们惊讶地看着他，奇迹发生了——他完全变成了另外一个人。"[18] 就这样，卢修斯·尤尼乌斯·布鲁图在公元前 508 年建立了长盛不衰的罗马共和国，成了最初两位执政官中的一位，并一直是该国最伟大的英雄。后来，布鲁图带领军队对抗塔奎因家族，保卫共和国。李维告诉我们，他贸然与塔奎尼乌斯进行单挑，并和敌人同归于尽了。就这样，他为自己的信仰做出了最后的牺牲。不久之后，塔奎因家族被彻底打败了。

81　　欧洲和美国政治家认为法律面前人人平等的原则就起源于布鲁图，他在罗马社会设立了由人民选举、受法律约束的政务官（magistrates）。年轻的贝多芬可能读过共和政治领域的权威学者西塞罗（Cicero）的作品，读过李维对卢修斯·尤尼乌斯·布鲁图职业生涯的最完整描述，最重要的是，他也读过普鲁塔克对共和制政府的有力论述，从而了解到了社会公平的概念。与李维相比，普鲁塔克对布鲁图的综合描述更能体现出这位伟人复杂的心理状态。他指出布鲁图的个人悲剧给他的政治成就留下了伤疤。他的两个儿子追随流亡的塔奎因一派，密谋推翻新成立的共和国。在后来的战斗中，布鲁图的两个儿子被捕。作为执政官，布鲁图不得不将两个儿子判处死刑，并目睹他们被处决。这一行为让普鲁塔克十分费解。因此他深入研究了布鲁图复杂的个性，他认为这个罗马人"严格而死板，硬得像块铁，他的性格从未因学习和思考而变得温和，他任由自己被对暴君的愤怒和仇恨所支配，甚至因他自己的儿子参与暴君的密谋而处死了他们"。[19] 普鲁塔克试图理解布鲁图性格中的矛盾之处，说他的行为"值得给予最高的赞赏和最强烈的谴责；要么是他的高尚情操让他摆脱了悲伤，要么是他的极端痛苦剥离了他的感受；两者似乎都不寻常，也都不是人性的产物，不知应该说他伟大，还是说他残忍"。[20] 虽然布鲁图为国家和共和主义理想的执着奉献值得钦佩，但在普鲁塔克和其他人一些人看来，将两个反叛的儿子判处死刑为他的英雄成就蒙上了一层阴影。

　　普鲁塔克对布鲁图的描述也体现了贝多芬的性格特点：直

接、强硬、坚决、固执己见，有着强大的情感控制力。后来年轻的维也纳剧作家弗朗茨·格里尔帕策（Franz Grillparzer）之所以敬佩贝多芬，很大程度上也是由于他具备这些性格特点。但贝多芬也时常会大发雷霆，喜怒无常，他的观点也令人捉摸不透。正如布鲁图被腐败的塔奎因一派所包围，作为一位生活在异乡的莱茵兰人，贝多芬也感觉自己在肤浅的维也纳人当中显得格格不入。简而言之，贝多芬很可能将身处维也纳的自己看作现代的布鲁图。这位罗马人投身于共和思想，而作曲家同样致力于通过音乐表达他的共和理想。和贝多芬钦佩的另一位罗马贵族科里奥兰纳斯（Coriolanus）①一样，布鲁图虽深陷个人层面的纠葛，但他是个能力超群的人。科里奥兰纳斯和贝多芬都是了不起的人，两人的命运也同样悲惨。但与科里奥兰纳斯不同，而与布鲁图相同的是，贝多芬从不屈服或妥协。

法国大革命中的布鲁图

18世纪90年代初，与贝多芬同时代的欧洲人对卢修斯·尤尼乌斯·布鲁图十分感兴趣。在法国，支持共和理想的人认为他们是有着两千多年历史的文化传统的继承者。新古典主义艺术家一方面将布鲁图塑造成高尚美德的典范，另一方面将他视为深陷矛盾的人。在布鲁图的崇拜者中，最著名的一位是雅克–路易·大卫。在伟大的画作《护从搬来布鲁图儿子的尸体》（1788~1789）中，他将布鲁图的面孔置于阴影中，以表现布鲁图矛盾的心情。艺术家想通过画作有力地展现出法律的威严，即便以巨大的痛苦为代价，也要牺牲家人，保全自由的共和国。

---

①　罗马共和国时期的一位贵族，他战功显赫，但由于高傲自负，招致人们的反对，被逐出罗马。后来他在母亲和妻儿的求情下回到罗马。莎士比亚基于他的故事创作了同名悲剧《科里奥兰纳斯》，贝多芬创作了《科里奥兰》序曲。

　　大革命爆发三个月后，也就是 1789 年 9 月，这幅画在巴黎沙龙艺术展上展出时引起了轰动。它传达的信息是明确的。听着屋外的革命呼声，任何在展览上看到大卫画作的人都能感受到它的重要性。对于法国人来说，布鲁图是一位道德楷模（exemplum virtutis），因此大卫希望通过这幅画作给观赏者留下深刻印象。德国旅行家格哈德·安东·冯·哈勒姆（Gerhard Anton von Halem）1790 年到访法国时评论说："正是在布鲁图的展览上，我看到了如今盛行的自由精神的最有力体现。"[21]

　　布鲁图不仅出现在绘画中，也出现在戏剧里。1790 年 11 月 17 日，法国国家剧院再次推出了伏尔泰的早期剧作《布鲁图》，这部剧本身就是大卫画作的灵感来源。法兰西共和国初期，那些对伏尔泰和大卫塑造的布鲁图极为热衷的人最推崇的就是"重建"的概念，他们希望重建一个在物质、政治、精神和社会层面都更为美好的世界。布鲁图所代表的"新人类"本身并不是一个新概念。在 18 世纪的理想中，最核心的一点就是人类的重生。约瑟夫·富歇（Joseph Fouché）——后来拿破仑手下令人敬畏的警务大臣——曾创办了一个民间宗教，并在 1793 年 9 月 22 日举办了"布鲁图节"。不少城镇和街道以布鲁图命名。法国爱国者纷纷将名字改为布鲁图，仅巴黎一地就有 300 多名新生儿起名为布鲁图。公共大楼前竖立起布鲁图的雕像，包括古典风格的半身像，最著名的是人们为了筹备 1793 年的国民公会在会议厅演讲台前竖立的雕像。此外，也有小型雕像，可能类似贝多芬书桌上的那种。

　　1791 年 6 月，试图逃离法国的路易十六在距离边境不远处被抓。人们在他身上找到一份声明，称他放弃此前对新共和国的支持。爱国者们将布鲁图的英雄事迹与这位国王软弱可鄙的行为进行了对比，认为后者缺乏为新生的法兰西共和国挺身而出的"美德"。他被人们称为"塔奎因",并于 1792 年 1 月被处以死刑。高尚的法国共和主义者认为自己称得上是"罗马人"了。1793~1794 年恐怖统治时期,将反叛的儿子们处死的布鲁图成了为共和国效忠的标志性人物。

年轻演员弗朗索瓦 - 约瑟夫·塔尔马(François-Joseph Talma)也因伏尔泰的《布鲁图》而成名,他在剧中扮演卢修斯·尤尼乌斯·布鲁图叛变的儿子蒂图斯。塔尔马的朋友大卫为角色设计了一件简单的披风和长袍。这套装扮引领了时尚潮流的彻底变革。带羽毛的帽子和丝质紧身上衣已经过时了!舞台上的希腊和罗马英雄都穿戴大卫设计的束腰外衣和头盔。为了扮演这个角色,塔尔马剪短了头发。在戴着假发的演员中间,他的一头短发引起了一阵轰动。他干练的造型不仅体现了古典风范,也体现了简约、朴素、自然的美德。这个新发型很快被称为"泰特式"或"蒂图斯式"发型。留着这样发型的人包括青年时期的拿破仑·波拿巴(他当时将自己的名字拼写为 Napoleone Buonaparte)以及更为年轻的贝多芬。

在思想保守的维也纳,老一代音乐家海顿和萨列里还老老实实地穿着系扣鞋、丝质长筒袜,戴着扑了粉的老式假发,而贝多芬则穿着根据法国新风尚——大革命支持者的服饰风格——改良过的莱茵河地区的日常服装。看到拿破仑的新造型(以及塔尔马扮演的布鲁图的儿子)后,贝多芬也按照这种法式新造型剪短了头发。这个发型招致了一些非议。在 18 世纪 90 年代,发型通常代表一个人的信仰或政治主张。贝多芬希望通过他的发型与穿着表明自己的立场。虽然算不上无套裤汉,即激进的革命者,但他的穿着打扮体现出了他对大革命的支持。大约在 1801 年,贝多芬年轻的学生卡尔·车尔尼表达对贝多芬造型的惊讶:"黑亮的头发剪成了蒂图斯式,看起来有些杂乱。"[22]

84

拿破仑也十分熟悉布鲁图为新共和国牺牲两个儿子的英雄事迹。下令把帮助英国占领土伦（Toulon）的法国叛变者处决后，拿破仑将军向国民公会委员提交报告时，署名为"布鲁图·布宛纳巴，无套裤公民"。[23] 回到巴黎后，他让大卫给他画了一幅肖像。大卫被他所折服。这位艺术家认为拿破仑是布鲁图的化身，有可能成为一个新共和国的创立者。在大卫看来，如果他生活在古代，"古代人会为他建起圣坛"。[24]

在德意志各邦，布鲁图也同样受到了人们的关注。起初，由于担心被镇压，德意志人民对布鲁图的歌颂都是地下性质的。这一局面很快出现了转变。德国剧作家克里斯蒂安·戈特洛布·海涅（Christian Gottlob Heyne）① 曾在自传中称，"他心目中的英雄是布鲁图，他是所有帮助穷人反抗压迫的人物的原型"。[25] 席勒将布鲁图看作一股具有社会性和革命性的道德力量，《尼德兰独立史》（*History of the Revolt of the Netherlands*，1788）中的沉默者威廉（William the Silent）就是以他为原型塑造的。[26] 歌德也将布鲁图看作一位政治和道德的楷模、共和主义者、弒暴君者，并在 18 世纪 70 年代初创作《埃格蒙特》时将他写进了故事中。[27]

就连实行君主专制的维也纳也受到了布鲁图的影响。1800~1801 年，萨克森旅行家约翰·戈特弗里德·索伊默（Johann Gottfried Seume）南下路过维也纳时，拜访了维也纳著名艺术家海因里希·弗里德里希·菲格尔（Heinrich Friedrich Füger），后者当时正在创作一幅关于布鲁图的画作。后来，索伊默认为这幅作品和大卫的那幅画十分相似。[28] 贝多芬认识菲格尔，也曾到访菲格尔的画室，很可能在那里看到过

---

① 这位海涅（1729~1812）并非德国诗人海因里希·海涅（Heinrich Heine，1797~1856），他是德国古典学者、考古学家。

这幅画。他可能也在索伊默的书里读到过菲格尔的作品，我们稍后会再次谈到这个话题。

虽然在哈布斯堡王朝的首都维也纳，当局对革命运动进行了残酷镇压，但贝多芬并没有失去希望。作为生活在革命时代的革命者，他知道自己可以重建大革命带来的新世界，即便无法在政治层面实现，至少可以在音乐层面实现。在贝多芬的时代，任何心思细腻、认真听过他的音乐的人多数都能感受到贝多芬对法国第一共和国理想的支持。但贝多芬对革命者的钦佩依然比不上卢修斯·尤尼乌斯·布鲁图的高尚品格对他产生的影响。在贝多芬的神殿里，布鲁图享有最高的地位。

尝试改变世界的领导者对于贝多芬的吸引力最早体现在约瑟夫康塔塔中。1803~1804 年的"英雄"交响曲代表了他革命理想主义的第二个高潮，这部交响曲在一定程度上受到了拿破仑及其事迹的启发。当时有很多人将拿破仑看作普鲁塔克笔下的英雄人物。创作这部交响曲时，贝多芬也有类似的想法。他将拿破仑比作"罗马最伟大的执政官"——试问还有哪位执政官比卢修斯·尤尼乌斯·布鲁图更伟大呢？ 29

86

约翰·戈特弗里德·索伊默对老布鲁图的讨论

另一个在革命时期对布鲁图的象征意义进行讨论的人是约翰·戈特弗里德·索伊默，他在旅行游记《步行去锡拉库萨》（*A Walk to Syracuse*，1803）中谈到了相关内容，我将在后边的章节中讨论这本书对贝多芬的重要影响。1801 年初，索伊默南下时途经维也纳。和他一起到达维也纳的还有他在萨克森的同乡好友——莱比锡艺术学院院长、画家法伊特·汉斯·弗里德里希·施诺尔·冯·卡罗尔斯费尔德（Veit Hanns Friedrich Schnorr von Carolsfeld）。

对菲格尔画室的造访让两位旅行者印象深刻，菲格尔是维也纳艺术学院院长，在他的授课和领导下，欧洲各地的学生纷纷来此学习当时流行的历史题材绘画，这些主题恢宏的作品主要描绘古典时期英雄儿女的事迹。菲格尔当时完成了——或是即将完成——一幅关于老布鲁图的画作，索伊默在他的《步行去锡拉库萨》中描述了这幅作品。索伊默与贝多芬以及当时的很多人一样，从普鲁塔克和李维的作品中了解到了老布鲁图的事迹。现在，通过菲格尔的绘画，索伊默对这位英勇又可悲的罗马执政官、道德典范、不得不以叛国罪将两个儿子判处死刑的正直之人有了更为生动的直观认识。从索伊默对这幅画的细致描述中可以看出，这类描绘古典时期伟大英雄的画作让他产生了共鸣。[30] 他意识到菲格尔曾看过大卫的著名画作《护从搬来布鲁图儿子的尸体》的版画。即便对于菲格尔这样声望颇高的艺术家而言，在维也纳创作老布鲁图题材的画作也会为他带来极大的风险。艺术和文学作品一样，需要接受当局的审查。1809 年，时任弗朗茨一世首相的克莱门斯·冯·梅特涅（Klemens von Metternich）侯爵下令艺术作品不得体现对奥地利社会的批判，此后维也纳的审查制度也变得越来越严格。

埃及密语

贝多芬的作品、文字、思想上的幽默感以及他的广泛兴趣无不让我们感到惊奇。他对自己作品少有的解释大多令人费解，时而幽默，时而故意混淆视听。从很早开始，他就发现当时的许多人认为他的音乐高深莫测，但显然他并未因此感到困扰。他喜欢看到人们费尽心思地研究他音乐中隐藏的含义。理解他的音乐可能需要一个漫长的过程，但贝多芬深信那些用心之人终究能够理解甚至是领会他的意图，哪怕只是其中的某些方面。贝多芬的几首晚期作品，如《大赋格》（Grosse Fuge，Op.133），在当时就十分神秘，令人捉摸不透，至今依然如此。与其说这些乐曲是贝多芬写给赞助人或同代人的，不如说是他写给未来的理想听众的。

贝多芬曾在席勒的文章《摩西的使命》(The Mission of Moses) 中读到过三句古埃及的神秘格言，结合这几句格言来看，我们就会发现以上说法并非毫无根据。贝多芬十分喜欢这几句话，并将它们装裱起来，放在书桌上他珍视的布鲁图雕像旁。

> 万物我也。①
>
> 凡曾生、已生、欲生，莫非我也。凡人莫知我也。
>
> 以能生生，已生众生。31

席勒似乎是从伏尔泰的文章《论埃及的仪式》(On the Egyptian Rites) 中读到这几句埃及格言的。32 和布鲁图的雕像一样，这些格言能让我们对贝多芬的自我认识以及他对自己作为创作者的使命有一些关键性的了解。如果我们把这几句话放在席勒的文章中思考——这篇文章本身就是对摩西事业的阐述——就会发现它们有助于我们理解贝多芬身上一些核心的谜题。虽然看起来有些不太寻常，但我们能从中了解贝多芬如何通过他的音乐认识自己以及将自己看作未来社会的诠释者。

法老下令杀死埃及的所有希伯来男婴后，摩西的姐姐米丽娅姆将他藏在了尼罗河畔的蒲草丛中。摩西被法老的女儿发现并收养，因此他由埃及人抚养长大，接受埃及人的教育，学到了埃及的密语。这些密语被严格控制在伊西斯和塞拉皮斯神庙的高级埃及祭祀手中。席勒认为密语和摩西之后的事迹及他的

88

---

① 此处翻译参考了优游《贝多芬晚期四重奏：对灵魂低语》(《爱乐》杂志 2020 年第 12 期) 中的内容。在蔡乐钊翻译的《摩西的使命》一文中，这几句话被译为 "我是那是者。我是一切，是现在、过去、将来的一切；没有凡人曾掀起我的面纱。他是唯一的，出自自己，万物的存在全取决于这种唯一性"。见尤利乌斯·威尔豪森《古以色列史》，乔戊译，上海三联书店，2015，附录。

法典有着"明显的相似之处"。他认为，在这些密语中，"人类首次认识到至高无上的上帝的独一性"。由于埃及的国教是多神教，因此必然会对一神论讳莫如深。

摩西很早就展现出了一种在崇高理想下产生的英雄气概，并且他坚定不移地践行他的英雄之举。席勒坚持认为："对于他伟大的灵魂而言，没有什么比不公更难以忍受。"对于自己面临的任务摩西已经认清了现实。被埃及人奴役了三个世纪的希伯来人是"世界上最粗野、最恶毒、最受人鄙视的民族"。摩西向他的族人宣扬单一神教，"使他成为唯一的神……将其他神再次打入虚无"。他认为埃及格言是上帝说的话。摩西十分清楚他所面临的最大挑战，就是"他不能对这个民族抱有任何期望，但是没有这些人他又什么都做不了"。尽管如此，摩西相信自己和上帝之间的联系，想要"开创永恒的事业"。

席勒的话语引起贝多芬的强烈共鸣，在波恩时他就读过席勒的早期诗歌与剧作，可能也看过几场演出。后来他收藏了多个版本的席勒作品。我们不知道贝多芬何时第一次读到《摩西的使命》。他虽然可以在 1790 年文章首次发表时就读到它，但事实似乎并非如此。受席勒启发的思想往往要在他的脑海中酝酿很长时间才会成形，比如几十年后他才将席勒的《欢乐颂》改写进《第九交响曲》。尽管他多年后才读到席勒的文章，但他已按照相同的思路思考了很长一段时间。

弗朗茨一世惧怕秘密团体，1792 年，他在上任不久后禁止了共济会的所有活动。[33] 莫扎特此前曾加入一个分会，参加其活动，推崇其理想。贝多芬可能也有类似的倾向，但即便如此，对于他和他在维也纳的音乐事业来说，加入共济会都是件疯狂的事。虽然贝多芬的传记作者梅纳德·所罗门（Maynard Solomon）对维也纳的共济会活动、贝多芬本人的共济会倾向及其在不同作品中可能的反映进行了典范式的细致研究，以解释这些埃及密语对贝多芬的意义，但我认为他犯了见树不见林的错误。即便我们承认席勒引用的格言反映了共济会思想，贝多芬可能也意识到了其中的联系，但在我看来，这并非贝多芬重视这些格言的主要原因。

那么，这些格言为何如此吸引贝多芬呢？艺术可以从侧面反映出其中的意义。摩西必须向埃及人隐瞒他解放希伯来人的计划。直到时机成熟，他才透露出解放希伯来人的使命。在隐藏目的这个方面，摩西是一位楷模，而沉默寡言、有时内敛到有些神秘的贝多芬可能与他产生了共鸣。贝多芬将自己视为摩西式的人物。上帝的话语让他颇受触动，成了他反复咏诵的经文。这些话体现了贝多芬是一个极其独立、对自己的极高天赋有着十足把握的人，他不怕被世人误解，并坚信自己的艺术才华将被后世认可。

第二句格言中的"面纱"一般被解释为"真理的面纱"，或更具体地说，是女神塞伊斯或伊西斯的面纱①。在 1815 年写给学生埃尔德迪伯爵夫人（Countess Erdödy）的一封信中，贝多芬将伊西斯神庙描述为净化和重生的地方。[34] 他告诉她，只有在那里，秘密才能被解开，面纱才能被揭开。贝多芬核心的奥秘，即他内心特别是他晚年所感受到的一种非同寻常的力量，甚至是神性，似乎就体现在这些话里。这三句话被贝多芬奉为人生真理，在维也纳人无法理解他的音乐时，他从这三句话中获得慰藉。面纱最终能否被揭开，真相能否被理解或揭示，取决于每位听众自己。最终很可能只有少数人能够理解贝多芬传递的信息。

席勒在他的文章里将受埃及人压迫的希伯来人描述为未受过教育的野蛮人。对于贝多芬来说，这些人和他工作生活环境

①　"伊西斯的面纱"是一个艺术上的隐喻，将自然比拟为被面纱或披风遮盖的伊西斯女神，代表人类难以参透自然的奥秘。

中的维也纳人——也可以引申为所有不理解他音乐的人——十分相似。然而，摩西让希伯来人意识到应许之地有更光明的未来正等待着他们。因此贝多芬读到这篇文章时，将自己当成了音乐界的摩西。他的作品体现了法国大革命的救世主情结，将指引能够抓住要义的人去探索一个自由、平等、存在真理和正义的新世界。

对于贝多芬来说，摩西和布鲁图一样代表着政治公平。席勒所说的"对于他伟大的灵魂而言，没有什么比不公更难以忍受"深深触动了贝多芬。贝多芬希望他的音乐能够促进政治公平的发展与普及。和席勒笔下的摩西一样，作曲家希望"建立他永恒的事业"。简而言之，贝多芬书桌上这几句晦涩难懂但又极为重要的格言——其重要程度不亚于布鲁图雕像——每天都在提醒着贝多芬他在这个世界上的使命。布鲁图和摩西都曾忍辱负重，但两人都意志坚定，从未对理想有过丝毫妥协。[35]

虽然布鲁图为他创立的共和国而死，上帝也禁止摩西进入应许之地，但两人依然是贝多芬心中的楷模。与德尔斐的布鲁图和西奈山（Mount Sinai）的摩西一样，贝多芬理解了神的指令。上帝向贝多芬发出了神谕，一如他曾向布鲁图和摩西发出神谕，而贝多芬也和他们一样，十分清楚自己的使命，即通过音乐启迪人类。他知道自己的器乐曲让人难以理解，但这些作品中存在一些线索。比如在聆听《第五交响曲》具有爆发力的终曲乐章时，我们可以回想起《出埃及记》13:21 的内容，主在夜晚引领以色列人来到应许之地："火柱照亮了我们前方的路。"[36] 神秘面纱已被揭开，受到启迪的人获得了自由的精神，不断前行！有人评论道："从政治上来说，浪漫主义是法国大革命'其他方式'的延续。"[37] 对于贝多芬来说，这里的"其他方式"就是他的音乐。这几句埃及格言和布鲁图雕像共同为我们解释了背后的原因。

6

哈布斯堡时期的维也纳

维也纳让所有人变得疯狂。

——利奥波德·莫扎特[1]

不管怎样，我依然深爱着把我释放出来的那座监狱。

——西格蒙德·弗洛伊德（Sigmund Freud）[2]

18 世纪 90 年代的维也纳

在大革命和拿破仑统治的动荡时期，维也纳取代了巴黎，成了欧洲非正式的首都，或者说至少成了君主专制国家的首都。作为一个国际化都市、广阔的奥地利帝国的中心、有着多元民族和语言的城市，维也纳也成了各国文化的交汇处，对于富人和贵族来说尤其如此。和德意志的许多地区一样，法国的新风尚在奥地利并不流行。相反，阶级意识得到延续，国家对社会施以严格的控制。但这光鲜的表象下隐藏着诸多问题。维也纳的社会生活有它的阴暗面。除匈牙利（当时也是奥地利帝国的一部分）外，奥地利也是欧洲自杀率最高的国家之一。道德败坏的现象随处可见。卡萨诺瓦（Casanova）① 曾说，城市街道上很多拉客的妓女都带着念珠，这样被警察盘问时，她们可以说自己正在去教堂的路上。由于生活的方方面面都要接受严格审查，因此维也纳人只关心消遣娱乐和美食。

在公众的眼中，尤其对于那些不在哈布斯堡王朝境内生活

---

① 贾科莫·卡萨诺瓦（Giacomo Casanova，1725~1798），意大利冒险家、作家，是 18 世纪享誉欧洲的大情圣，不少人将他与唐·璜（Don Juan）相提并论。

93 的人来说，约瑟夫二世统治的奥地利算得上是欧洲最开明的国家之一了。但在奥地利生活的人却很少持这种看法。贝多芬在波恩创作约瑟夫康塔塔时，对幅员辽阔的哈布斯堡王朝持积极的态度。但在维也纳定居后，他的观点发生了转变。他不再讨论约瑟夫二世。他移居的这座城市对约瑟夫的改革方案以及法国的新思想表现出了明显的敌意。由于政府忧患意识极强，因此 1794 年雅各宾派起义在首都爆发后，马上就遭到了当局迅速而猛烈的镇压。多数公众对革命思想没有什么兴趣。在贝多芬看来，社会的重组需要对新思想的信仰以及接受新思想的勇气。但在此方面，维也纳人既缺乏想象力，又缺乏改革意愿。

城市中心矗立着圣斯蒂芬天主教堂高耸的塔楼。巨大的城墙以及向外突出的石头配楼围绕老城区构成了一个防御圈，从上空看，这座城市仿佛一个巨大的海星。城内居住着五分之一的人口，约 55000 人，街道布局紧凑。维也纳的所有人梦想住在宫殿或豪宅林立的内城，简而言之，那是个象征着荣华富贵的地方。城墙外的开阔区域是防御性的土坡，一直延伸至 1900 英尺（约合 580 米）之外，超出了 18 世纪大炮的射程。土坡之外是郊区，再往外是荒野。而老城的基础设施不够完善，通往郊区的路都是泥土路。下雨天，道路就会变成泥塘。

18 世纪初的大兴土木造就了贝多芬所见的维也纳。直到今天，当时的很多建筑依然屹立在维也纳的街道旁。17 世纪维也纳最具才华的建筑师约翰·菲舍尔·冯·埃拉赫（Johann Fischer von Erlach）设计了这些贵族宅邸。如今它们成了市政大楼或办公楼。因此维也纳老城，尤其是这里的街道布局、狭窄的街巷以及诸多建筑，都和贝多芬时代的维也纳相差不大。从圣斯蒂芬大教堂的塔楼能看到很多美丽的村庄，它们散落在田野间，或环绕着附近的山麓。更偏远的一些村庄，包括海利根施塔特（Heiligenstadt）和格林津（Grinzing），一直延伸到山区深处。在晴朗的日子里，从圣斯蒂芬大教堂的塔楼能看到南面高高的群山，那就是奥地利境内的阿尔卑斯山。它们让浪漫主义时期的人们联想到孤独与雄壮，但也许贝多芬不这么认为，他从未提到过阿尔卑斯山。

94

贝多芬在维也纳生活的三十多年间，当地人和来访者都认为奥地利是一个因循守旧的国家，一个停滞不前的社会，这个国家没有远大理想，反对一切激进的发展，期望以此在不断变化的欧洲保住自己的地位。这里的社会风气几乎看不到变化。斯蒂芬·茨威格在他的经典著作《昨日的世界》（*The World of Yesterday*，1942）中生动地描绘了第一次世界大战前的维也纳，他评论说："在我们几乎有着上千年历史的奥地利君主国里，一切似乎都会永久地延续下去。国家本身就是这种稳定性的主要保证。"[3] 即便到了那时，维也纳人也还在怀念着他们想象中昔日的和谐与平衡。

维也纳一直自诩为最热衷于看剧的城市。很多维也纳人认为生活是一出戏剧或是一场巴洛克歌剧。从城市中的古老建筑就能看出，巴洛克风格满足了贵族对美和优雅的感官享受，也迎合了他们对戏剧和音乐经久不衰的热爱。在这里，戏剧和歌剧都备受欢迎，但在整个 18 世纪，歌剧一直占据着统治地位。观看戏剧和歌剧时，比起创作者的职业发展，公众更关注主演的前途。在贝多芬生活的维也纳，不论走到哪里，人们都在讨论着霍夫堡皇宫旁古老的城堡剧院（Burgtheater）或克恩滕大门剧院（Kärntnertor theatre）推出的戏剧或歌剧，后者因毗邻城门而得名，从那里延伸出去的道路可以通往维也纳最南部的克恩滕州（Carinthia）。

哈布斯堡首都的经济发展缓慢。这里的商业活动缺乏进取心。18 世纪，维也纳出现了资金短缺的问题。奥地利向来擅长自吹自擂、夸大成就，这也助长了城市里的保守主义风气。到了法国大革命时期，维也纳还没有形成实质性或聚集性的产业或金融资产阶级。弗雷德里克·莫顿（Frederic Morton）评价说："在当时的维也纳，似乎所有现代性的尝试都注定要失败。"莫顿出生于维也纳，写了很多关于这座城市的文章。[4]这座城市的流行风尚也在缓慢发展。扑粉假发在欧洲逐渐消失，18世纪初厚重而华丽的浮花锦缎也渐渐被更为简洁、不加修饰、轻盈的布料取代。[5]莫顿提到"维也纳人典型的恭谦礼让就是戴着令人愉悦的面具，掩饰某种心理或复杂的情绪"。[6]弗洛伊德也认为这座城市既肤浅又狭隘。只有少数一些事情——时尚和音乐品味——逐渐发生了改变。但变化的过程极为缓慢，而且无一例外遭到了抵制。在贝多芬之后的时代，维也纳人依然对复杂的事物充满不屑。尽管这座城市存在诸多缺点，但对于多数居民，尤其是贵族和生活富足的中产阶级来说，维也纳似乎有着一种难以抗拒的魅力。

在哈布斯堡王朝的统治下，奥地利保留着古老的传统。18世纪，哈布斯堡家族恢复了来自西班牙宫廷的严格礼仪。西班牙式的忧郁气质，而非在欧洲其他地区传播已久的理性主义思想开始成为主流。刻板严格的宫廷礼仪是如此劳民伤财、费时费力。多数外国旅行者也认为维也纳人对仪式感的痴迷是他们在其他地方从未见过的。18世纪中叶维也纳的贫富差距让英国哲学家大卫·休谟（David Hume）感到震惊。18世纪80年代，在莫扎特生活的维也纳，贵族对社会的控制达到了顶峰。穷人受有权势者随心所欲的支配，缴税以供富人享受奢侈的生活。

费埃克斯人的城市

比贝多芬年轻的奥地利剧作家弗朗茨·格里尔帕策将维也纳称为"心灵的卡普阿岛"。"卡普阿"，或卡普里，是罗马时代贪图享乐的皇帝和他们的侍从最喜欢光顾的地方。席勒在

1797 年的《赠辞》(*Xenie*)中用简洁的短诗写道:"我被费埃克斯人明亮的眼睛围绕。/ 每一天都是周日,烤肉签子不停地在烤炉上旋转。"[7]他联想到荷马在《奥德赛》中描述的斯克里埃岛岛民,他们以贪吃好酒、贪图享乐但又友好和善而闻名。[8]这是一个毫无压力的奇妙社会,也是奥德修斯回到故乡伊萨卡之前途经的最后一个地方。维也纳堕落的生活让贝多芬反感,他将维也纳谴责为"了不起的费埃克斯人的乐土"。[9]身边人的所作所为经常让这位严肃的年轻音乐家感到憎恶。早在中世纪,坦霍伊泽(Tannhäuser)① 曾用"费埃克斯主义"形容维也纳骄奢淫逸的生活方式,他提到这里的"地下住所",即小酒馆,似乎比地面上的住所要多得多。[10]整个 19 世纪到 20 世纪初,维也纳一直以贪图享乐的形象著称。

维也纳人的生活中充斥着虚伪,这种虚伪在性观念中体现得尤为明显。维也纳是个宗教保守、政治压抑的城市,但在性生活方面却十分开放。苏格兰旅行家亨利·里夫(Henry Reeve)在 1805 年对这座城市进行了考察,他评价说:"恐怕没有任何一个城市能同时展现出这样虚伪的圣洁和真正的淫乱。"后面我们还会再提到他。[11]贝多芬不是个谈性色变的人,但他经常以高道德标准自居。身边随处可见的淫乱行为可能让他对维也纳人的堕落更加确信。

与贝多芬同时期的维也纳编年史学家卡罗利妮·皮希勒(Karoline Pichler)曾将自己在维也纳生活的几十年称为"烤鸡时代"(*Backhendlzeit*),指人们沉迷于吃烤鸡的时代。[12]贝多芬也赞成这个说法。他认为维也纳人都很轻浮(*leichtsinnig*)。多年来他对这肤浅生活的鄙视时起时伏,但

---

① 又译作汤豪泽(约 1200~1270),德意志抒情诗人,创作以当时的事件和传说为题材。其作品现存六首抒情短诗,后成为民间传说中的英雄。16 世纪的一首民歌和 19 世纪瓦格纳的一部音乐剧均以《汤豪泽》(1845)为名。

从来没有消失过。人们的消极心态、对社会和政治问题的漠不关心以及只关注大吃大喝让这个初来乍到的莱茵兰人感到惊讶，也感到厌恶。他发现维也纳人很喜欢"棕色艾尔啤酒和小香肠"。[13] 这样的组合在当时的德意志土地上和今天一样常见，不论早中晚，人们都会喝啤酒、吃香肠。贝多芬并非不喜欢这些吃食，他也喜欢给丰盛的一餐配上一杯上等葡萄酒。但在他看来，维也纳人似乎只关心美食和八卦，有时会再配上一点轻音乐。这些新同胞的政治和军事才能也未能让他另眼相看。他批评维也纳人不关心思想、政治，不去思考如何改善生活，甚至不关心军队是否有能力保卫国家。路德维希·凡·贝多芬关心的是更重要的事，其中最重要的是创作出埋藏在他灵魂深处的音乐。

虽然诸多音乐名家都曾到过维也纳，也在这里创作过名曲，但至少在贝多芬的时代，多数作曲家并不认为维也纳是个利于艺术创作的地方。对于那些负担得起的人来说，在这样的环境下生活是如此滋润，几乎让人无法进行脑力劳动。著名作家几乎无一例外地对维也纳进行了批评，包括 18 世纪初的沃特利·蒙塔古夫人（Lady Wortley Montagu）、19 世纪初的斯塔尔夫人（Madame de Staël）、20 世纪的斯蒂芬·茨威格以及当代作家尼古拉斯·T. 帕森斯（Nicholas T. Parsons）。而贝多芬虽然对维也纳人不思进取的生活方式感到惊讶，但当他沉浸在繁华喧嚣的都市生活中时，最初也体会到了一种解放的感觉。

在奥地利这个幅员辽阔的国家里，德意志后裔只是少数，他们周边有十多个主要民族和诸多人数较少的民族，每个民族都有自己的习俗和语言。他们在面临自己认为无法解决甚至无法理解的社会弊端时，他们普遍无法面对现实。美国的奥地利史学家威廉·M. 约翰逊（William M. Johnson）敏锐地指出，奥地利帝国"在半永久性的自我欺骗中管理着一切事务"。[14]
维也纳"喜欢自我陶醉，不喜欢自我分析"。维也纳人对这座
城市的所有评价"都有些言过其实或歪曲"。[15] 生活在欧洲其
他国家首都的思想者一般有着更为清晰的自我认识。本身就是
奥地利人的弗里德里希·希尔指出："奥地利人喜欢遮遮掩掩，
对于那些最紧要的事情，如宗教和国家，他们从不展现出真实
的自我，不会说出'真实'想法、信仰或感受。"[16] 在 18 世纪
90 年代，也就是在贝多芬刚刚移居到维也纳时，奥地利人拒
绝了解自己所处社会的风气达到了顶峰。

佩茨尔笔下的维也纳

约翰·佩茨尔（Johann Pezzl）是 18 世纪维也纳最具洞
察力的评论家。他在《维也纳概述》（*Sketches of Vienna*,
1786~1790）中对 1780~1790 年约瑟夫统治下的维也纳进行
了细致、全面且十分有趣的描述。与约瑟夫二世和莫扎特一
样，佩茨尔信仰启蒙主义思想。因此他大力支持约瑟夫的改革
措施。从很多方面来说——但也不是绝对的——佩茨尔的《维
也纳概述》"歌颂的正是莫扎特在《费加罗的婚礼》和《魔笛》
中展现的那种人道主义精神"。[17] 在这部包罗万象的作品中，
佩茨尔以敏锐且具有批判性的视角描述了法国大革命爆发之前
维也纳的生活。

笼罩在维也纳上空的沙尘让佩茨尔感到惊讶。"温暖的一
天过后，如果你在周日晚上八点走出家门，你会感到自己走进
了迷雾；你只能在沙尘中看到闪烁的灯笼；走出城门，你会看
到一团浓密的尘云覆盖了整片空地。"[18] 这里的空地指的就是
前文提到的城墙外围大片的开阔区域。读到这里，我们就能理
解为什么贝多芬一旦有能力负担得起，就马上前往风沙区之外
的村庄避暑了。虽然今天维也纳是欧洲水质最优良的国家之

一，但在贝多芬的时代这里的水质十分糟糕。佩茨尔揶揄道："维也纳的饮用水算不上最好的，它具有通便效果，外地人在这里住上几周通常会被腹泻困扰一个月。"[19] 受此困扰的不仅是短期旅行者。作为一个外地人，贝多芬在定居维也纳的三十多年里经常被断断续续，有时甚至十分严重的肠道疾病困扰。

内城建筑密集、拥挤不堪是造成水污染的原因之一。佩茨尔曾说维也纳的街道十分难走。在小城波恩长大的贝多芬可能也习惯了这样的拥挤，当时他住过的几处房子都位于内城。维也纳的人口构成了哈布斯堡这个广阔的多民族帝国的缩影。德意志人、匈牙利人、捷克人、波兰人、亚美尼亚人、土耳其人、斯拉夫人、希腊人、瓦拉几亚人和摩尔达维亚人、塞尔维亚人、吉卜赛人、穆斯林、克罗地亚人、波兰犹太人、波希米亚农民、特兰西瓦尼亚游民构成了民族大杂烩，各民族都有自己的聚居区。佩茨尔评价其为"令人愉悦的视觉享受"，他很喜欢来自不同国家的种类繁多的民族服饰。走在街上，维也纳的居民呈现出一幅色彩丰富的画面。[20] 1794 年，也就是贝多芬来到维也纳的两年后，利涅亲王说"维也纳是一个名副其实的语言巴别塔"。与欧洲其他国家的首都相比，多种多样的语言成了维也纳的特色。在这里，你会看到"很多男人和女人会说五六门语言，几乎所有人至少会三门语言——法语、德语和意大利语"。[21] 哈布斯堡王朝的德意志居民仍然将自己视为撒克逊人、施瓦本人、弗里西亚人、巴伐利亚人或莱茵兰人。维也纳人将贝多芬看作莱茵兰人。他一直没有成为奥地利人，也不想成为奥地利人。

佩茨尔对维也纳人不愿表达内心深处的想法和避免讨论严肃问题的做法感到失望。"人们从不在正式场合公开表态，也不讨论重要的话题。"[22] 与当时的维也纳相比，他更喜欢过去的维也纳。佩茨尔承认，"维也纳人的软弱性格导致他们缺乏英雄气概，这一点是千真万确的"。[23]贝多芬应该会认同这样的说法。他认为维也纳人不仅缺乏革命热情，甚至缺乏对政治的基本兴趣。在 1794 年的一封信里，贝多芬批评维也纳市民是典型的头脑简单的享乐主义者，他们对政治毫不关心，只要吃饱喝足就满足了。

人们总要想尽办法避免讨论政治问题。即便在朋友之间讨论政治话题也要小心翼翼。社会里隐藏着大量当局雇用的线人和密探。贝多芬定居维也纳的数十年中，这种情况变得日益严重。佩茨尔认为维也纳是个日渐衰落的实体。从前当局还允许人们随意讨论国家事务，但这时就连"最不重要的事情"也被"荒谬的神秘感"所笼罩。虽然佩茨尔称 1789 年之前维也纳有着"不受约束的言论自由"，但《维也纳概述》是在约瑟夫收紧审查制度之前首次出版的，也远早于弗朗茨一世实施镇压统治的时间。

音乐

在维也纳死气沉沉的文化氛围中，音乐是一个奇妙的例外。虽然公众的品味依然十分保守，但在所有德语城市中，维也纳保留了最为浓厚的音乐传统。哈布斯堡家族热爱音乐，所有宫廷成员都接受过音乐训练，擅长声乐或某一门乐器，在宫廷的带领和鼓励下，音乐得以繁荣起来。虽然对于年轻钢琴家、作曲家的发展而言，维也纳有着诸多不利因素，但在1792 年，维也纳依然吸引了不少人，尤其是音乐家来到这里，为功成名就和更美好的生活而奋斗。尽管如此，贝多芬决定移居维也纳，这不仅需要有穿越火线的胆量，还需要有离开家乡、朋友和支持者的极大勇气。

维也纳的音乐素以博采众长著称。在贝多芬的时代，意大利音乐，尤其是意大利歌剧，在音乐界占据了主导地位。维也纳的音乐进入了一个旋律清晰、易于理解的黄金时期，而这两个特点都是启蒙运动带来的。当时维也纳的统治者也许缺乏伯里克利（Pericles）、博尔吉亚（Borgias）或伊丽莎白女王的政治头脑和想象力，但在将近五十年中，维也纳的宫廷也吸引了四位音乐天才——莫扎特、海顿、贝多芬和舒伯特。

文化死水

如果有修养的欧洲人认为维也纳的音乐生活十分丰富，但在文化思想上却停滞不前，这不完全是维也纳公民的问题。在审查制度下，奥地利境内流通的严肃读物十分匮乏。当局认为这样的读物会扰乱人心。人们读不到启蒙思想经典著作、德国狂飙突进派、莱辛与赫尔德的戏剧和小说以及席勒和歌德早期的绝大部分作品，对于这样的民众，我们还能抱有什么期待呢？那几十年里涌现出的激进作品已经让 18 世纪末的许多欧洲人在政治方面颇受震撼与鼓舞，促使人们对社会的本质和变革的可能性进行思考。但是奥地利人却很少或根本没有接触过这些作品。

亨利·里夫在 1805 年写道："权力和形式，而非自由和善意，制约着一切。"[24] 文化生活——精神生活——停滞不前。里夫认为："在文学、艺术和科学方面，维也纳还远不及德意志的其他城镇。"他指出，"从某种意义上来说，阅读被政府禁止，政府甚至不允许古典著作的自由流通"。人们缺乏讨论政治的场合和机会，这让他备感诧异。"人们很少谈论政治；除了玩笑和闲谈，他们几乎对什么话题都漠不关心。"[25] 正如斯塔尔夫人在几年后评价的那样，维也纳人喜欢各类节日。哈布斯堡王朝的统治者也喜欢，因为这些节日能够分散公民的注意力，让人们忘记自己生活在一个警察国家。如果有人对这样的制度不满意，想过上更充实的生活，唯一的办法就是通过内部

迁移①。贝多芬就选择了内部迁移，虽然他在多年之后才做出了
这个决定。

审查制度的重压

"热爱自由胜过一切。"席勒在《唐·卡洛斯》中这样写
道。贝多芬十分熟悉这部剧作，1793 年，他曾在一位维也
纳朋友的留言册中引用了这句话。在波恩自由的环境和进步的大
学中，新思想得以自由传播，贝多芬可以随心所欲地获取这些
新思想。维也纳的情况则不同。深入且严格的官方审查无处不
在。虽然约瑟夫二世比玛丽亚·特蕾莎更为开明，但他的审查
制度依然十分严苛。约瑟夫二世声称支持启蒙思想，但这样的
审查阻碍了启蒙思想的传播。除医学等专业领域外，其他领域
的高等教育并没有受到约瑟夫二世的重视。高等教育只用于
培养有能力的国家官员，这些官员认为"大学是反动思想的
温床"，因此在约瑟夫统治时期，他们对大学进行了彻底的
整肃。[26] 书籍的流通也受到了影响。虽然约瑟夫将禁书的数量
从 4500 本减少到了 900 本，但多数经典著作，包括莱辛、席
勒和歌德的作品，都不能在哈布斯堡境内流通。18 世纪 90 年
代，约瑟夫去世后，利奥波德统治下的审查制度逐渐回到了原
来无孔不入的状态。利奥波德的继任者弗朗茨比叔父和父亲更
担心国内动乱，他对活跃的知识分子十分警惕，并与他们保持
距离。

和如今不同的是，封禁图书在当时是个很常见的举措。奥
地利和德意志各邦都发展出了各自的惯例来处理当局认定的煽
动性作品。面对愈发严格的审查制度，报纸编辑在报道政治或

---

① inner emigration，二战期间出现的一个词语，指生活在纳粹德国的作家、诗人、
知识分子表面上假装服从纳粹德国的主张。

激进思想时不得不谨慎行事。审查制度也阻碍了文学的发展。但文学发展的停滞不能全部归咎于政府，佩茨尔认为维也纳人读书甚少也造成了这样的局面。他们不愿意接受当时欧洲流行的新思想，在 20 年后的《德意志论》（*Of Germany*）中，斯塔尔夫人也提到了这一点。她指出，对于维也纳的花花公子来说，"最不可饶恕的罪过包括：理性的讨论、一本有益的书、勤奋工作和一顿难吃的饭"。[27]

虽然佩茨尔看不惯维也纳文化中的遮遮掩掩和负面因素，但他并不是个革命者。他所谓的"克林格尔、伦茨和席勒的惊人杰作"在维也纳被明令禁止。和很多传统的奥地利人一样，他十分反感当时新出现的文学作品，尤其是歌德在 18 世纪 80 年代狂飙突进时期创作的早期作品。与佩茨尔形成鲜明对比的是，维也纳人对新思想和新作品的冷漠反应让贝多芬十分不满。在思想开放的波恩，贝多芬已经广泛地阅读过狂飙突进的文学作品，包括歌德的《少年维特的烦恼》（*Sturm und Drang*）和有些粗俗的戏剧《葛兹·冯·贝利欣根》（*Götz von Berlichingen*）。虽然席勒的剧作被奥地利当局禁止，但贝多芬在波恩时就已读过或看过这些作品。

在贝多芬的时代，温和派的《维也纳报》是维也纳当地的主要报纸，该报每周三和周六发行，包含四个版面。约瑟夫二世的官员仅对其内容进行简要审查。约瑟夫去世后，利奥波德二世短暂统治下的审查制度依然较为温和。秘密警察直接向利奥波德汇报，但利奥波德并不喜欢这种统治方式。虽然他也有自己的秘密警察队伍，但规模较小，并且利奥波德主要通过他们获取情报。1792 年，24 岁的弗朗茨一世即位后，审查制度再次收紧，甚至比过去更为严格。弗朗茨对自己的能力不够自信。他甚至在继承王位之前就表现出了对秘密警察制度的兴趣。[28] 他的统治很快因此变得臭名昭著。一开始，情报部门的主要关注对象是公务员和官员；后来外来人口和其他可疑人士都受到监视。到了1805年，也就是贝多芬《菲岱里奥》的早期版本《莱奥诺拉》上演的那一年，审查局成了政府的官方机构。报刊和图书都要接受烦琐、效率低下但又无处不在的严格审查，这种情况一直持续了数十年。

在约瑟夫时代负责审查工作、后来被利奥波德罢免的佩根伯爵（Count Pergen）被弗朗茨召回，重新走马上任。在他的管理下，审查制度的严格程度再度升级。弗朗茨要求佩根重点关注居住在维也纳的众多共济会成员，于是佩根变本加厉地对他们进行监控。他禁止了所有批评或谴责政府的作品，也禁止翻印外国作品或其中的内容。他认为这些传播危险学说的书会扰乱民心。此外，弗朗茨也授权佩根禁止任何人对法国革命者表现出同情或支持。副首相科本茨尔（Vice Chancellor Cobenzl）认为，发表演说支持革命者的人应该被投入地牢。哈布斯堡的审查制度也禁止人们发表异见。因此，即便这里有思想激进的人，他们也学着变得小心谨慎，对外表现出顺从。弗朗茨一世认为皇帝是所有权力的掌管者，为了维护自己的立场，不让公众对他失去信心，弗朗茨一世甚至一度作秀，为他自己近乎专制的权力设置了几条禁令。鉴于佩根命令警察对所有外来人员进行严密监视，人们也不禁猜想贝多芬——这位来自遥远的、受法国影响（且1794年后受法国统治）的莱茵兰年轻人——是否也受到了这样的监视。

在这样的审查制度下，维也纳的媒体依然关注着外界的动态。奥地利宫廷认为美国殖民地爆发的动乱引发了一系列连锁性质的阴谋活动。从一开始，奥地利就通过对内镇压、对外侵略，而不是通过预防性的国内改革来应对法国大革命带来的挑战。[29] 当时到访维也纳的人发现这里的警察比欧洲其他地方的警察都要多。1805年审查制度进一步收紧后，里夫指出，"在

104

这里不仅买不到外来图书，连文献的流通也受到了限制"，他接着说，书和文献，

> 都被政府明令禁止。阅览室和读书会也被封禁；所有图书和报刊都需经过审查官的手（可能并未经过他们的大脑），才可交付给购买者或出版者。英文报刊通常需要在邮局停留多日完成相关手续。这样的专制禁令导致了公众思想的愚钝，没有人敢公开表达看法。明智的人只在面包和演出上消费，娱乐是人们生活中唯一的话题。[30]

105

里夫评论道，在这样压抑的社会中，政治"很少成为人们讨论的话题"。上流社会"从不谈及这类话题"。他发现这座城市"没有公众的声音"，而且"公众没有表达观点的途径"。[3] 由于国家完全控制了公民的生活，因此维也纳人，尤其是穷人，甚至连结婚都需要当局批准。这样看来，官僚制度控制了人们从生到死的所有事务。多数人对此的态度是听之任之。人们接受了这些限制，而不是与之斗争。

贝多芬很少在信中明确提到维也纳人的不思进取，但他在一首变奏曲中标明，他希望以"奥地利风格"（*alla Austriaca*）演奏，即以奥地利人的悠闲风格演奏。在维也纳，贝多芬直率的处事方式让土生土长的奥地利人海顿感到震惊。从贝多芬刚到维也纳时写的信中可以看出，他总是会直白地表达对当地人的不屑。维也纳的多数民众依然支持君主制，随和的本性也决定了他们难以成为革命者。在维也纳的诸多负面影响中，国家对基本自由越来越多的限制一定最让贝多芬感到难以接受。他选择来到这里，却发现自己与身边的人有着很大差异。贝多芬自称为天才，因为他意识到、可能也相信自己将成为继海顿和莫扎特之后的伟大音乐家。

早在 1792 年奥地利与法国开战之前，奥地利当局就已实施了严格的管理制度。弗朗茨担心法国大革命的毒瘤会蔓延到奥地利，因此督促官员将哈布斯堡王朝变成一个真正意义上的警察国家。奥地利著名历史学家恩斯特·旺格曼称，奥地利很快就开始效仿西班牙，将罪犯关押至库夫施泰因城堡（fortress of Kufstein），在 18 世纪 90 年代，奥地利的大多数政治犯都未经审判或听审就被投入了这个监狱。约瑟夫二世统治下的社会紧张情绪不断加深。秘密警察很快就将共济会和光明会与雅各宾派等同起来。除此之外，他们也对神智学派（Theosophists）①、折中主义者（Eclectics）、玫瑰十字会（Rosenkreuzer）② 和美国人充满戒备。毕竟美国人成功地策划了一场革命。

法国思想与语言

18 世纪中叶，欧洲人的思想与品味发生了翻天覆地的变化。当时很多受过教育的欧洲人认为法国是世界上最伟大的国家，是时尚的中心、品味的权威、新思想的起源地。法国思想和语言受到了全欧洲乃至俄国腹地受过教育的人士和贵族的追捧。德意志的王公贵族都说法语。早在大革命爆发之前，德意志贵族就已经全身心地接受了法国的礼仪。腓特烈大帝看不起自己的母语，说话和书写都只用法语。他曾打趣地说自己只对仆人和马说德语。甚至有很多德意志人都不太会讲母语。格鲁克写出来的德语十分别扭，梅特涅的德语一直说得含含糊糊。而两人的法语相对都好得多。意大利语在维也纳也十分普及，

---

① 基督教神智学，德意志新教神秘运动，主张人可以直接获得神性本质以及宇宙起源的知识。

② 中世纪末期的一个欧洲神秘传教团，以玫瑰和十字架作为象征。

尤其是在宫廷里和喜欢音乐的贵族当中。贝多芬的意大利语也学得相当不错。总而言之，法语、活泼的意大利音乐、死板的西班牙宫廷礼仪和对德语的抗拒构成了奥地利上流社会的传统。更为混乱的是，拉丁语一直是奥地利邻国匈牙利的官方语言，这种情况一直持续到 19 世纪。

107 　　在 1805 年的一场晚宴上，里夫惊奇地发现"人们说的都是法语，维也纳的上流社会很少说甚至不说德语"。虽然奥地利和法国频频交战，但法语依然是奥地利贵族和知识阶层的专属标志。里夫也很快发现，人们只对仆人说德语。[32] 在维也纳，这个欧洲最大的德语政治实体的首都，说德语的贝多芬依然感到自己生活在一个语言不通的国家。知识阶层说的德语和他在波恩说的德语有着明显差异，商店店主和仆人也操着不同的方言。贝多芬一开口，维也纳人就知道他不是本地人。他始终没有成为一个维也纳人。

共济会与大革命

　　贝多芬从未加入共济会，但他在波恩时就对共济会的理想产生了认同感。他在维也纳的很多朋友都是或曾经是共济会成员，包括戈特弗里德·范·斯维滕（Gottfried van Swieten）、尼古劳斯·兹梅斯卡尔·冯·多马诺韦茨（Nikolaus Zmeskall von Domanovecz）男爵以及他在维也纳最早的赞助人利赫诺夫斯基家族。海顿和莫扎特都是共济会成员。实际上，维也纳文化界的多数精英人士都与共济会有着或多或少的联系。但在 1792 年，由于担心宗教宽容、政治涣散、人们忠于本地政府而非王室，以及对秘密警察权力的沉迷，弗朗茨全面禁止了共济会。虽然遭到了反对，但弗朗茨依然没有撤销禁令。

　　对于贝多芬来说，大革命依然是个原本可能实现的愿景，有人将其称为"失落的天堂"。[33] 在哈布斯堡统治下的维也纳这个不完美的社会中，人们的革命热情稍纵即逝或很快就转为地下活动。但大革命预示的那个理想的世界仍让贝多芬十分憧憬。他知道即便无法带来政治变革，至少可以带来音乐上的变革。一个世纪后，费鲁乔·布索尼（Ferruccio Busoni）将贝多芬称为"1793 年的产物"，也就是说，他"在那两年的恐怖统治让很多人希望破灭之前就是一位革命者"。在布索尼看来，贝多芬是"音乐界第一位伟大的民主主义者"。[34] 我们很难将贝多芬的想法用语言描述出来，但他的音乐构成了一种独特的表达方式。多数人都能从他的音乐中听出他是法兰西第一共和国理想的坚定支持者。

在贝多芬定居维也纳的前 22 年里，也就是 1814 年之前，法国启蒙思想及其影响对奥地利专制君主和贵族构成了极大的威胁。在这段时期，很少有人敢于表现出对法国政治影响的支持。部分出于对法国大革命的反感，维也纳贵族一度再次将德语作为首选语言，将其地位恢复到了 1740 年玛丽亚·特蕾莎登基之前的状态。但没过几年，法语又重新占据了主导地位。维也纳人开始用法语聊天。依然远离维也纳多样化人口的贵族用法语写日记。简而言之，在音乐方面和日常对话方面，维也纳贵族分别受到了意大利和法国的影响，却很少受到德意志传统的影响。尽管奥地利与法兰西共和国以及后来拿破仑统治时期的法国多次交战，维也纳的知识阶层和贵族依然将讲法语视为一种重要的能力。

尽管贝多芬来到维也纳后很快得到了贵族的资助，但他算不上一位贵族（他后来才知道名字中"凡"的含义），不过贝多芬的赞助人无疑没有将他看作一个平民。虽然贝多芬认为一个人的贵族身份不由出身决定，但他欣赏才华横溢、品格高尚的贵族。对他来说，他们就是名副其实的贵族。

贝多芬的语言

贝多芬虽然赞成法国启蒙思想和大革命理想，但他不喜欢看到奥地利人因崇尚法国而做作地使用法语。由于长期受到法国文化的影响，在贝多芬的家乡莱茵兰，法语的使用十分普遍，因此他在波恩时就已经掌握了一些法语。他的法语虽然有些蹩脚、不够地道，但在维也纳也派上了用场。即便如此，他依然不喜欢说法语。直到1870年，理查德·瓦格纳还在关于贝多芬的专著中愤怒地说"法国人是当今文明的统治者"。[35]他认为贝多芬与法语的统治地位进行了抗争。直到第一次世界大战之后，法国文化和语言在欧洲上流社会中的支配地位才有所减弱。

贝多芬刚到维也纳时说着一口莱茵兰方言，而且他一辈子也没有改掉乡音。虽然在奥地利生活了35年，但贝多芬从未被接纳为奥地利人，而且即便一些奥地利音乐学家持相反的观点，他也不是一位奥地利爱国者。前文提到，贝多芬也不想成为奥地利人。奥地利历史学家弗里德里希·希尔一针见血地指出："歌德一辈子都是法兰克福人，席勒是流亡异乡的施瓦本人，而贝多芬的'祖国'是波恩。"[36]

贝多芬以身为莱茵兰人而骄傲，他不愿也无法学会维也纳口音，因此他在这个多元化的城市里显得格格不入。不仅别人将他看作外来者，他也感到自己是个外来者。在文学作品中也不乏这样的先例。刚到维也纳时，贝多芬感到自己难以融入这个社会，就像卢梭的小说《朱丽：新爱洛伊丝》（*Julie, or the New Héloïse*）中的圣普勒。他在维也纳接触的启蒙思想比在波恩少得多，书店里肯定找不到这样的书（宣传新思想的图书被封禁，没有被封禁的图书其内容也被大量删减），在贵族赞助人的府邸也很少谈及此类话题。贝多芬很可能通过维也纳的朋友接触到这些思想，包括兹梅斯卡尔男爵和后来的卡尔·阿门达（Karl Amenda），这两人也都不是维也纳本地人。

弗朗茨一世

在统治了不到两年后，利奥波德二世于 1792 年去世。四个月后，也就是 1792 年 7 月 14 日，他的儿子在法兰克福接受加冕，成为哈布斯堡神圣罗马帝国的新皇帝弗朗茨一世。约瑟夫二世仔细研究过这位侄子，对他不甚满意。他认为弗朗茨"记性不错，但缺乏想象力"，而且"对真理敏感而恐惧"，他在"思想和行动上犹豫不决、态度冷漠"，最糟糕的是，他"难成大事"。[37] 当时的一位长者利涅亲王后来将弗朗茨称为"逃避问题者"："每次战败后他都会换掉一批大臣，在子民的欢呼声中返回维也纳。"[38] 一位现代的德意志历史学家这样概括他："弗朗茨年轻且多疑，脸型瘦长，下巴突出，目光冷漠，慵懒且无礼，总是摆出一副冷酷的表情。"[39] 正是这个出生于 1768 年的人，在贝多芬到达维也纳不久后成了庞大的奥地利帝国的皇帝。弗朗茨试图阻止时代的前进。思维活跃的选民让他紧张，他与他们保持着距离。

弗朗茨的品格和功绩很少受到当时人们的赞扬。他愈发压抑的漫长统治一直持续到 1835 年，也就是贝多芬去世近十年后才结束。弗朗茨的社会观念十分保守，他反对改革，并且随着年纪的增长，他愈发害怕新思想，害怕任何变化。作为一位水平尚可的小提琴演奏者，弗朗茨一开始也确实对维也纳的音乐生活表现出了些许兴趣，算得上是最后一位喜欢音乐的哈布斯堡君主。但他不喜欢贝多芬的音乐。在两人都生活在维也纳的这段时间，年纪仅相差两岁的弗朗茨和贝多芬显然从来没有见过面，或产生过任何交集。

110

未能与弗朗茨建立任何联系这件事给贝多芬带来了不利的影响。这位皇帝对他的无视，甚至是对他本人及其音乐的反感，导致贝多芬无法得到官方或政府的资助。贝多芬对于他能够得到的任何支持都很欢迎，我们也没听说过他曾公开批评弗朗茨。但私下里的情况无疑并非如此。如果弗朗茨能对这个不久后被看作维也纳乃至整个欧洲最伟大的作曲家、海顿和莫扎特实至名归的继承者多一些兴趣，他可能也会受到音乐爱好者及后世的赞扬。他原本可以成为贝多芬最重要的赞助人，却下定决心不去听贝多芬的音乐会，也不对贝多芬给予丝毫的关注。

王室的其他成员对贝多芬更为欣赏。弗朗茨的第二任妻子玛丽亚·特蕾莎十分热爱音乐，从1792年一直到1807年逝世，她一直是帝国的皇后。作为一位备受赞誉的歌唱者，她在维也纳的音乐生活中扮演了一个活跃的角色。虽然贝多芬始终没有进入她的音乐密友圈，但她赏识他的才华，而他对维也纳音乐界的惯常批评也从没有波及她。贝多芬将他的《七重奏》（Op.20）献给了玛丽亚·特蕾莎，这部作品备受欢迎，且一直是维也纳观众最喜爱的乐曲之一。我们也将看到，多亏了玛丽亚·特蕾莎的积极介入，贝多芬的歌剧《莱奥诺拉》才能通过审查。贝多芬与弗朗茨的第三任妻子玛丽亚·卢多维卡（Maria Ludovica）的关系也算融洽。哈布斯堡君主们对音乐的热情似乎大体呈现出减弱趋势。帝国的第一位女王玛丽亚·特蕾莎（1740~1780年在位）曾聘请格鲁克担任女儿们的音乐老师。约瑟夫二世与莫扎特就他的歌剧相谈甚欢，利奥波德二世自己也会作曲。[40] 而弗朗茨也许是担心音乐强大的感染力，对这样一种危险的表达方式敬而远之。

莫扎特在维也纳生活的十年——1781~1791年——和贝多芬在这里的前十年形成了鲜明对比。深受启蒙思想影响的莫扎特是个理想主义者。虽然他的政治思想并不激进，但正如《后宫诱逃》、《费加罗的婚礼》和《唐璜》（*Don Giovanni*）所体现的那样，莫扎特是一位敏锐的社会批评家。在基于博马舍的剧作创作的《费加罗的婚礼》中，歌词几乎不包括任何尖锐的内容，因此通过了当局严格的审查。后来维也纳人渐渐对莫扎特的音乐失去兴趣并不是因为他持有任何先进的政治观点，而是因为歌剧爱好者认为他的作品不拘一格、过于感性。正如莫扎特的职业生涯体现的那样，他在维也纳的地位颇不稳定，有时甚至十分卑微。莫扎特的艺术超越了宫廷和教会设置的界限。他从未获得经济独立或稳定的收入。贝多芬无疑也知道莫扎特去世时负债累累，他下葬的确切地点至今依然无人知晓。

　　1786 年，当莫扎特决定为博马舍的戏剧配乐时，他显然赞同这部戏剧中表达的社会观点。费加罗虽是个仆人，但他认为自己与主人伯爵的地位是平等的，甚至高于伯爵。莫扎特无疑也认为自己不比任何伯爵差。但想让这部剧在维也纳上演，作曲家必然要弱化博马舍剧中的平等主义思想。特别是他不得不删去第五幕第三场中费加罗的大段独白，因为此处这位机智的仆人讨论了社会中的不公现象。几年前，在《唐璜》（1787）第一幕的结尾，莫扎特笔下的主人公唱道："自由万岁！"在德语世界，自由通常指政治自由，而非人身自由。在约瑟夫二世统治时期，人们尚能唱出这句歌词，但在弗朗茨统治的维也纳，就没人敢这样唱了。

　　甚至连海顿也没能从一开始就受到维也纳人的欢迎。海顿创作了 6 部"巴黎"交响曲和 12 部"伦敦"交响曲，但从未写过"维也纳"交响曲。最让当时的评论家印象深刻的是海顿音乐里的标新立异、精巧设计、出其不意，以及今天我们所说的讽刺意味。最为典型的是海顿的第 88 号交响曲，这首乐曲既无英雄气概，也无悲剧色彩。只有在 1800 年前后创作的

112

《创世纪》和《四季》上演后，维也纳人才开始关注海顿。

* * *

在此之前，法国的革命理想已对贝多芬所在的波恩产生了影响，改变了莱茵兰人的生活。这些理想在德意志地区传播时有时会带来严重后果。但它们对奥地利却几乎没有产生丝毫影响。原因很简单：奥地利距法国较为遥远，那里的持异见者没有革命的理由，也无法获得支持，难以展开成功的革命运动。此外，1793~1794 年恐怖统治席卷巴黎和法国其他城市，导致整个欧洲的革命热情逐步减弱。越来越多的德意志人开始与革命思想保持距离。最终，距离将带来敌意。在德意志大多数城邦，雅各宾派一直未成气候。除西班牙、葡萄牙和奥地利外，德意志各邦是革命活动出现最少的地区。除此之外，政府官员也好奇，大革命能持续多久呢？随着时间的推移，大革命催生出了一些反革命活动。尽管如此，由于哈布斯堡王朝地域广阔、文化多样，当局有理由感到担忧。感到主权受到威胁后，弗朗茨试图加强反革命力量。因此，贝多芬所在的维也纳成了反对法国共和思想的核心地带。

不同寻常的是，虽然维也纳在巴黎以东，比波恩与巴黎的距离还要远上数百英里，但这座城市依然没能摆脱恐怖统治的影响。1794 年夏天，一群法国大革命的支持者在维也纳成立了一个小型组织。他们甚至一度立起了象征反抗的自由之树。自由之树最早出现在美国革命时期，后来这一标志被法国革命者广泛使用，进而扩散至全欧洲。维也纳当局迅速对革命活动进行了镇压，活动很快瓦解。被捕的成员被判处死刑、长期监禁或流放。然而，维也纳对雅各宾派的审判破坏了当时已十分严格的法律。无一例外的有罪判决和严苛的刑罚削弱了人们默认的"君主意志受法律制约"的理念。即便在维也纳当局清除了当地的"雅各宾派分子"之后，城里依然有大量对当局统治不满的人。

　　贝多芬从未返回家乡，主要原因在于他也无法回去。1794年底，法国人占领了莱茵河左岸。贝多芬在波恩的支持者及保护者选帝侯马克斯·弗朗茨在逃往维也纳之前解散了宫廷及乐队。1794年3月，马克斯·弗朗茨也不再为贝多芬提供宫廷乐师的津贴。贝多芬在波恩获得的地位此时都已不复存在。他可能也感到波恩已不再适合自己发展，在接下来的20年里，波恩将处于法国人的直接统治之下。法国大革命的影响激发了贝多芬对革命和自由的追求。"从青年时期起，他就是一位热情的民主主义者和坚定的共和主义者，"胡戈·莱希滕特里特（Hugo Leichtentritt）评论道，他认为贝多芬"实际上是第一位对政治有着强烈的兴趣、理想和抱负的德意志音乐家。"41 贝多芬不想生活在法国的统治之下，因此没有回家的打算。不管怎样，现在维也纳已成为他的家。很快，奥地利首都为他提供的机遇就让他坚定了留在这里的决心。

7

贝多芬的维也纳

> 永远不要对人表现出他们应得的蔑视，
>
> 因为你不知道什么时候会用得上他们。
>
> ——贝多芬 [1]

在贝多芬的时代，有三种主要音乐形式在维也纳得到了繁荣发展：歌剧、舞曲和室内管弦乐。长期由意大利人主导的歌剧无疑是当时最受欢迎的音乐体裁。18 世纪 90 年代，法国拯救歌剧（rescue operas）流行起来，这类歌剧通常由旅居巴黎的意大利作曲家创作，故事中的主角被解救于危难之中，通常以大团圆为结局。贝多芬对创作歌剧表现出了浓厚的兴趣，但德语歌剧十分少见。他缺乏创作此类歌剧的本土条件。贝多芬毕生都在寻找合适的剧本和主题，但最终他只写出了一部歌剧，即《菲岱里奥》，原名《莱奥诺拉》。这部歌剧于 1805 年首演，此后贝多芬在 1806 年对其进行了修改，并在 1814 年进行了一次大改，最终以《菲岱里奥》为名重新推出。只有最后的版本大获成功。

在维也纳音乐界，排在第二位的音乐形式是舞曲。在维也纳期间，贝多芬见证了圆舞曲的兴起与盛行，圆舞曲逐渐取代了长期受到贵族青睐的更为优雅的小步舞曲。贝多芬一生写过

不少舞曲，包括圆舞曲，但他主要将自己的才华用在更为复杂的音乐形式中。凭借他的室内管弦乐——包括交响曲、协奏曲、奏鸣曲、弦乐四重奏、歌曲、两部弥撒以及几首康塔塔——贝多芬很快就在维也纳音乐界获得了响亮但通常又颇具争议的名声。

维也纳的音乐爱好者十分欣赏才华出众的个人及演奏者。在赞助人的圈子里，人们很快就意识到了这位莱茵兰青年的才华。似乎从到达维也纳的第一天起，贝多芬就有了不止一位赞助人。其中有些人一眼就看出了他的巨大潜力。贝多芬接受了他们的支持，但从不认为自己欠了他们的人情。贝多芬的行为虽然难以捉摸，但他在哈布斯堡首都最初几年创作的音乐无一例外都是伟大的。得益于海顿的赏识和推荐，这位年轻的作曲家很快得到了贵族们的关注，被视为这座城市里最优秀、最具天赋的钢琴家。作为一位钢琴即兴演奏家，他让听众着迷，但作为作曲家，他的成功来得比较缓慢。当时的维也纳人显然认为贝多芬出身于贵族。他们认为佛兰芒语中的"范"（van）和德语中的"冯"（von）一样，都是贵族身份的象征。事实并非如此，但后来贝多芬才发现这个问题。我们可能会认为，对于像他这样一个说话直率、来自受法国影响的波恩的异乡人来说，想要在有修养的维也纳贵族圈子中立足并不容易。但是贝多芬很早就对自己的音乐潜力颇有信心。18 世纪 80 年代和 90 年代初期他就在波恩出版了作品。来到维也纳之后，贝多芬创作了各种体裁和风格的作品，但他决定暂不出版，而是等到这些新作品足够完善之后，再一鸣惊人。同时，他也打算以钢琴演奏家的身份给维也纳人留下最深刻的印象。

海顿

贝多芬感到，要成为一名成功的作曲家，他需要增进自己的音乐知识。他一到维也纳就决定要向最好的老师学习。虽然我们很难想象贝多芬也曾是一名学生，但在初来乍到的那几年中，贝多芬不仅持续地加深对基础知识的研究，还学习了如何更透彻地理解不同体裁的名曲中的精妙之处和丰富变化。贝多芬知道自己的音乐水平超乎常人，因此他严格训练、向他尊敬的老师求教、仔细研究听到的音乐，此外他可能也观摩了其他音乐家的演奏，与技艺更加精湛的演奏者切磋，以此磨炼自己的技艺。他不断聆听，不断学习。当时维也纳和其他城市都没有音乐学院。贝多芬越来越复杂的作品表明他愿意花费毕生精力在广阔的音乐领域中探索新的音乐模式。他知道只有通过不懈努力，才能在音乐上取得成功。在波恩时，海顿就曾对贝多芬给予鼓励，邀请他到维也纳做自己的学生。能得到世界上最著名的作曲家的认可对年轻的贝多芬而言意义重大。和巴赫一样，海顿是对位法方面的大师，贝多芬希望能从他那里学到大量的知识。

从海顿和贝多芬的书信可以看出两人不同的性格。海顿给他的贵族赞助人尼古劳斯·艾什泰哈齐（Nikolaus Esterházy）亲王写信时，使用的是平民仆人与贵族主人说话时使用的正式称谓和恭敬用语。贝多芬虽然十分清楚音乐家地位不高，但他很少使用生硬客套的宫廷用语。十年前，莫扎特也曾在维也纳发展事业。他取得过成功，也经历过失败和屈辱。当时发生过一件尴尬的事：1781年莫扎特宣布决定不再跟随萨尔茨堡大主教，而留在维也纳后，他的一位早期赞助人为表达对萨尔茨堡大主教的奉承，将莫扎特赶出了房间。十年后，莫扎特在穷困潦倒中死去。贝多芬无疑知道海顿在长期赞助人艾什泰哈齐亲王面前常表现出谦卑的姿态，也知道莫扎特经历的磨难和屈辱，因此他决心尽可能保持自己音乐事业的独立性。

1790年艾什泰哈齐亲王去世后，海顿获准退休，他搬到维也纳，靠着丰厚的退休金生活。在他的指导下，贝多芬学习了对位法，这一技法衔接了巴洛克时期巴赫和亨德尔的卡农与赋格以及古典时期海顿和莫扎特的成熟作品。青年贝多芬的才华给海顿留下了深刻印象，但并没有让海顿如当初看到莫扎特时那样惊叹。贝多芬十分珍惜海顿对他的练习进行的认真修正。[2]师徒俩的关系一直很好。1793 年，海顿将贝多芬带到艾森施塔特（Eisenstadt，今属匈牙利[①]），即维也纳东南的艾什泰哈齐亲王家所在地，并将这位年轻的作曲家引荐给了这个家族。当时他们对贝多芬的看法我们不得而知。但多年后，艾什泰哈齐亲王的儿子——和他父亲一样名叫尼古劳斯——委托贝多芬为他的父亲创作一首弥撒曲。

海顿从小家境贫寒，在贫苦的环境中长大。他同情贝多芬，因为贝多芬也有着同样悲惨的童年，经历过类似的艰辛。海顿从少年时期起就展现出了调皮捣蛋的天赋。他一辈子都喜欢开玩笑，不论是在音乐上还是言语上。贝多芬也富有幽默感，时而诙谐，时而粗俗，时而讽刺，总是出人意料。虽然海顿可能也对贝多芬音乐中的奇特之处，例如突然出现的休止或开始感到费解，但事实证明，他是这位年轻作曲家真正的朋友。1793 年 11 月，他写信给科隆选帝侯马克斯·弗朗茨，称赞贝多芬的作品，请他提高贝多芬的津贴。海顿提到了贝多芬的一些作品，以证明学生取得的进步，但遗憾的是，海顿不知道贝多芬在波恩时就完成了这些作品的初稿。音乐修养颇高的选帝侯早就知道这些作品，他看出了贝多芬的小把戏，并向海顿指明了这一点。弗朗兹的回信让海顿感到十分难堪，这也在情理之中。而贝多芬对于此事的反应我们不得而知。

正所谓教学相长，师徒二人共同进步。海顿第二次伦敦之行期间，贝多芬的学习中断了很长一段时间。海顿及其作品在英国获得了热烈反响，因此他又多停留了一段时间。海顿对青年贝多芬的影响比这位年轻的作曲家愿意承认的程度更深。他按照海顿的建议修改了 c 小调钢琴三重奏，将结构调整得更加紧凑。由于当时民歌在欧洲十分流行，海顿通过为苏格兰和英

119

---

① 资料显示艾森施塔特现在是奥地利布尔根兰州的首府。

格兰民歌谱曲获取了可观的收入。后来，贝多芬也出于同样的目的写了一些民歌。从钢琴演奏的角度来说，他也受到了海顿的影响。海顿结束第二次伦敦之行返回维也纳后，两人共同举办了几场音乐会，贝多芬演奏钢琴，海顿指挥他新创作的"伦敦"交响曲。

在海顿眼里，贝多芬是个高傲的人，因此他有时会私下将这位盛气凌人的学生称为"莫卧儿大帝"（the Grand Mogul）。海顿可能借鉴了塞缪尔·约翰逊（Samuel Johnson）的绰号，后者被称为"文坛大可汗"（"大可汗"指当时的鞑靼君主）。这位英国评论家以其权威的表达方式而闻名，因此在晚年获此称号。和多数专制者一样，约翰逊和贝多芬很难接受别人的意见。但贝多芬和海顿之间的关系一直是友好的。1809 年 5 月，贝多芬在海顿去世之前最后一次见到海顿，而在此之前贝多芬对这位导师的评价也一直都是正面的。海顿去世很久之后，贝多芬还一直怀念导师的恩情。

为了完全掌握对位法这一作曲技巧，1794 年 1 月初，贝多芬开始接受约翰·格奥尔格·阿尔布雷希茨贝格（Johann Georg Albrechtsberger）的指导。阿尔布雷希茨贝格是位受人尊敬的老师和学者，算得上当时最著名的音乐教育家和对位法专家。尽管贝多芬的一些弦乐三重奏体现了海顿（也有莫扎特）的创作模式，但从中也能看出阿尔布雷希茨贝格的影子。尽管两人性情不同，但贝多芬表示他对这位新老师很满意。他也在约翰·巴普蒂斯特·申克（Johann Baptist Schenk）门下学习过，后来两人成了朋友。和当时的所有音乐家一样，贝多芬十分熟悉 J.J. 富克斯（J. J. Fux）对位法方面的经典长篇著作《通往帕纳塞斯山之路》（*Gradus ad Parnassum*）[①]。

120

---

① 又译《艺术津梁》。

贝多芬应该也读过18世纪初另一位理论家约翰·约瑟夫·祖尔策（Johann Joseph Sulzer）的著作。后来，从1799年到1801年，贝多芬师从宫廷歌剧总监安东尼奥·萨列里（Antonio Salieri）学习为歌剧谱曲。莫扎特去世后，萨列里在许多莫扎特传记中一直是个充满争议的人物。此外作曲家路易吉·凯鲁比尼（Luigi Cherubini）、才华横溢的小提琴家兼指挥家弗朗茨·克莱门特（Franz Clement），以及歌德的朋友兼忠实笔友卡尔·弗里德里希·策尔特（Carl Friedrich Zelter）都在非正式场合指导过贝多芬，其中贝多芬可能于1796年在柏林认识了策尔特。

赞助人

在利赫诺夫斯基和其他名门望族的支持下，贝多芬付清了他的学费，生活也有了着落。音乐鉴赏家很快就将他誉为当地最具才华和活力的青年钢琴家。在这十多年里，贝多芬受到了他们非比寻常的、通常也十分慷慨的支持，这种支持有道德上的、音乐上的，有时也有经济上的。他们争相邀请贝多芬到自家宅邸演奏。有几位赞助人是他的拥趸。由于社会地位的差异，他们难以与贝多芬成为亲密的朋友，但即便贝多芬偶尔展现出桀骜不驯的个性（他对此几乎毫不掩饰），他们依然坚定地支持着他。在这些年中，贝多芬的赞助人也不断变化。一些人家道中落，有一位英年早逝，还有几位离开了维也纳，他们的位置被别人取代。但至少在1814年维也纳会议召开之前，贝多芬获得的支持能够满足他的需求。用德国知名贝多芬研究者马丁·格克（Martin Geck）的话说，贝多芬的赞助人将他视为"他们自己的'波拿巴'"。[3]

格克将青年贝多芬比作"波拿巴"也许只是一笔带过，但不久后人们就讨论起了两人之间的相似性。从贝多芬（和拿破

121

仑）后来的职业发展来看，这个类比很有启发性。1792年年轻的将军拿破仑从英国人手中夺回土伦，1795年在巴黎镇压了保王党叛乱，1796~1797年在意大利战场上取得了胜利，展现出了不可估量的潜力。和他一样雄心勃勃的贝多芬也在维也纳竞争激烈的音乐舞台上开辟出了一条辉煌的道路。正如法国人将年轻的拿破仑视为骄傲、敏感但能力出众的外来者，维也纳人也逐渐认识到了贝多芬的实力。他对自己的才华自知且自信，因此从很早开始他就是个有独立想法的人，而且终生如此。在整个职业生涯中，他不断努力，成了第一位按照自己的方式生活的欧洲音乐家。[4]

贝多芬以钢琴家的身份来到哈布斯堡首都，也以钢琴家的身份在此成名。他将钢琴演奏作为自己的专业。在他所掌握的丰富的音乐技能中，钢琴演奏算得上是他最擅长的。很多人认为即兴演奏最能体现一位音乐家的才华，贝多芬在这方面有着非凡的天赋。但作为作曲家，他令人惊叹的新作品却是慢慢为人所知的。他一生创作的35首钢琴奏鸣曲和大约70首变奏曲本质上都是将即兴演奏落在纸面上并按照作曲逻辑修改的结果。尽管贝多芬也会演奏中提琴、古钢琴和羽管键琴（他早期的键盘作品都是为这些乐器创作的），但他很快就喜欢上了更具感染力、共鸣更强的钢琴。他一生都在寻找体型更大或更为先进的新型钢琴，以便将他脑海中音乐的精妙之处和广阔音域更充分地展现出来。

生活中的新转机给他带来了名气，但他心中仍充满不安。如今他虽然更为自由，但也失去了在波恩成长过程中获得的许多支持。在维也纳，他没有建立起在家乡时所拥有的密友圈。尽管才华出众，他依然没能在宫廷里谋得一个职位。这样一个职位带来的安全感可以消除长期困扰他的经济压力。他一生从未完全放弃获得这类职位的期望。即使在生命的最后几年中，

122

他仍然渴望得到宫廷的任命。

贝多芬很少得到哈布斯堡家族的关注，但 1792 年 11 月他来到维也纳后不久，卡尔·冯·利赫诺夫斯基（Karl von Lichnowsky）亲王就在阿尔瑟格伦德 45 号（今阿尔瑟街）的宅邸里为贝多芬安排了住处，这可能得益于海顿或某位人脉甚广的波恩同乡的推荐，比如差不多与贝多芬同时回到维也纳的瓦尔德施泰因伯爵。卡尔亲王是一位开明的贵族，有着共济会背景，曾跟随莫扎特学习音乐。在多年的相处中，贝多芬几乎成了卡尔亲王家的一员。

在那个时代，维也纳没有专门的音乐厅，只有用于举办音乐会的剧院。好在城市里许多热爱音乐的贵族或有钱人家的宅邸通常有专用的音乐室。"室内音乐"指的就是在这些地方而非在音乐厅里演奏的音乐。如果有家庭成员会演奏乐器——当时很多王公贵族都具备这一技能——他们就会在自己家的演奏室自娱自乐。但如果家里人的演奏水平没有那么精湛，他们有时则会邀请三四位水平更高的音乐家到家里演奏。

每周五早上，利赫诺夫斯基亲王都会组织高水平的演奏会。他聘请了三位杰出的年轻音乐家：第一小提琴手伊格纳兹·舒潘齐格（Ignaz Schuppanzigh）、大提琴手尼古劳斯·克拉夫特（Nikolaus Kraft）以及第二小提琴手路易斯·西纳（Louis Sina）。后来贝多芬与这三个十几岁的少年建立了终生的合作关系。另一位新朋友，水平不错的业余大提琴手尼古劳斯·兹梅斯卡尔（Nikolaus Zmeskall）也经常加入这个乐队。与他们的相处让贝多芬受益良多，兹梅斯卡尔最终也成了贝多芬一生的仰慕者和最忠诚的支持者。

利赫诺夫斯基家族对于初到维也纳的贝多芬来说有着重要意义。除了卡尔亲王，利赫诺夫斯基公主和亲王的弟弟莫里茨伯爵也为贝多芬提供过不少帮助。作为一位技艺精湛的业余

123　音乐家，卡尔亲王有时会以演奏者的身份参与周五早上的演奏会，在这些演奏会上，贝多芬通常扮演主要角色。1795年，在他的资助下，贝多芬出版了他的第一部主要作品——印制精美的三首钢琴三重奏（Three Piano Trios, Op.1）。作为贝多芬的梅塞纳斯（Maecenas）①，他曾在贝多芬刚到维也纳的几年里向这位作曲家赠送了许多私人礼物，包括一套珍贵的弦乐器。此外，从1800年至1806年，卡尔亲王每年为贝多芬提供600弗罗林的年金。

　　1795年，为了生活得更独立，贝多芬搬出了利赫诺夫斯基的房子。在此之后，他多次更换住所，但都在维也纳中心区的范围内。维也纳的租户每年分别在春季和秋季签两次租约，因此频繁更换住所的情况并不罕见。不光是贝多芬，还有莫扎特，后来的勃拉姆斯，甚至是搬家频率略低的布鲁克纳（Bruckner），都经常从一间公寓搬到另一间公寓，从城市搬到郊区或乡下，之后通常又搬回到城市里。不仅是音乐家，城市里的其他人似乎也在不断地搬着家。那时，维也纳的生活中似乎充满了躁动不安的气氛。

　　像利赫诺夫斯基这样古老的维也纳家族经常赞助有前途的音乐家。早先，洛布科维茨家族（Lobkowitzes）和金斯基家族（Kinskys）都曾支持格鲁克。后来，这两个家族都成了贝多芬的赞助者。可能在到达维也纳不久后，贝多芬就认识了第七代洛布科维茨（捷克语为洛布科维齐）亲王这位重要的赞助人。在他的资助下，贝多芬完成了他的第三、第五和第六交响曲等作品。1809年，为正式表达对贝多芬才华的欣赏，洛布科维茨亲王同意为贝多芬提供经济上的支持，成为他的三位赞

----

① 盖乌斯·梅塞纳斯，罗马帝国皇帝奥古斯都的谋臣，著名的外交家，也是诗人、艺术家的赞助人。诗人维吉尔和贺拉斯都曾受他提携。他的名字被看作文学艺术赞助者的代名词。

助人之一。另两位赞助人分别是金斯基亲王和年轻的鲁道夫大公（Arckduke Rudolph）。三人都同意为贝多芬提供终身退休金。虽然他们对贝多芬给予了极大关注，但是贝多芬始终对他的赞助人有所保留，在心理上与他们保持着一定的距离。面对他们，贝多芬经常表现得盛气凌人，仿佛他们的地位在他之下，而不是相反。当时贝多芬另一位慷慨的朋友是约瑟夫·冯·索南费尔斯（Joseph von Sonnenfels），1793~1794年，他是维也纳雅各宾派的幕后推动者和保护者。5

124

关于贝多芬过人天赋、非凡技艺和他"天才壮举"的传闻在哈布斯堡首都的贵族圈中流传甚广。而关于他唐突无礼、行为古怪、漠视社会习俗的说法，似乎也让他的精湛技艺变得更耀眼了。这些都是天才的特点，而他也似乎毫不费力地表现出了他的天分。他能通过即兴演奏展现出各种情绪，这样的演奏深深地打动了听众，有时甚至让他们热泪盈眶。贝多芬常常嘲笑听众的反应，似乎以此为乐。卡尔·车尔尼说贝多芬有一次大笑道："你们这些傻瓜。谁能受得了你们这些被宠坏的孩子！"贝多芬变化莫测的情绪和行为可能让有修养的维也纳人联想到了18世纪小说中的经典形象——高贵的野蛮人。虽然贝多芬声称他看不起用眼泪表达情感的做法，但这确实反映了他的演奏所产生的感染力。贝多芬经常一连数小时坐在钢琴前演奏他脑海中的音乐。这些音乐也会留在他的脑海中，因为他声称自己从不会忘记自己大脑"创作"出的任何东西。他的演奏和看似自然的创作让听众赞叹不已。早在18世纪90年代中期，贝多芬就开始构思交响乐、协奏曲、歌剧等大型古典曲式的作品，甚至草拟了一些乐章，但直到他掌握了室内乐中互动式的配器法后，他才将这些作品完成或推出。凭借钢琴三重奏、钢琴奏鸣曲和弦乐四重奏等作品，贝多芬很快获得了极高的声誉。维也纳的音乐爱好者对他的室内乐作品赞不绝口。这些作品之所以备受欢迎，原因之一在于它们只需要一两个，最多三四个出色的演奏者即可演奏。

具备这样的即兴演奏才能，贝多芬不可避免地陷入了与其他钢琴家的竞技。欣赏他的才华的贵族支持者在私人住所举办小型聚会时，经常会要求两位钢琴家比拼琴技。贝多芬没有发起过这样的比赛，并声称不喜欢这样的比试，但与其他音乐家"斗琴"也进一步提升了他在维也纳的声誉。他的"对手"有格利内克神父（Abbé Gelinek）这样的当地钢琴家，也有丹尼尔·施泰贝尔特（Daniel Steibelt）这样的外来者。他的水平超过了这两位钢琴家，一如他超过了其他雄心勃勃的竞争对手。

贝多芬早就学会了接受维也纳生活中的局限性。他偶尔会反抗，但大多数时候，理智占据了上风。他始终清楚自己的首要任务：以演奏家和作曲家的身份谋求职业发展。此外他还要照顾家人，他的两个弟弟不久后也跟随他来到了奥地利首都。不管怎样，贝多芬始终照顾着两个弟弟，对他们的付出远远超过了他们的个人价值。

朋友

在贝多芬生活的时代，人们常常出于社会或经济原因而接受包办婚姻。分居或离婚十分罕见。这种社会模式可能使当时的德意志人对友谊尤其是男性间的友谊格外热衷。尤其在 18 世纪末 19 世纪初，友谊被视为一门艺术。人们十分注重培养友谊，会在这方面花费许多精力。歌德和席勒、威廉·冯·洪堡和弗里德里希·根茨、华兹华斯和柯勒律治、夏多布里昂和丰塔纳（Fontanes）之间的友谊都能体现出这一点。贝多芬性格倔强，有时还很易怒，但他也与一些男性或女性朋友建立了深厚、长久甚至终生的友谊，比如以下几位。

和当时的惯例一样，在维也纳时，贝多芬与他社会地位相近的人关系最为亲密。在结交的朋友中，贝多芬非常看重卡尔·阿门达。阿门达的音乐水平和品格给他留下了深刻印象，因此尽管两人性格迥异，而贝多芬似乎与他相处得分外融洽。但在维也纳居住了一年（1798~1799）后，阿门达便回到了他的家乡——拉脱维亚的库尔兰（Courland）。虽然贝多芬此后再也没有见过他，但他们之间仅存的几封书信体现了两人深厚的情谊。当贝多芬终于决定向外界承认他的听力日渐衰弱时，他没有向维也纳的朋友倾诉，而是写信告诉了波恩的洛伦茨·韦格勒和库尔兰的阿门达。他们两人的关系完美地诠释了那个时代男性之间的理想友谊。对于自己认定的好朋友，贝多芬的态度向来是始终如一的。虽然两人相距甚远，但阿门达一直是贝多芬的好朋友。

126

在居住在维也纳的朋友中，尼古劳斯·兹梅斯卡尔是十分重要的一位。他是匈牙利人，贵族出身，长期在匈牙利驻维也纳大使馆担任外交官，同时也是一位优秀的大提琴演奏者。兹梅斯卡尔很快就为贝多芬所折服，在维也纳，他一直是贝多芬最坚定的支持者。但贝多芬总是随意使唤他，经常拿他开玩笑，而且是有意为之。而兹梅斯卡尔很乐意尽其所能为天才贝多芬效劳。作曲家最诙谐幽默的信都是写给他的。与贝多芬相比，兹梅斯卡尔将两人间的友谊看得更重。这份友谊也许缺乏深度，但两人的关系一直很亲密，这可能是因为兹梅斯卡尔是一位可靠的朋友，总会在贝多芬需要他的时候伸出援手。

贝多芬的另一位朋友是伊格纳兹·舒潘齐格，即利赫诺夫斯基亲王私人四重奏乐队中的第一小提琴手。舒潘齐格还不到20岁的时候就已经被视为维也纳最具才华的小提琴家了。贝多芬的许多弦乐作品由他进行首演，后来他和他的四重奏乐队也会定期演出这些曲目。舒潘齐格于1815年离开维也纳，并在德意志各州、分崩离析的波兰和俄国进行巡演。1823年回到维也纳后，他和贝多芬的友谊得到延续。贝多芬最后创作的几部难度极高的四重奏也是由舒潘齐格和他乐队中的伙伴（这些人也都是技艺精湛的演奏家）共同完成的首演。舒潘齐格向来身材臃肿，多年来渐渐变得异常沉重。贝多芬经常毫不留情地嘲讽说他有着福斯塔夫①一般的水桶腰。

贝多芬认识最久的一位朋友是约翰·安德烈亚斯·施特赖歇尔（Johann Andreas Streicher），他曾和席勒一起就读于斯图加特的军事学院。1782 年，由于担心遭到符腾堡公爵的迫害，席勒和施特赖歇尔离开斯图加特，穿越国界，逃到了巴登的曼海姆。多年后，施特赖歇尔为这位诗人兼剧作家写了他的第一部传记，并在其中以动人的笔触描绘了席勒和他自己年轻时经受的苦难。⁶ 1792 年，贝多芬前往维也纳途中路过奥格斯堡时，曾在著名钢琴制造商约翰·安德烈亚斯·施泰因（Johann Andreas Stein）的家中停留，莫扎特也拜访过这位钢琴制造商。第二年，施特赖歇尔与施泰因的女儿南内特（Nannette）结了婚。1794 年，夫妻俩搬到维也纳，开办了一家钢琴厂。在维也纳，这位席勒的好朋友和他的新婚妻子共同成了贝多芬忠实的朋友。他们请贝多芬到家里做客，借钢琴给他，为他提供舒适的生活环境。由于贝多芬也十分热衷于席勒的诗歌和戏剧，他与施特赖歇尔一定经常聊起两人都十分尊敬的这位诗人和剧作家。南内特也帮了贝多芬不少忙。她曾多次，特别是在 1817~1818 年，为这位作曲家处理他无力应付的家务事。有段时间，她还担任起了贝多芬家中的大总管，照料贝多芬混乱的家庭生活，处理他和用人之间经常出现的矛盾。她为贝多芬买衣服、洗衣服、扔掉破旧的衣服，并监督用人准备饭菜。

---

① 莎士比亚戏剧《亨利四世》中身材肥胖、性格幽默的骑士。

贝多芬在维也纳的前十年，他的另一位朋友及支持者是戈特弗里德·范·斯维滕男爵。范·斯维滕是一个能力和兴趣都很广泛的人，能在无处不在的政府变革和压迫间找到一种平衡。他的父亲赫拉德（Gerhard）是个荷兰人，曾担任玛丽亚·特蕾莎的私人医生，并敢于与她偏袒的耶稣会士对抗。几十年来，赫拉德一直是哈布斯堡王朝的外交官和公务员，并在维也纳政府中担任要职。玛丽亚·特蕾莎甚至允许他将启蒙理想引入奥地利。他的儿子戈特弗里德成了启蒙运动的捍卫者。约瑟夫二世统治时期，戈特弗里德几乎参与了这位皇帝所有的改革尝试。1782 年之后，他成了帝国皇家图书馆的馆长。他为音乐和音乐家的发展提供支持，还赞助了罕见的合唱音乐会。海顿和莫扎特都是他的朋友。近年，海顿的传记作者写道："为什么莫扎特在 1789 年发出次年音乐会的订票邀请后，只得到了一个人的回复，对此还没人能给出一个合理的解释。"[7] 这唯一的订票人就是范·斯维滕。他提高了亨德尔在德意志地区的声誉，并为海顿的《创世纪》和《四季》写了剧本。他藏书丰富，其中包含了亨德尔和巴赫的大量作品。他也曾让海顿和莫扎特到他的图书馆里，研究过去那些未得到重视的大师所作的乐谱和手稿。现在，在他快要走到生命尽头的时候，他成了贝多芬——一位骄傲而敏感、希望继承音乐大师衣钵的年轻天才——的赞助人。范·斯维滕与贝多芬分享了他收藏的亨德尔的乐谱，而贝多芬则将他的《第一交响曲》献给了范·斯维滕。

帕斯夸拉蒂男爵（Baron Pasqualati）也对贝多芬十分友好。他在默尔克堡垒（Mölkerbastei）有一栋公寓楼，这栋楼建在维也纳的一段城墙上。他免费为贝多芬提供了一间公寓，贝多芬在这里断断续续地住到了 1816 年。当贝多芬选择不住在这里时，帕斯夸拉蒂就将公寓闲置，以便贝多芬随时回来，有几次他也确实搬了回来。能有这样的朋友，贝多芬也就没有后顾之忧了。

* * *

鉴于维也纳新闻业的惨淡状况，我们很难估计出贝多芬在维也纳的前十年乃至在以后的岁月中人们对他的音乐作品有何评价。这座城市几乎没有发表音乐批评的新闻媒体。青年艺术家也没有举办系列音乐会施展才华的机会。如前文所述，维也纳没有真正意义上的音乐厅，只有用于其他用途（主要是戏剧或歌剧演出）的剧院或建筑。有时人们也会在教堂或贵族家中举办音乐会，但这类音乐会不向公众开放。而那些会在公共场所听音乐会的人通常认为贝多芬的音乐太喧闹、太不寻常、太过复杂且难以理解。

考虑到维也纳长期受到君主专制的压迫，贝多芬不得不限制自己对时事发表看法。然而，从1790年的约瑟夫和利奥波德康塔塔到三十多年后的《第九交响曲》，他的作品都与那个时期的政治思想有着密切联系。这些作品也反映出了基本一致的观点。约瑟夫康塔塔悼念的这位皇帝是贝多芬一生中遇到的最开明的皇帝，而利奥波德康塔塔则表达了对新皇帝将进步政策继续下去的期望。这些早期康塔塔中对开明统治的期冀也与他后来相信开明的民间领袖能够消除人性中的弊端的想法一脉相承。他的最后一首交响乐敦促人们在友爱与欢乐中团结起来。而在早期和晚期的作品之间，他还创作了"英雄"交响曲、歌剧《莱奥诺拉 / 菲岱里奥》以及为歌德的戏剧《埃格蒙特》创作的配乐。这些作品歌颂自由，鼓励人们摆脱压迫，争取自由。虽然这些作品中的歌词并非出自他本人之手，但歌词内容反映了他的价值观。如果需要，贝多芬也会毫不犹豫地添加、修改、删减或以其他方式改编他引用的内容。他认为《莱奥诺拉／菲岱里奥》的剧本值得反复修改，而这部剧也体现了他所坚持的观点。这部歌剧完成后，任何朋友和出于好意之人提出的修改意见都遭到了他的坚决反对。

贝多芬的政治观念

贝多芬将自己视为新时代的人，毫无疑问，他认为自己是一位音乐创作者，但同时他也将自己视为知识分子和思想者。在波恩时，他家境贫寒，几乎没受过正规教育，早早就成了破碎的家庭中的顶梁柱。但在那时，他就决心参与这个时代文化话语的构建。他认为自己有必要通过历史、文学、哲学作品了解这个激动人心的时代并研读前人的重要著作。他在1809年写道："我一直在努力理解各个时代更优秀、更智慧的人想通过他们的作品表达什么。"[8]德国音乐学家马丁·格克指出："几乎没有哪位作曲家和贝多芬一样，从青年时期就以这样的热情和决心从时代的思想源泉中汲取养分。"[9]

18世纪90年代，贝多芬尽可能地关注着国外的局势。毫无疑问，他依然是共和制的支持者。当波恩出版商尼古劳斯·西姆罗克（Nikolaus Simrock）将贝多芬在一封信中提出的建议称为"骑士空谈"时，这位年轻的作曲家在1794年8月的一封信中愤怒地驳斥道："呸，在我们这个民主时代，谁还会说那种话？"[10]他在这里讨论的是当时维也纳雅各宾派正在遭受的迫害。他想提醒这位老朋友新的时代已经到来，于是毫无顾忌地阐明了这一点。如果可能，贝多芬更希望实现共和，但在无法实现的情况下，他也可以接受开明的君主立宪制。从现代的视角来看，他的观点显然是自由的，而不是激进的。但哈布斯堡当局无疑会给他和他的观点扣上激进主义的帽子。

除了少数几次例外，贝多芬成年之后就再也没踏出过奥地利的国界。他经常对维也纳政治上的腐朽和压迫感到愤慨，因此他从不涉足政治领域。他将在哈布斯堡首都的生活视为一种放逐。但放逐也有好处，可以拓宽视野、消除偏见、让人保持怀疑态度、促进公正。但如果说放逐可以启发思想，它同样也可以让人变得麻木不仁。对于贝多芬来说则是两者皆有。尽管他从未对这个国家及大部分奥地利居民产生好感，但生活在这样多元化的宜人城市中，他能够得到大量的机会展示自己的非凡才华。他深知自己有责任让这种才能得到充分发展。

在那个时代，音乐家很少表达政治观点。直到 1806 年 10 月，拿破仑的部队在耶拿和奥尔施泰特连续击败普鲁士，德语国家的人才对政治关心起来。但早在法国统治莱茵兰之前，贝多芬就已经十分关心政治了。他不是一个对此事无动于衷的人。虽然在留存至今的信件中，贝多芬很少讨论政治问题，但避而不谈并不代表缺乏兴趣。维也纳哈布斯堡的审查制度十分严格且无孔不入，政府的密探无处不在，欧洲充满明争暗斗，时局动荡，奥法之间的战争一触即发，在这种局势下，对可能具有煽动性的话题保持沉默不失为明智之举。

对于接受审查和进行审查的人来说，审查都是件麻烦事。双方都面临着不确定性。几乎可以肯定，所有寄往奥地利以外的信件都会被审查办公室打开。如果发现信中有任何对哈布斯堡统治不利的言论，写信人就会受到迅速而强硬的处理。许多最开始支持法国大革命的人感到希望破灭，不再抱有幻想。但我认为贝多芬不在其列。对他而言，大革命依然让他看到了原本可能实现的愿景，这个愿景甚至依然存在。止步不前并未打消贝多芬对美好世界的期望。这样的世界让他心驰神往。但不论贝多芬对大革命的理想有着何种程度的支持，他都知道自己不能在维也纳公开谈论或在信中谈及这些理想。如果当局发现他发表了任何对哈布斯堡统治不利的言论，无论是书面的还是口头的，他在维也纳的职业生涯也就走到尽头了。

在维也纳生活的几十年里，贝多芬对这里的生活和奥地利的统治越来越失望。虽然他再也没有回到莱茵兰，但他终生都眷恋着故土。在1801年的一封信中，他将莱茵兰的朋友和"维也纳的朋友"区分开来。[11] 他无疑分得清谁对他更真诚。虽然他也有维也纳的朋友，但贝多芬一直对奥地利人有所戒备。[12] 1819年，因一位校长无力为他解决侄子卡尔的问题，贝多芬在一封信里沮丧地抱怨道："这帮讨厌、该死、糟糕、可恶的维也纳人！"[13] 尽管如此，他依然没有离开维也纳。

贝多芬的发展阶段

贝多芬的传记作者大致将他的创作生涯划分为三个阶段。第一个阶段是1802年前，即贝多芬32岁时之前，他频繁尝试不同的音乐体裁，探索自己的优势和劣势。为了复兴德意志音乐，贝多芬在来到维也纳的前十年（1792~1802）创作了三重奏、四重奏、奏鸣曲、三部钢琴协奏曲、一部芭蕾配乐和两部交响乐。从1795年第一号作品三重奏出版到1802年"英雄"交响曲初稿完成的这个阶段是贝多芬的过渡期，在此期间，他创作了大量乐曲，但很多让人难以理解。他在各种体裁中测试自己的能力，但并没有发现有何不足。虽然这时的贝多芬还没有完全进入我们所说的"成熟阶段"，但在这些作品中，他的大师风范已经初见端倪。

1802年到1814年是贝多芬的创作中期，即"英雄"时期，在此阶段，我们看到他发展出了一种深刻而又独特的原创风格。这一时期的作品以宏大的"英雄"交响曲和歌剧《莱奥诺拉》为高潮。此后他创作了第五、第六交响曲，几部伟大的序曲（包括《科里奥兰》），一部小提琴协奏曲以及第四、第五钢琴协奏曲。随后问世的是《埃格蒙特》序曲、第七和第八交响曲，以及《菲岱里奥》，即修改后的《莱奥诺拉》。虽然

132

仍有许多人难以接受他的音乐，但也有越来越多颇具慧眼的维也纳人和其他地方的音乐爱好者开始推崇贝多芬的音乐。

从 19 世纪一直到 20 世纪中期，观众对贝多芬"英雄"时期的作品反响最为热烈，尤其是他的交响乐和协奏曲。虽然我们一般认为贝多芬更擅长大型作品，但他一生也创作了不少让当时的人们感到既兴奋又困惑的室内乐。如今，这些作品受到越来越多人的欢迎。也许在 21 世纪，贝多芬"英雄"时期之前的作品也会得到它们应得的认可。

8

作为旅行者和作曲家的贝多芬

> 我的艺术为我赢得了朋友和声望，有了这些，我还奢求什么呢？现在我可以赚到很多钱。我会在这里多停留几周，然后前往德累斯顿、莱比锡和柏林。
>
> ——贝多芬，1796 年 2 月 [1]

旅行者

与莫扎特、格鲁克、亨德尔和海顿相比，贝多芬没怎么去过其他地方。在那个时代，旅程总是艰辛而漫长的。道路崎岖，旅店也充满不确定性。成年后的贝多芬从维也纳出发，最远只到过柏林。此外，从 1796 年开始贝多芬的听力日益衰退，财务状况也不稳定，这使他很难进行长途或行程复杂的旅行。从柏林回来后，贝多芬偶尔会进行短途旅行，他曾前往普雷斯堡[Pressburg，今布拉迪斯拉发（Bratislava）]及布达和佩斯（两者在贝多芬去世很久后才正式合并为一个城市）。他还到访过布伦瑞克家位于佩斯以西的毛尔通瓦沙瓦（Martonvásár）的乡间庄园。贝多芬曾多次前往布拉格，1806 年在利赫诺夫斯基亲王位于西里西亚（今波兰）特罗保 ① 附近的庄园里住了一段时间。1811 年和 1812 年夏季，他途经布拉格前往波希米亚的特普利茨[Teplitz，今特普利采（Tecsin）]和卡尔斯巴德（Karlsbad）进行温泉疗养，这两个地方如今都位于捷克共和国境内。但 1796 年的旅行是他最后

---

① Troppau，奥帕瓦的旧称。

一次离开哈布斯堡统治的领土。

134　　从时长和影响上看，1796 年的旅行有着最重要的意义。事实证明，这是一次令贝多芬大开眼界的有益经历，因为除布拉格外，他到访的都是不在哈布斯堡王朝统治范围内的德语城市。欧洲民族和文化的多样性一直让贝多芬十分着迷，因此后来他也致力于将他的小侄子培养成一个世界公民（Weltbürger）。

贝多芬很早就树立了一种豁达的人生观和社会观，这种观念与他创作的音乐一样宏大。在旅行过程中，他也在探索着想象中的世界。无论灵感来源于何处，他的作品都体现出一种超越国界和语言的人性意识，甚至是一种愿景。贝多芬势必将成为一个精神上的旅行者。和梭罗一样，他在精神世界里游历甚广。1802 年之后，除在维也纳周边或附近的村庄进行夏季疗养外，贝多芬一生中的大部分时间都生活在今天所说的维也纳中心区以及近郊范围内。在贝多芬的时代，维也纳被军事防御性的城墙环绕（如今成了马蹄形的环城大道）。城墙外大多是景色宜人的开阔区域。直到今天，这里的部分区域依然十分空旷。贝多芬在维也纳站稳脚跟后，便会在每年春末离开这座城市，并在初秋返回。大多数夏天，他都在远离尘嚣的村庄里度过，有时在海利根施塔特（当时与维也纳隔着辽阔的旷野），有时在维也纳以南约 16 英里的巴登。他在草地和山谷中漫步，探索林地、岩石和溪流，仰望悬崖、山丘以及山丘上的城堡废墟，沿小径穿过田野，在溪流边散步，他得以放松下来，享受田园生活和大自然的馈赠。在这样的环境中创作时，贝多芬歌颂着他体会到的造物之美。

北上去柏林

贝多芬在维也纳的早期经历让后来的他对欧洲有了更广泛

的了解。他在 1795 年声称："我的世界是全宇宙。"① 法国大革命让人们看到了一个美丽新世界，那里似乎有着无限的可能。贝多芬一直渴望旅行，去探索新城市、认识新面孔、了解新想法。他希望造访传说中热爱音乐的意大利城市，多年来，这些城市培养出了许多享誉欧洲的作曲家和音乐家。1783 年，贝多芬和母亲去了鹿特丹和海牙。1790 年夏天，他作为选帝侯的乐师在梅根特海姆停留了一段时间，凭借精彩的演奏赢得了人们的赞誉。也许最让他憧憬的是伟大的音乐之都：巴黎和伦敦。然而，这两个城市都距他甚远，而且虽然他会说一些法语，但他不会英语。

到了 1796 年，在利赫诺夫斯基亲王的支持下，贝多芬踏上了一次重要的旅途。这是贝多芬来到维也纳之后进行的第一次长途旅行，他一定非常兴奋。他将前往几个德意志城市小试牛刀，包括德语人口众多的布拉格、萨克森的德累斯顿和莱比锡以及普鲁士的柏林，这四个城市都以音乐而闻名。

利赫诺夫斯基的大部分宅邸和地产都位于布拉格及其周边地区，在哈布斯堡王朝统治的摩拉维亚的广阔领土内。贝多芬沿着一个杰出榜样的足迹制定了这条路线，1789 年 4 月至 6 月，莫扎特就曾在他的学生利赫诺夫斯基亲王的陪伴下沿着类似的路线造访了这四座城市。在布拉格，贝多芬入住了查理大桥附近的"金松鼠"（Goldene Eichhorn）旅店，这家旅店至今依然存在。得益于利赫诺夫斯基的人脉和帮助，贝多芬受到了布拉格音乐界精英，特别是克里斯蒂安·菲利普·冯·克拉姆（Christian Philip von Clam）伯爵的热情款待。

---

① 保罗·格里菲斯（Paul Griffiths）在其著作《贝多芬先生》（*Mr. Beethoven*）中写道，一位纽约的来客对贝多芬说："在欧洲，你必须向某位国王或皇帝卑躬屈膝。"贝多芬回答道："我永远不会卑躬屈膝，我的世界是全宇宙。"

在布拉格，贝多芬也抽出时间进行创作。他根据意大利诗人兼剧作家梅塔斯塔西奥（Metastasio）的作品，为约瑟芬·克拉里（Josephine Clary）伯爵夫人创作了女高音音乐会咏叹调①《啊，负心人！》，贝多芬在布拉格停留期间，伯爵夫人很可能为贝多芬演唱了这首乐曲。在创作时贝多芬借鉴了莫扎特为女高音、小提琴和管弦乐队创作的杰出的咏叹调，尤其是《唐璜》中的"我美丽的情人"（Bella mia fiamma）。《啊，负心人！》也体现了海顿的影响。作为当时最伟大的康塔塔之一，海顿的"贝雷妮丝"康塔塔（*Scena di Berenice*）为贝多芬的作品树立了榜样。后来，著名的音乐会歌唱家约瑟法·杜舍克（Josepha Duschek）在莱比锡演唱了这首咏叹调并大获成功，1798 年，她在维也纳再次演唱了这首乐曲。

在布拉格，贝多芬还根据弗里德里希·马蒂松的《阿德莱德》（Adelaide）创作了另一首精彩的音乐会咏叹调，这是一首不同寻常的、至今仍备受争议的诗，描写了一个为情所困之人被爱人的回忆纠缠，走到哪里都能看到爱人的身影的故事。这首诗受到约翰·弗里德里希·赖夏特（Johann Friedrich Reichardt）的赞扬、樊尚·丹第（Vincent d'Indy）的批评和贝多芬的喜爱，有其独特的美感。[2] 这部作品再次体现了海顿和莫扎特的影响。虽然马蒂松抱怨贝多芬乐曲中戏剧性的情感迸发并未忠于他的原作，但后来的多数听众都认为这首咏叹调是一部动人的作品。后来，贝多芬创作了不少艺术歌曲，共为六种欧洲语言的诗歌谱过曲。

接下来，贝多芬独自一人继续北上前往萨克森的两个主要

---

① 音乐会咏叹调通常是歌手和管弦乐队创作的独立的或类似于歌剧场景的咏叹调，这类作品专门为音乐会表演而写，而非某部歌剧的一部分。这类作品通常是作曲家为某位歌唱家量身定制的。

城市德累斯顿和莱比锡，当时的萨克森是一个独立的大公国，领土覆盖波兰的西部地区。这两个城市的生活氛围不像维也纳那么压抑。坐落于易北河畔的德累斯顿是萨克森宫廷所在地。著名城市风景画家、卡纳莱托（Canaletto）①的外甥贝尔纳多·贝洛托（Bernardo Bellotto）就在他的画作中描绘过德累斯顿的自然和建筑之美。贝多芬在德累斯顿待了 13 天。在下一站莱比锡，他逗留的时间更短。两座城市都有着充满活力的音乐氛围。贝多芬应该在这两座城市里体会到了更自由的城市生活，自他离开波恩之后，就没有再体验过这样的生活。

  遗憾的是，我们对贝多芬在这两个城市进行的音乐活动知之甚少。莱比锡以当地的文化、文学和商业博览会而闻名，展现出一派繁荣的景象。它也是德语地区仅次于维也纳的第二大音乐城市。成立于 1743 年的莱比锡布商大厦管弦乐团（Gewandhaus）②一直是欧洲最古老的管弦乐团。然而，在贝多芬的时代，像莱比锡布商大厦管弦乐团这样的民间管弦乐团向来不是音乐界的主流。莱比锡也是德意志的图书贸易中心，聚集了许多出版商，后来贝多芬的有些出版商就来自这里。1798 年，《音乐广讯报》（*Allgemeine musikalische Zeitung*）在莱比锡创刊，并迅速成为当时主要的音乐期刊。虽然这是贝多芬唯一一次到访德累斯顿和莱比锡，但他一定感觉到了这两个城市的生活和音乐发展方面的机遇都与维也纳不同。鉴于他经常嘲笑维也纳人的顺从性格以及他们对美食、美酒及肤浅的娱乐活动的喜爱，贝多芬一定很喜欢压迫较少、更热衷于严肃音乐的德意志城市。此外，和奥地利帝国不同的是，北方德意

137

---

① 乔瓦尼·安东尼奥·卡莱托纳，著名意大利画家，以描绘 18 世纪威尼斯风光的作品闻名。

② 莱比锡布商大厦原本是布匹交易的地方，1780 年其中一层被改为音乐厅，1840 年乐团被公有化，隶属于莱比锡市政府，是莱比锡爱乐乐团的前身。

志国家的人更热爱读书。

柏林

贝多芬的最后一站是发展迅速的普鲁士首都柏林，他在这里停留的时间最长。腓特烈大帝在长期统治期间（1740~1786），一直在努力提高普鲁士的国力和地位。腓特烈大帝死后，首都继续繁荣发展。贝多芬无疑将欣欣向荣的柏林与因循守旧的维也纳进行了对比。18世纪末，柏林的人口迅速增长到15万人，但仍远低于维也纳的23.1万人。维也纳在一个世纪之前就进入了大兴土木的黄金时期。柏林虽然没有维也纳历史悠久，但也有几位声望很高的建筑师通过他们的才华为城市赋予了风采，其中卡尔·弗里德里希·申克尔（Karl Friedrich Schinkel）是今天最知名的一位。当时柏林的发展速度已经远超南方的一些城市。腓特烈大帝死后没有留下子嗣，但直到他去世很久后，他的丰功伟绩依然在这片土地上闪耀着光芒。他的侄子腓特烈·威廉二世继承了王位，这位平庸的继任者实施了极端保守的政治和宗教政策。但值得称赞的是，他允许人民享受许多其他地方没有的自由权利。1795年，普鲁士与法国共和派达成了为期十年的休战协议。这似乎为普鲁士的安定和持续发展创造了良好的条件。

柏林散发着自由的文化气息。备受欢迎的剧作家奥古斯特·冯·柯策布（August von Kotzebue）是这座城市的常客，也善于对欧洲城市生活进行敏锐观察，他将柏林非比寻常的言论自由与维也纳的压迫进行了对比。从意大利旅行回来后，他说那里有一种平等的氛围，想必贝多芬也会对此产生共鸣。腓特烈·威廉二世热爱音乐。海顿在1786年为这位即位不久的国王创作了第50号作品，这部作品由六首四重奏组成，后来被称为"普鲁士"四重奏。后来，腓特烈·威廉二世希望将莫扎特召至柏林。但因故无法前来的莫扎特将他最后三首四重奏献给了这位国王。

　　在柏林停留的几个月里，贝多芬多次向这里的音乐界精英展示他作为钢琴家、作曲家和即兴演奏者的才华，受到了广泛赞誉。在这次征服之旅中，贝多芬大获成功。他多次受邀为腓特烈·威廉二世进行御前演出，这位国王是狂热的大提琴爱好者，也是出色的大提琴演奏者。贝多芬为钢琴和大提琴而作的《F 大调奏鸣曲》（Op.5，No.1）和《g 小调奏鸣曲》（Op.5，No.2）很可能是献给宫廷里著名的大提琴乐师让－路易·迪波尔（Jean-Louis Duport）的。乐曲在宫廷中进行首演时，贝多芬演奏了钢琴部分。国王送给他一个精美的鼻烟壶作为奖励。贝多芬夸耀说这个鼻烟壶"装满了金路易[①]"，相当于"大使级别的礼物"。他一直保留着对普鲁士首都和这里热情友好的音乐家的美好回忆。据说因为贝多芬广受好评，他甚至被邀请加入普鲁士宫廷乐团，但这一点我们无法证实。1797年 11 月，腓特烈·威廉二世去世，他的儿子——与贝多芬同岁的腓特烈·威廉三世继位。这位国王的漫长统治一直持续到了 1840 年。

　　在柏林，大概是受到迪波尔的启发，贝多芬也基于莫扎特的"情人或妻子"（Ein Mädchen oder ein Weibchen）创作了活泼的、供大提琴和钢琴演奏的《F 大调变奏曲》。另一部重要的作品是《奉献歌》（*Opferlied*）的初稿，后来贝多芬对其进行了多次修改。他一定对奉献相关的主题十分感兴趣，因为他后来写了不少这样的作品。简而言之，在离开维也纳的几个月里，这位年轻的音乐家变得越发成熟了。

路易斯·费迪南德

　　说到贝多芬的朋友，我们也应该算上腓特烈·威廉二世的

---

①　金路易，法国金币名，因币上铸有路易十三和路易十四等法国国王的头像而得名。

侄子路易斯·费迪南德（Louis Ferdinand）。贝多芬在柏林结识了这位有道德缺陷的年轻亲王。路易斯·费迪南德出生于1772年，比作曲家小两岁，是个颇具魅力的人。他才华横溢但行为古怪，当时的一些著名诗人、哲学家、思想家和音乐家都为他的魅力所折服，其中包括歌德、弗赖利格拉特（Freiligrath）、富凯（Fouqué）、克劳塞维茨（Clausewitz），还有贝多芬。由于经常到柏林名流拉赫尔·莱温（Rahel Levin）和多罗特娅·施莱格尔（Dorothea Schlegel）家参加沙龙，路易斯·费迪南德也让这座城市的上流社会为他倾倒。贝多芬十分欣赏路易斯·费迪南德和他的钢琴技艺。作曲家认为路易斯·费迪南德的钢琴水平胜过宫廷乐长海因里希·希默尔（Heinrich Himmel），他认为后者"很有才华，但仅此而已"。这位亲王很快就成了贝多芬的崇拜者和朋友。

贝多芬和路易斯·费迪南德显然一直保持着联系。1805年这位亲王到访维也纳时，他和贝多芬再次见面并一起创作音乐。有一次，贝多芬出席正式晚宴时，女主人将没有贵族头衔的来宾——包括贝多芬——安排在地位较低的一桌就座。作曲家向他的这位皇室朋友表达了对此事的不满。几天后，路易斯·费迪南德举办了自己的晚宴，并将贝多芬敬为贵宾，让他坐在自己的右手边。这样的礼遇一定让作曲家感到非常高兴。但路易斯·费迪南德不幸英年早逝。1806年10月初拿破仑入侵普鲁士时，他立即返回部队参战。几天后，就在10月10日，他在萨尔费尔德（Saalfeld）的战场上牺牲。

作曲家

在18世纪和19世纪之交，在康德、席勒、歌德等人的哲学和文学作品的影响下，许多有思想的人开始将音乐视为最伟大的艺术形式。通过他们的著作，人们越发意识到听音乐需要的不仅是对悦耳声音的被动感知。18 世纪海顿或莫扎特的音乐会可以是一场轻松的听觉体验或令人愉快的娱乐活动。而 19 世纪贝多芬（以及在他之后的浪漫主义作曲家）的音乐会则旨在为听众提供一种参与式体验。这样的音乐需要观众全神贯注地听，参与其中，发挥他们的聪明才智和想象力，甚至如果可能的话，让音乐成为他们内心的一部分。

贝多芬希望人们以这种新方式欣赏他的音乐。从很早时候开始，贝多芬就认为自己不仅是一个作曲家，更是一个"音乐诗人"（*Tondichter*），一个有重要内容要表达的诗人。从某个层面来看，之所以说贝多芬开启了音乐史上的一个新纪元，是因为他迫使听众以新的方式关注音乐，去欣赏音乐的戏剧性、新颖的配器法和声音的强弱变化等。这个要求不仅适用于他的音乐，也适用于当时所有的音乐。听众必须发挥想象，发掘自己的潜力，去聆听，去感受。听音乐虽然不是一种宗教仪式，但也不仅仅是一项娱乐活动，还是一种严肃的体验。

三首钢琴三重奏

1795 年，即贝多芬柏林之行的前一年，是贝多芬人生中的一个转折点。3 月 29 日，在这个周五的早上，一众音乐爱好者聚集在卡尔·冯·利赫诺夫斯基亲王的宅邸，聆听一位尚不出名的年轻作曲家演奏他自己创作的三首钢琴三重奏（Op.1）和《降 B 大调钢琴协奏曲》。贝多芬将三重奏献给了利赫诺夫斯基，这也是理所当然的，自他来到维也纳后，这位赞助人就给了他极大的支持。这场出席人数众多、大获成功的音乐会标志着这位年轻的作曲家正式开启了他在维也纳上流社会的音乐生涯。

从 1793 年到 1794 年，贝多芬在他的三重奏上下了不少功夫。作曲家在创作时总是很难摆脱前人的阴影。虽然第 1 号作品中的第一首三重奏明显带有莫扎特和海顿的印记，但与这

141

两位作曲家的同类作品相比，贝多芬的三重奏也毫不逊色。在第三首部分"c 小调三重奏"中，贝多芬突破体裁的限制，开拓了一个全新的领域。他的尝试取得了良好的效果。这套钢琴、小提琴和大提琴的三重奏体现了贝多芬特有的自信，彰显了他的才华。不论未来会出现何种新趋势——这样的新趋势势必层出不穷——贝多芬都已先人一步将它们实现。当时的人认为这套三重奏是一项伟大的成就，后来它们也受到了维也纳听众的热烈欢迎。贝多芬甚至为这套三重奏编上了作品号，使其正式成为他的第 1 号作品。

这三首三重奏都体现了莫扎特和海顿的影响，但又与这两位作曲家的作品截然不同。在接下来的五六年中，破旧立新将成为贝多芬标志性的创作理念。三重奏中的第一首就体现了贝多芬的独创性，其不同寻常之处在于它包含了四个乐章，而在此之前三重奏一般只包含三个乐章。第二首的亮点在于其中的慢板乐章，即"富有感情的广板"（Largo con espressione），是贝多芬第一首真正表达主观情感的作品。在前两首三重奏中，贝多芬用谐谑曲替代了小步舞曲。作为一种舞曲，小步舞曲当时正逐渐衰落，法国大革命之后，它似乎也成了老古董。第三首"c 小调三重奏"最受人们的欢迎，后来 c 小调也成为贝多芬最喜欢的调性。由于极具创新性，人们认为它是三首中最为优秀的一首。显然，这首乐曲不仅仅出于纯粹的音乐目的而创作。贝多芬想通过它出人意料的活力来震撼听众。人们对此的评价有褒有贬。后来贝多芬也创作了不少其他钢琴三重奏，包括著名的《大公三重奏》（Archduke, Op.97）和《卡卡杜变奏曲》（Kakadu Variations, Op.121b）[①]。第 1 号作品中的三首三重奏成了这条道路上的一个良好开端。

---

① 原文有误，《卡卡杜变奏曲》为 Op. 121a，Op.121b 是贝多芬的《奉献歌》。

贝多芬原本打算让业余音乐家演奏他的三重奏。小提琴 　142
和大提琴部分的难度都不大。然而，三重奏极具震撼力，在篇
幅和响度上都达到了交响乐的水平。乐曲甚至包含了不少"曼
海姆火箭"音型，这种音型指声音的突然爆发，是半个世纪前
在莱茵河畔的曼海姆音乐会上流行起来的。尽管思想保守的听
众难以理解这些新颖的三重奏，但也有一些听众为这些音乐惊
叹，认为这位年轻的作曲家前途无量。

正如后来在柏林大获成功，贝多芬征服了维也纳最具修
养的听众，获得了精英贵族赞助人的支持。利赫诺夫斯基亲王
家举行的音乐会让他一鸣惊人。他那令人倾倒的琴技让在场的
所有人相信，继近几年格鲁克和莫扎特去世、海顿常住伦敦之
后，一颗新星正在维也纳冉冉升起。这时海顿虽然身在英国，
但一年前他已听过贝多芬的三重奏。三首乐曲都给他留下了深
刻的印象，但他认为第三首乐曲过于大胆，力劝贝多芬对几处
高难度的段落进行修改后再出版。贝多芬也许认为海顿的建议
是出于嫉妒，对此感到有些不快。作为一个向来我行我素的
人，贝多芬执意出版了三重奏，虽然海顿去世后他还是对乐曲
进行了一些修改。海顿晚年对贝多芬的误解表达过遗憾。维也
纳知名的音乐公司阿尔塔里亚（Artaria）以精美的版式出版
了三重奏。利赫诺夫斯基家族大力游说他们的贵族朋友购买乐
谱，取得了不错的效果。结果，长长的订阅名单中出现了大量
家境富有的维也纳音乐赞助人，成了名副其实的维也纳音乐贵
族名人录。

弦乐三重奏

贝多芬致力于推动和振兴德意志的音乐，因此在维也纳
的前十年里，他着手创作或完成了一系列重要的作品。宏大的 　143
"英雄"交响曲和歌剧《莱奥诺拉》的草稿是这一阶段作品的
巅峰。这些作品大多以这样或那样的方式体现了贝多芬的革命

热情。在 18 世纪 90 年代，他经常将几个相关的作品放在同一个作品编号之下。但后来，他通常会为每部作品单独编号。

　　1797~1798 年，贝多芬创作了三首同样出色的供小提琴、中提琴和大提琴演奏的三重奏，并将其编号为"第 9 号作品之 1、2、3"。它们是贝多芬第一部重要的弦乐作品。虽然不如早期的钢琴三重奏那么出名，但它们为听众提供了更为丰富的听觉享受。弦乐之间的配合相得益彰。虽然很少被演奏，它们却是贝多芬早期作品中最耀眼的几首。许多人认为这些乐曲中展现出的活力与光彩可以和钢琴三重奏媲美。在贝多芬移居维也纳前一年去世的莫扎特对贝多芬产生了深远影响。贝多芬的一些弦乐三重奏不仅延续了这位音乐天才的创作模式，也体现了阿尔布雷希茨贝格对他的指导。可以看出在这些年里，贝多芬的音乐发展遵循这样一条路径：从钢琴三重奏，到弦乐三重奏，最后到弦乐四重奏。

　　贝多芬将他的三首弦乐三重奏献给了约翰·格奥尔格·冯·布朗－加缪伯爵（Count Johann Georg von Browne-Camus），这位伯爵的父亲来自爱尔兰。他曾在俄国军队服役，并将自己视为俄国人。退役后，他来到维也纳，这里居住着一群俄国贵族，其中最有名的一位是安德烈亚斯·拉祖莫夫斯基伯爵（Count Andreas Razumovsky），他也是贝多芬的支持者中十分出名的一位。贝多芬总共将 7 部作品献给了布朗－加缪伯爵和他的妻子，从这个数量来看，伯爵应该很快就成了贝多芬最热忱的支持者和赞助人之一。贝多芬称赞伯爵是他"灵感的首位赞助人"。贝多芬对伯爵说，他认为弦乐三重奏是他"最优秀的作品"。事实上，弦乐三重奏中的一些乐章甚至不逊于几年后他创作的六首四重奏（Op.18）中的一些经典乐章。在四重奏中，贝多芬通过第二小提琴构成了一种对比，这是弦乐三重奏中所没有的。也许贝多芬认识到，第二小提琴在四重奏中通常可以起到纽带作用。贝多芬的弦乐四重奏虽然更加有名，但依然难掩弦乐三重奏的光彩。

钢琴协奏曲

1784 年，未满 14 岁的贝多芬就已完成了早期作品《降 E 大调钢琴协奏曲》（WoO 4）的草稿。从幸存下来的钢琴声部的乐谱中可以看出，这部作品充满了活力。[①] 但随后它被贝多芬丢在了一边。作为一名年轻的钢琴演奏家和作曲家，贝多芬知道想要在维也纳音乐界的激烈竞争中崭露头角，就必须拿出几部成功的协奏曲。通过钢琴协奏曲展示他精湛的技术无疑是取得成功的最佳方式。刚到维也纳的几年里，他创作了最早的两部钢琴协奏曲。第 19 号作品《降 B 大调钢琴协奏曲》虽然被列为第二钢琴协奏曲，却是贝多芬最先创作的。比起 1798 年创作的第 15 号作品《C 大调第一钢琴协奏曲》，第二钢琴协奏曲缺乏前者体现出的强度和克制的活力。据推测，贝多芬在完成第 15 号作品很久之后，才在 1798 年对第 19 号作品进行了修改。几年后，他完成了第二部弦乐四重奏，这部作品同样早于第一部弦乐四重奏。让我们做一个推测：也许第四和第五交响曲也是如此，即第五交响曲是在第四交响曲之前完成的。

让我们再回到第 19 号作品。虽然莫扎特晚期的钢琴协奏曲，尤其是 c 小调的那些（如第 24 钢琴协奏曲，K.491），可能会让贝多芬望而却步，但这些作品似乎也对他的第 19 号作品产生了影响。1795 年 3 月 29 日，贝多芬在维也纳首次公开亮相时就演奏了第 19 号作品的早期版本。这部节奏飞快、旋律动听的作品和莫扎特协奏曲中振奋人心的开篇主题如出一辙。这时的贝多芬已经具备了非凡的力量，正是这种融入主题的力量

---

① 这部作品于 1888 年被发现时只有钢琴的独奏声部，没有贝多芬手写的总谱，总谱是由后人补充完成的。

145 为乐曲带来了生机。在乐曲中，大革命的声音若隐若现。音乐评论家阿尔弗雷德·爱因斯坦（Alfred Einstein）曾风趣地说，这部作品的第一乐章——革命性的快节奏进行曲——"应该让贝多芬像席勒一样获得法兰西共和国荣誉公民的称号"。[3]

奏鸣曲

在这些年里，贝多芬也对奏鸣曲进行了不少思考。自18世纪90年代末起，贝多芬就创作了多部钢琴伴奏的小提琴奏鸣曲。对于《A大调第二小提琴奏鸣曲》（Op.12，No.2），我们也许可以说"贝多芬与海顿有着千丝万缕的联系，但又与海顿截然不同"。诚然，这首奏鸣曲是献给海顿的，乐曲凸显了他的风格，还体现了这位长者不惧他人眼光、特立独行的特点。但慢板乐章中由断奏音构成的奇特伴奏为乐曲赋予了绝对的原创性。贝多芬执着地使用快速的上行音阶，这样的音阶反复出现，展现出了一种海顿奏鸣曲中从未出现过的偏执。第一乐章激烈的上行音阶在终曲部分变得优雅而轻快。在仅有的两首有名字的小提琴奏鸣曲中，"春天"奏鸣曲（Op.24）通过明暗对比反映了当时流行的启蒙思想，即冲出黑暗，走向光明。贝多芬在他的约瑟夫康塔塔中就运用过这种手法。

贝多芬在此阶段的另一部重要作品就是《钢琴奏鸣曲》（Op.13，1797~1798）。[4]严肃的时代造就严肃的音乐，这部被称为"悲怆"的奏鸣曲是18世纪70年代和80年代初期德国狂飙突进运动的产物。狂飙突进运动在贝多芬青少年时期达到鼎盛，但它对德意志文学和音乐的影响一直持续到18世纪90年代。贝多芬许多作品的名字都是出版商或后世的崇拜者添加的，但这首奏鸣曲不同，它是由贝多芬亲自命名的。"悲怆"（pathetisch）或"悲惨"（pathetic），源自希腊语pathos，指的是一种接近悲痛的强烈情感。在"悲怆"奏鸣曲中，贝多芬开篇反复使用了海顿式的厚重和弦；随后，"莫扎特式"的轻盈旋律出现。钢琴部分就此展开。有力的和弦再次出现，紧随其后的一段安静的旋律乍一听似乎有点出乎意料。在这个发展阶段，贝多芬似乎内化了莫扎特的钢琴奏鸣曲，对其音乐进行复制和模仿，使它成为自己的音乐。他的主题听起来与众不同。莫扎特的抒情风格并没有毁在贝多芬的手中。相反，它重获新生。奏鸣曲的第二乐章名为"英雄之死葬礼进行曲"（*Marcia funebre sulla morte d'un eroe*）。这是一首歌颂人类之伟大的法国葬礼进行曲，这种伟大往往有舍生取义的内涵。进行曲中坚忍不拔的精神也出现在了其他作品中，包括《乡村对舞》（WoO 14，1795~1801）。这时的贝多芬是否已经开始构思新的交响乐，甚至"英雄"交响曲的慢板乐章了呢？与"英雄"中的葬礼进行曲一样，这首奏鸣曲歌颂了"悲怆"中所蕴含的悲情与人类之伟大。

同时期的另一首钢琴奏鸣曲，即被标为"梦幻般"（quasi una fantasia）的第 27 号作品之二，就是今天我们所熟知的"月光"奏鸣曲。这个名字是路德维希·莱尔斯塔勃（Ludwig Rellstab）在 1832 年提出的，因为这首乐曲让他想起了在瑞士中部四森林州湖〔Four Cantons，即卢塞恩湖（Lake Lucerne）〕月光下泛舟的景象。[5] "月光"奏鸣曲是贝多芬在 1801 年创作的。乐曲的第一乐章不同寻常，但很快就出了名，它沉郁顿挫、引人遐思，和贝多芬的所有作品一样具有革命性。

146

9

拿破仑的崛起

> 我希望在这个世界上，这些事情能有所改变。
>
> ——贝多芬[1]

法国大革命及其影响

要想真正了解贝多芬，就必须讨论法国大革命以及几年后拿破仑·波拿巴的惊人崛起。革命的浪潮让贝多芬产生了改变社会本质的愿望。大革命已经在根本上侵蚀了旧制度的根基。当时法国深陷国内动乱、保王党流亡异国、军队需要新人取代离开的军官，这些因素都为留下来的法国人提供了新的机遇。关于社会本质的新思想虽然让一些人难以接受，但它们在哲学、艺术、建筑、文学和音乐中都得到了表达。这些新思想在法国流传开来，扩散至全欧洲，并在法国之外的地区发挥着影响力。即便当权者采取了措施疏导或转移革命情绪，他们也担心大革命思想终将取得胜利，哪怕不是在他们的有生之年，但这一天终会到来。大腹便便的君主们已经倒下：没人能够力挽狂澜，将旧制度完全恢复，即便能恢复，它也布满了刺眼的伤疤。

1789 年 7 月 14 日，愤怒的持不同政见者袭击了巴士底狱。三年后，法军在瓦尔密出人意料地战胜了奥普联军，正如我们所见，此事促成了法兰西第一共和国的成立。不久之后，大革命经历了一个全新的、不祥的阶段：1793~1794 年的恐怖统治时期。在这一时期，马拉、罗伯斯庇尔等雅各宾派成员被送上了断头台。① 虽然革命者声称他们以罗马共和国为榜样，但在

---

① 马拉实际上是在寓所遇刺身亡。

短短几年里，大革命就在公民的鲜血中走完了罗马共和国长达几个世纪的发展历程。可以想象，在经历了这些年的动荡不安后，人们期待迎来一个更安定的时代。

1795 年 4 月，由五名平民组成的法国督政府 ① 与普鲁士签署了《巴塞尔和约》。在该和约中，1792 年在瓦尔密战役中战败的普鲁士承认了法国革命政府的合法地位以及法国对莱茵河西岸的控制权。该和约不仅使普鲁士在此后十年成了中立国，也从根本上消除了革命蔓延到莱茵河对岸德语地区的可能，推迟了这一不可避免的结果的到来。

法国的混乱局势为拿破仑·波拿巴的迅速崛起提供了机遇。18 世纪 90 年代初，他就在远离巴黎的战场上展现出了非凡的战斗力。当时英国占领了法国通往地中海的门户——重要的港口城市土伦。1792 年，拿破仑在对抗入侵者的战役中负责指挥炮兵，起到了决定性作用。在督政府时期，他的战功越发显赫。1795 年 10 月初，有传言称受到保王党支持的持不同政见者正密谋推翻督政府。于是督政府派出了这位大有前途的年轻将军去平息叛乱。10 月 13 日，双方在巴黎右岸的圣洛克教堂（Saint-Roch Church）前展开了激战，拿破仑完美地实施了他的作战计划，成功击退反叛者。次年年初，督政府任命年仅 26 岁的少将拿破仑率领驻扎在法国南部的意大利方面军按计划攻打奥地利控制下的意大利。拿破仑离开了身在巴黎的新婚妻子——约瑟芬·迪阿奈（Josephine Duharnais）②——前往战场指挥作战。

---

① 实际上，法国督政府于 1795 年 11 月成立，当时签署和约的是法国热月党人组织的政府。

② 原文有误，应为约瑟芬·博阿尔内（Joséphine de Beauharnais）。

149

拿破仑在意大利

1796 年，贝多芬从维也纳出发，北上前往布拉格，最终到达柏林。与此同时，拿破仑则率领部队从法国南部进入奥地利控制的意大利北部。在几次交战中击败了皮埃蒙特军队后，拿破仑兵临洛迪（Lodi）城下。洛迪是米兰南部的一座小城，当时是哈布斯堡统治的伦巴第王国的首都。城前有一条阿达河（Adda River）。一座长长的木桥横跨河流，桥的另一头驻扎着奥地利的军队和大炮。要攻下这座城，拿破仑就必须顶着猛烈的炮火冲过木桥，他的将军们说这种行为近乎疯狂。拿破仑派骑兵从上游涉水渡过阿达河，并在约定的时间从侧面进攻。法军炮兵压制住河对岸的奥军大炮后，拿破仑骑着白马指挥部队过桥。在军鼓和横笛演奏的革命歌曲《为自由而死的英雄》和《马赛曲》的助威声中，主力部队向敌人发起冲锋。骑兵虽然在寻找渡口时多花了一些时间，但他们还是在紧要关头成功冲向了奥军的侧翼。冲锋成功了——虽然只是勉强成功。由克罗地亚援军组成的奥地利军队被打得七零八落、溃不成军。战斗很快就结束了。后来拿破仑说，洛迪"让我产生了成就伟业的雄心"。[2]

洛迪战役之后，拿破仑麾下的步兵很钦佩他的勇气，亲切地将这位年轻将领称为"小下士"（*le Petit Caporal*）。这个名字就这样传开了。士兵们很担心他陷入混战时遇到危险，因此敦促他在作战时留在后方。在后来的交战中，拿破仑有时会留在后方，但他每天晚上都会与士兵们一起宿营。他与将士们相处，结识了其中的一些人，对于那些展现出非凡勇气的士兵，他会毫不犹豫地予以嘉奖。他让士兵们感到他们的指挥官是一个勇敢、有能力的人，只要坚持不懈地战斗下去，就能迎来胜利。

拿破仑在洛迪战役中展现出的战略才华和英雄气概使他成了一个传奇。他的英雄事迹引起了欧洲人的关注。1796年之前，只有少数目光敏锐的人听说过拿破仑这个不寻常的名字。洛迪战役之后，拿破仑成了所有人讨论的焦点。在英格兰，洛迪战役让一个名叫乔治·戈登·拜伦（George Gordon Byron）的男孩着了迷。他一生都将拿破仑尊崇为伟大英雄的标杆，甚至是唯一标杆。就连在绝大多数方面反对拿破仑的沃尔特·司各特（Walter Scott）都在1815年的诗作《滑铁卢战场》（The Field of Waterloo）中提到了"洛迪桥上的他"。

洛迪战役五天后，波拿巴将军以胜利者的姿态走进了伦巴第的首府米兰。法国小说家司汤达（Stendhal）在《帕尔马修道院》（The Charterhouse of Parma）中写道："整个民族都意识到，在此之前人们崇尚的一切都是极其荒谬的……最后一个奥地利军团的撤离标志着旧观念的瓦解；冒着生命危险战斗成了此时的风尚。人们意识到……他们必须拿真正的爱去爱祖国、追求英雄的壮举。"[3] 拿破仑将奥地利人赶出米兰后，哈布斯堡外交大臣约翰·冯·图古特（Johann von Thugut）表示，比起法国军队，他"更担心维也纳的反战情绪"。[4]

拿破仑在阿尔科莱战役（1796年11月15日至17日）中的英勇表现几乎与洛迪战役一样有名。率军的将军受伤后，拿破仑接过了他的指挥权，他捡起一名垂死的战士掉落的代表革命的三色旗，带领部队重新投入战斗。战斗中，拿破仑试图跨过一座挤满了士兵的桥时，不慎掉到了桥下的深水沟里，幸亏一名副官把他救了上来。经过三天艰苦卓绝且经常是短兵相接的战斗，拿破仑终于取得了胜利。后来，为了歌颂拿破仑的英勇事迹，安托万·格罗（Antoine Gros）以此为题材创作了一幅名画。此后，在同样激烈的里沃利战役（1797年1月14日）中，拿破仑再次取得了重大胜利。此时，法奥双方都清楚，战局已经发生了逆转。

151 　　为了支援战场上屡战屡败的部队，奥地利的指挥部先后向意大利派出了四支军队。与拿破仑的公民军队进行了一系列史诗般的交锋之后，四支军队也在拿破仑出色的战术面前败下阵来。这位年轻的将军打了一场又一场胜仗。无论战况多么激烈、战斗条件多么艰苦、胜利的希望多么渺茫，波拿巴将军似乎总有办法取得胜利。他在战场上所向披靡。最后，法军成功攻下了奥地利最后一个主要据点曼托瓦堡垒（Mantua，1797年 2 月 2 日），确立了法国在意大利北部的霸权。拿破仑攻下整个伦巴第地区之后，他和戒备松散的哈布斯堡王朝边境之间只隔着一个中立的威尼斯。

　　在与哈布斯堡经验丰富的多民族军队战斗时，波拿巴将军率领将士以寡敌众，取得了一系列辉煌的胜利。他和他的部队被一夜封神。就连英国驻博洛尼亚领事这样的重要人士都说，没有语言可以形容共和国的军队占领意大利带给人们的恐惧与震惊，在那里，他们被奉为神人，没有什么是他们做不到的。

　　在意大利北部击溃奥军后，拿破仑率领部队翻越阿尔卑斯山，向维也纳进军。此时的维也纳人都在讨论拿破仑和他正在逼近的军队。在维也纳西南约 70 英里的施蒂里亚州（Styria）莱奥本（Leoben）驻地，拿破仑率领着他经验丰富、战无不胜的部队，虎视眈眈地远眺哈布斯堡首都——当时他们距离维也纳只有不到三天的路程。被拿破仑这样一位有着过人才能和必胜决心的军事领袖逼到了家门口，哈布斯堡王朝将拿破仑视为重大威胁也是理所当然的。没有一个头脑正常的统治者会轻视这样一个人。

　　对当局不满的维也纳人也许会将拿破仑视为救赎者，一个可以将他们从哈布斯堡王朝的专制统治下解放的人。鉴于在战场上屡战屡败，弗朗茨皇帝明智地选择了不与拿破仑对抗，拿破仑则提出了休战条件。1797 年 4 月 18 日，受形势所迫，弗朗茨皇帝的大臣图古特签署了《莱奥本初步和平条约》。这一次，双方展开了进一步的谈判。奥地利代表称他们无法签署条约，因为奥地利尚未承认新成立的法兰西共和国的合法地位。拿破仑给出了一个让他们难以反驳的回答："法兰西共和国就像升起的太阳，不需要你们的承认。"⁵ 经过进一步谈判，弗朗茨于 10 月 17 日至 18 日同意了对法国有利的《坎波福尔米奥条约》（Treaty of Campo-Formio）。在奥地利与法兰西共和国签署的其余四个条约中，《坎波福尔米奥条约》是第一个也是最不屈辱的一个条约。虽然与《莱奥本初步和平条约》相比，《坎波福尔米奥条约》对奥地利更为不利，但它达成了主要目标，即阻止了拿破仑进军维也纳。

152

　　奥地利也同意承认莱茵河对岸这个新成立的共和国，并将奥属尼德兰及莱茵河左岸的领土割让给法国。作为交换条件，奥地利获得了一度独立的威尼斯及其之前在意大利北部拥有的一部分领土，这一条款让整个欧洲尤其是英国的自由主义者大为愤慨。条约还规定了两国互派大使。两年前，普鲁士在巴塞尔与法兰西共和国签署了和平条约。这可能使奥地利代表团更容易接受与这位被反对者称为"科西嘉怪物"的人签订协议。

　　1797 年 12 月 10 日，波拿巴将军带着自己都不曾想象过的功绩回到了巴黎。当权的法国督政府为这位年仅 28 岁的年轻将军准备了英雄般的欢迎仪式以表嘉奖。200 名音乐家为他演奏了梅于尔的《凯旋之歌》（*Song of the Return*）。

　　拿破仑的传奇经历始于意大利平原。十分敬佩拿破仑的司汤达在他的《拿破仑传》（*Life of Napoleon*，1818）中准确地评价道：古今将领中，没有一位能在如此短的时间内以如此有限的兵力对抗如此强大的敌人，并取得如此之多的重大胜利。就连拿破仑的对手也称赞他在意大利的一系列战役堪称欧洲自古以来最精彩的几场胜仗。拿破仑的成功不仅鼓舞了法国人的士气，让法国重新赢得了国际社会的尊重，也让其他地方的人相信他们同样可以在自己的国家实现法国大革命的理想。拿破仑通过他的成就——更多是他的光环——不断地（也将继续）让后世感到惊叹。拿破仑的军队、他的大多数军官以及他本人都拥有一种年轻的力量，这种力量能够帮助人们战胜全新的、看似无法克服的困难。

贝多芬对拿破仑的看法

贝多芬从未见过拿破仑。但这位年轻的作曲家被拿破仑的经历所吸引，在遥远的维也纳尽可能地关注着他。他开始将自己视为音乐世界中的拿破仑。拿破仑似乎从未在巴黎或其他地方听过贝多芬的音乐会。他也没有留下关于这位作曲家的任何评论。拿破仑似乎从来没想过贝多芬会受到他的启发——至少在某种程度上——而创作音乐作品。和当时的很多人一样，拿破仑喜欢和谐、振奋人心的音乐，如帕伊谢洛（Paisiello）的作品，因此贝多芬躁动的音乐可能会让他难以接受。令人意外的是，拿破仑喜欢安静的音乐。就贝多芬而言，他虽然非常了解当时巴黎音乐界的繁荣景象，但无疑也好奇拿破仑会喜欢什么样的音乐。虽然贝多芬在世期间，他的作品在巴黎已经享有一定的声誉，但直到他去世后这些作品才在巴黎流行起来。

1789年的法国大革命成了贝多芬人生中的一个重大转折点，它对贝多芬的影响不亚于它对拿破仑产生的影响。[6]1790年约瑟夫二世的逝世导致奥地利政治和社会发展陷入停滞，但拿破仑的成功事迹让其他地方的人重新看到了变革的希望：19世纪初，法国似乎走上了一条与约瑟夫统治时期相似的道路。坊间不仅流传着关于拿破仑的传奇故事，而且从一开始，就有人将拿破仑比作救世主。实际上，这位在革命时期终结混乱、带来秩序的英雄早就被赋予了神话色彩。

贝多芬为奥地利创作的战歌

在 1789 年 7 月 14 日巴士底狱被攻占之后群情激奋的几周乃至几个月里,不仅在法国,连附近的德语地区都出现了体现革命内涵、情绪和活力的歌曲。歌曲的创作和传播是革命宣传中不可或缺的一部分,这些歌曲通常带有军事色彩。不论是在君主专制的奥地利还是在共和制的法国,双方的政治家都十分重视此类歌曲对人民的强大影响。当时的很多人甚至大多数人都不识字,但会唱歌。因此,为对抗法国的革命歌曲,哈布斯堡的统治者也委托作曲家为他们创作音乐和歌曲。

海顿很早就站在了这类音乐宣传的最前沿。海顿的第 100 号"军队"交响曲(1793~1794)正是 1792 年 9 月 21 日法国的公民军队在瓦尔密击败奥地利和普鲁士正规军之后创作的。海顿的传记作者称,这部作品是"革命和拿破仑战争催生出的一系列作品中最早的,当然也是最优秀的一部"。[7] 1796 年,波拿巴将军在意大利北部连续击败奥军后,哈布斯堡王朝组织了几支志愿军去支援一败涂地的正规军。为了鼓舞公民的热情,他们请维也纳当地的作曲家创作了应景的战歌。在与法国革命派的对抗中,海顿在 1796 年创作的《战时弥撒》(*Mass in Time of War*)是他花费精力和时间最多的作品。但影响更为深远的是他的一支小曲子——有着多个名字的民歌《天佑弗朗茨皇帝》(*God Preserve Emperor Franz*),这首歌曲是奥地利人对《马赛曲》的回应。它明显受到英国歌曲《天佑吾王》(*God Save the King*)和法国歌曲《马赛曲》的启发,后来海顿将它用在了"皇帝"弦乐四重奏的第二乐章里。此后人们对这首歌的标题和歌词进行了调整,将其用作奥地利国歌以及后来的德国国歌。

1796 年至 1797 年奥军的战败似乎证实了贝多芬对奥

地利军事实力的质疑。奥地利当局号召作曲家创作支持奥军的爱国歌曲来动员群众，但他对这项任务并没有什么热情。1796 年 11 月 15 日前后，即拿破仑在阿尔科莱获胜当天，他为《向维也纳市民告别》（Farewell Song of the Citizens of Vienna）谱了曲。这首诗出自约瑟夫·弗里德尔贝格（Joseph Friedelberg）之手，旨在鼓励志愿军上前线。然而，这首歌也没能阻止波拿巴将军在意大利战场上取得一系列的胜利。4 月 14 日，弗里德伯格写下了另一首诗，贝多芬再次为其谱曲。这首《奥地利人战歌》（*War Song of the Austtrians*）的第一句是："我们是伟大的德意志民族。"

弗里德尔贝格的文字陈腐平庸，甚至有些生硬。贝多芬也不指望他为这些诗歌创作的音乐能成为不朽之作。虽然他明显对战争中牺牲的年轻生命感到惋惜，但我没有发现什么证据能表明他是哈布斯堡的坚定支持者。与同时代海顿的《战时弥撒》中的咏叹调相比，贝多芬的这些作品并没有多么出类拔萃。简而言之，他为奥地利创作的战歌没有体现出他的灵感、激情、深度，甚至缺乏感染力。和往常一样，当贝多芬应他人要求或受人委托而作曲时，他不会为这些作品进行编号。一般来说，他认为这些作品是无足轻重的。这些作品没有展现出他深层次的情感，让人感到有些敷衍，它们不过是一些应付差事的"爱国"之作。

根据《英雄凯旋歌》创作的 12 段变奏

1796 年在柏林逗留期间，贝多芬就已开始创作他的《英雄凯旋歌》变奏曲（WoO 45）了，这是一组以亨德尔的清唱剧《犹大·马加比》（*Judas Maccabaeus*，1746）为主题、为大提琴和钢琴创作的变奏曲。贝多芬于 1797 年出版了这首乐曲，而这一年晚些时候，拿破仑也正好返回巴黎。我们不禁要问，贝多芬为什么在奥地利备受屈辱的时刻以这样的标题创作

并出版这样一部作品呢？贝多芬于 1794 年在维也纳和 1796
年在柏林观看了亨德尔清唱剧的演出。他以清唱剧结尾处的凯
旋旋律为主题创作了 12 段变奏。1795 年至 1796 年的冬天，
柏林声乐学院多次演出这部《犹大·马加比》。[8]除《弥赛亚》
（1741）之外，它已成为亨德尔最著名的清唱剧。这段旋律首
次在《犹大·马加比》中出现时就大受欢迎，因此后来亨德尔
也将它写入了《弥赛亚》。

　　在此前的 50 年里，亨德尔清唱剧中的主角犹大·马加比
在德语国家几乎成了耶稣基督的化身。即便在维也纳严格的审
查制度下，贝多芬出版这样的变奏曲也是无可厚非的。尽管如
此，审查者可能也会好奇贝多芬究竟有何用意。要么是作曲家
不够圆滑，甚至有些愚蠢——也许他把自己想象成了一位"战
无不胜的英雄"、一个能够"征服"维也纳的人（鉴于贝多芬
有一种非同寻常的幽默感，这个猜测也并非完全不可能）——
但更有可能是某位"战无不胜的英雄"给他留下了极其深刻的
印象。1797 年的奥地利并没有这样"战无不胜的英雄"。在奥
地利乃至整个欧洲，只有一个人因非凡的功绩成了所有人谈论
的对象，贝多芬也开始在心理和精神上与之较量。这个人就是
拿破仑。

　　亨德尔的《犹大·马加比》歌颂的是另外一位英雄。1710
年移居英国后，亨德尔对英国历史的兴趣日益浓厚，对这个新
家园的时事也越来越敏感。他支持启蒙运动的进步思想和哲学
理念。1745 年，坎伯兰公爵（Duke of Cumberland）率领的
英格兰军队成功击退了斯图亚特家族的王位觊觎者英俊王子查
理（Bonnie Prince Charlie）的进犯。1746 年，公爵在卡洛
登击败苏格兰的詹姆斯党人，结束了这场战争。不久后，亨德
尔创作了《犹大·马加比》，将公爵比作这位圣经英雄。

　　《犹大·马加比》讲述了这样一个故事：公元前 164 年，

156

塞琉古国（今叙利亚地区）国王安条克四世（Antiochus IV）亵渎了耶路撒冷的圣殿，迫害犹太人，企图摧毁犹太教。在奋起反抗者当中，有一个名叫犹大·马加比的人。这位能干的军事领袖于次年领导了一场起义，并在起义中击败了一支镇压以色列起义的远征军。收复耶路撒冷后，马加比毁掉了异教神像，修复了被安条克玷污的圣殿并重新举办了献堂典礼。马加比击败了叙利亚人，拯救了这个犹太国家。如今的犹太教光明节庆祝的就是他的成就。

同样，坎伯兰公爵战胜苏格兰人之后，英国人得以继续享受自由权利，英格兰教会也得以继续信奉新教。当时多数人都能看出，亨德尔是在借古喻今，歌颂当代的英雄。清唱剧的歌词很快引发了人们丰富的联想。在 19 世纪一个著名的版本中，第一句是这样唱的："你是光芒万丈、冉冉升起、征服万物的圣子 / 你战胜死亡，获得无尽的胜利。"后世的路德宗信徒（以及多数基督徒）听到这些歌词时通常会联想到耶稣。当时的一位法国艺术家皮埃尔·苏布雷拉斯（Pierre Subleyras）创作了一幅名为《犹大·马加比摧毁朱庇特的神坛与雕像》（*Judas Maccabaeus Destroys the Altar and the Statue of Jupiter*）的画作，来体现鞭挞异教神殿遗迹的犹大·马加比和后来净化同一圣殿的耶稣之间的共同点，开创了此类对比的先河。①

《犹大·马加比》的合唱部分《英雄凯旋歌》有着粗犷的原始之美。在伦敦的犹太人的赞助下，这部歌颂犹太英雄的清唱剧很快引起了轰动。在首演之后的 50 年里，人们对这部作品的热情没有丝毫减退，不仅在英国，在其他地方也是如此。

---

① 《马太福音》21:12—13 写道，耶稣到耶路撒冷，在进入圣殿的时候，看到圣殿里有卖牛、羊、鸽子和兑换银钱的人。于是他将他们赶走并告诉他们，圣殿是万国祷告的殿，不要让上帝的殿成为贼窝。此典故被称为"耶稣清洁圣殿"。

157

作曲家受到《英雄凯旋歌》的启发创作了无数赞美诗及其他改编作品。到了 18 世纪末，亨德尔的作品在支持法国大革命的德意志人群中也享有很高的声誉。

贝多芬基于《英雄凯旋歌》创作了 12 段变奏曲。他将这部作品献给了赞助人卡尔亲王的妻子玛丽亚·克里斯蒂安·冯·利赫诺夫斯基亲王妃。贝多芬一生创作了将近 70 部变奏曲，而这 12 段变奏曲是为数不多的专为大提琴和钢琴而作的乐曲，这样的组合在当时还很少见。虽然亨德尔的清唱剧很少在维也纳上演，但使用《犹大·马加比》中的主题作曲的建议很可能来自戈特弗里德·范·斯维滕男爵。男爵是贝多芬的早期赞助人和支持者，一直推崇亨德尔的作品。在柏林时，贝多芬在著名大提琴家让－路易·迪波尔的伴奏下演奏钢琴的经历可能也起到了关键性的作用。贝多芬的变奏曲以装饰性的、高级古典风格写成，以其他早期作品中罕见的精湛手法和控制力维持了主题的和谐发展。

维也纳观众可能从未听说过坎伯兰公爵，大概也不认识犹大·马加比。他们可能认为这部充满活力、悦耳动听的作品是歌颂耶稣的。虽然观众可能不知道这部作品的灵感来源，但应该注意到它与贝多芬 1796 年和 1797 年为支持奥地利军队创作的两首不冷不热的歌曲形成了鲜明对比。写变奏曲时，贝多芬可能也在偷梁换柱，他想看看生活在一个专制国家里，应怎样在表达自己看法的同时又不会引起审查员的怀疑。贝多芬一定经过了深思熟虑。这样的理解似乎接近他的真实意图。此外，他显然是赶在 1797 年 12 月拿破仑返回巴黎之前出版了《英雄凯旋歌》变奏曲。这位年轻的将军确确实实凯旋了。贝多芬的变奏曲更像是在歌颂拿破仑·波拿巴的成就，而非犹大·马加比的成就，此时拿破仑青云直上的事业已经开始让贝多芬备受鼓舞。托马斯·卡莱尔也承认，拿破仑的"潜在诗才就像他的

158

奥斯特利茨战役一样辉煌"。①⁹这种果决、强势的胜者话语正
是贝多芬希望通过音乐表现的。

第一执政官

159

从 1795 年开始统治法国的督政府一直是个令人不安的存
在。这个政府十分不得民心。其执政期间，巴黎的政治局势
十分紧张。督政府的五名成员中，有几名因公然腐败而臭名
昭著。巴黎的"金色青年团"（jeunesse dorée）②曾公开嘲讽
这个不受欢迎的政府。到了 1799 年 9 月，督政府的危机已经
到达巅峰，面临解散。但经历了动荡的十年后，它终于找到
了一个解决方案。督政府决定效仿罗马共和国建立一个新政
府。进行了一个月紧张的谈判后，督政府决定将行政权移交给
三位执政官。1799 年 11 月，拿破仑从埃及返回法国，这次远
征的结果喜忧参半，但影响是深远的，此后不到两个月，他被
选为第一执政官，掌握了国家大权。当时也选出了另外两名执
政官，但只有拿破仑掌握实权。实际上，他在 30 岁时就成了
法国的统治者。拿破仑成为第一执政官标志着法国政治生活的
决定性转变。他在法国推行开明的政策，以稳定、高效的制
度替代了他接手时的混乱和腐败。担任第一执政官的五年间
（1799~1804），他重组了政府，对原有机构进行了现代化改
造，并设立了许多新机构。他的进步统治逐渐得到了整个欧洲
大陆的认可。虽然尚未阐明，但他更远大的愿景是将欧洲逐渐
置于法国的霸权之下。

法国大革命生机勃勃、经久不衰的理想激励了许多人。作

---

① 此处译文参考了托马斯·卡莱尔《论英雄、英雄崇拜和历史上的英雄业绩》，周祖
达译，商务印书馆，第 88 页。

② 当时法国巴黎和其他地区出现的一种反革命的流氓组织，成员衣着华丽、家境富
裕，专门迫害雅各宾派。

为第一执政官，拿破仑声称他将维护这些理想，包括法律面前人人平等、税收公平、限制封建权利和保护公民财产权等。拿破仑试图通过消除社会动荡来结束大革命，他最终也逐步达成了这个目标。但即使是拿破仑也无法控制大革命带来的各种各样的思潮。

拿破仑为政治领域带来开创性变革时，贝多芬也走上了一条新的音乐道路。在贝多芬看来，拿破仑似乎是这个时代最伟大的人。他在法国实施的改革让许多人尤其是贝多芬看到了变革的希望。与其他思想开放的欧洲人一样，贝多芬钦佩拿破仑取得的成就，并在音乐中表达了这种感情。他甚至认真考虑过是否要搬到巴黎去。

160

让·蒂拉尔（Jean Tulard）曾借用巴尔扎克的作品来诠释拿破仑，他说："拿破仑身上最吸引人的，就是他的意志力，那种'钢铁般的意志力'，［巴尔扎克］赋予路易·朗贝尔的正是这种能给他带来一切力量的意志力。"[10] 拿破仑确实拥有强大的意志力。有这样天生的领导才能，他怎么可能失败呢？也许埃利·富尔（Elie Faure）对拿破仑的两面性给出了最好的总结："但为什么……将他看作神或魔鬼的人很少能意识到魔鬼只是上帝的另一面呢？"[11] 贝多芬也有着钢铁般的意志力。他对自己想做的事有着清晰的愿景，也有坚持到底的决心。在一些微不足道的事情上，他可以妥协和迁就。在处理商业事务时，他是一位高明的谈判者；在生活中，他似乎不谙理财之道。但在音乐创作中，他从未质疑过自己的能力。

欧洲人为何惧怕法国

拿破仑的逼近让一些维也纳人感到恐惧，也有些人对此无动于衷，还有些人感到欢欣鼓舞。人们对哈布斯堡家族没多少忠诚可言。与拿破仑的胜利相比，法国共和制政府对哈布斯堡王朝长期统治的根基构成了更大威胁。年轻的哈布斯堡王朝皇帝弗朗茨一世意识到了事态的严重性，开始采取极端措施镇压不忠行为。1794 年，奥地利当局对法国大革命的支持者实施了严厉的惩罚。这一次，他们敦促性情平和的维也纳人通过反对新成立的法兰西共和国表达爱国之情，但收效甚微。

拿破仑在意大利取得的胜利不仅鼓舞了法国人的士气，帮助这个四面楚歌的国家恢复了国际地位，也让其他地方的人相信他们可以在自己的土地上实现法国大革命的理想。许多欧洲人认为，法军的胜利给他们带来了自由的希望。随着拿破仑的到来，旧制度开始失去对民众在思想和心灵上的控制。训练有素的哈布斯堡正规军不敌革命军的猛攻时，人们意识到一个新时代已经到来。虽然哈布斯堡王朝设法苟延残喘了一个多世纪，但许多明眼人已经看出，其最终的崩塌是不可避免的。此外，启蒙思想削弱了欧洲各地的基督教势力。新的信仰和意识形态开始填补人们精神上的空白。即便在信仰天主教的维也纳，怀疑主义也找到了立足之地。在接下来的二十年里，这位年轻的将军将借着这个时代的东风继续发展下去。

10

平行的人生：贝多芬与拿破仑

你是世界的征服者和俘虏！
世界还在因你而颤抖，而你的威名
正空前地震撼着人们的心房。①

——拜伦对拿破仑的评价¹

　　善于冷静分析的阿历克西·德·托克维尔（Alexis de Tocqueville）并不是拿破仑的支持者，对于这位第一执政官，他只给出过一个宽泛的保留意见：在他看来，拿破仑"是无道德者中最伟大的人"。年轻的贝多芬可能也有同感。作曲家与这位法国领袖有很多不同之处，其中一点就是贝多芬既是一位天才，又是一位有道德的人。对拿破仑产生兴趣之前，贝多芬早已是革命理想的支持者。拿破仑在意大利一战成名后，欧洲人开始密切关注他的事业发展。对自己的才华十分自信的贝多芬很早就能以平和的心态将拿破仑视为平等的人，而不是恭敬地仰望他。拿破仑知道自己具备达成目标所必需的能力，而贝多芬也相信自己能够用音乐征服世界。两人都将自己视为外来者。来自莱茵兰的贝多芬在维也纳感到格格不入，而来自科西嘉的拿破仑也感到自己不被巴黎所接纳。两人对成年后所处的人际圈和国家从未产生过归属感，因此他们能够同时以内部和外部视角看待他们所处的社会。

　　贝多芬和年轻的波拿巴将军一样渴望了解世界。他希望　　

---

① 译文参考了拜伦《恰尔德·哈洛尔德游记》，杨熙龄译，广西师范大学出版社，2021，第221页。

从核心观念和结构上改变自己所处的欧洲。和拿破仑一样，贝多芬对生活的可能性有着超然的看法。他也能敏锐地察觉出困难事情中的关键点。尽管他对世界的其他地方充满想象与憧憬——他希望去探索意大利和巴黎，像海顿一样在伦敦大获成功——但受到现实问题的制约，他不得不放弃这些想法。因此贝多芬只能成为精神上而非身体上的旅行者。他只能通过聆听风格独特、具有异域风情的土耳其本土或土耳其风格的音乐，想象自己置身于古老的东方。这些音乐是维也纳街头音乐家的最爱，也在当时受到了听众的欢迎。

1796 年在洛迪战役中大获全胜后，拿破仑突然意识到，大好前程正摆在他的面前，他有能力实现任何梦想。大约在同一时期，贝多芬很可能也经历了类似的心路历程。此时贝多芬已是维也纳的知名钢琴大师，但他立志成为一名作曲家，而不仅仅是一名演奏家。虽然仍在学习作曲，但到了 18 世纪 90 年代中后期，他已经开始摆脱老师们的影响，创作具有戏剧性、有感染力，甚至令人不安的音乐，逐渐蜕变成我们今天所知的"贝多芬"。

虽然拿破仑距离贝多芬十分遥远，但在贝多芬心目中，拿破仑是一个取得了神话般成就的人物。1803 年秋天，或许在此之前，贝多芬就已决定将"英雄"交响曲献给拿破仑。在维也纳的审查制度下，他无法将其付诸实践，但在此后的岁月里，贝多芬一直没有放弃创作一部重要作品——尤其是 1810 年的《C 大调弥撒曲》——献给拿破仑的想法。拿破仑是欧洲的一位重要人物，不久后他几乎成了欧洲的霸主，贝多芬认为自己可以与他一较高下。虽然音乐与战争属于完全不同的领域，但贝多芬感到自己的成就可以与拿破仑媲美，甚至有可能超越他。

在贝多芬看来，作为第一执政官的拿破仑似乎是约瑟夫二世的事业继承者，事实上，他可能认为拿破仑比约瑟夫二世更加成功，因为拿破仑的政策得到了实施，而约瑟夫的政策却没有。约瑟夫的国内改革大多以失败告终，而拿破仑的改革似乎大获成功。1799 年拿破仑掌权后，他逐步重组了法国的经济、宗教和教育机构。贝多芬一直坚定而热情地支持摧毁封建主义、建立平等的法律制度，而拿破仑则实现了他的愿景。贝多芬致力于为音乐世界注入新的活力，做到一个多世纪后埃兹拉·庞德（Ezra Pound）所说的文学界需要的"创新求变"。他的钢琴演奏充满活力，短粗的手指在键盘上上下飞舞。从现存手稿上的节拍器记号可以看出，贝多芬的乐曲速度极快，这种速度是后世很少有人敢尝试的。如果说"拿破仑用速度征服了各国"（埃贡·弗里德尔语），[2] 那么贝多芬则致力于用速度征服音乐界。

法国大革命入侵维也纳

1797 年 10 月 15 日奥法双方签署的《莱奥本和平条约》规定两国互派大使。法国将让 – 巴普蒂斯特·贝纳多特（Jean-Baptiste Bernadotte）将军派驻到极端保守的君主制的奥地利首都，作为欧洲思想最开放的法国革命政府的代表，这似乎不是个明智的决定。1796 年，贝纳多特在莱茵河沿岸作战。次年，他协助波拿巴将军打赢了意大利战役。在欧洲贵族作风最严重的反共和制宫廷看来，法兰西共和国派来了一位平民背景的将军、一位曾在拿破仑麾下作战的共和主义者，他指挥的军队不久前刚在奥地利的领土上安营扎寨。贝纳多特虽认可波拿巴的军事才能，但对这个人持保留态度。他认为拿破仑"行事霸道、独断专横"[3]，显然他很不喜欢这一点。毫无疑问，他嫉妒拿破仑的一战成名。虽然贝纳多特可能不会特意在维也纳宣扬拿破仑的成就，但在他的外交使团中，革命思想和热情却渗透得十分深入。法国当局为何将他派驻到巴黎，我们不得而知。也许拿破仑感到贝纳多特是一个潜在的竞争对手，便说服塔列朗亲王和督政府将贝纳多特派到了遥远的维也纳。但也有可能，督政府认为他能够在国外将革命理想积极地展现出来。

贝纳多特将军于 1798 年 2 月 8 日抵达维也纳。他的出现代表法国大革命来到了维也纳。他搬进了市中心的列支敦士登宫，这座至今依然屹立在瓦尔纳街（Wallnerstrasse）的建筑当时归银行家约翰·盖米勒（Johann Geymüller）所有。为了表明身份和信仰，贝纳多特身穿军装出现在维也纳，帽子上装饰着三色羽毛。巴黎的上级要求他和工作人员在大使馆挂上共和国的标志，不论走到哪里身上都要带有共和国的色彩。他们照做了，但这一做法却触怒了许多持保守思想的维也纳人。这并不是一个良好的开端。

维也纳和法国以外的许多欧洲城市一样，接纳了不少逃离法国的保王党流亡者，由于法国革命政府将法国国王和现任奥地利皇帝的姑姑一起送上了断头台，因此他们对法国革命政府怀有深深的敌意。许多维也纳人也持有同样的看法。他们和心怀不满的法国流亡者一样，极力避免与大使馆的共和主义者接触，法国的外交人员感到自己被社会孤立了。

我们对贝纳多特在维也纳的经历知之甚少，更无从知晓它对贝多芬的影响。但贝多芬很有可能和这位将军的工作人员甚至是贝纳多特本人产生了一些互动。尽管受教育程度不高，但据说将军喜爱艺术和音乐。据可靠消息称，大使馆很快就成了艺术家和音乐家的聚集地。据说贝纳多特曾在与当时的奥地利皇后、弗朗茨一世的第二任妻子玛丽亚·特蕾莎的会面中兴奋地谈论音乐。后文中我们讨论贝多芬 1800 年的个人音乐会时将会看到，玛丽亚·特蕾莎对音乐十分热衷。

据贝多芬晚年的秘书和后来的传记作者安东·辛德勒说，贝多芬当时经常光顾法国大使馆，显然也结识了大使的随行人员，尤其是才华横溢的小提琴家兼作曲家鲁道夫·克鲁采

（Rodolphe Kreutzer）。他可能也认识了贝纳多特本人，因为有一天晚上，贝纳多特邀请克鲁采和贝多芬参加了晚宴。[4] 克鲁采是有着德意志血统的法国人，在当时是政治上的激进人士。他的事业是借着法国大革命的东风发展起来的。1796 年，拿破仑进军意大利后，克鲁采在米兰加入了拿破仑的军队。鉴于这样的经历，他应该可以给贝多芬讲述很多关于这位年轻的英雄在意大利作战的经历。由于经常涉足贝纳多特的圈子，贝多芬应该对法国的音乐界，尤其是当时巴黎十分流行的法国革命音乐有了更多了解。

贝纳多特和法国大使馆的其他人员对贝多芬产生了多大的影响，对此我们不得而知。但与他们的相处和交谈至少会让贝多芬对外面更自由的世界有更多认识。作为一位公开的共和主义者，仅仅是贝纳多特在维也纳的出现就足以加深贝多芬对代议制政府的支持。

继辛德勒之后，有些早期的贝多芬传记作者声称贝纳多特不仅影响了作曲家对拿破仑的看法，还委婉地建议他创作一部歌颂拿破仑的事迹和成就的交响曲，即我们所熟知的"英雄"交响曲。尽管当今一些著名的贝多芬研究者认为这种说法有可能是真实的，但它终归只是人们的推测。不管怎样，贝多芬应该在这种场合听到了法国人对一些革命性作品以及对这些作品中大量使用打击乐器和管乐器的讨论。无论贝多芬与贝纳多特是否熟识，作曲家对克鲁采和思想开放的大使馆工作人员的看法都是积极的。

奥地利政府对这位法国大使没什么好感。1798 年 4 月 8 日，即贝纳多特来到维也纳两个月后才向弗朗茨皇帝递交了他的国书。这位气势汹汹的加斯科涅人与胆小怕事的年轻君主的会面进行得并不顺利。6 天后，也就是 4 月 14 日，贝纳多特在大使馆的阳台挂上了三色旗。维也纳其他的外国大使馆都未悬挂

167

国旗，因此维也纳人将他的行为视为挑衅。这件事引发了一阵骚乱，人们聚集起来要求法国大使馆收起国旗。示威人群向大使馆的窗户扔石头。很快国旗就被人们扯下并烧毁了。由于国旗被亵渎而备感愤怒的贝纳多特向维也纳当局申请并获得了护照，准备带工作人员离开奥地利。有人建议他们趁夜离开。但为表达无畏与不满，贝纳多特和使馆的工作人员在 4 月 15 日中午昂首挺胸地走了。尽管使馆附近聚集了大量围观群众，他们还是佩戴着三色羽毛和帽徽登上了马车。作为法国驻奥地利帝国大使，贝纳多特的短暂任期以失败告终。这场持续了 9天、震惊欧洲的骚乱并没有很快被人遗忘。显然，贝多芬也没有忘记这件事。我们将在后文讨论贝纳多特在维也纳的短暂停留对贝多芬产生的重要影响。

革命奏鸣曲？

生活在极端保守的维也纳，贝多芬意识到创作革命奏鸣曲的时机早已过去，因此即便有这种想法，他也无法将其付诸实践。奥地利已经被法国打败了两次，一次是在 1792 年的瓦尔密战役中败给了法国革命军，另一次是在 1796 年至 1797 年的意大利战役中败给了拿破仑。不论在什么时候，在维也纳创作革命奏鸣曲都会给贝多芬带来麻烦，尤其在 1802 年，即贝纳多特离开维也纳四年后、拿破仑在马伦戈战役①中让奥地利军队颜面尽失一年后，创作革命奏鸣曲更是疯狂之举。如果贝多芬想在维也纳取得成功，就要对当权者效忠，至少表现出顺从，否则他就会遭到当局严厉的惩罚或流放。此外，即便是在巴黎，1799 年拿破仑成为第一执政官之后，巴黎公众的革命热情就已消退。人民不再公开颂扬大革命的成就，作曲家们也

---

① 这场战役实际发生时间为 1800 年 6 月 14 日。

不再公开创作带有明显革命色彩的音乐。

在给莱比锡出版商弗朗茨·霍夫迈斯特（Franz Hoffmeister）的一封信中，贝多芬直白地说："皇城和宫廷里都有流氓。"虽然贝多芬放弃了创作"革命奏鸣曲"，但这个想法可能一直在他脑中萦绕。最终，他写出了"克鲁采"奏鸣曲。贝多芬原本打算将它献给乔治·布里奇托尔（George Bridgetower）——一位黑白混血的英格兰小提琴家，1803 年他到访维也纳时以精湛的琴技赢得了贝多芬的钦佩。贝多芬如往常一样在最后一刻才完成这部作品，布里奇托尔也得以在同年 5 月 24 日进行了首演——而且据说演出大获成功。但随后，布里奇托尔与一位年轻女子身陷绯闻，让贝多芬备感失望。在思考将这部奏鸣曲重新献给谁时，他想起了五年前认识的克鲁采。"这位克鲁采是一位可亲的好人，"贝多芬回忆道，"他在维也纳期间，我们相处得非常愉快。"5 为了纪念那段友谊，贝多芬将自己难度最大、最具激情和最复杂的小提琴奏鸣曲献给了克鲁采。

遗憾的是，这种欣赏并不是相互的。和当时的许多人一样，克鲁采对作曲家充满活力的新音乐十分不认可。他也丝毫不想演奏这部以他的名字命名的奏鸣曲。这样一位训练有素的音乐家、才华横溢的作曲家都无法理解贝多芬激昂音乐背后隐藏的革命性的才华，也就不难理解为什么谨小慎微的维也纳听众会认为这些乐曲令人困惑甚至令人反感了。

任何像列夫·托尔斯泰一样认真地听过这首乐曲的人都会发现，克鲁采奏鸣曲能唤起听众心中强烈甚至矛盾的情感。托尔斯泰的儿子曾回忆说，音乐对托尔斯泰产生的影响有时是有违托尔斯泰的本意的，甚至在折磨着他。托尔斯泰曾借用作家贝尔纳·德·丰特内尔（Bernard de Fontenelle）的话问道："这音乐对我做了什么？"（Que me veut cette musique？）作为一位技艺高超的钢琴演奏者，托尔斯泰对"克鲁采"奏鸣曲十分熟悉，但这首乐曲令他烦躁不安。1888 年春天，托尔斯泰找人在他位于莫斯科的宅邸里演奏这首奏鸣曲，这一次他被深深打动，并以此为灵感写出了一部引人入胜的小说——《克鲁采奏鸣曲》（*The Keutzer Sonata*）。

《克鲁采奏鸣曲》中的独白者波兹内舍夫说他不理解音乐对人产生的影响。他断言音乐是"最高尚的艺术"，但同时又认为它"整体而言是一种可怕的东西"。他表示："音乐一下子就使我进入了作曲家的内心世界。"① 贝多芬的"克鲁采"奏鸣曲让波兹内舍夫很受震撼；他认为自己的内心与贝多芬的内心十分相似，贝多芬的音乐对他"产生了可怕的影响"。这首奏鸣曲打破了波兹内舍夫内心的平衡，让他看到了"具有破坏性的新感受和新可能，这些都是我未曾体会过的"。托尔斯泰阴暗的故事体现了这部作品的力量，音乐的深厚情感可以带来善，也可以带来恶。

* * *

1801 年 7 月 15 日，第一执政官波拿巴与教皇庇护七世（Pope Pius Ⅶ）签署了《教务专约》，恢复了天主教会在法国的地位。拿破仑的这一举动激起了贝多芬长期埋藏在心底的反教权情绪。出于对这一协定的反感，贝多芬在 1802 年写给霍夫迈斯特的一封信中罕见地对拿破仑立法方面的成就发表了评论。由于担心遭到奥地利当局的审查甚至监禁，贝多芬很少在信中谈论政治或宗教问题，这也是合情合理的。但在这封信中，贝多芬对拿破仑签署《教务专约》一事的鄙夷态度异常坦

---

① 《克鲁采奏鸣曲》，草婴译，外文出版社 / 上海远东出版社，1997，第 322 页。

率。他感叹道："布宛纳巴与教皇达成了协议，一切都在重蹈覆辙。"[6]此前一位夫人通过霍夫迈斯特请贝多芬为法国大革命写一首奏鸣曲，贝多芬在这封信中轻蔑地回绝了这一请求。他直接略过致敬寒暄，毫不客气地回复道："先生们，你们都被魔鬼附身了吗？——你们建议我创作这样一首奏鸣曲——也许在革命热情高涨的时候——这样的事情还有可能——但是，天哪，在这个基督教复兴的时候写这样的奏鸣曲——呵呵——恕我不能从命。"虽然1801年《教务专约》中的某些条款体现了一些进步，但显然拿破仑全面恢复教会地位的行为让贝多芬十分愤怒。从政治和宗教层面上来说，作曲家都反对这一协定。他担心人们会失去信仰其他宗教或不信仰宗教的自由，也担心《教务专约》为天主教赋予特权，会带来不利的政治后果。协定签署之后，法国可能会重新走上旧制度的老路。

170

贝多芬的失望也是合情合理的。大革命似乎预示着一个更加世俗化的社会的诞生。贝多芬毕生都是坚定的反教权人士，对国教不屑一顾。在1802年的一封回信中，他再次表达了对维也纳人的不屑，很多维也纳人仍信任神职人员、参加宗教仪式并遵循罗马天主教的传统。作为共和制和约瑟夫二世的支持者，贝多芬可能也想起约瑟夫曾解散修道会，为新教徒和犹太教徒赋予平等的法律地位，以此推动宗教信仰自由。贝多芬认为《教务专约》对这些已经取得的进步构成了威胁。大革命的最主要成就之一就是实现了宗教自由，但现在它将不复存在。

在十多年前创作的《约瑟夫二世之死康塔塔》中，贝多芬痛斥了教会的狂热与偏执。虽然贝多芬从小也算是个天主教徒，但长大后他似乎对宗教传统毫不重视。据我们所知，他成年后从未去教堂做过礼拜。他创作的两部弥撒是如此不合常规，以致没有教会愿意或允许演出这两部作品。尽管如此，贝多芬一直有着虔诚的信仰，他是上帝和道德行为的信徒。虽然约瑟夫死后，他的许多改革政策被继任者废除，但约瑟夫主义——其中一个重要方面就是将建立世俗国家看作社会进步的表现——在此后几十年间一直对维也纳和奥地利发挥着潜在影响。哈布斯堡的君主们在 18 世纪 90 年代初就对有自由主义倾向的共济会进行了镇压，但共济会的思想依然在贝多芬及其之后的时代影响着进步的思想家。奥地利当局认为这种思想十分危险，但贝多芬不这么认为。很有可能贝多芬一辈子都和他在维也纳的几个密友一样，或多或少属于一位约瑟夫主义者。

实际上，《教务专约》并没有完全恢复教会在法国的地位。随着事态的发展，可以明显看出拿破仑和教皇庇护七世有着不同的想法。教皇认为《教务专约》预示着天主教将重新获得主导地位，但拿破仑考虑的是建立一个有教会存在但教会没有任何特殊地位的法国。拿破仑将教会置于国家控制之下，实际上使教会成了其政权的附庸。

虽然贝多芬的评论体现了他对《教务专约》的不满，但他对拿破仑的怨恨不太可能持续很久。如果他能了解《教务专约》的规定多么具有局限性、国家在多大程度上占了上风，他可能会赞成这一新措施。贝多芬在信件中或当面突然发怒的情况并不少见。而爆发之后，他又无一例外地会感到后悔，有时第二天一早就去向人道歉。贝多芬对拿破仑及其事业寄予了厚望，不太可能轻易放弃对他的期望。实际上，否定拿破仑无异于否定他内心重要的一部分。而贝多芬是不会这么做的。

* * *

拒绝创作明显带有革命色彩的奏鸣曲之后，当心中现实主义的一面占据上风时，贝多芬最重视的仍是音乐，而不是政治。作为维也纳音乐界的新星，要想在这里发展，他就必须抑制住任何可能有损自己形象的冲动。他已经受到了维也纳当局的怀疑。贝多芬的政治追求十分现实。如果他打算通过音乐歌颂大革命，或是大革命之后出现的战斗英雄拿破仑，他就必须掩饰自己的意图，谨慎行事。

172

19 世纪中叶在欧洲各地漂泊的社会改革家、理想主义的俄国流亡者亚历山大·赫尔岑（Alexander Herzen），在 19 世纪 40 年代回顾他出生之前的世界时说：

> 18 世纪末，人们第一次不是在书本上，而是在现实中，开始摆脱神学世界那宿命的、神秘的、令人窒息的传统，试图把不以意志为转移的、自发形成的政治体系建立在理智的基础上。建立理性国家的尝试和建立理性宗教的尝试一样，在 1793 年谱写出了一部雄伟的史诗，它取得了成果。①7

这个新世界就是贝多芬的世界。贝多芬就是这部"雄伟的史诗"中的音乐先驱。然而，赫尔岑写下他的《回忆录》时，这部诗歌已经"变得千疮百孔"了。尽管贝多芬的早期作品在法国、奥地利、德意志和俄国受到了一些人的欢迎，但专制暴政依然统治着世界。

力量

"力量是强者的道德准则。"贝多芬在 1798 年给兹梅斯卡尔的一封信中说，"它也是我的道德准则"。8 这样坦率的言论让人感到震撼，也让人想起尼采对软弱无知者的鄙视。然而，

---

① 此段翻译参考了赫尔岑《往事与随想》下卷，项星耀译，人民文学出版社，1993，第 25~26 页。

还有比这更拿破仑式的发言吗？作曲家说："力量是我的情妇。但作为一名艺术家，我热爱力量，就像音乐家热爱他的小提琴一样。"贝多芬的传记作者 W.J. 特纳曾说，贝多芬甚至可能将拿破仑视为他的"艺术家同行"，一位"行动领域中的创作者，创造出了美好的世界"。[9]

拿破仑对力量的迷恋成了他传奇经历中的一部分。即使在他没有征服的国家，人们也将他和力量联系起来。但在欧洲的大部分专制国家，尤其是俄国，无力量者的处境又是怎样的呢？普希金曾讽刺但现实地说："我们都想成为拿破仑。"在《战争与和平》中，托尔斯泰生动地描写了拿破仑在奥斯特利茨战役中的精彩表现。在陀思妥耶夫斯基的《罪与罚》中，主角拉斯柯尔尼科夫也可悲地渴望着力量。不仅在俄国。弗洛伊德后来称，"从性情上来说，我不过是一位征服者"，难道不就是将自己比作拿破仑和之前渴望力量的男性领袖吗？弗洛伊德没有说错：在心理分析的新领域里，他确实是一位征服者。但随着时间的推移，他的观点逐渐被追随者摒弃，因此他是一位没有抓住几个俘虏的征服者。

贝多芬看到的是拿破仑的伟业，这位年轻、勇敢的将军在意大利一战成名，又在埃及所向披靡。拿破仑成为第一执政官之后，贝多芬才声称对于他这样的强者来说，"力量"是正当的道德准则。他将音乐视为展示力量的方式、一种向善的终极力量。贝多芬通过音乐主张他的独立性、他的与众不同以及他在艺术上的统治地位。1799 年之后，他对拿破仑产生了钦佩之情，因为拿破仑在短短几年之内就为一个因革命深陷动荡的国家带来了秩序。而贝多芬也从这场大革命中学到了许多。正如贝多芬努力地表达着内心深处的音乐，拿破仑也在努力地终结混乱、恢复秩序。在同代人眼中，作为欧洲人口最多、最强大的国家的领导人，拿破仑像巨人一样横行世界。拜伦曾翻译斯塔尔夫人的话说："才华总是青睐强者。"[10] 和拜伦一样，贝多芬也将自己视为强者。

拿破仑称霸欧洲

174

在当权的那些年里，拿破仑成了推动变革的力量。他改变了欧洲大陆居民的生活。拿破仑终结了旧时代的君主制，重建了欧洲社会，力图为人们赋予更多自由。他为欧洲人带来了"一个完全新的元素，一种前所未闻的节奏"。[11] "行动，行动。速度！"（Activité, activité. Vitesse!）是他的口头禅，也是贝多芬的追求。作曲家无时无刻不在行动，他的音乐以人们未曾想象过的速度飞奔向前。"英雄"交响曲问世之前，贝多芬经历了一个高产的阶段。在拿破仑动摇法国旧制度皇权（以及欧洲各地的旧思维方式）时，贝多芬也开始在音乐领域撼动"古典"时期的音乐传统。

虽然革命前的法国是个君主专制国家，但在贝多芬看来，它是启蒙运动的化身。当时的法国群星荟萃，诞生了伏尔泰和卢梭两颗最耀眼的明星。1789 年之后，法国也展现出了进步思想以及革命理想。十年后，在一位杰出的年轻将军（这位将军后来成了第一执政官）的带领下，法国效仿罗马共和国建立了自己的政府。到了 1800 年，法国似乎迎来了一个"拿破仑治世"（pax napoleonica）的时代。贝多芬对此寄予厚望。直到 1815 年拿破仑在滑铁卢战败之后，贝多芬才认识到这场政治变革可能不会席卷欧洲。但即便这时，贝多芬依然相信他的音乐也许能为这个不完美的世界赋予力量，甚至推动变革，哪怕不是现在，但那一天终会到来。

毕竟，在当时生活在欧洲的人中，除年轻的拿破仑以外，贝多芬还能和谁比较呢？他知道他心目中的这位英雄在性格和行为上都有些缺陷，但他也知道拿破仑比欧洲其他领导人要优秀得多。"如果说波拿巴是位胜利者，"威廉·黑兹利特（William Hazlitt）在 1830 年的拿破仑传记中写道，"他战胜的是君主限制人类自由的巨大阴谋……如果说他是位独裁者和暴君，法国……当时正处于军事封锁中……但挡不住人们的恶言冷语。"和黑兹利特一样，贝多芬认为拿破仑象征着"人类自由的权利"，并对他产生了一种亲近感。拿破仑可能也会犯错误，而且他确实也犯过错误，但从决心和行动上来说，除拿破仑外，欧洲还有谁可以与他匹敌呢？

在这些年里，拿破仑几乎成了贝多芬的偶像。他的成功事迹让作曲家决心创作出新时代的音乐。当第一执政官重组法国的国家机构、设立必要的新机构时，贝多芬对传统音乐形式进行了彻底的革新，创作出了具有开拓意义，同时通常具有革命意义的音乐。两人以不同的方式创建新秩序，他们不眠不休地耕耘着，一个通过立法改革改变法国，另一个通过创作不懈地追求着（贝多芬自己所说的）"新道路"。19 世纪似乎为两人展开了大好前程。在接下来的几年里，两人都大获成功。拿破仑为欧洲的政治生活带来了更多可能，而贝多芬则致力于为音乐领域带来更多新理念。

11

贝多芬的崛起

世间有很多事要做，赶快行动吧！

——贝多芬[1]

新世纪的贝多芬

贝多芬在 1800 年前后创作的作品体现了他的自信和力量。他从奏鸣曲、三重奏、弦乐四重奏等室内乐体裁勇敢地迈向了未知的新领域。在史诗《序曲》后来增加的内容中，华兹华斯曾将这些领域称为"陌生、孤独的思想之海"。[2] 诗人想象牛顿曾在这片海域航行。贝多芬冒险航行的海域也是波涛汹涌的，有几次他几乎倾覆于此。但他仍继续航行，心怀宏伟的愿景进行着创作，即便他有时也会感到迷茫，不知道何时才能到达理想的港湾，甚至不知道这样的港湾是否存在。他的创作灵感完全来源于他创造性的想象力。1801 年，贝多芬对弗朗茨·韦格勒说："告诉她'我时不时还会陷入癫狂'。"[3] 这里的"她"指的是韦格勒的妻子，曾经的埃莉诺①·冯·布罗伊宁，少年时的贝多芬一度倾心于她。"癫狂"指灵感迸发的瞬间，它类似于华兹华斯所说的瞬间②、乔伊斯所说的顿悟、禅宗所说的开悟，它指黑暗屈服于光明即启蒙的那一瞬间。此时，这样的顿悟时刻在贝多芬身上出现得越来越频繁。

1800 年是贝多芬初到维也纳后的一个高潮时期。他致力

---

① 本书英文原著第 11 页拼写为 Eleonore，此处为 Eleanor，常见拼写为前者。

② 《序曲》第 12 卷，第 208 行，文学领域的重要概念。指生命中某次完整的经历就像时间线上的点，虽平凡而短暂，却包含着丰富的内涵和意义。

于以海顿和莫扎特的古典模式为基础发展自己独特的风格。在那年春天举办的第一场个人音乐会上，贝多芬明智地将这两位作曲家的作品纳入了节目单。显然，他希望将自己定位为莫扎特和海顿的继承者，前者去世已将近十年，后者从伦敦回到了维也纳，当时正在为艾什泰哈齐亲王创作另一部弥撒曲。[4]维也纳公众对这位将自己视为两位音乐巨匠继承人的音乐家十分期待，因此贝多芬对音乐会上的演出曲目进行了慎重考量。贝多芬相信他的创作才华可以与莫扎特和海顿比肩，甚至可能超越他们，因此他准备将这种认识付诸实践，用音乐表达他内心感受到的力量。

虽然贝多芬的才华被维也纳人逐渐认可了，但一些思想先进的人士早已意识到他是一位不同寻常的天才。当时马丁·格克写道："贝多芬和拿破仑一样，把握了主动权并为自己加冕。"[5]格克的说法不无道理：到了1800年，贝多芬已将自己视为音乐领域的新皇帝，他的作品从各个方面来说都超出了人们的想象。1800年夏秋两季，贝多芬在喷涌的创作灵感中完成了第18号作品中的六首四重奏，这些乐曲是他从1798年开始着手创作的。由海顿开创和发展并由莫扎特改进和完善的弦乐四重奏在维也纳日益受到人们的欢迎。从某种程度上来说，贝多芬继承了他的老师们的衣钵。在他的四重奏里，第一乐章是传统的奏鸣曲式快板乐章，第二乐章为行板。第三乐章的谐谑（在意大利语中，这个词是"玩笑"的意思）曲为乐曲增添了幽默和玩笑的气氛。通常第四乐章，即最后一个乐章为回旋曲。

在贝多芬之前，第一小提琴通常是弦乐四重奏中的主角，其他演奏者——第二小提琴、中提琴和大提琴——则是配角。与海顿和莫扎特一样，在贝多芬的作品中，四种乐器都发挥了重要的作用。由于他对深沉低音的热爱，大提琴也占据了极大比重。演奏者们需要适应这种新模式。第 18 号作品中的四重奏十分具有戏剧性，充满了火药味。几种乐器时断时续、混合搭配，展现出了弦乐四重奏作品中罕见的活力。

1800 年 4 月 2 日的个人音乐会

在拿破仑翻越阿尔卑斯山再次征服意大利北部一个月前，贝多芬举办了他的第一场个人音乐会（Akademie）。在当时，"个人音乐会"指慈善或订票音乐会，这类音乐会通常由作曲家或演奏家举办，用以展示其才华。主办者自负盈亏，出于个人利益举办音乐会。在此之前，贝多芬在维也纳的所有演出几乎都是在贵族宅邸里进行的，在这些演出中他经常演奏自己的作品。直到维也纳的音乐精英将他视为当地的一流钢琴家和室内乐（即钢琴和弦乐三重奏、奏鸣曲、弦乐四重奏）作曲家之后，他才尝试举办个人音乐会。从贝多芬的这个决定可以看出，他对自己的音乐越来越有信心。1800 年的个人音乐会是他在公众面前的首次亮相。他希望能通过这场演出以作曲家和演奏家的身份引起人们的关注。

贝多芬的个人音乐会能够帮助我们了解贝多芬和他创作的音乐。个人音乐会不仅可以让贝多芬向具备音乐素养的听众展示他的新作品，也可以让我们了解到他对哪些作品更为重视，或者哪些作品能够体现出他的才华。贝多芬租下了宫廷剧院（Hoftheater），安排好了一切事宜，包括亲自出售门票。开场的第一首曲目是莫扎特的"盛大交响曲"（我们无法确定具体是哪一首交响曲），然后是海顿新创作的清唱剧《创世纪》中的一首咏叹调和一首二重唱。随后，贝多芬演奏了自己的《七重奏》（Op. 20），他将这部作品献给了热爱音乐的奥地利皇后玛丽亚·特蕾莎。这一做法可谓十分明智。《七重奏》几乎立即成为贝多芬最受欢迎的作品，它为贝多芬带来了不少好处，但后来也带来了一些麻烦。

中场休息后，贝多芬演奏了他的《第一钢琴协奏曲》（Op.15），实际上这是他写的第二部钢琴协奏曲。这部协奏曲和《七重奏》至今仍十分有名。随后他即兴演奏了一段乐曲，让观众赞叹不已。最后，贝多芬以《第一交响曲》结束了这场音乐会。细数一下，贝多芬共演奏了两首海顿的作品、三首莫扎特的作品，但只演奏了两首自己的作品。[①] 想必结论也不言而喻了：音乐界出现了一颗新星，他继承了杰出前辈的衣钵，同时致力于开辟未来的道路。贝多芬希望将这个信息清晰地传达给观众。

在贝多芬生活的年代，交响乐逐渐成了地位最高的器乐曲体裁。这要归功于海顿和莫扎特。在成为交响乐作曲家的道路上，贝多芬深知他面临的一大挑战就是这些前辈的成就。莫扎特从小就是享誉各国的音乐神童，如今维也纳的音乐爱好者依然对他津津乐道。1791年去世时，莫扎特留下了41部交响曲，其中最后三部——也许是他所有交响曲中最精彩的三部——对贝多芬而言有着特殊的意义。海顿也是强有力的挑战。在18世纪90年代初期，贝多芬跟着海顿学到了很多东西。海顿曾两度前往伦敦并大获成功，他的最后12部交响曲，即"伦敦"交响曲，可以说是他最杰出的作品。1800年，刚刚完成《创世纪》的海顿到达了事业的巅峰。海顿与莫扎特一起，在欧洲开辟了一个超越了语言的音乐世界。

在不同国家，"浪漫主义"有着不同的含义，代表着不同的思潮。在那个时代，这个词更适用于德意志和意大利，而非英国和法国。政治和社会层面的浪漫主义思想主张捍卫个人权

---

① 上文只提到了一首莫扎特的作品，但提到了三首贝多芬自己的作品，原文中的数据对应不上。

利、让人们免受奴役；它倡导个人宗教价值观，而非教会权威。今天的许多听众认为贝多芬与海顿和莫扎特同属古典主义作曲家。但我更倾向于将贝多芬视为浪漫主义作曲家，并且从很多方面甚至可能从大多数方面来说，我将他视为一位革命者。虽然贝多芬的创作遵循18世纪90年代的传统模式，但他似乎常常以前所未有的方式对这些模式进行变革。他不仅是一位革新者，还是一位激进的革新者。贝多芬所处的革命时代要求作曲家创作出更为宏大的作品，于是他挺身而出迎接挑战。《第一交响曲》凭借其别具一格的独创性与活力，正式发出了一种新的声音，这种声音就是后来的贝多芬之声。

　　贝多芬用《第一交响曲》结束了1800年的个人音乐会。为了创作这部乐曲，他做了很长时间的准备。此前十年里，贝多芬创作了十首钢琴奏鸣曲，包括"悲怆"奏鸣曲。在创作前六首弦乐四重奏和前八首三重奏期间，贝多芬决心要在掌握不同类型的室内乐的精髓之后再尝试创作交响乐，而室内乐包括除歌剧和合唱音乐以外的大多数音乐体裁。贝多芬的一些早期作品明显体现出交响乐元素。在过去的15年里，他实际上已经着手创作了几部交响曲，包括一部C大调和一部c小调交响曲，这些都是他在完成同样是C大调的《第一交响曲》之前创作的。为了达到一鸣惊人的效果，他对《第一交响曲》进行精雕细琢。莫扎特的"林茨"（No.36）和"朱庇特"（No.41）交响曲都使用了C大调，在贝多芬本人的交响曲中，我们也能看到莫扎特（和海顿）的影子。作为一名交响乐作曲家，与这些音乐巨匠的较量是他在不断上升的职业生涯中面临的最大困难之一。贝多芬完成《第一交响曲》时已经年近三十。尽管这部交响曲沿袭了莫扎特或海顿的很多特点，可以与两人的佳作相媲美，但它有着截然不同的风格。从形式、细节和想象力上来说，它都具备一种粗犷、轻松诙谐而独特的气质。显然，音

乐界新星贝多芬想要向巨匠发起挑战。贝多芬原本打算将这部
交响曲献给曾经的雇主、慷慨地支持他在波恩发展的科隆选
帝侯马克西米利安·弗朗茨。但马克西米利安·弗朗茨突然去
世后，贝多芬将它献给了他心目中最有修养的人——戈特弗里
德·范·斯维膝男爵。

　　《第一交响曲》也体现了贝多芬后来的风格。他创作音乐
的目的不是安抚人们的情绪或给人们带来愉悦，而是为了让人
们感到惊奇，内心受到震撼，有时甚至（似乎）是让他们受
到惊吓。虽然从贝多芬的很多早期作品中能看出《第一交响
曲》的雏形，包括 18 世纪 80 年代贝多芬在波恩创作的作品，
但《第一交响曲》让维也纳人第一次看到了贝多芬希望征服的
新世界。贝多芬身材敦实，对着装打扮不屑一顾，他不戴假
发，头发梳理成法国大革命时期流行的蒂图斯式，因此不论是
从他的外表还是音乐上来看，他似乎都是一个不惧权威的人。
贝多芬从不担心自己与众不同。他是一个充满矛盾、令人惊奇
的人。他身上的矛盾和惊奇之处层出不穷，音乐作品中也总是
充满意想不到的东西。主题时而消失、时而再现。如果观众认
为这样的音乐不合他们的品味，贝多芬会要求观众去适应和学
习。观众的品味可能会改变，但贝多芬的愿景始终如一。

　　人们对《第一交响曲》褒贬不一。多数听众对它给予了肯
定，也有些人感到它无法理解。当时的维也纳和今天一样，音
乐品味较为保守。喜爱音乐的市民听惯了海顿和莫扎特的音
乐，认为新的交响乐应该和从前一样。五年后，"英雄"交响
曲的首演让这座城市里的许多音乐爱好者感到难以接受。但在
此时，至少从表面上来看，《第一交响曲》没有引起观众的反
感。正因如此，在贝多芬的交响曲中，《第一交响曲》一直是
保守的维也纳观众的最爱。

　　几十年后，法国最早的一位贝多芬崇拜者——埃克托尔·

柏辽兹（Hector Berlioz）听到《第一交响曲》时，被"它的形式、旋律风格、合理的和声与配器"深深打动。但他发现这部交响曲"不是贝多芬的典型风格"，或者说还不是或不完全是"贝多芬的典型风格"。他感到这部作品与贝多芬后来的作品截然不同。和当时的维也纳居民以及后世的听众一样，在柏辽兹看来，与贝多芬后来的交响曲相比，《第一交响曲》与莫扎特和海顿的杰作更为相似。

只有《音乐广讯报》针对贝多芬1800年的个人音乐会发表了一篇评论。该期刊不久前在莱比锡创办，是首个专门从事音乐评论的德语期刊。《音乐广讯报》的驻维也纳评论员这样描述了贝多芬的演出："这确实是我们很长一段时间内听到的最有趣的音乐会。音乐会以音乐家自己创作的交响曲结束，作品极具艺术感，蕴含了许多'新事物'和'丰富的思想'。"6 至于此处的"新事物"和"丰富的思想"具体指什么，这位评论员没有说明。也许当时能够描述它们的词汇还没有出现。

普罗米修斯神话

贝多芬本人曾多次表示，他的作品是有意义的。对此我们无须怀疑。他的作品里充满了想法，但这些想法却一直让贝多芬的崇拜者捉摸不透。虽然我们也许永远无法参透他的本意，但法国大革命之后的欧洲文化大爆炸显然对他的思想和作品都产生了影响。贝多芬音乐中的一个重要主题就是普罗米修斯。他的《第一交响曲》体现了普罗米修斯式的活力和精神。不久之后，他又为芭蕾舞剧《普罗米修斯的生民》（*The Creatures of Prometheus*）谱了曲。这部作品以及"英雄"交响曲的高潮讲述的都是普罗米修斯的故事。普罗米修斯是一位仁爱的泰坦神，他不顾奥林匹斯众神的阻止创造了人类。接着，他又违背宙斯的旨意，为人类盗取了天火。而为人类带来光明和福祉

182

的普罗米修斯成了启蒙理想的象征。为此，宙斯将普罗米修斯锁在高加索山上。派一只老鹰每天啄食他的肝脏，晚上肝脏再长出来。

183 　　普罗米修斯作为文学形象有着悠久的历史，从埃斯库罗斯到今天的文学家都对他的故事十分热衷。到了18世纪末，这个神话故事受到了人们的高度关注。年轻的歌德在他的诗作《普罗米修斯》（1774）中歌颂了这位希腊泰坦神创造人类的"罪行"。同样，强调不懈奋斗的普罗米修斯精神也对歌德的生活方式产生了影响。

　　歌德不是唯一一个为普罗米修斯倾倒的创作者。早在波拿巴将军成为第一执政官之前，当时的人们就将这位将军与人类救赎者的故事联系在了一起。在1796年至1797年的意大利战役期间，意大利雅各宾派将拿破仑称为新普罗米修斯。他们认为拿破仑的职业生涯精准而惊人地体现了普罗米修斯式的胆量与傲慢。意大利作家温琴佐·蒙蒂（Vincenzo Monti）从青年时期就喜欢埃斯库罗斯的《被缚的普罗米修斯》，因此他在青年时期基于普罗米修斯的故事创作了《普罗米修斯》（1797），讲述了这位泰坦神创造或者说振兴了新生后开明、欢乐、自由的人类的故事。蒙蒂将拿破仑视为普罗米修斯的现代化身。虽然后来他见风使舵，为顺应意大利的政治局势改变了想法，但早年间他对拿破仑的热忱是发自内心的。另一位意大利人萨尔瓦托雷·维加诺（Salvatore Viganò）也对贝多芬芭蕾舞剧中的普罗米修斯十分欣赏。[7]

　　普罗米修斯对拜伦的创作也有着重要意义。1816年夏天，拜伦在瑞士自我放逐期间创作出了他最优秀的诗作之一《普罗米修斯》。在这部作品中，他将这位备受折磨的泰坦神塑造成了隐忍的象征。叙述者陷入绝望的深渊时，他学会了直面命运。正是由于这种坚定和隐忍，普罗米修斯成了拜伦的榜样。

普罗米修斯激发了诗人源源不断的灵感。在他的诗剧《曼弗雷德》（*Manfred*）中，主人公曼弗雷德认为自己生活在一个充满敌意的世界中，他与命运进行抗争，但最终败下阵来。当曼弗雷德准备从阿尔卑斯山上跳崖自杀时，他被一位羚羊猎人救下。

《普罗米修斯的生民》

184

　　1799 年底，大约在拿破仑就任第一执政官的时候，贝多芬开始重新审视普罗米修斯神话故事。无论是作为一位造物主还是饱受磨难的救世主，普罗米修斯都让贝多芬十分着迷。在这位泰坦神的启发下，贝多芬创作出了几部最伟大的作品。这些作品体现了普罗米修斯故事中的多个方面——反抗、创造、惩罚、救赎——但最终，它们都指向了自由。辛德勒评论说，对自由的追求——不论是为自己还是为他人——是贯穿贝多芬一生的主题。作曲家甚至把自己视为现代的普罗米修斯。通过创作，他希望自己不仅能为音乐界带来光明，也能为当时及后世的文化生活带来光明。普罗米修斯是这位作曲家的人生榜样。十年后，贝多芬对苏格兰出版商乔治·汤姆森（George Thomson）说："和你打交道的是一位真正的艺术家，他从不安于现状，总是努力走得更远，力图在艺术上取得更大的进步。"[8]

　　在世纪之交的维也纳，芭蕾舞音乐作为一种严肃的音乐形式，音乐地位仅次于歌剧。器乐曲发展缓慢，虽排在第三位，但与前两位相距甚远。因此，在充满机遇的 1800 年，当贝多芬受到委托为一部与普罗米修斯有关的芭蕾舞剧谱曲时，他马上就接下了这个任务。他很早就希望能创作一部舞剧。著名的芭蕾舞指导维加诺担任这部剧的编舞。得益于贝多芬充满活力的音乐，维加诺编排的《普罗米修斯的生民》在维也纳大获成功。1801 年，该剧进行了 12 场公开演出，1802 年演出了 14 场，1803 演出 13 场。这部剧极大地提高了贝多芬的知名度，后来又在欧洲各地举行了巡演。

这部总时长一个多小时、分为 18 个部分的《普罗米修斯的生民》，是贝多芬篇幅最长的作品之一。各种情绪贯穿其中，有滑稽俏皮，也有英勇悲壮。终曲乐章中出现了一个轻柔悠扬的短小曲调，贝多芬用它代表了这位泰坦神的精神。如今，我们将这个旋律称为普罗米修斯主题，它也出现在了贝多芬的其他作品中，包括 1802 年创作的《降 A 大调第 12 号钢琴奏鸣曲》（Op.26）的谐谑曲以及 18 世纪 90 年代创作的《十二首乡村对舞》（WoO 14）中的第七首降 E 大调舞曲。后来，这个主题也在"英雄"交响曲的终曲乐章中以更加宏大、更有感染力的形式再次出现。

考虑到贝多芬后来对这个主题的使用，乍看之下我们似乎很难理解贝多芬为何要以它为基础创作一部芭蕾舞音乐。但贝多芬传达的信息很明确：无论普罗米修斯经历了哪些苦难——宙斯对人类的威胁、普罗米修斯自己的痛苦——这位泰坦神的仁慈和善行都将激励人类反抗暴政、完善自我。虽然受尽了地狱般的折磨，但普罗米修斯终将获得胜利。这部作品中生机勃勃、活泼跃动的音乐标志着贝多芬的新尝试：他已迈出前进的步伐，这样的努力终将让他在多年后创作出伟大作品。

贝多芬的"新道路"

大约在 1802 年，一股革命情绪激发了贝多芬的灵感。他写道，发展一种"对我来说全新的"风格，一种"以完全不同的方式"对待音乐的风格。没有人能否定这一点。哪怕只从贝多芬的钢琴作品来看，包括第 31 号作品中的三首奏鸣曲、第 33 号作品《钢琴小品》以及第 34 号和第 35 号作品中的两首变奏曲，它们都体现出了非凡的独创性。卡尔·车尔尼称，贝多芬所说的遵循"新方式"或走上"新道路"，"是希望让他的音乐更有深度，开拓新的领域"。[9] 走上这条道路后，贝多芬致力于寻找合适的曲式结构来展现他内心汹涌澎湃的音乐。在接下来的几年里，他创作的作品一部比一部更有活力，也更有意义。

从 1798 年贝多芬将音乐中的"力量"视为道德准则，到 1804 年他完成"英雄"交响曲，在这几年里，贝多芬遇到了一个又一个挑战。他认为哈布斯堡王朝的力量是不道德的，而他希望能用音乐的力量去造福大众。此时的贝多芬同时构思和创作着"英雄"交响曲和《莱奥诺拉 / 菲岱里奥》，他的脑海里和书桌上也时常出现其他作品。他的内心深处也酝酿着一些其他想法。在冬季的维也纳以及夏季的宁静村庄——1802 年之后贝多芬经常到维也纳附近的村庄避暑——贝多芬疯狂地创作着。贝多芬的创作理念虽不同寻常，但并不激进。对他而言，作曲如同踏上一段目的地未知的"旅程"。他曾说："我在天空中遨游。"尽管受到了维也纳贵族的关照，但贝多芬从未忘记自己痛苦而艰辛的童年岁月，以及他在波恩的支离破碎、勉强度日的家庭。刚到维也纳的几年里，虽然他的生活比较有保障，但他依然以穷人的眼光看待自己的处境。

在"英雄"交响曲问世之前的几年里，贝多芬爆发出了强大的创造力。1801 年，贝多芬在一封信中说："哎，此刻我觉得自己无所不能。"[10] 同年，他写信给韦格勒说："我要扼住命运的咽喉。"[11] 他确实做到了，而且再也没有松开手。我们可以将贝多芬的许多作品视为他要求人们认同"一种新的作曲风格"的"宣言"。[12] 他意识到自己将成为一位伟大的作曲家，但仍希望能够成就更宏伟的事业。在向着既定目标努力的过程中，贝多芬不会让任何事情成为阻碍。

"格拉古"·巴贝夫（"Gracchus" Babeuf）

巴贝夫这个名字很少出现在与贝多芬相关的著作中[13]，但这是一个不容忽视的名字。18、19世纪之交的欧洲，人们就人类的现状和未来提出了很多不同以往的想法，由法国革命家、社会理论家弗朗索瓦·诺埃尔·巴贝夫（François Noel Babeuf，1760~1797）提出的平等主义观念就是其中之一。巴贝夫小名叫作"格拉古"，是他的父亲以罗马英雄盖乌斯·格拉古（Caius Gracchus）的名字给他取的。巴贝夫的父亲临终前将他珍藏的普鲁塔克著作赠送给了儿子。以父亲为榜样，同时受到普鲁塔克笔下英雄人物的鼓舞，青年时期的巴贝夫和几位伙伴共同创立了一个"平等协会"。该协会的《平等宣言》实际上描述了一个社会主义社会，在这里成员相互依存，财产为所有人共有。巴贝夫称："法国大革命不过是另一场更伟大、更庄严的革命的前兆，那场革命才是最后的革命。"在这个理想化的世界中，社会会向那些致力于消除阻碍、解放创造力的人提供支持，也会购买艺术创作者的作品。[14] 从18世纪90年代后期一直到19世纪中期，巴贝夫的理念对欧洲激进分子和知识分子产生了相当大的吸引力——虽然这种吸引力主要是地下的。

　　在1801年1月1日写给弗朗茨·霍夫迈斯特的信中，贝多芬表达了与巴贝夫类似的想法。他感叹道："这世上应该有个艺术市场，艺术家只需要把作品送到那里去，就可以得到他需要的钱。"[15] 贝多芬意识到，在当时的体制下，艺术创作者不仅要投身于艺术创作，还要处理商业事务。出售"艺术"通常涉及讨价还价，贝多芬虽然很擅长议价，通常也能将作品卖出不错的价钱，但他说自己很讨厌这件事。对社会进行变革，使其支持艺术创作者的发展，让艺术工作者获得公平的收入，这个想法虽然被认为不切实际——甚至可能正是因为它不切实际——但它打动了贝多芬。除此之外，贝多芬还曾多次表示，他"希望只为穷人进行艺术创作"，贝多芬相信他的音乐能为穷人带来希望和慰藉。从很多方面来说，他希望用音乐描绘出一个理想世界的想法与当时的贵族人士克洛德·亨利·德·圣西门（Claude Henri de Saint-Simon，1760~1828）和夏尔·富尼耶（Charles Fournier，1772~1857）所持有的乌托邦思想相近。这两人和巴贝夫都是仰望星空的理想主义者，他们的想法在当时很少受到认同，却在后世产生了深远影响。贝多芬认为自己通过音乐继承了他们的事业。

巴贝夫希望将社会改造得更公平、更公正，这使他成了贝多芬意识形态上的灵魂伴侣。巴贝夫本人并非不想让 18 世纪 90 年代末统治法国的督政府重视他的想法。他写道："我们只要思考片刻就会发现，在这个腐败大行其道的时代，要真正实现我们的计划，成功的概率只有百分之一。"①16 巴贝夫和他的伙伴们希望用雅各宾派的独裁统治取代资产阶级共和制的督政府，要实现这一目标，就需要再进行一次革命，实行全新的、更公平的财产分配制度，甚至要将当时的制度完全废除。他的思想（被称为"巴贝夫主义"）在当时和后来都得到了一些人的拥护，其中包括理查德·瓦格纳。

然而，1796 年 3 月，已经对贫困、腐败和国内动荡等问题应接不暇的法国当局督政府认为巴贝夫的想法过于激进，将他和平等协会中的支持者一起送上了断头台。巴贝夫是一个非常睿智的人，在接受审判时，他以雄辩的口才和坚定的态度对他所秉持的原则进行了辩护。在文学批评家埃德蒙·威尔逊（Edmund Wilson）看来，他的辩护中出现了一些"伟大的瞬间，将它们与苏格拉底的《申辩篇》相比也不为过"。17

188

---

① 译文参考了埃德蒙·威尔逊《到芬兰车站：历史写作及行动研究》，刘森尧译，广西师范大学出版社，2014，第 406 页。

《海利根施塔特遗嘱》（1802）

在贝多芬的时代，坐落于维也纳西北几英里处山丘脚下的海利根施塔特是一个地理位置优越的村庄。一条汩汩的小溪从村庄中流过，抬头即可看到被葡萄园、粮田和牧场覆盖的卡伦山（Kahlenberg）。如今的海利根施塔特归维也纳管辖，但村庄仍保留着原始风貌。贝多芬十分喜欢这里古老的石头房子、小酒馆、田野、森林和悠闲的生活。每年秋天，来自维也纳等地的游客会聚集在这里享用当季的新酒。1802 年夏天，贝多芬决定来到这里避暑。

贝多芬性格坚强、热情洋溢，他不是个忧郁或悲观的人，虽然他有时也会陷入这两种情绪。他是一个在启蒙运动及其价值观影响下成长起来的人。但即便在海利根施塔特这样风景如画的地方，贝多芬还是陷入了阵阵消沉。他也有理由感到担忧。在过去几年里，贝多芬的听力已出现衰退的迹象。随着秋天的临近，他的不安与日俱增。10 月 6 日，他给弟弟卡尔和约翰写了一封悲痛欲绝的信。这封被后世称为《海利根施塔特遗嘱》的信是贝多芬的真情流露，他在信中哀叹自己的听力每况愈下，这一病症多年前就已出现，如今日益严重。

大约在 1796 年，贝多芬首次意识到自己的听力出现了问题。几年来，他一直试图向外界隐瞒他日渐衰退的听力，一开始他仔细听，后来他假装听得到声音，最终到了 1800 年（甚至可能更早），他逐渐退出了社交生活。但贝多芬感到别人已经注意到了他的听力问题，并因此对他的能力产生了疑虑。他想象着自己将成为一位听不到自己演奏的钢琴家，或是一位听不到管弦乐队演奏的指挥家。无论是独奏、合奏还是指挥他人演奏，音乐家都需要具备良好的听力。一位失聪的钢琴家、作曲家将面临怎样的命运呢？无论是出于对艺术发展的考虑，还是出于对更现实的财务问题的考虑，贝多芬都有理由感到绝望。钢琴演奏和教学一直是他的主要收入来源。他作为钢琴演奏家获得的成就可能很快就将成为过去。

在《海利根施塔特遗嘱》这封贝多芬写下的最有力、最感人的信件中，作曲家描述了他郁闷的心境。这种对绝望的表达在当时十分罕见。此时的贝多芬已在音乐界取得了相当显著的成就，但他无法再回避，也担心无法再向他人隐瞒这个新的现实问题。他对他的弟弟们说：

> 六年来，我一直在忍受着无法治愈的痛苦……我年复一年地被康复的希望所欺骗，最终不得不考虑一种可能，那就是这一病症是长期的，可能需要数年才能治愈，甚至是无法治愈的……我从很早以前就被迫孤立自己，在孤独中度过一生……但是我无法说服自己对人们说：大声点，冲我喊，我聋了……我的不幸让我备感痛苦，因为它，人们无法理解我的行为。人类社会的消遣、高雅的谈话和思想的交流都与我无关了……但是，当我旁边的人能听到远处传来的笛声或是牧羊人的歌唱，而我却什么也听不到时，这是何等的屈辱。这样的事情让我濒临绝望，我还不如结束自己的生命。只有一件事阻止了我，那就是艺术……现在一切都结束了。我很乐意迎接我的死亡。[18]

对于一位原本有着大好前途的音乐家来说，失聪还能意味着什么呢？散步时再也听不到大自然的声音，听不到舞台上演员的歌声，也听不到人们对他说的话。此时贝多芬的音乐逐渐受到了越来越多听众的认可，人们认为他的音乐是伟大的，甚至是惊天动地的，但一个失聪的人还如何继续创作这样的音乐呢？更不幸的是，他如何创作他所预想的更伟大的作品呢？任

190

何读到这封信的人都会情不自禁地被信中表达的痛苦所感染。

然而语言总是模棱两可的。有人认为这封信表达了自杀的想法，但贝多芬选择的并不是这条道路。著名学者瓦尔特·里茨勒（Walter Riezler）在这封信中听到的是"一个人绝望的呐喊，他看不到未来，只能孤独地生活，他担心自己可能无力承受这样的命运；这是内心的呐喊，它饱含对人类的爱和对友情的向往，却因担心被人误解而备受折磨"。[19]音乐学家约瑟夫·克尔曼（Joseph Kerman）评论说："这份著名的文件读起来不像一封信或一份遗嘱，它更像是对失聪和孤独发出的悲鸣——它夹杂着自白、辩解、自怜、悲伤、骄傲、自杀的暗示和死亡的预兆。"[20]维也纳作家汉斯·加尔（Hans Gal）将这封信放在贝多芬喜爱的古典文学背景下进行解读。他评论道："就像在古代悲剧中的情节一样，英雄在他最辉煌的时刻突然受到愤怒之神的打击，他因狂妄而受到惩罚。"[21]

贝多芬死后，人们在他的书桌上发现了这封信，因此人们推测贝多芬并未将它寄出去。也许在他写下遗嘱之时，他最痛苦的时刻已经过去，他之所以写下这封信，可能是为了冷静地梳理这些感受。此时的贝多芬已经开始创作他最欢快的一部作品——《第二交响曲》。不管怎么说，1802 年 10 月之后，贝多芬的创作风格发生了显著的改变。在《海利根施塔特遗嘱》中表达绝望情绪的同时，他也在稳步推进这部温暖、活泼、洋溢着欢快情绪的作品。对于这部作品，他写道："艺术家总是充满激情的，他们从不哭泣。"这部交响曲显然不包含任何自怨自艾的情绪。至于创作它的艺术家是否曾经哭泣，我们就无从知晓了。经过多次修改，《第二交响曲》于 1804 年出版。这部交响曲的完成时间早于"英雄"交响曲，而此时后者的创作也已取得了不错的进展。它的问世可能是对《海利根施塔特遗嘱》中绝望情绪的最好回答。

当贝多芬再次创作钢琴奏鸣曲时，他的风格也出现了巨大的变化。虽然我们认为，贝多芬在每一个阶段都展现出了他的才华，但听到"华尔斯坦"奏鸣曲（Op.53）第一乐章中无休止但又引人入胜的反复音时，即使是颇具音乐素养的听众也会大吃一惊。然而，听过之后，这一乐章便难以忘记。"热情"奏鸣曲（Op.57）中发人深省、令人难忘的行板乐章也使它成为一部更加复杂的惊人之作。与此前的奏鸣曲相比，这两部作品在活力和情感色彩方面与"英雄"交响曲和《莱奥诺拉》有着更多相似之处。

虽然听起来匪夷所思，但贝多芬承受的痛苦和他与失聪进行的抗争很可能让他的音乐上了一个台阶。虽然没有证据可以证明这一点，但不管怎样，贝多芬也为此付出了极大的情感代价。一个逐渐失聪的人通常会花更多时间沉浸在寂静的思想世界中。贝多芬就是这样，但除此之外，他也做了很多其他的事情。

贝多芬天生充满激情。对于熟悉他的人来说，他可能也并非总是如此。但他热爱生活，而且他最看重的就是作曲这件事。正如他在《遗嘱》中所说，几年来他的听力日渐衰退，他也很快就会意识到这种状况可能不会出现好转，而且会越来越糟糕。贝多芬原本光明的未来被不祥的乌云所笼罩。面对越来越安静的世界，他意识到，在没人帮助的情况下，旅途也会变得更加艰辛。我们可以想象一下，在贝多芬的时代，一个几近失聪的人在旅途中会面临多大的困难。如果车夫要换车或变更目的地，而失聪的旅客却听不见或分辨不出车夫说的是"科布伦茨"还是"柯尼斯堡"，那么这位旅客可能在到了地方之后才会发现自己陷入了麻烦。埃斯库罗斯说过："在苦难中学习。"贝多芬也许读到过这句话，可能也对此深有感悟。

小提琴家耶胡迪·梅纽因（Yehudi Menuhin）谈及贝多

192

芬因失聪而承受的痛苦时，不禁思索贝多芬如何能面对"如此残酷而惨痛的诅咒"。为此，梅纽因将贝多芬与普罗米修斯进行了类比："普罗米修斯从神那里为人类偷来了火；神为了惩罚他，将他锁在岩石上。而对于才华横溢、渴望与人类分享这份才华的贝多芬而言，失聪就是拴住他的岩石。"[22] 贝多芬的传记作者玛丽昂·斯科特（Marion Scott）指出，贝多芬忍受着"精神上的极大痛苦，在大多数时候，他骄傲地隐忍着，如同普罗米修斯对待迫害他的人"。[23] 虽然一般认为《海利根施塔特遗嘱》是贝多芬写给弟弟们的信，但他似乎也在向全世界倾诉他的痛苦。贝多芬经历了普罗米修斯经历的那般磨难，展现出了普罗米修斯般的伟大，同时在继续创作音乐方面，他也展现出了普罗米修斯般的决心。

1803 年 4 月 5 日的个人音乐会

与第一场音乐会相比，我们对贝多芬的第二场个人音乐会了解较少。很遗憾，这场音乐会的节目单没有被完整保存下来。但可以确定的是，在此次音乐会上，贝多芬再次担任了指挥。除了更为大胆的《第二交响曲》，贝多芬还演奏了观众喜爱的更为传统的《第一交响曲》。《优雅世界杂志》（*The Magazine of the Elegant World*）认为《第一交响曲》"更好……因为乐曲的展开十分流畅，不显做作，而《第二交响曲》对新奇的追求则更为明显"。[24] 我们再次发现，贝多芬比他的听众更为超前，这是他一生都没能摆脱的困境。这一次的节目单同样有些过长，其中包含了精彩的《第三钢琴协奏曲》（Op.37）以及清唱剧《基督在橄榄山上》。贝多芬很可能在以上作品间穿插了一些更为短小、轻松的作品，但具体是哪些乐曲我们不得而知。可能是由于听力受损，他没有再进行第一场音乐会上那样的即兴演奏。

　　贝多芬的前四部协奏曲都是他在个人音乐会上进行的首演。只有第五部，也就是最后一部，即 1809 年的"皇帝"协奏曲，是他没有公开演奏过的。当时他的听力已日渐衰退，无法进行细致入微的演奏。贝多芬意识到自己的钢琴演奏生涯已经彻底结束后，就不再写钢琴协奏曲了。

　　虽然学者通常认为《第三钢琴协奏曲》创作于 1800 年，但贝多芬很可能从几年前就开始创作这部作品了。在这部协奏曲中，贝多芬再次使用了他最爱的 c 小调。他一如既往地反复进行着修改，但直到首演前的几小时也没有完成这部作品。钢琴部分只有他用铅笔涂写的乱七八糟的手稿。为他翻页的伊格纳兹·冯·塞弗里德（Ignaz von Seyfried）回忆首演的场景时说：

　　　　乐谱上几乎全是空白，什么也没有；他最多会在某几页上潦草地写下一些线索，都是些我无法理解的埃及象形文字。独奏部分几乎都是他凭记忆演奏的，因为他总是来不及把乐曲完整地写出来。每次到了看不见的段落结尾时，他都会偷偷给我使个眼色，而我总是因为担心错过这一关键时刻而难掩焦虑，这让他觉得十分有趣。[25]

194

　　对于贝多芬来说，不能按时完成作品的情况并不罕见。他也不会因此过度担心。协奏曲的钢琴部分已经被他牢牢地记在了脑海里。没有乐谱不会对他造成任何影响。与如今的钢琴家不同，当时的独奏者都是要照谱演奏的。观众会认为背谱演奏太古怪了。直到几十年后，弗朗茨·李斯特才开创了背谱演奏的先河。

　　贝多芬还在个人音乐会上演奏了他的第一部宗教题材的主要作品，即《基督在橄榄山上》。在这部作品中，贝多芬向亨德尔和海顿发起了挑战。但是这部清唱剧的基调与两位作曲家的作品不同。它描述了耶稣基督被要求做出最终牺牲时的痛苦心境。他的回答表现出了某种程度的怨恨。耶稣对他的天父说："你的力量是无穷的。/ 把装满痛苦的酒杯拿走！"耶稣感到被天父完全抛弃，承受了难以忍受的折磨。他感到绝望并期待死亡："我在十字架上 / 为救赎人类流血至死。"尤为感人的是耶稣最后的宣叙调："我的痛苦即将过去，/ 救赎的任务即将完成。"在结尾处，天使们振奋人心的合唱将乐曲推向高潮，这是贝多芬作品中最具感染力的一段旋律。鉴于贝多芬向来对正统宗教礼仪漠不关心，因此这部作品对于他来说有何意义，我们只能猜测了。不过他确实经常思考死亡的真相。有时他甚至可能并不排斥死亡这个想法，但正如《海利根施塔特遗嘱》表达的那样，他已下定决心活下去并继续创作。基督希望他的牺牲能让人类得到救赎。贝多芬也希望通过音乐展现他自己和全人类的英勇悲壮，以达成类似的目标。《基督在橄榄山上》首演当天受到了不少观众的好评。但并非所有人都对它满意，其中可能也包括贝多芬本人。他不断地对这部作品进行反思和修改，直到1811年才将其出版。虽然如今我们很少在舞台上看到这部清唱剧，但它已逐渐受到人们的认可，被视为贝多芬重要的经典之作。

　　贝多芬的个人音乐会从晚上六点开始，但由于持续时间太长，有几首乐曲没有来得及演奏。遗憾的是，我们并不知道被删掉的是哪些乐曲。尽管持续时间过长，这场个人音乐会依然让贝多芬名利双收。贝多芬对这场音乐会门票的定价远高于上一场。结果证明他的决定是明智的，这场的收入比上一场高出了1800弗罗林。凭借《第二交响曲》、芭蕾舞剧配乐《普罗米修斯的生民》和《c小调第三钢琴协奏曲》三部充满强烈的军事色彩的作品，贝多芬表明他正式踏上了征服音乐世界的旅程。凭借这些作品，他向世人宣告自己已成为欧洲音乐界的新声音，甚至是最重要的声音。他希望为音乐界带来变革，一如拿破仑为欧洲大陆带来的变革。拿破仑的信念和活力，以及他的光辉成就，都让贝多芬有了继续前行的勇气。

12

"英雄"交响曲：含义与题献

"英雄"交响曲是有史以来最伟大的一部奏鸣曲式的绝对音乐，也是最伟大的一部标题音乐。实际上，在贝多芬笔下，两者间的区别已不复存在。

——H.L. 门肯（H. L. Mencken）[1]

贝多芬的伟大作品都具备一个特点：它们实际上都是诗歌，旨在表现真正的主题。而理解这些作品的难点在于人们很难看出其中的主题。

——理查德·瓦格纳[2]

音乐史上最惊人的新事物。

——汉斯·加尔[3]

虽然 1803 年贝多芬拒绝创作"革命"奏鸣曲，但他可能没有完全放弃为革命作曲的想法。他会不会为革命创作一部交响曲呢？无论真实情况如何，1803 年完成"克鲁采"奏鸣曲后，贝多芬就开始创作"英雄"交响曲了。他在这部作品上花了至少 6 个月的时间，之后又进行了数月的修改。"克鲁采"奏鸣曲与"英雄"交响曲富有英雄气概的第一乐章没有什么直接联系，但这两部作品有着共同的渊源、相似的活力和同样广阔的视野。在这两部作品中，贝多芬的目的都是让听众感到心烦意乱，甚至是不安。

现存最早的"英雄"交响曲草稿是贝多芬在 1802 年初完成的，也是在这一年，贝多芬写下了《海利根施塔特遗嘱》。

贝多芬在遗嘱中明确表达了日渐衰退的听力给他带来的恐惧，他意识到了耳聋可能会越来越严重，甚至会伴随自己一生，尽管如此，贝多芬仍与不公的命运进行着斗争。他考虑过自杀，但最终坚忍地否定了这个想法。普鲁塔克，尤其是他"隐忍"的观点拯救了贝多芬。无疑，失聪让贝多芬感到绝望，但他是一名战士，他要战斗到底。他绝不会向命运屈服。纵观贝多芬的职业发展道路，"英雄"交响曲可能是他所有作品中难度最大、最具挑战性的一部。这部交响曲的篇幅是莫扎特和海顿典型作品的两倍，这样的长度在当时十分罕见，在现代唱片中它的演奏时间为 45~55 分钟。这也是贝多芬第一部带有标题的交响曲。

1803 年春季，贝多芬开始创作这部他职业生涯中最重要的作品。同年夏天，他在上多布林（Oberdöbling）租了一间小屋，这个村庄比海利根施塔特更靠近维也纳，但当时也在维也纳的城区范围之外。[4] 从他的草稿中可以清晰看出，这部交响乐是逐渐成形的。整个秋季，贝多芬都在他热爱的宁静乡村创作他的新交响曲。1803~1804 年的冬季，贝多芬回到首都后继续耕耘着这部作品。

也许正是贝多芬日渐衰退的听力让他在接下来的几年里更富创造力。除"英雄"交响曲外，他还构思、着手或继续创作了"热情"和"华尔斯坦"钢琴奏鸣曲、《三重协奏曲》以及《莱奥诺拉》。他也初步完成了第四和第五交响曲的一些内容。在过去十年中，他受到了法国大革命和拿破仑精神的感染，如今他用音乐将这些精神重现出来。上述所有作品都展现出了激昂的活力。贝多芬在 1801 年或 1802 年宣称将要踏上的"新道路"成了他的一则信条、一个挑战，如今他在这条道路上大步前行。在"英雄"交响曲中，贝多芬设想着拿破仑将为欧洲带来的新机遇。安东·辛德勒写道："他在他的偶像身上看到了新时代的希望、一个新世界所体现的精神。"这些想法精准地概括了贝多芬交响乐的宗旨与成就。

　　"英雄"交响曲开创了音乐史上的一个新纪元。此前，从没有人尝试过设计如此复杂、结构如此精巧、篇幅如此宏大的交响乐作品。这部交响曲以暴风骤雨般的速度展开，激烈狂热的音符如洪流般倾泻而出。从"英雄"交响曲开始，贝多芬的音乐逐渐超越了当时的听众对音乐的理解。大多数人认为"英雄"交响曲是一部离经叛道的音乐作品。在后世的听众中，有些人认为它令人震惊，有些人认为它让人难以接受，也有些人认为它是一部杰作。但从问世之日起，"英雄"交响曲就获得了一些人的热烈支持。

　　在一经出版就立即引起关注的《关于我们崇高与美观念之根源的哲学探讨》（*Philosophical Inquiry into the Sublime and the Beautiful*，1756）中，埃德蒙·伯克将崇高这一概念引入了人们的视野。崇高的作品给人带来的情感和美学享受来源于作品让人感受到的恐惧、害怕以及对美的超然意识。伯克出版此书三年后，赫尔德写道："崇高的感觉指引着我的灵魂，崇高决定了我爱的、我恨的、我崇拜的、我幸福和不幸的梦想，以及我活在这个世界上的意义。"[5]

　　许多早期听众没能看到"英雄"交响曲的价值，但有几个人是例外。在巴黎第一次听到这部交响曲时，柏辽兹有一种"被雷击中"（*foudroyé*）的感觉。在他看来，"是贝多芬，也只有贝多芬，带我们走进了一个充满无限可能的新时代"。[6]柏辽兹从未将贝多芬称为音乐家。他认为这样的称呼贬低了贝多芬，而且具有误导性。的确，"他总是称贝多芬为诗人、诗人音乐家、音乐或诗歌巨匠"。[7]在柏辽兹口中，"诗人"这个词专指"音乐艺术中经久不衰的作品和杰作"的创作者。曾在耶鲁任教的法国侨民莱奥·施拉德（Leo Schrade）①告诉我们，"从现在起，不仅在法国，浪漫主义的创作者都开始使用这样的语言；他们认为音乐形式上的深度与广度都源于诗歌"。8 然而，贝多芬认为音乐比诗歌的领域更为广阔。他认为，与诗歌相比，音乐可以通向更高的境界。他写道："这让他认为自己比任何缪斯都更受青睐：我们的领域可以延伸至其他区域，而其他人却无法轻易到达我们的帝国。"9

贝多芬曾经说，要想成功，就要"扼住命运的咽喉"。10 在接下来的几年里，他也确实是这样做的。命运成了他最大的对手，但他也在这场斗争中获得了回报。正如托马斯·曼（Thomas Mann）所说："如果没有精神和信仰上沁人心脾的乐趣刺激着我们，史诗中汹涌海洋的气息也不会如此涤荡我们的心灵。"11 对贝多芬而言，深藏在他内心的超然而伟大的音乐正是他"精神和信仰上的乐趣"。在《基督在橄榄山上》这部清唱剧中，死亡成了一种解脱；在《莱奥诺拉》（即后来的《菲岱里奥》）中，女人用爱解救了身陷囹圄的丈夫。比这两部作品更早问世的"英雄"交响曲让我们看到贝多芬完全沉浸在自己的艺术中，以至于我们无法简单概括，甚至无法理解它的宗旨。"英雄"交响曲是贝多芬"英雄"时期，或者说创作中期的标志性作品。

跟随"英雄"交响曲，我们进入了一个无限延伸的宇宙，它似乎无边无际，激昂地歌颂着对自由的向往。20 世纪的美国指挥家埃里克·莱因斯多夫（Erich Leinsdorf）略显夸张地将"英雄"交响曲令人惊叹的新颖之处比作"人类被限制在地球大气层之中多年后首次乘坐航天器绕地球飞行"。12 布鲁诺·瓦尔特（Bruno Walter）在分析马勒（Mahler）的作品时提

199

---

① 网上资料显示施拉德出生在德国，1930 年之前一直生活在德国。

到，天才之作都具备"完全无法估量的特点，而这正是伟大的
标志"。[13] 换句话说，在艺术、音乐和文学领域中都存在我们
无法完全估量、无法完全理解的作品，这些作品在深度和对人
性的洞察方面都与"英雄"交响曲有相似之处。在阅读《哈姆
雷特》《李尔王》《神曲》等作品时，在仰望西斯廷礼拜堂的天
花板或帕特农神庙的浮雕时，在聆听贝多芬、布鲁克纳或马勒
的交响乐时，我们理解了我们所读、所看、所听的一些内容，
但理解的可能只是其中的一小部分。用一个德语词来形容，这
些作品对于我们来说仍是"神秘怪异的"（*unheimlich*）。这个
词指的是某种本质上超出了一般认知范围和常规参考系的事物。
1838 年，音乐出版商莱昂·埃斯屈迪耶（Léon Escudier）说
了一句很有先见之明的话，他说："'英雄'交响曲尚未被人们
所理解，但有一天人们会理解的。"[14] 自埃斯屈迪耶说出此话
之后已经过去了近两个世纪。现在的我们是否对它有了更多了
解呢？

含义

威尔弗里德·梅勒斯指出，巴赫和贝多芬都坚信"他们的作
品在音乐、神学和哲学方面都具有可讨论的'意义'"。[15] 与坚称
其音乐"本身没有任何意义"的斯特拉文斯基（Stravinsky）
不同，贝多芬希望他的作品具有超越音乐本身的"意义"。贝
多芬偶尔会向朋友透露一些他的灵感来源。但他很少对自己的
作品进行详尽的评论，仅有的一些评论也晦涩难懂，不具有启
示性。唯一有些帮助的是贝多芬为那些希望理解他的作品的人
写下的一些简短介绍。关于《第十七钢琴奏鸣曲》（"暴风雨"，
Op.31，No.2），他提到了莎士比亚的同名戏剧。关于《F 大
调弦乐四重奏》（Op.18，No.1），他只说"阅读《罗密欧与朱
丽叶》"。这并不是说他根据这些戏剧创作了作品，而是指阅

读这两部戏剧有助于我们更好地理解他的音乐。通过将自己的作品与莎士比亚的作品进行类比，贝多芬暗示它们在复杂性和深度方面可以与莎士比亚的戏剧媲美。贝多芬曾说希望热爱音乐的听众能理解他内心的想法。"大约有十年，"辛德勒告诉我们，贝多芬"曾考虑编写一部作品集，阐述他创作每部作品时受到了哪些音乐之外的想法或心理状态的影响。"[16]贝多芬认为，听众如能了解到他的初衷，也许就能更好地理解或欣赏他的音乐。遗憾的是，他始终没有将这个想法付诸实践。当时的人认为，贝多芬常常对他生活中的事件进行想象和重构，并以此为基础创作作品。但这个说法不一定准确。贝多芬忠诚的学生和终生的挚友卡尔·车尔尼认为：

201

> 贝多芬通过阅读或自己活跃的想象构筑幻想和意象，他很喜欢基于这些幻想和意象来创作优美的作品，我们只有准确地了解它们的创作背景，才能真正理解这些作品及演奏它们的关键。[17]

对于我们来说，理解的难点在于如何看透这些幻想。"英雄"交响曲具有至少三个层面的意义，即神话、个人和历史。本部分将侧重于探讨其历史层面的意义，即这部作品与法国大革命和拿破仑之间的联系。

人们对"英雄"交响曲的解读更多侧重于古典作品对贝多芬的影响，而非法国大革命和第一执政官对贝多芬产生的政治影响。然而，这部交响曲显然体现了法国的动荡局势引发的思想和悲剧。伊丽莎白·布里森（Elisabeth Brisson）在她名字起得颇为巧妙的著作《音乐家的加冕》（*The Consecration of the Musician*）中写道："法国大革命催生出的法国音乐歌颂自由、博爱、爱国和反抗暴政。贝多芬对这种音乐进行了改编，为它赋予了英雄气概和战斗活力，将它变成了自己的表达方式。在自由而幸福的人类向着'升华'（*épanouissement*）迈进的过程中，'英雄'或'英雄主义'题材的音乐将注定成为人类基本价值观的基石。"[18]

英雄主义

英雄主义的概念在 19 世纪十分盛行。拜伦在他的喜剧史诗《唐璜》开篇写道："我想要一位英雄。""想要"暗含着"缺乏"甚至"需要"的意味。在拜伦的话语中，很可能两者兼而有之。这样的阐释意味着拜伦认为英雄是可取的，甚至是必要的。但最终，在他眼里称得上英雄的人，包括拿破仑在内，都让他失望了。谁才是他心目中名副其实的英雄呢？在当时，对于 16 岁的拜伦来说，拿破仑就是他名义上的英雄。拜伦也许会赞同伏尔泰的观点，这位哲人说："我讨厌英雄，他们太聒噪了。"[19] 毫无疑问，英雄让伏尔泰想起了罗马喜剧中的吹牛士兵（*miles gloriosus*）以及那个时代浮夸的宫廷弄臣。曾经他钦佩的人现在只落得他的嘲讽。拜伦可能也对英雄有着同样的担忧。然而，对于贝多芬来说，拿破仑一直是他心目中的英雄。英雄主义不是凭空出现的。英雄需要有一位对手。一个无法回避的问题就是，贝多芬的"英雄"交响曲中是否存在一位英雄——如果有，那他又是谁呢？这位英雄的身份，甚至贝多芬的英雄主义观念的性质，一直是个饱受争议的话题。即使我们承认这部交响曲体现了英雄气概，那么它歌颂的又是哪一种英雄主义呢？真正的英雄主义赞扬的并非某一场战斗或战役，它赞扬的是英雄的勇气、正直、决心、对伟大的追求，甚至是人类的英雄气概。英雄的对手可以是一个人、一项事业，甚至是英雄自己，因为最激烈的冲突实际上往往是与自身的冲突。对于贝多芬来说，这一点尤其如此。

普鲁塔克在他的《名人传》中歌颂了希腊和罗马英雄面

临困境时的表现。这些人的生平事迹受到古希腊人的崇拜，他们被视为神与人之间的中介。在普鲁塔克看来，英雄气概指对昔日英雄无畏精神的效仿。正如我们所见，普罗米修斯神话故事一直深深吸引着贝多芬。在启蒙运动中，这位泰坦神象征人类的解放和对未来的憧憬。在雪莱的诗剧《解放了的普罗米修斯》（1819）中，普罗米修斯象征着人类最美好的品质和最强大的创造力。在序言中，雪莱称普罗米修斯是"道德和智力方面的楷模，他受到最纯粹、最真实的动机驱使，以实现最崇高、最伟大的理想"。在宙斯让人类受苦后，普罗米修斯决心为人类的事业而奋斗。他无畏地面对逆境，克服重重困难，体现出了极度坚忍的性格。他的行为有助于我们理解"英雄"交响曲的意义。这部作品反映出了贝多芬对这位泰坦神的痴迷。谐谑曲中戏剧性地出现了普罗米修斯主题。在欢快的终曲乐章中，它也占据了主导地位，同时终曲乐章中激昂的音乐充分体现了作曲家非凡的活力。

"英雄"交响曲也呼应了《普罗米修斯的生民》。通过音乐对普罗米修斯神话故事进行再创作，贝多芬得以表达出他对哈布斯堡霸权的看法，而这些看法是他无法用语言表达的。贝多芬不喜欢压迫者，无论是神话中的古希腊众神还是现实生活中的哈布斯堡皇帝。贝多芬对解放者的塑造都是正面的：最为优秀的（正如我们将在后文中看到）有莱奥诺拉这类成功的解放者，但即便是埃格蒙特这样失败的解放者或是科里奥兰纳斯这样可能成为解放者的人，对他来说也都很有吸引力。

结合贝多芬的个人思想来看，违抗神旨盗取天火的普罗米修斯就是贝多芬英雄主义的楷模。普罗米修斯盗来的天火让世间的人们获得了其他生物所没有的优势，也让人类获得了发展文明的机会。如前文所述，普罗米修斯违抗了宙斯的旨意，宙斯便将他锁在一块岩石上，让他在那里经受永恒的痛

203

苦。普罗米修斯相信有一天他会战胜诸神，正是这样的信念让他坚持了下来。门德尔松的传记作者海因里希·爱德华·雅各布（Heinrich Eduard Jacob）曾指出这位希腊泰坦神与贝多芬之间的相似之处。贝多芬"是一个无比伟大的人；正如普罗米修斯给人类带来了火的馈赠，贝多芬给他的时代带来了新的音乐。普罗米修斯因他的行为受到了残酷的惩罚，而贝多芬也丧失了听力"。[20] 失聪带来的绝望反而让作曲家变得更为坚韧，也让他获得了生存下去和继续创作的勇气。

"英雄"交响曲与贝多芬的生活有着千丝万缕的联系。来自内部和外部的巨大困扰给他内心带来的冲突让瓦格纳深受震撼。想成为一位史诗般的英雄——这似乎也是贝多芬对自己的设想——你需要有一位对手或敌人，为某一事业而奋斗，或挽救某一局面。阿喀琉斯的对手是赫克托耳，普罗米修斯的对手是宙斯，埃涅阿斯的对手是图尔努斯，罗兰的对手是龙塞斯瓦列斯（Roncesvalles）的穆斯林军队。史诗常常围绕灾难展开，或以灾难为结局，如《伊利亚特》中的赫克托耳之死，《罗兰之歌》中的罗兰之死和查理大帝后卫军覆没，以及《尼伯龙根之歌》中的骑士之死。英雄的对手也可能是个人面临的困境，例如贝多芬面临的困境就是失聪。总之，要成为英雄，你需要与一种和自己势均力敌或比自己更强大的力量抗争。贝多芬日渐衰退的听力就是一个典型的对手。失聪威胁着贝多芬的事业，让他无法以钢琴家的身份维持生计。贝多芬认为，失聪让他无法过上正常的生活。最糟糕的是，他能否继续创作也成了问题。贝多芬与这个对手进行了一场旷日持久而孤注一掷的斗争。在这场斗争中，失聪占据了上风，但贝多芬没有向绝望屈服，而是继续创作，攀向新的高峰。他身体上的耳朵辜负了他，但他精神上的耳朵却拒绝向命运屈服。

"英雄"交响曲是贝多芬此前音乐生涯的缩影。1802 年 10

月,他在《海利根施塔特遗嘱》中申明他会继续活下去。贝多芬在这封信中说:"在献出我感到自己被赋予的一切之前,我似乎无法与这个世界告别。"[21] "英雄"交响曲的第一乐章彰显了他的英雄气概,表明了他继续前进的决心;第二乐章体现了他对失聪的绝望;第三乐章展现了他克服这一痼疾的决心,即使无法治愈,他也将积极地面对生活;第四乐章颂扬了他在意志上取得的胜利和持续不断的创造力。此外,我们也可以将每一乐章与贝多芬的生活经历对应,以另一种方式描述或解读这部作品:第一乐章体现的是贝多芬在维也纳的前十年中取得的成就;第二乐章表现的是贝多芬逐渐意识到他的听力问题;第三乐章讲述了他重振信心;第四乐章表明他对未来的创作充满希望。和拿破仑取得的成就一样,贝多芬不仅通过这部交响乐展现了旧制度的终结,还展现了社会变革和人类进步的希望。他的音乐将有助于从根本上削弱专制主义、促进自由和宣扬博爱思想。

聆听"英雄"交响曲

205

开篇的和弦

两个响亮的降 E 和弦如炮火或宇宙爆炸的声音一般,让我们备受震撼。为什么要以如此戏剧性的方式作为交响曲的开篇呢?这样的手法让早期的听众感到诧异,甚至是震惊。今天的听众也常常会产生同感。那么,贝多芬以这样的方式开篇用意何在呢?是什么让他写下了这些和弦?"英雄"交响曲原本是贝多芬献给当时法国的第一执政官——年轻的波拿巴将军的,这些和弦是对他的致敬。正如占领土伦的英国军队从 1792 年的惨败中所了解到的,指挥炮火攻击敌人是波拿巴将军的长项。这些和弦让人回想起法国大革命时热情洋溢、气势磅礴的景象。它们如同警钟,唤醒了昏昏欲睡的听众,不仅在维也纳，在其他地区也产生了同样的效果。和弦将同时代的两位伟人联系在了一起。二人都是勇士，一位旨在用武力征服世界，另一位旨在用音乐征服世界。开篇的和弦告诉我们，在此之前无法想象的事物已经出现在我们的面前。而谁又能预测接下来的发展呢？

有活力的快板（*Allegro con brio*）

始于法国的这场革命也对其他地方产生了影响，包括维也纳。新的时代即将来临，事实上它已经到来——"英雄"交响曲的听众，无论他们愿意与否，都被卷入了时代的洪流。在接下来这一速度飞快的乐章中，乐曲似乎打破了对称与平衡。音乐惊扰着我们的耳朵。它让我们对自身和所处的时代有了进一步的认识。同时，它也宣告了一个令人畏惧的新世界的到来。

贝多芬在"英雄"交响曲中宣告的是一场广泛的、可能具有普适性意义并且仍未结束的革命。1803 年至 1804 年，拿破仑成了这场革命的先驱。凭借着他的人格魅力，他在欧洲大地上昂首阔步。他麾下的部队紧跟着他的步伐，将领们思维敏捷、英勇奋战，能够坚守阵地，决不后退。在 1796 年至 1797 年的意大利战役中，拿破仑能迅速调动部队，其敏捷性让欧洲的军事将领大为震惊。"英雄"交响曲的第一乐章就模仿了这样的节奏，并在后边通过飞跃式的发展表现了拿破仑的征战神话。这一乐章的第 691 小节自成一格，借用歌德对自然的描述，它如同"一个单独的有机增长"。这一乐章要求听众投入一定的思考与情感，这样的要求在以往的音乐中是极为罕见的。

葬礼进行曲（*Marcia funebre*）

早年的一位美国音乐评论家劳伦斯·吉尔曼（Laurance Gilman）曾发问道，贝多芬的葬礼进行曲"难道不应与巴赫《b 小调弥撒曲》中的'十字架上'和瓦格纳为齐格弗里德创作的'葬礼颂歌'并称为最伟大的三首挽歌吗？"[22] 在罗曼·罗兰看来，葬礼进行曲是"最接近希腊悲剧中合唱挽歌的现代诗"。[23] 约翰·厄普代克（John Updike）认为，葬礼进行曲"表现出了一种拿破仑式的不甘和英雄败北的感觉"。[24]

在叔本华看来，葬礼进行曲中"伟大的乐句、悠长的乐段和丰富的变化"，表达了"为实现一个遥远的目标而做出的伟大而崇高的努力，最终目标得以实现"。[25] 然而，对于实现"遥远的目标"——死亡——到底能带来什么，人们众说纷纭。葬礼进行曲纪念的是谁的葬礼呢？在叔本华看来，"对于完全沉浸于这部交响曲中的人来说，他仿佛在内心深处看到了生活和世界上所有可能发生的事"。[26] 他认为这一乐章是"对理想的回忆，它提醒我们终将死亡，提醒我们有着共同的人性，以及我们每个人内心存在神性"。虽然我们为个体的死亡感到惋惜，但我们生命中的伟大成就——以及我们创造出的伟大事物——是不朽的。人终将离开人世，但人的成就可以让世界变得更好。我们也可以从形而上学的角度理解这个世界，将生命看作一场旅行，穿越死亡之谷后，我们就能进入一个不再受尘世困扰的新世界。即便帝王也无法获得永生。他们终将死亡，就像我们每个人一样。

通过音乐、视觉艺术和文字来悼念逝者的传统由来已久。贝多芬也非常了解这股肃穆哀歌的风尚。他在波恩时的老师涅夫就写过一首悼念莱辛的康塔塔。贝多芬的约瑟夫康塔塔也遵循了这一传统。中世纪和文艺复兴时期写过葬礼音乐或哀乐（Trauermusik）的音乐大师包括若斯坎·德普雷（Josquin Després）、亚历山大·阿格里科拉（Alexander Agricola）和康拉德·鲍曼（Conrad Paumann）。拉斐尔、贝利尼和普桑等早期艺术家都创作过描绘古代英雄和基督教圣人之死的画作。17世纪，珀塞尔写了一部《玛丽女王葬礼进行曲》。波舒

207

哀在他的《葬礼演说》中以无与伦比的华丽辞藻歌颂了杰出逝者的美德与伟大。亨德尔创作了《扫罗》（1739）中的"死亡进行曲"；在此之前，他也写过《以色列人在埃及》（1736）中的"卡罗琳王后的葬礼颂歌"。贝多芬的葬礼进行曲也受到了法国大革命催生出的庄严军乐的影响。当时，无数革命歌曲在欧洲广泛传播，其中包括迅速流行起来的《马赛曲》和《卡马尼奥拉》①。尽管如此，至少从1838年开始，人们对葬礼进行曲的含义就一直争论不休，这一年，弗朗茨·韦格勒和斯特凡·冯·布罗伊宁出版了他们纪念贝多芬的巨著，将"英雄"交响曲与拿破仑联系了起来。早在1821年波拿巴去世之前，甚至在1804年接受加冕之前，贝多芬的几位密友就知道他十分钦佩波拿巴。但只有为数不多的几个人知道贝多芬原本以波拿巴的名字命名了这首后来被称为"英雄"的交响曲，并打算将它献给这位法国领袖。

贝多芬将法国大革命时期的作曲家视为理想中的未来的先驱。受戈塞克的《葬礼进行曲》的启发，贝多芬的葬礼进行曲既有悲凄之感又具英雄气概，从很大程度上来说，这得益于革命军的壮举和人们为此创作的音乐对他的影响。不论我们如何解读，葬礼进行曲都是这部交响曲的核心。后世没有一首葬礼进行曲能与它媲美。但贝多芬为什么要在交响曲中，尤其是这样一部歌颂英雄主义和英雄气概的交响曲中插入一首葬礼进行曲呢？难道它预示着拿破仑的葬礼？或者，不是拿破仑的葬礼，而是其他人的葬礼？这首葬礼进行曲是为纪念某个具体的人物而作的吗？还是说，正如一位当代评论家指出的那样，它"太过宏大，体现的并不是某一个人的死亡"？[27] 如果说葬礼

---

① La Carmagnole，原指意大利北部卡马尼奥拉地区的一种短外衣，该地区的工人将其带到法国，后来它成了法国大革命的标志，当时有一种圆圈舞以此命名。《卡马尼奥拉》歌中唱道："跳起卡马尼奥拉舞吧，大炮声万岁。"

进行曲是为年轻的波拿巴所作，它是否体现了他的伟大事迹，并非他的死亡呢？这些问题至今仍无定论。

在这篇宏大的乐章甚至是整部交响曲的背后，我们都可以看到法国大革命，其音乐，其事迹，其理想，其悲剧的影子。通过葬礼游行向英雄致敬是公民参与革命的一种方式，许多人认为这场革命会带领人类走进一个新时代。法国作曲家的葬礼进行曲是以法国革命时期"国民自卫军"的风格创作的，人们可以随着乐曲的节奏步行或行进。贝多芬的葬礼进行曲也是如此。他抓住了法国革命音乐中的民主特点。"国民自卫军"风格的音乐家应该能看出是贝多芬开创了这一风格的先河。葬礼进行曲让人们对死亡产生了更强烈的感受，可能也加深了他们对死亡的理解。通过歌颂共和国的胜利和时代的进步精神，这样的音乐象征着英雄的牺牲终将为实现美好未来埋下希望的种子。为歌颂胜利而作的音乐也对"英雄"交响曲产生了影响。大革命后不久，大约在《马赛曲》广为流传之时，创作这样一部交响曲的想法就开始在贝多芬的脑海中萌生。

可以看出，葬礼进行曲对法国国歌和当时的其他作品进行了了不起的改编与融合。贝多芬吸收了这种革命音乐中的战斗热情、庄严肃穆和英勇活力，将它变成了自己独特的表达方式。葬礼进行曲间接歌颂了由法国大革命引发并推动的人们思想上的革命。因此，他的葬礼进行曲是对受到英雄伟绩启发而产生的一种悠久传统的伟大变体。

贝多芬的葬礼进行曲让人感受到死亡的强烈气息。乐曲中没有甜蜜的伤感来缓和这种气氛，贝多芬的音乐也不向往济慈所说的"安逸的死亡"。正如法国传统的葬礼进行曲，包括交响曲的灵感来源《马赛曲》，贝多芬选择直面死亡。他的葬礼进行曲体现了最深沉的悲剧。英雄必须心甘情愿为理想而死。没有这种奉献和牺牲精神，英雄主义和荣耀都无从谈起。葬礼

209

进行曲以其从容不迫的节奏和肃穆的气氛彰显了其他乐章中呼之欲出的英雄气概。这些乐章肯定了为自由事业而牺牲的人以及在与暴政的斗争中死去的人，他们都将继续活在新世界的荣光中。

谐谑曲

接下来短小的谐谑曲以欢欣鼓舞、生机勃勃的旋律将交响曲带入了一种新的情绪。我们从葬礼进行曲沉郁悲伤的情绪中走出，转而进入狂喜的状态。该乐章的基本结构是首先引入一个主题，然后停下来，再重复这个主题，如此反复多次。变奏部分表现了人类丰富多彩的生活。经过五六次的变奏，在弦乐的伴奏下，普罗米修斯的主题由木管乐器演奏出来。此后出现的圆号没有军事或咄咄逼人的意味，它的旋律是欢快的，仿佛在描述一场狩猎。和葬礼进行曲一样，这首谐谑曲纪念的并非某位特定的英雄，而是为祖国献身的所有英雄。在谐谑曲中，贝多芬使用了三个圆号声部，比他此前任何作品中使用的都要多。圆号响亮的音色为听众带来慰藉与希望。

在《麦克白》的"敲门"一幕中，麦克白谋杀了苏格兰的合法国王邓肯后，一名醉酒的门卫跟跟跄跄地走上台。门卫粗鲁的行为和愚蠢的话语让我们感到惊讶。这样的设计是莎士比亚的败笔吗？可能并非如此，莎士比亚有他自己的想法。正如托马斯·德·昆西（Thomas De Quincey）在两个世纪前指出的那样，滑稽戏的出现更凸显了悲剧的效果。喜剧与悲剧的对比展现了莎士比亚对人生的包容观点。同样，贝多芬欢快的谐谑曲也与悲伤的葬礼进行曲形成了鲜明对比。

普罗米修斯

"英雄"交响曲的最后一个乐章实际上是贝多芬最先完成的，它为前三个乐章奠定了基础。贝多芬不仅从一开始就决定将普罗米修斯主题用在终曲乐章中，而且在创作其他三个乐章时，这个主题也时时在贝多芬的脑海中萦绕。普罗米修斯主题在谐谑曲中的出现为这部交响曲赋予了前所未有的完整性。听到"英雄"交响曲的终曲乐章时，任何一位品味保守但记性不错的维也纳听众可能都会想起，几年前贝多芬的芭蕾舞剧《普罗米修斯的生民》结尾处出现的正是这段简单的英式舞曲。

听众的反应

贝多芬的"英雄"交响曲于 1805 年 4 月 7 日在维也纳河畔剧院（Theater an der Wien）进行了第一场公演，据一篇评论记载，听众的反应可以分为三类：

第一类听众，即贝多芬非常特别的朋友，坚信这部交响曲是一部杰作……如果它现在不受欢迎，那是因为公众的艺术素养不够，无法欣赏这些高级的美感。但一千年后，它无疑会得到人们的认可。第二类听众则将这部作品的艺术价值全盘否定，认为它体现了一种对标新立异的无止境追求，但在此过程中，它既没有产生美感，也没有体现真正的崇高与力量。奇怪的变调和生硬的过渡将各式各样的材料拼凑在一起（如将田园牧歌以最宏大的方式演奏出来），低音声部充斥着刺耳的声音，三把圆号齐奏等，这些手法确实毫不费力地展现出了原创性，但这样的原创性是不值得为人称道的。天才不应简单地通过标新立异来吸引人们的关注，而是应该通过美和崇高的作品展示自己的才华。第三类听众是一小部分持折中观点的人。他们承认这部交响乐中有许多美的品质，但也认为乐曲各部分完全脱节，而且作为篇幅最长，也许是难度最大的一部交响曲，没完没了的音乐让专业听众都精疲力竭，在业余爱好者听来更是难以忍受。28

211

只有贝多芬"非常特别的朋友"真正领会了"英雄"交响曲的革命性意义，相信他们听到的是一部"杰作"，他们认为，在维也纳因循守旧的氛围下，这部作品可能要在一千年后才能取得预期的效果。

题献

贝多芬从海顿和莫扎特那里继承了古典时期的语言。在"英雄"交响曲中，他从根本上扩充和延伸了这种语言，但并没有将其完全颠覆。贝多芬太过敏锐和精明，无法成为一个乌托邦主义者，但他仔细思考了"格拉古"·巴贝夫提出的设想，特别是关于社会应设立共同基金支持艺术家发展的观点。"英雄"交响曲设想了一个未来，在那时人类将不再受到社会的压迫，可以更大程度地发挥创造力。这就是"英雄"交响曲体现出的独创性和力量。十多年前，贝多芬也曾通过《约瑟夫二世之死康塔塔》表达他对人类之伟大的崇敬之情。

1804 年 5 月之前，贝多芬一直打算将他新创作的交响曲，即他迄今为止最伟大的作品，献给当代的普罗米修斯——拿破仑·波拿巴。毕竟，在同代人当中，还有谁更能体现这种英雄气概呢？塞居尔伯爵（Comte de Ségur）曾说，拿破仑"是一位君主，但他是法国大革命的君主"。[29] 然而，当贝多芬听说拿破仑即将加冕称帝时，他愤怒地发表了一些言论，并决定不再将这部作品献给拿破仑。但仅仅三个月后，他就向出版商声称这部作品"实际上叫作波拿巴交响曲"。

贝多芬将"英雄"交响曲献给波拿巴又突然反悔的故事已成为音乐史上最著名的一件逸事。虽然"英雄"交响曲的原始手稿已经遗失，但指挥总谱却流传了下来。在第一页的顶部，贝多芬用墨水写下了"大交响曲"（Sinfonia Grande），下方写着"名为波拿巴"（intitolata Bonaparte）。接着他注上了日期"[1]804年8月"，并在"签名"（*Del Sigr.*）下方写上"路易吉·凡·贝多芬"（*Luigi van Beethoven*）。

要在音乐中呈现出拿破仑的强势形象，需要采取一些新的手段。法国学者和政治家爱德华·赫里欧认为这部作品塑造了"理想的波拿巴"。[30]他指出，它唤起了"拿破仑的发展经历给旁观者带来的感受，这里的旁观者就是贝多芬"。[31]贝多芬这部戏剧性的作品讲述的不就是这位法国领袖改变了世界，也改变了人们对世界的看法吗？但并不是所有人都这么认为。

在认为"英雄"交响曲与第一执政官关系甚微的人中，最知名的一位是瓦格纳。瓦格纳非常喜欢这部交响曲。和辛德勒一样，他认为拿破仑称帝的意图完全打消了贝多芬对这位法国伟人的钦佩之情。瓦格纳感叹道："英雄"交响曲和拿破仑没有一点关系！虽然他认为这部作品没有受到拿破仑的影响，但渐渐地，对瓦格纳而言，它的意义却变得更宽泛了。1851年，瓦格纳称，"'英雄'交响曲中真正的主人公是人类本身"。[32]但在论证这一观点时，瓦格纳却忽略了贝多芬的政治哲学观念和他所处的历史环境。"英雄"这一称呼代表的绝不仅仅是军事英雄，它指的是一个全面的人。虽然瓦格纳认为拿破仑不是这部作品中的主人公，但通过将贝多芬与拿破仑进行对比，他确实提出了一个合理的观点：这两个人都希望在各自的领域成为征服者。瓦格纳还指出这部交响曲描述的是贝多芬的音乐生涯。他写道："他一定也感觉到他的力量达到了非凡的高度，他的勇气被激发出来，鼓舞他完成一项史无前例的伟大事业！贝多芬不是将军——他是一位音乐家；因此，在他的领域中，他认为自己可以取得波拿巴在意大利战场上取得的成绩。"[33]但瓦格纳的观点并没有得到多数人的支持。

与拿破仑的意气风发形成对比的是贝多芬的坎坷经历。伊丽莎白·布里森评论说，将贝多芬与拿破仑放在一起比较，意

213

味着这位作曲家同样应该受到加冕。贝多芬认为自己并非等闲之辈。他的控制欲，甚至是刻薄的性情都与拿破仑惊人的相似。他崇尚力量，不愿向任何人低头，很多人认为他骄傲自大，但他认为自己是一位英勇的征服者。贝多芬不仅将拿破仑写进了"英雄"交响曲，还将自己对革命的想法以及自己的形象融入了这部作品中。埃兹拉·庞德曾鼓励人们"创新求变"。早在庞德说出此话前的一个多世纪，贝多芬就做到了这一点。当时贝多芬为数不多的坚定支持者都十分欣赏他音乐中的创新性。尽管贝多芬的赞助人洛布科维茨亲王并不喜欢"英雄"交响曲，但他看出了贝多芬的才华，并对这部作品和贝多芬本人给予了全力支持。

贝多芬的创作生涯大体可以与大革命的各个阶段和拿破仑的职业生涯对应起来。至少在那些年里，他的多数作品反映了他对大革命的兴衰及后来拿破仑在其中扮演的角色的看法。虽然我们至今都不能完全理解其中的契机，但贝多芬开始创作"英雄"交响曲时，拿破仑已成为他心目中主要的甚至是占主导地位的存在。拿破仑身上体现了法国大革命残存的精神，让人们看到了建立开明新社会的希望。"英雄"交响曲中催人奋进的音乐反映了贝多芬和法国第一执政官身上无尽的活力。

名字通常有着特殊的含义。大约在 1796 年进军意大利时，拿破仑将他意大利或科西嘉式的名字"布宛纳巴"（Buonaparte）改成了更像法语的"波拿巴"（Bonaparte）。而英国托利党拒绝承认这一更改，继续以"布宛纳巴"称呼拿破仑，暗示他不是真正的法国人。他们认为流亡于英格兰的波旁家族才是法国的合法统治者。贝多芬通常以"波拿巴"称呼"拿破仑"，因为对他来说，就像对拜伦和其他地方的自由主义者一样，这种差异具有重要意义。拜伦在他的《拿破仑颂》

（1814）中使用的是"布宛纳巴"，以此提醒人们这位年轻将军在意大利取得的成就。在拜伦看来，"拿破仑"这个名字带有皇权的意味。贝多芬也认为，对他来说，"波拿巴"代表的不是法国的皇帝，而是法兰西第一共和国的领袖。

我们无法确定拿破仑对贝多芬有多少了解。虽然拿破仑有时会出席巴黎的音乐活动，但在当时的音乐会上很少能听到贝多芬的音乐。尽管如此，在拿破仑统治时期，贝多芬逐渐成为巴黎人讨论的话题，因此这位第一执政官可能也对他有所耳闻。在贝多芬的主要作品中，"英雄"交响曲与拿破仑的联系最为紧密。这种联系并非偶然。实际上，贝多芬一定从很早以前就决定将"英雄"交响曲献给"波拿巴"了，也许在构思阶段就有了这个想法。这种崇敬之情很有可能由来已久，只是在1803~1804年贝多芬才将它表达出来。毕竟如此强烈的钦佩之情不是一瞬间产生的。

贝多芬在1802年底就完成了第三交响曲的第一版草稿。近一年后，在1803年秋天，他开始了正式的创作。那时，他计划将乐曲献给拿破仑。1803年10月22日，费迪南德·里斯代表贝多芬给出版商西姆罗克写了一封信，信中说作曲家"非常想将它［这部交响曲］献给波拿巴"。然而，"由于［约瑟夫·冯］洛布科维茨亲王愿意出价400［达克特］以获得半年的题献，［只有］在那之后他才会将它命名为波拿巴"。[34]这种"租赁"题献的做法在当时相当普遍。约定到期后，即便贝多芬还是希望将它献给"波拿巴"，他也可以通过这部作品赚取其他后续的收益。到了1804年春天，贝多芬完成了这部交响曲，也选好了首演的演奏者。除了艾什泰哈齐的宫廷乐队外，洛布科维茨家的管弦乐团可能是当地私人管弦乐团中的佼佼者。海顿和贝多芬也经常参加该乐团的演出。由于当时维也纳没有官方的管弦乐队，甚至没有适合公演的场地，因此洛布科维茨的宫殿可以说是最适合贝多芬进行非公开首演的地方了。

法国人的皇帝

但随后，1804 年 5 月 18 日，法国参政院宣布拿破仑·波拿巴将在六个月后加冕成为法国皇帝。那一年和之后的几年里，法国仍自称为共和国。但这是一个在革命中诞生的共和国。元老院为波拿巴加冕，实则是为法国大革命及其代表的原则加冕。元老院重申了这些原则，也希望新皇帝能认同它们。在 1807 年之前，法兰西共和国的名字一直被保留在该国的法案和硬币上。此外，在加冕仪式上，拿破仑被称为"法国人的皇帝"，而不是"法兰西皇帝"。也就是说，他是一个民族而非一个国家的皇帝，这意味着他代表该国的人民。在古代，罗马城邦的所有法律法规上都写着"元老院与罗马人民"（Senatus populusque romanus）①。法国的元老院也效仿了罗马的做法。但"皇帝"，尤其是"法国人的皇帝"这个称号，唤起了这个民族对查理大帝统治下的光辉岁月的怀念之情。不用说，拿破仑对这些微妙的含义也心知肚明。

费迪南德·里斯见到贝多芬时，将元老院的决定告诉了他。听到这个消息，贝多芬十分愤慨。这位法国领袖在他心目中的理想形象崩塌了。贝多芬愤怒地说道："原来他也不过是个凡夫俗子，现在他也要把一切人权践踏在脚下，只为满足自己的野心；他会凌驾于所有人之上，成为一个暴君！"据里斯说，贝多芬"撕下"了他新完成的交响曲的扉页，并将其"扔在了地上"。此时的贝多芬十分反感这个他曾经崇拜的人。在留存至今的指挥总谱上，贝多芬用力地划掉了部分献词，以至

---

① 罗马共和国与罗马帝国的正式名称。此名或其缩写形式被纹饰在罗马军团的鹰旗上以及古罗马的很多公共建筑之上。时至今日，罗马市的市徽、市政设施，以及公共建筑上都可以找到"SPQR"这个缩写词。

于扉页上留下了两个破洞。

作为共和制的支持者，贝多芬认为，不论从个人还是从政治层面来说，称帝的拿破仑都背叛了他。波拿巴不再是共和国的元首、欧洲真正的领袖、贝多芬景仰的那个人，也不再是欧洲自由主义者心目中会为世界带来新秩序的人。一个被他寄予如此厚望的人，怎么可能会让这么多人的梦想破灭呢？

1840 年为贝多芬撰写了第一部完整传记的安东·辛德勒声称，贝多芬对拿破仑的反感持续了一生。21 世纪一些著名的贝多芬研究者，包括莱奥·施拉德和梅纳德·所罗门，都对此表示赞同。但事实恰恰相反。在 1804 年 8 月 26 日的一封信中，贝多芬将他完成的"英雄"交响曲连同其他作品一起寄给了莱比锡的布莱特克普夫与黑特尔音乐出版社。贝多芬将这部作品称为"一首新创作的大交响曲"。他声称："Die Simphonie ist eigentlich betitelt Ponaparte。"（Ponaparte 中的 P 大概是笔误）这句话的意思究竟是"交响曲原本名为波拿巴"，还是"交响曲实际上名为波拿巴"呢？ [35] 正如康拉德·屈斯特（Konrad Küster）所说，语言的含义总是模糊的。[36] 有大量证据指向第二种翻译。正如指挥总谱扉页上被划掉的意大利语所表明的那样，这首交响曲确实"名为波拿巴"（intitolata [B] onaparte）。

贝多芬在开始集中精力创作这部交响曲时，以及在完成作品几个月后，他都表示自己做了一件前所未有的事情：将作品献给了一个人，并以此人的名字命名了这部重要作品。正如指挥总谱扉页上被划掉的意大利语所表明的，这首交响曲"名为波拿巴"。虽然里斯生动地描述了贝多芬对拿破仑的不满，但也许这种情绪很快就消散了。无论我们希望从"英雄"交响曲中解读出什么具体内容，贝多芬都已明确表示，出于钦佩之情，他以拿破仑为原型创作了这部作品，并将它献给了拿破仑。那些否认这部交响曲受到了拿破仑的影响以及认为这部作品与拿破仑关系甚微的人一定是忽略了贝多芬的反复声明。

20世纪末，德国著名音乐学者卡尔·达尔豪斯（Carl Dahlhaus）总结道："这部作品与拿破仑有着内在的、思想上的联系。"[37]"英雄"交响曲与贝多芬1796年创作的不温不火的爱国歌曲形成了鲜明对比，它散发着一种活力，这种活力源于贝多芬青年时期信仰的共和主义，他相信拿破仑会将法国大革命的宗旨传承下去。这个题献也许有些理想化甚至具有乌托邦意味。它无疑给贝多芬带来了巨大的风险，不论对于他在维也纳的职业发展还是他的个人生活来说都是如此。

拿破仑一直是贝多芬心目中的英雄，且也许是对他创作影响最大的一个人。在此后的几年里，贝多芬经常表达对拿破仑的不满，有时还站在他的对立面。但他最初的热情并没有因此而消散。贝多芬将他作为自己的标杆。他感到自己是音乐领域中的拿破仑，一位我行我素的皇帝，他在音乐上的成就可以与拿破仑在战场上、政界中的成就媲美，而且可能比拿破仑取得的成就更伟大。

"名为波拿巴"

在"英雄"交响曲指挥总谱的扉页上，贝多芬写下了他自己的名字，其下方有一行用铅笔写下的潦草的"名为波拿巴"（在如今翻印的图片中几乎已无法辨认），这些字可能是后加上去的。虽然贝多芬试图划掉这些字，但没有人怀疑它们出自贝多芬之手。贝多芬划掉这些字的做法可能表明了他内心的疑虑，甚至是不安。但这些字还是留了下来。

乍看之下，贝多芬此处的签名"路易吉·凡·贝多芬"似乎令人感到疑惑，但意大利语当时是（并且在很大程度上现在依然是）古典音乐中的主流语言。虽然拿破仑努力使他的名字听起来不那么像意大利人（将"纳波莱奥内"改为"拿破仑"，将"布宛纳巴"改为"波拿巴"），但正如我们所见，贝多芬倾向于使用更加国际化的名字（将"路德维希"写成"路易吉"或法语形式的"路易"）。拿破仑避免使用意大利形式的名字，贝多芬却反其道而行之。对此我们应如何理解呢？难道是这位喜怒无常的作曲家一时兴起吗？有这种可能。在1804年之前，贝多芬将大部分作品都献给了有爵位的贵族，后来他也延续了这种做法。也许贝多芬用意大利语签名是为了拉近自己与这位说意大利语的受题献者的关系。

看到贝多芬对拿破仑称帝的激烈反应，有自由主义倾向的欧洲人无疑会对此感到意外。实际上，鉴于贝多芬对拿破仑怀有浓厚的崇敬之情，他有理由积极地看待这件事。1804年3月，拿破仑颁布了法国《民法典》，后来被称为"拿破仑法典"。它规定法律面前人人平等，废除拥有地产的乡绅的特权，承认个人及财产自由，并确立了政教分离的政治制度。整部法典充分体现了法国大革命的精神。在拿破仑南征北战的过程中，修订后的《民法典》于1794年在被法国吞并的莱茵河左岸生效。法典的名声传遍了德意志地区。几个德意志公国也借鉴这部法典建立了公民秩序。但无论《民法典》在贝多芬深爱的莱茵兰多么受欢迎，该法典中的任何条款都无望被写进奥地利哈布斯堡王朝的法律。

虽然贝多芬删掉了原本的题献，但这并不代表他对拿破仑的政策失去了信心。我们依然可以从扉页上的文字解读出"为波拿巴而作"（Geschrieben auf Bonaparte）的含义。贝多芬的音乐没有改变。他认为，在自由和正义方面，拿破仑有着和他相同的价值观。他的交响曲表达的正是这些价值观。他认为全欧洲只有一个人能将其实现，而他的交响曲正是为此人而作。

最后的问题是，费迪南德·里斯有关贝多芬创作题献和撤回题献的描述是否可信？自 1838 年该描述在里斯的《贝多芬生平介绍》中首次出现以来，其中的细节就一直受到研究者的质疑。对此持怀疑态度的达尔豪斯对相关证据进行细致研究后遗憾地说，里斯的描述已成为"贝多芬轶事中永远的未解之谜"。[38] 他的这一说法不无道理。直到撕毁题献事件发生 34 年后，里斯才出版了他的贝多芬回忆录。显然，这件事是他在贝多芬去世后写下的。费迪南德·里斯是贝多芬的波恩好友弗朗茨·里斯的儿子，1803 年之后的几年里，他来到维也纳求学。他是一个诚实的人，显然他很喜欢贝多芬，对贝多芬十分忠诚。但他撰写回忆录时大约已是 19 世纪 30 年代，其时他的身体每况愈下，对于 1804 年贝多芬说过的话可能也已记不清了。他在回忆录出版之前就去世了。即使在身体状况尚可的情况下，对于如此久远的事件，他也可能产生记忆偏差。况且在里斯的回忆录中，他也记错了自己抵达维也纳的时间，将 1803 年写成了 1800 年。如果里斯会在这种事情上犯错，那么他也很可能记错贝多芬对拿破仑称帝的反应。尽管如此，即使里斯所述的细节可能有所偏差，我们也不应该将他的说法全盘否定。大发雷霆确实像是贝多芬会做的事。

安东·辛德勒备受质疑和批评的回忆录也提到了贝多芬撕毁题献的故事。他在第一部德语版的贝多芬传记（1840）中提到了这件事。他声称贝多芬的朋友和崇拜者莫里茨·利赫诺夫斯基伯爵当天也和里斯在一起。但如果当时利赫诺夫斯基也在场（里斯没有提及这一点），为何他本人对此事只字未提。简而言之，描述了此事的两位作者也许并不是故意欺骗我们，但他们可能记错了或夸大了当时发生的事情。

虽然里斯的叙述本质上是可信的，但在有些事情上我们还是要持怀疑态度。拿破仑加冕使贝多芬产生了一时的愤怒，这种情绪是否愈演愈烈甚至发展成了积怨呢？ 8 月 26 日，也就是里斯与贝多芬见面后不到三个月，拿破仑就再次得到了这位作曲家的青睐。贝多芬的怒气一般不会持续很久。他喜怒无常，充满了激情和活力，情绪不太稳定，在实际生活或想象中如果有谁冒犯了他，他会突然大发雷霆。有时他前一天与朋友发生激烈争吵，第二天怒火消散后，他又会写信或亲自登门道歉。正如里斯所说，他可能从"英雄"交响曲的手稿上撕下了写给拿破仑的题献。但是否确有其事，我们已不得而知。在此之后，贝多芬，也可能是其他人，从指挥总谱上划掉了拿破仑的名字。但1803年10月22日和1804年8月26日的信件中，我们依然可以看到作曲家对拿破仑给予了极为正面的评价。第二封信是他在听说拿破仑即将称帝的消息三个月后写就的，可以看出他对拿破仑的愤怒并没有持续很久。事实证明，贝多芬的怒气通常转瞬即逝。

要将交响曲献给波拿巴，贝多芬还面临着一个更大的问题。作为奥地利帝国的公民，向法国皇帝献上一部重要的作品并以他的名字为作品命名是一件风险很大的事情，甚至可以说相当鲁莽。将作品献给普鲁士国王或俄国沙皇（这两件事他都做过）并没有什么特殊的政治意义——只要这些国家保持中立或与奥地利结盟。但将作品献给本国的主要敌人——一个哈布斯堡王朝深恶痛绝的人，此人被视为那场可怕的大革命的化身，此举无异于宣布自己的立场——在哈布斯堡王朝的背景下宣称支持共和制。哈布斯堡当局对发表敌对思想的个人实施严厉的打击。这些人通常会被判处监禁，甚至死刑。虽然贝多芬十分希望将作品献给"波拿巴"，但他知道如果想在维也纳继续发展音乐事业，他就必须放弃这个想法。1804年8月26日之后的某一天，鉴于奥地利与法国即将再次开战，贝多芬明智地放弃了将作品献给"波拿巴"的想法。1806年10月，作品最终出版时，贝多芬将它献给了其他人。

221

从对拿破仑的看法上来说，拜伦也和贝多芬有一些相似之处。贝多芬将他写给拿破仑的题献划掉十年后，拜伦对这位法国皇帝的看法也经历了一次惊人的类似变化。在 1812 年的俄国战役中落败后，拿破仑开始走下坡路。1814 年 3 月的最后一天，联军终于击败拿破仑并占领巴黎时，拿破仑没有像拜伦认为的那样自杀身亡，而是选择了退位。消息传到伦敦后，这位诗人于 1814 年 4 月 6 日写下了《拿破仑颂》。他在诗中斥责这位失势的皇帝没有舍生取义、战斗到底。和贝多芬一样，拜伦支持共和制，并将拿破仑看作帮助欧洲实现变革的唯一希望。正因如此，他对拿破仑的失望情绪和贝多芬一样没有持续多长时间。一年之内，他就创作出了他职业生涯中对拿破仑评价最高的诗歌。多年后，在《青铜时代》（1823）中，拜伦对欧洲局势进行了概述，并在回顾拿破仑称帝的情景时将其称为"唯一的一步错误之举"。[39] 言下之意是拿破仑做的其他事情是正确的，或者至少是合理的。

简而言之，将交响曲献给"波拿巴"并以其命名，即便是产生这样的想法，也需要贝多芬展现出极大的勇气。贝多芬此前以及后来做过的所有事情都无法与这个大胆的行为相提并论。在今天看来，贝多芬展现出的勇气也是惊人的。如果贝多芬坚持将"英雄"交响曲献给拿破仑，他就不得不搬到巴黎或其他支持波拿巴的城市。拿破仑还将对奥地利发起两次进攻，此后贝多芬才会更全面地了解到拿破仑统治下的严酷现实。

13

"英雄"交响曲的文学和艺术背景：
索伊默的《步行去锡拉库萨》和梅勒的贝多芬画像

咖啡馆里一片虔诚的寂静。

———约翰·戈特弗里德·索伊默[1]

我发现我们可以从很多个层面解读一部艺术作品，贝多芬的作品有着如此多的层面、如此多的变化，需要我们从各个方面去探讨。

———罗曼·罗兰[2]

罗兰的睿智话语让我们联想到贝多芬读过并且喜爱的一本书。1803 年，就在贝多芬构思"英雄"交响曲的时候，约翰·戈特弗里德·索伊默出版了一本游记《1802 年步行去锡拉库萨》（*A Walk to Syracuse in the Year 1802*）。这本书很快受到了人们的喜爱，实际上，它不仅仅是一部游记，也是对当时奥地利、意大利和法国政治局势的敏锐观察。贝多芬去世后，人们在他的遗物中发现了一本做满了标记的《步行去锡拉库萨》。此书看似与"英雄"交响曲毫无关系，但实际并非如此，因为索伊默表达的观点在很大程度上有助于我们理解"英雄"交响曲的创作意图。通过记录贝多芬在哈布斯堡维也纳时严苛的生活和创作环境，《步行去锡拉库萨》进一步证明了贝多芬是一个十分关心政治的人。

约翰·戈特弗里德·索伊默

在贝多芬现存的书信中，没有一封信提到索伊默，但一封没有幸存下来的信中却显然提到了这个名字。1819 年 11 月 10 日，格奥尔格·克里斯托夫·格罗斯海姆（Georg Christoph Grosheim）在给作曲家的信中说："你写信给我说你已前往索伊默的墓地悼念他。他值得你尊敬。"1810 年 6 月 13 日，47 岁的索伊默在温泉小镇特普利茨（Teplitz）去世并被埋葬在了那里。"他是一位伟人，"格罗斯海姆在这封信中继续说，"一个幸运的人，"他"得以公开表达他'为了真理献身的意愿'［*vitam imponere vero*］①——并且受到人们的爱戴；但卢梭却因坚守他的信条而遭到迫害。"[3]卢梭遭到了许多人的攻击和嘲笑，其中不乏启蒙运动中的代表人物。索伊默和卢梭一样，也常常受到不公正的对待。但他也拥有如卢梭一般的勇气，并且和卢梭一样有着忠实的读者，这些读者钦佩他的刚正不阿和不屈不挠地坚持信仰的品质。贝多芬就是这样一位读者，而索伊默也确实值得贝多芬尊重。

1811 年或 1812 年，贝多芬在特普利茨度假期间前去瞻仰了索伊默的坟墓。据我所知，这是贝多芬唯一一次瞻仰他人的坟墓。毫无疑问，这表明贝多芬对索伊默十分敬重。1828 年，也就是作曲家去世后的第二年，格罗斯海姆在音乐期刊《塞西莉娅》（*Cäcilia*）上发表了一篇评论，强调这封写于 1819 年的遗失信件有着重要意义："贝多芬在索伊默墓前产生的思绪恰恰体现了他对世间疾苦的宽宏看法，我对此视若珍宝，始终铭记。"[4]在现代的贝多芬传记作者中，只有皮耶罗·布斯卡罗利（Piero Buscaroli）严肃地探讨了这个有趣但依然鲜为人知的人物对贝多芬的重要影响。布斯卡罗利认为，索伊默是"贝多芬在当时的德意志能找到的与他志趣和观点最接近的人"。[5]索伊默具有讽刺性、进步性的人生观和社会观与贝多芬的观点

---

① 拼写有误，正确的拼写应该是 *vitam impendere vero*。

十分一致。《步行去锡拉库萨》是在贝多芬创作"英雄"交响曲期间出版的，它为我们了解作曲家创作这部伟大作品的艰辛历程提供了线索。[6]

在贝多芬的同时代人中，索伊默直率、打破传统的观点最能帮助我们理解作曲家当时的政治思想。这些观点对贝多芬的影响不亚于尤洛吉乌斯·施奈德对贝多芬的影响，后者是一位激进的革命者，1789 年贝多芬在波恩听过他的讲座，并订购了他 1790 年初出版的诗集。索伊默用激烈的言辞表达的社会和政治理念虽然不像施奈德那样带有明显的激进情绪，但应该也让贝多芬产生了共鸣。

索伊默和贝多芬都是反抗者。在一个着装代表着一个人的个性、社会地位甚至是政治立场的时代，索伊默和贝多芬一样，穿着十分随意。他留着法国大革命初期流行的蒂图斯式的卷曲短发，当时贝多芬也把头发剪成了这种样式。他不戴假发，不穿旧制度下典型的男士正装，这样的打扮表明他是自由主义甚至是革命事业的支持者。索伊默的民主观点、引人发笑的幽默感、对专制君主的蔑视、对普鲁塔克和席勒的热爱，以及他与生活中的不公和困难战斗到底的决心可能都深深地打动了贝多芬。简而言之，他的生平和著作能让我们对作曲家有更多了解。

索伊默于 1763 年出生在莱比锡附近的波瑟纳（Poserna），比贝多芬大 7 岁。作为贫苦农民家的儿子，他的生活坎坷而艰辛。索伊默最早在莱比锡学习神学，但在启蒙思想的影响下，他放弃了神学，转而学习法律、哲学、语言学和历史。1781年，在前往巴黎继续求学的途中，18 岁的索伊默在黑森境内被黑森 – 卡塞尔（Hessen-Kassel）伯爵的军队抓了壮丁，和另外 9000 名被迫入伍的士兵一起被卖到了英国。[7] 1782 年，他被送往加拿大镇压美洲各地的反英势力。但他到达美洲时，战斗已经结束了。1783 年回到德意志后，他所在部队的管辖

225

权由黑森转到普鲁士，他两次试图逃跑但都被抓了回来，随后以逃兵罪被判处死刑。最终在 1787 年，多亏一位恩人的帮助，他提前结束了 6 年的刑期。[8] 这次强制入伍的经历让索伊默对专制制度深恶痛绝。

重获自由后，索伊默继续完成他被强制征兵打断的学业。他希望通过学习历史找到一条理性和自由的社会发展道路，但始终未能找到。此后，从 1793 年到 1795 年，他在俄国军队中担任约瑟夫·安德烈耶维奇·伊格尔斯特伦（Josef Andreyevich Igelström）将军的秘书和副官，这位有着瑞典血统的将军平息了 1795 年的华沙起义，在这场战役中索伊默险些战死沙场。回到家乡萨克森后，索伊默先是在莱比锡担任家庭教师，后来在格里马（Grimma）附近著名的戈申（Goschen）出版社担任校对员。

索伊默一直是古希腊文学爱好者，1800 年前后，他决定拜访古希腊诗歌的诞生地，以巩固和加深对古希腊诗歌的理解。由于希腊大陆仍属奥斯曼帝国的领土，难以进入，因此索伊默决定前往西西里，这里曾经是大希腊地区（magna Graecia）的边陲，有着希腊神殿和美丽的田园风光。锡拉库萨位于西西里岛的东南端，在鼎盛时期，其地位可以与雅典媲美。索伊默沿着 18 世纪几代德意志旅行者走过的大陆游学（Grand Tour）①的路线，从德累斯顿、布拉格、维也纳，一路走到的里雅斯特（Trieste）、威尼斯、罗马和那不勒斯。和许多旅行者一样，他继续乘船沿意大利靴形半岛前行，然后步行穿越西西里岛。返程时他途经巴黎和法兰克福，又步行了几千英里。一路上，索伊默的背包里装着荷马、忒奥克里托斯和维

---

① 也称"壮游"，指 17 世纪至 19 世纪初期欧洲贵族子弟在欧洲进行的旅行，一般以意大利为主要目的地。

吉尔的重要著作。此次旅程的特殊之处并不在于它的长度和艰辛程度，而在于索伊默以步行这种非同寻常的方式完成了几乎全部旅程，而能做到这一点的人寥寥无几。

《步行去锡拉库萨》

1803 年春天，回到萨克森 8 个月后，索伊默出版了《步行去锡拉库萨》，讲述他的冒险之旅。1805 年，该书的修订版得以出版。事实证明，这部作品很受欢迎，部分原因在于它用生动的散文语言讲述了一段艰辛但精彩的旅程。歌德从意大利旅行回来后，于 1795~1796 年创作了小说《威廉·迈斯特的学习时代》。意大利之行不仅改变了他，也改变了索伊默。歌德通过这次旅行重获"新生"，他意识到自己不是一位艺术家或公务员，而是一位诗人和哲人，索伊默则通过这次旅行意识到他在德意志土地上经历的政治不公也存在于意大利和法国——简而言之，有专制制度存在的地方，民众都过着苦不堪言的生活。[9]

虽然索伊默的游记一经出版就立刻被哈布斯堡当局列为禁书，但它在德意志大部分地区，尤其是自由主义群体中流传甚广、备受欢迎。1827 年，17 岁的罗伯特·舒曼在莱比锡的父母家墙上挂了一幅索伊默的版画画像；舒曼进入莱比锡大学学习时，还把这幅画像一起带到了学校。[10]在接下来的几十年里，《步行去锡拉库萨》在德意志地区不断再版。直至今日，我们还能看到此书的新版本。

鉴于哈布斯堡王朝的审查制度，贝多芬的《步行去锡拉库萨》一定是他偷偷找来的。我们不知道他具体在什么时候读了这本书，但他肯定读过这本书，而且很可能是在创作"英雄"交响曲期间阅读的。[11]这本书的生动笔触、政治洞察力，对不同人物、不同地区和当地习俗的敏锐观察，以及极具表现力的行文风格和广泛的幽默感——前卫、恣肆、活泼，但在哈布斯堡当局看来极具颠覆性——对作曲家来说无疑充满了吸引力。

索伊默以凝练而口语化的语言表达讽刺，体现了他活跃的思维。他亲切地将读者称为"您，亲爱的读者"，拉近了自己与读者之间的距离，无疑让此书受到了更广泛的欢迎。[12]

对索伊默进行讨论的德语贝多芬研究者不多，W.A.托马斯－桑·加利（W. A. Thomas-San Galli）是其中之一。在一个世纪前，他发现索伊默和贝多芬的"性格非常相似"。[13]索伊默坚称自己不是一个革命者，但与贝多芬在波恩时的教授尤洛吉乌斯·施奈德一样，他对欧洲的现状颇有微词。施奈德用语言和行动公然表达不满，索伊默则用尖锐而巧妙的散文对当时的政治局势进行分析。

贝多芬对时局的看法可能也受到了《步行去锡拉库萨》的影响，因为我们发现索伊默的自由主义政治观点和贝多芬的观点十分相似。如后文所述，索伊默的游记也为我们理解"英雄"交响曲开篇两个意义深远的和弦提供了重要线索。实际上，索伊默对维也纳和维也纳人的描述对于我们理解这部交响曲也有重要的帮助。索伊默用语言呈现的正是贝多芬用音乐呈现的。目睹了欧洲社会中的严酷现实后，索伊默发现维也纳这座城市虽然有很好的音乐氛围，但文化却颇为落后，而且饱受政治压迫。在这种环境下，他感到自己必须谨言慎行。贝多芬也对这里的限制和规定十分不满。他因内心不安而显得有些偏执，因为他相信，就像他经常声称的那样："在维也纳，没有人比我树敌更多。"[14]

索伊默是个阅历丰富的人，一位民主主义者，因为颇具冒险精神，他也曾经身陷困境。虽然他曾声称自己"绝不是一个革命者"，但他承认自己喜欢就有争议的话题畅所欲言，而不是谨言慎行。[15]在维也纳，他看到的是一群胆小怕事的民众，他们彬彬有礼，但对外来者十分警惕，他们胆怯羞涩，不敢在公共场合表达观点，即便听到有人低声讨论革命思想，他们也会感到害怕。简而言之，他们是生活在警察国家里的居民。虽然这里的官员都彬彬有礼，但索伊默很快发现，沉默寡言的维也纳人大多缺乏想象力和勇气。普遍的恐惧心理让很多人备感压抑。我们还记得，贝多芬也有过同样的感受。1794年，在奥地利首都生活了近两年后，这位作曲家写道："在这里，人们不敢大声说话，否则就会被警察逮捕。"

索伊默发现维也纳的咖啡馆里总是一片"虔诚"的寂静，这种寂静令他感到不安：

> 在维也纳，人们几乎从不讨论公共事务，有时你在酒馆里可能一连几个月都听不到一个与政治相关的词；你会发现人们必须严格遵从国家和教会的正统观念。咖啡馆里到处都是虔诚的寂静，仿佛在举行大弥撒，人们连大气都不敢出。虽然我习惯了轻声说话，但我总是无拘无束地畅所欲言，因此有一次我的熟人善意地指出了这一点，并告诫我要提防那些看不见的人［密探］。我不知道他们说的是否确有其事，但我经常看到人们因这些看不见的人而受到不公对待。[16]

有一次，索伊默在公共场所哼唱《马赛曲》。[17] 这首歌早已风靡欧洲，甚至也已传到了哈布斯堡王朝。他的哼唱"让在场的人感到不悦"。由此可见，当有人哼唱这首革命歌曲时，在场的人都要承担风险。

索伊默提到一位"不太具有政治头脑"的奥军退伍中校在哈布斯堡霍夫堡皇宫附近的一家咖啡馆里闲坐。和索伊默一样，他也感受到了这种"修道院般的寂静"。他被这诡异的沉默激怒，于是决定大胆发声：

229

"你们维也纳这里有什么魔鬼，这是什么该死的礼拜方式？不能在这儿说话吗？难道整座城市是一间巨大的加尔都西会修道院吗？这样下去你们会忘记怎样说话的。难道这里不许说话吗？我听过一些传闻，说在这里必须谨言慎行：是真的吗？这嘟嘟囔囔的声音太可恶了！我受不了了，我要大声说话，享受生活。"你根本想象不到在场的人听到这番言论后是什么表情！有些人一脸严肃，有些人一脸震惊，有些人笑了笑，还有些人觉得这是个玩笑，友好又意味深长地点点头。但没有人对他的话表示赞同。他说："我要回部队去，我不喜欢死人的生活方式。"[18]

索伊默在 1801 年所感受到的寂静在很早以前就存在了。自 1792 年到达维也纳后，贝多芬在附近的咖啡馆或小酒馆用餐时就经常能感受到这种寂静。[19]

索伊默短暂经历的正是作曲家的日常生活。在贝多芬生活的时代，维也纳人感受到的恐惧和压迫与日俱增。咖啡馆也变得越来越安静。政府的密探无处不在，人们还能去哪里和朋友交谈呢？索伊默感兴趣的问题应该也是贝多芬每天在思考的问题。"英雄"交响曲没有以更为传统的慢板乐章作为开头，而是用两个响亮的降 E 大调和弦震惊了我们，其中的一个目的就是要打破这座城市的沉闷气氛。索伊默通过哼唱《马赛曲》来唤醒咖啡馆里沉默的顾客，而贝多芬则希望用戏剧性的和弦惊醒听众。两人都取得了理想的效果。

索伊默来到维也纳时受到了很多阻碍，离开时也是一样的艰难。为他办手续的维也纳官员对他百般刁难，不允许他离开这里继续旅行。这名官员有着浓重的维也纳"香肠口音"（*Bratwurstdialekt*），索伊默对此进行了一些巧妙的模仿。[20] 经过百般周折，这名可怕的官员终于给他办好了手续，允许他继续南下。这位对维也纳没有任何好感的萨克森人高兴地离开了维也纳，再也没有回来。[21]

贝多芬与肖像

索伊默的《步行去锡拉库萨》和我们即将探讨的威利布罗德·约瑟夫·梅勒（Willibrord Joseph Mähler）绘制的贝多芬肖像都旨在探求一个有着民主理想和更高伦理道德水平的新世界。正如拿破仑为欧洲的政治传统带了巨大变革，贝多芬也致力于为西方的音乐发展进程带来变革。他希望自己的作品能够在欧洲各国掀起一场革命。现在，我们将目光从索伊默具有讽刺意味、语言尖锐的游记转向贝多芬的肖像，通过这幅肖像解读他创作"英雄"交响曲时的心路历程。

贝多芬喜欢欣赏其他作曲家的肖像。大约在 1814~1815 年，他在一则日记中写道："我房间里有亨德尔、巴赫、格鲁克、莫扎特和海顿的肖像。这些肖像有助于提高我的韧性。"[22] 当贝多芬感到迷茫时，昔日作曲大师的肖像能够激发他的灵感。贝多芬有相对便捷的途径可以获得艺术品。1801 年，他参观了著名艺术家、维也纳艺术学院院长海因里希·弗里德里希·菲格尔的画室，为他的波恩朋友弗朗茨·韦格勒订下了一幅历史题材的画作。在菲格尔的画室或是家境阔绰的赞助人家里，贝多芬都可以欣赏到菲格尔等人的历史题材画作、古希腊和古罗马题材的素描，以及菲格尔在艺术学院的亲密同事、雕塑家弗朗茨·安东·曹纳（Franz Anton Zauner）创作的古典人物半身像。菲格尔和曹纳的作品可能与荷马、普鲁塔克和李维的著作一起塑造了贝多芬对古典时期的理解及其共和主义政治观点。贝多芬所珍视的布鲁图雕像就是他对艺术的热爱以及他的政治理想的集中体现。

过去的肖像大多用以歌颂军事和政治领袖的英勇事迹与丰

功伟绩。在贝多芬的时代，这个传统得到了延续。18 世纪 90 年代的欧洲名人肖像描绘的似乎都是杰出的英雄人物。在启蒙思想的影响下，很多读过拉瓦特尔（Lavater）的四卷本权威专著《论面相学》（*Essays on Physiognomy*，1775~1778）及其修订版的艺术家开始从新的角度描绘当时的伟人和名人的相貌特征。得益于拉瓦特尔的影响，肖像画的地位相较于历史画有所上升。18 世纪 70 年代之前，肖像画一般通过严肃的表现手法和背景故事的渲染来展现一个人的神韵，而德累斯顿的安东·格拉夫（Anton Graff）打破了这一传统，在此方面，他的重要作用不亚于拉瓦特尔。在这个时代的肖像中，观赏者可以直接看出主人公的性格特点。此时的艺术家在给位高权重的人作画时，比以往更加突出他们的特点，因为人们认为，好的肖像不仅要画得像，还要表达某种观点。在 18 世纪晚期著名的政治家画像和雕塑中，吉尔伯特·斯图亚特（Gilbert Stuart）和让·安托万·乌东（Jean Antoine Houdon）创作的乔治·华盛顿肖像就是这一理念的杰出代表。

雅克-路易·大卫和安东尼奥·卡诺瓦（Antonio Canova）等人绘制的拿破仑像在拿破仑传说的缔造过程中也起到了重要作用。他们的作品展现了这位年轻将军的宏图大志。在《阿尔科莱的波拿巴》（1796）中，安托万·格罗描绘了率军征战的青年拿破仑，他一手执剑，一手举着三色旗。这幅画为拿破仑赋予了更为浓厚的传奇色彩。几年后，大卫在他的著名画作《翻越阿尔卑斯山的拿破仑》（1801）中，展现了这位年轻将军骑在站立的种马上意气风发的样子，歌颂了拿破仑勇敢无畏的精神。弗朗索瓦-勒内·德·夏多布里昂（François-René de Chateaubriand）一针见血地指出，与大卫塑造的这位具有传奇色彩的第一执政官相比，其他描绘日常生活中的拿破仑的肖像就显得黯然失色了："这位了不起的英雄将成为人们心目中真正的拿破仑，除此以外其他肖像都不会被人记住。"[23] 他说得没错。后来，大卫在《书房里的拿破仑》（1812）中描绘了这位皇帝为了臣民的福祉而彻夜工作的场景。通过展现拿破仑的自律精神、对工作的专注以及他为保持国家高效运转而不舍昼夜地工作，大卫表达了对拿破仑执政才能的钦佩之情。

贝多芬的肖像也具有同样的研究价值。与拿破仑（以及同时代的另一位著名人物拜伦）的肖像一样，贝多芬的每幅肖像差异都很大。在表现这些人物的特征时，艺术家不仅仅局限于他们的外表，可能也参考了主人公的想法。画家们不同的作品常常让我们好奇这些人的样貌到底是什么样的。但如果能加以仔细研究，贝多芬的肖像确实为我们理解和解读他的音乐提供了线索。

无论与本人相似与否，肖像都会使观赏者产生自己对主人公的理解。1827 年，14 岁的理查德·瓦格纳第一次听到贝多芬的《第七交响曲》时，他将自己的感受描述为"难以形容"。但比音乐本身更为震撼的是"平版印刷画中贝多芬的相貌以及他的失聪和与世隔绝的生活给我带来的额外冲击。很快我心目中就产生了一个至高无上的形象，代表了最崇高的创造力"。可见，连平版印刷画肖像都能给敏感的观赏者带来震撼。[24]

贝多芬对肖像很感兴趣。虽然他一生都声称自己不愿被画进肖像里，但从许多现存的肖像中可以看出他可能也有点喜欢这种经历，至少喜欢最终的画作。正如索伊默的《步行去锡拉库萨》能帮助我们了解贝多芬的政治思想，作曲家的肖像也能帮助我们了解他的外表以及他的价值观和音乐。贝多芬初到维也纳时，不了解他的人可能会认为他是个花花公子。他当时仍然是受雇于科隆选帝侯的音乐家，实际上属于高级公务员，因此他的着装也体现了这一点："绿色外套，绿色过膝马裤，白色丝袜，三角帽和有着银色带结的剑。"[25] 在维也纳，贝多芬上过舞蹈课，养了一匹马，（据说）他的大部分钱都花在了衣着打扮上。[26] 但到了 1794 年，科隆选帝侯不再向他支付薪水后，他的外貌随之发生了变化。

法国大革命与 18、19 世纪之交一样，将几代人分隔开来。正如贝多芬的"英雄"交响曲与海顿、萨列里和莫扎特的交响曲存在巨大区别一样，他的自我表达方式也与这些作曲家截然不同。贝多芬是新秩序的支持者，他的穿着也体现了这一点。正如蒂姆·布兰宁（Tim Blanning）所说，全欧洲的"音乐爱好者都能看出，贝多芬的外表与他的作品是相似的——热情洋溢、不屈不挠、令人兴奋、我行我素，最重要的是极具独创性"。[27]

巴赫和莫扎特的肖像只有几幅，贝多芬则不同，许多画家都曾为他画像。贝多芬的崇拜者被贝多芬音乐中的非凡活力所打动，也希望了解这位偶像是什么样子。他们研究贝多芬的行为举止、生活方式和相貌穿着。他是第一位在世期间就成为文化偶像的音乐家。因此，贝多芬的肖像画很有市场，出版商不停地印刷他的肖像，先是以版画形式出版，19 世纪 20 年代技术进步后，多数肖像都以平版印刷画的方式呈现。

解读这些肖像并非易事。显然，在职业生涯的大多数阶段，贝多芬都是引人注目，甚至异乎寻常的人物。在他生活的时代，照片还很少见，直到 1839 年这一技术才被普及。因此我们只能通过贝多芬的油画和蜡笔肖像、雕塑、袖珍画、版画甚至是 1812 年的面部模型了解他的容貌。从这些肖像中，我们了解到他有着犀利的眼神和如炬的目光。他的眼睛不大，深陷在宽阔的额头下方，眼眸很可能是棕色的。他的肤色黝黑，脸颊上有天花（当时十分普遍的一种疾病）留下的疤痕。

有趣的是，贝多芬的肖像和拿破仑的肖像在某些方面有相似之处。两人都身材矮小、身体健壮、脑袋较大、神色凝重。两人青年时期都很瘦，随着年龄的增长，身材略显臃肿。[28] 1824 年，竖琴制造商、诗人 J.A.施通普夫（J. A. Stumpff）在巴登见到了贝多芬，在比较贝多芬和拿破仑的体型时，施通普夫说贝多芬有着大骨架、短脖子和宽肩膀。他认为贝多芬和拿破仑的性格有些相近。[29]

234

青年时期的贝多芬注重仪表、穿着整洁，随着年纪的增长，他对自己的外表越来越不在乎，个性也变得越来越古怪，难以相处。凯鲁比尼对贝多芬粗鲁的处事方式十分反感，说贝多芬是一头"无礼的熊"；歌德也不喜欢这位作曲家鲁莽无礼的个性，说他是个"完全没有教养的人"。[30] 贝多芬经常哼唱着头脑中的旋律在维也纳狭窄拥挤的街道上横冲直撞。一些年轻人有时会嘲笑他与众不同的穿着和奇怪的行为，整体而言，他的样子令维也纳人感到难以理解。[31]

从 1804~1805 年梅勒绘制的贝多芬肖像中，我们可以看出贝多芬在创作"英雄"交响曲时对自己有着怎样的设想。这幅肖像不仅证明了贝多芬将自己视为革命者，同时也支持了我的论点，即"英雄"交响曲体现了作曲家对革命的积极支持。如果我们无法从其他资料中了解贝多芬当时的政治立场，仅凭这幅肖像就能获得很多信息。但若要正确地理解这些信息，我们需要先探讨当时另外一幅著名的肖像，即约翰·海因里希·威廉·蒂施拜因（Johann Heinrich Wilhelm Tischbein）绘制的歌德肖像。

蒂施拜因的歌德肖像

在朋友拉瓦特尔的影响下，蒂施拜因也和当时的很多画家一样，力图通过主人公的面部特征来展现人物性格。启蒙运动对天才的热衷让人们对思想家和艺术家的追捧与日俱增。18 世纪末，不少画家和文学家都对罗马产生了极大的兴趣。游客纷纷涌入这座"不朽之城"，他们不仅将罗马看作天主教的圣地，更将其看作古典文化和文艺复兴的摇篮。

在 1787 年创作的歌德肖像中，蒂施拜因将这位看起来十分放松的《意大利游记》（*Italian Journey*）的作者放在了罗马的背景下。画家笔下的歌德以舒适的姿态眺望着散落在罗马乡间的古代遗迹，以此体现歌德的广泛兴趣。此时的歌德已年近四十，他十分清楚让他在意大利受到广泛文化熏陶的"漫游时代"（*Wanderjahre*）已接近尾声。蒂施拜因笔下的歌德半侧着脸，一顶宽边帽如同围绕在他头顶的世俗光环。歌德刚刚完成他的剧作《在陶里斯的伊菲革涅亚》（*Iphigenie auf Tauris*），这部作品也受到了欧里庇得斯同名剧作的影响。

蒂施拜因这幅真人大小的画像将歌德刻画成了一个受人崇拜的英雄，一位诗歌王子。当时，以自然风景为背景塑造肖像人物还是个新理念。这一理念主要来源于卢梭的著作，尤其是《一个孤独漫步者的遐想》（*Reveries of a Solitary Walker*）第五章中的内容。蒂施拜因笔下这位斜倚着的诗人让人联想到古代雕塑的姿态。歌德身上的米黄色风衣形似古罗马时代的托加袍，他以从容而高贵的姿态若有所思地凝望着眼前荒凉又颇具历史底蕴的景象。

对古典文化的推崇主要源于约翰·约阿希姆·温克尔曼（Johann Joachim Winckelmann）的著作，尤其是两部曾经风靡一时的作品《希腊美术模仿论》（*Reflections on the Imitation of Greek Art in Painting and Sculpture*，1755）和《古代艺术史》（*History of Ancient Art*，1764）。温克尔曼所说的"高贵的单纯和静穆的伟大"深深地影响了歌德对古代世界的看法，进而影响了蒂施拜因的画作。温克尔曼认为，应将研究古代范例"作为一种洞察永恒真理的手段，这些真理被认为是表象世界中多样性的基础"。[32] 蒂施拜因的歌德画像也体现了这一点，他刻画的歌德试图通过眼前的废墟理解其中的考古学、艺术和文学内涵。他坐在一座倒塌的、刻有埃及象形文字的方尖碑上。在他的视野范围内，可以看到爱奥尼柱式建筑、古罗马渡渠的遗迹以及远处亚壁古道上的塞西莉亚·梅特拉陵墓。蒂施拜因甚至还在画中加入了一座浮雕，浮雕中的场景出自歌德本人的《在陶里斯的伊菲革涅亚》，将背景与歌德的文学成就更紧密地联系了起来。[33]

236

梅勒的画像

梅勒的贝多芬画像和蒂施拜因的歌德画像以全新的方式塑造了一种新的主人公形象。歌德的画像展现了一个处于巅峰时期的人，他能够充分发挥自己的才华，做出伟大的成就或产生伟大的思想。梅勒笔下的贝多芬也是一样。梅勒和蒂施拜因都曾在德累斯顿的安东·格拉夫门下学习，都力求在画作中展现主人公的精髓。但是此时的贝多芬想做什么事，脑中有着怎样的想法，而梅勒又希望通过他的画作传达什么信息呢？这幅画是体现"英雄"交响曲和《莱奥诺拉/菲岱里奥》时期的贝多芬的主要肖像。和近二十年前蒂施拜因所作的歌德画像相比，这幅贝多芬画像有着几乎同等重要的意义。蒂施拜因和歌德对彼此十分熟悉，梅勒和贝多芬也是如此。通过了解他们的共同目标，我们可以发现贝多芬本质上将他的新交响曲视为革命的赞歌，这场革命不仅是音乐上的，同时也是一场能够让人类获得更多自由的社会性革命。

梅勒出生在莱茵河上游的村庄埃伦布赖特施泰因（Ehrenbreitstein），它坐落在科布伦茨对岸的一个悬崖脚下。埃伦布赖特施泰因对于贝多芬来说也有着重要意义，他深爱的母亲玛丽亚·玛格达莱娜·克费里希（Maria Magdalena Keverich）就出生在这里。1803年秋天，梅勒到达维也纳后不久，他和贝多芬共同的朋友斯特凡·冯·布罗伊宁就带他前往维也纳以南的温泉小镇巴登拜访贝多芬。交谈了一会儿之后，贝多芬用钢琴演奏了"英雄"交响曲的第一乐章，"然后没有丝毫停顿地演奏了一首自由幻想曲，一直持续了两个小时"。[34] 正如维也纳的贵族所知，贝多芬不会随意为任何人演奏，贵族们常常为此感到遗憾和烦恼，因此我们可以假设梅勒和贝多芬从一开始就相处得十分融洽。

创作这幅肖像时，梅勒显然从利奥波德·拉杜为贝多芬深爱的祖父绘制的油画肖像（约 1770 年）中汲取了灵感，贝多芬曾要求波恩的韦格勒将这幅画寄给他，而梅勒应该也在贝多芬的住处见过这幅画。在这幅肖像中，贝多芬的祖父凝视着我们，右手指向一份音乐手稿，经鉴定该手稿出自佩尔戈莱西的轻歌剧《女仆做夫人》（*La serva padrona*）。

与蒂施拜因的画作一样，梅勒的贝多芬肖像借鉴了历史画和当时的肖像画传统。为了塑造出画家心目中的"贝多芬"，这两种手法都是必要的。艺术史学者和贝多芬研究者都对梅勒的贝多芬画像进行过深入的分析，但他们仍旧遗漏了一些重要问题，其中一个问题就是很少有人将这幅画作为理解贝多芬当时政治思想的关键。歌德在罗马经历了"新生"，而贝多芬也在到达维也纳十年后开辟了一条音乐上的"新道路"。梅勒的贝多芬肖像将有助于我们理解这条新道路。

我们不能因为无法理解贝多芬音乐中的含义，就说他的音乐没有含义。音乐本身可以被解读，或者正如歌德在关于"活动"（Tätigkeit）① 的文章中指出的（贝多芬也认同这一观点），音乐可以被视为一种"活动"。[35] 音乐是贝多芬的"活动"，

---

① 杨武能在《歌德的立体全身雕像——论艾克曼〈歌德谈话录〉》[《同济大学学报》（社会科学版）2012 年第 6 期］一文中指出，"活动"是歌德人生观中的核心概念，指人为达到某种目的而采取的行动，包括文艺创作、科研、社会政治或商业活动。歌德认为"精神活动"是人类精英精神永存的关键。

他能用音乐表达出文字所不能表达的情感与思想。我认为，梅勒的肖像也具有同样的效果。梅勒为贝多芬画像时，贝多芬在音乐界已经享有一定的名气。这幅肖像体现的正是贝多芬在完成"英雄"交响曲和创作《莱奥诺拉》时的思想状态。

梅勒笔下的贝多芬差不多35岁，蒂施拜因笔下的歌德大约也处于这一年纪。蒂施拜因想创作一幅标志性的肖像，体现出歌德不仅是一位诗人，也是一位艺术家（虽然成为画家的希望已十分渺茫，但当时歌德依然没有放弃这个梦想）。正如歌德所说，蒂施拜因从歌德对古典文化的兴趣入手，从下笔之初就让画面有了整体性。[36]梅勒也渴望创作一幅贝多芬的标志性肖像，通过姿势、表情、动作，以及——最重要的——贝多芬身后的景象表现出他的性格、成就、价值观，甚至是他的愿景。

肖像中的一些关键细节是在贝多芬的建议下，或更有可能是在他的坚持下设计的，其中包括他的姿势（他似乎处于动态之中）、面部表情（非常严肃，但又迷人且风度翩翩）以及为我们了解这幅肖像的主旨提供了重要线索的背景环境。梅勒采取了18世纪名人肖像中常见的表现手法，他画中的贝多芬呈坐姿，重心放在一条腿上（通常是右腿，和这幅画一样），左腿主要用于保持平衡。梅勒也拉长了贝多芬的身体和脸，使他显得格外清瘦和年轻。与当时的其他几位艺术家一样，包括1802年为贝多芬绘制袖珍画的克里斯蒂安·霍内曼（Christian Hornemann），梅勒笔下的贝多芬留着蒂图斯式的短发。这个发型不仅凸显了贝多芬年轻的容貌，也体现了他的政治立场。贝多芬的姿势展现出了他的充沛活力。虽然是坐姿，但作曲家似乎马上就会跳起来。他的左手拿着一把里拉琴，这是当时很流行的一种乐器，据说古希腊音乐之神阿波罗使用的代表性乐器就是里拉琴。[37]

贝多芬在当时属于中等身材，他有着宽阔的肩膀和硕大

238

的脑袋。没几个人会把他的外表与阿波罗联系起来，梅勒的画像也不例外。人们通常也不会认为贝多芬的音乐体现了阿波罗式的理性和克制。贝多芬对希腊历史和神话十分了解，他将自己和他的音乐与希腊神话中黑暗、不羁、狂热的一面联系在一起，简而言之，他认为自己更像狄俄尼索斯，即罗马神话中的酒与狂欢之神巴克斯。结合他充满活力的作品以及这些作品中炽热的终曲乐章来看，画中贝多芬的姿势表现了他酒神式的活力，而非阿波罗式的沉着。[38]

在田园风光的背景下，贝多芬伸出右臂，手掌朝向观赏者。他的目光严肃而自信，伸出的手臂似乎在招手致意，邀请我们一同走进画中。贝多芬研究者彼得·施洛伊宁（Peter Schleuning）认为这是古代英雄在取得胜利时摆出的手势。[39] 另一位贝多芬研究者说这幅画描绘的是"一位现代的荷马"。[40] 这个手势也是肖像中常见的问候手势，斯图尔特为华盛顿绘制的经典肖像也采用了这个手势。梅勒指出："右手伸展开，仿佛他突然有了音乐灵感，打起了拍子。"[41] 当然，这个手势也体现了人物的活力、倾向和使命。我们也可以将它理解为贵族或皇帝的手势。贝多芬认为自己有着过人的才华和成就，是音乐领域名副其实的皇帝。

风景中的线索

第一次看到梅勒的贝多芬画像时，我们一般会将目光聚焦在贝多芬的面部，很少会注意他的姿势，更不会注意画中的风景。但最后这一点值得我们进行一番仔细研究。最左侧的圆形外柱廊式建筑（Rundtempel）是希腊的圆形神庙（tholos）。梅勒将其称为"阿波罗神庙"，因此我们可以这样理解。罗马和蒂沃利（Tivoli）的灶神庙都由这种神庙发展而来，几百年后，凡尔赛宫花园里的爱神之殿（1778）等建筑也是仿造这类建筑设计的。在古典时期，神庙内部可能矗立着阿波罗或其他神明的雕像;而在现代,庙里一般没有这种雕像。至于梅勒的神庙中是否有雕像,我们无法从画面中做出判断。

但即便如画家所说,这座神庙是用来供奉阿波罗的,它体现的也是贝多芬与阿波罗之间的联系,甚至可以说,它是一个意象,代表了贝多芬毕生推崇的古代文化。阿波罗象征着光明、智慧和创造力。他的神庙如守护天使一般守护着这片风景以及风景之中的贝多芬。阿波罗的性格和事迹体现了共和主义理想,后来的卢修斯·尤尼乌斯·布鲁图等古代英雄也是一类理想的典范。

画中的神庙对于贝多芬来说还有另外一层含义。几年前,在写给韦格勒的一封信中,作曲家向这位波恩的朋友保证:"基于这些品质为神圣友谊建立的新神庙将永远屹立不倒,没有任何不测或风雨能撼动它的根基。"[42] 在这样的神庙里,有一群志同道合的伙伴聚集于此,他们因共同的信仰和使命建立了友谊。在席勒的《威廉·退尔》中,瑞士革命者因崇尚自由团结在一起。贝多芬也很喜欢这部剧作,而且它和梅勒的贝多芬画像正好创作于同一年。后来,在《第九交响曲》的高潮部分,贝多芬宣称,总有一天,所有民族都会为了未来的希望而团结起来。因此,画中的圆形神庙并非仅用于体现贝多芬具有阿波罗一般的天赋。它是人们为实现共同目标而团结在一起的象征。此外,在解读神庙的意义时,我们也需要对画面中最不寻常、最具启示性(也是人们讨论最少)的元素——草地上两棵并排的树——进行讨论。

贝多芬伸出的手臂挡住了这两棵树。从隐约可见的三角形树冠可以看出它们是针叶树。[43] 树木、神庙以及前景中茂密的植被构成了一种平衡,让我们感觉到,从某种程度上说,它们与贝多芬高举的手臂相得益彰。来自画面左侧的光线(从阴影可以看出这一点)打在贝多芬的脸上和两棵树上。从他的手臂

240

姿势和坚定、严肃、毫不妥协的面部表情来看，他似乎在保护这两棵树。

在贝多芬的时代，园林设计已成为一个热门话题。那时关于塑造和布置自然景观的美学理念刚刚形成，当时一些最知名的园林设计手册都是基于这样的理念编写的。尽管树木是 19 世纪早期园林设计中不可或缺的一部分，但没有一位设计师会在平坦空旷的草地中间种植两棵针叶树。英国和欧洲大陆的园林设计手册大多从"能人"布朗① 对乡间庄园的"改造"工作中汲取灵感。他们主张用树丛点缀起伏的绿地，在约翰·康斯太布尔（John Constable）的画作中就能看到这样的景观。对于比较突出或与众不同的树，艺术家可能会在画面中将它隔离开，比如卡斯帕·大卫·弗里德里希（Caspar David Friedrich）就经常使用这种手法。在贝多芬的时代，"英式花园"的热潮席卷欧洲。郁郁葱葱的草坪，"S"形或"优美的线条"，蜿蜒的溪流，精致的桥梁，以及位置得当的古典建筑，都体现了将花园布置得如诗如画的审美理念。因此，在这种精心规划的理想花园中，树木被视为一个设计元素。对当时的景观美学有所了解的人可能会认为梅勒画中这两棵孤立的树木缺乏美感。这两棵树也许不符合当时的审美标准，但它们代表的是另一种品质：自由。

自由之树

在 1789~1790 年的法国大革命之后，信仰革命理想的法国市民种下了自由之树。通常在 5 月，革命派当选为市政官员后，市民会在市政广场上种一棵树。这样的树有时也被称为"五月

---

① 兰斯洛特·布朗（Lancelot Brown，1716~1783），英国的园丁和景观设计师，至今仍是风靡欧洲的英国园林风格历史上最著名的人物。他的口头禅是"这里大有可为"（It has great capabilities），因此被称为"能人"布朗（Capability Brown）。

卢修斯·尤尼乌斯·布鲁图的
小雕像。贝多芬一生都很敬仰
罗马共和国的创始人卢修斯·尤
尼乌斯·布鲁图。他的书桌上
一直摆放着这尊小雕像。贝多
芬波恩故居

雅各布·阿尔特 (Jakob Alt)，《从十字架风向标远眺维也纳》，1817 年。在贝多芬的时代，维也纳被乡村环绕，他也喜欢在乡间散步。画面中间远处的建筑物是圣斯蒂芬大教堂

英国画派，《攻占巴士底狱》，女性在法国大革命中发挥了重要作用。画中的这位女性身着法国大革命的服装，手持利剑，呼吁人们烧毁巴士底狱。贝多芬歌剧中的莱奥诺拉展现出的英雄气概也暗含着法国大革命的精神

左：莱奥诺拉用手枪指向故事的反派唐·皮萨罗。1822 年，威廉明妮·施勒德－德弗里恩特以《菲岱里奥》中莱奥诺拉的形象首次亮相。她对这个角色的演绎让她享誉欧洲

右：约瑟夫·威利布罗德·梅勒，《贝多芬像》，1804 ～ 1805 年。这幅肖像体现了贝多芬当时的革命思想

左：约翰·海因里希·威廉·蒂施拜因，《罗马乡村平原上的歌德》，1787 年。我将这幅歌德肖像与梅勒的贝多芬肖像进行了对比。贝多芬和歌德都是当时文化界的伟大人物

右：托马斯·萨利（Thomas Sully），《拜伦》，1827 年。拜伦对法国大革命和拿破仑的看法与贝多芬相似

安托万·格罗 (Antoine Gros),《阿尔科莱桥上的拿破仑》，1796 年。在 1796 ~ 1797 年的意大利战役中，年轻的拿破仑在阿尔科莱战役中大胜奥地利。画面中显眼的三色腰带赞扬了他对法国大革命理想的支持

让·奥古斯特·多米尼克·安格尔（Jean Auguste Dominique Ingres），《王座上的拿破仑一世》，1806 年。拿破仑穿着玫瑰色的皇袍，以一个更强大的"太阳王"路易十四的形象出现。贝多芬对拿破仑的这一形象大加谴责。出于愤怒，他划掉了"英雄"交响曲封面上写给拿破仑的献词

雅克－路易·大卫，《杜伊勒里宫书房里的拿破仑》，1812 年。大卫
描绘了拿破仑为了国家福祉彻夜工作的场景。为他量身打造的红白蓝
服饰告诉我们，此时的拿破仑希望强调自己是大革命理想的继承者，
在他晚年的著作中，拿破仑一直在宣扬这一观点。后来贝多芬意识到，
拿破仑即便有一些缺点，也依然比奥地利及其盟国那些反对变革的君
主强得多

乔瓦尼·巴蒂斯塔·皮拉内西，《“想象中的监狱”第七幅：吊桥》，1745 年。和那个时代的很多人一样，恐怖的监狱生活让皮拉内西难以释怀。同样对此难以释怀的还有贝多芬，他在歌剧《菲岱里奥》中描绘了狱中场景

左：欧仁·德拉克罗瓦，《西庸的囚徒》，1834 年。德拉克罗瓦的灵感来自拜伦的同名诗作，这首诗描写了地牢中的生活

右：约瑟夫·卡尔·施蒂勒，《贝多芬》，1819～1820 年。从这幅肖像中鲜明的革命色彩可以看出晚年的贝多芬依然是一位革命者

费迪南德·瓦尔德米勒,《贝多芬》,1824 年。费迪南德·乔治·瓦尔德米勒第一次为贝多芬画像时,两人就发生了争执,因此瓦尔德米勒只见过贝多芬一面。瓦尔德米勒以一种极度现实的手法表现出了作曲家的糟糕情绪,同时也体现出了贝多芬坚定、果决且倔强的性格

约翰·内波穆克·赫希勒（Johann Nepomuk Höchle[1]），《贝多芬的房间》，1827 年。这幅画绘于 1827 年贝多芬去世的三天前，画家通过描绘贝多芬最后的住所施瓦茨施帕尼尔故居（Schwarzspanier Haus）钢琴旁的空椅子，表达对贝多芬的思念与惋惜

---

1. Höchle，多拼写为 Höechle。——译者注

卡尔·斯特雷尔（Karl Sterrer），1920 年维也纳分离派的贝多芬展海报。斯特雷尔在赫希勒的画上叠加了一个巨大的贝多芬半身像。这一充满张力的画面有力地将贝多芬表现为一种强大的形象，与赫希勒画作中的缺席形成对比。1919 年，哈布斯堡王朝解体，但贝多芬却"活了下去"

之树"，它象征着革命和人们对新生活的期盼。例如，法国革命者将本杰明·富兰克林视为美国和法国的革命英雄，因此他们在富兰克林居住过的街区种下了一棵自由之树来纪念他。[44]"五月之树"很快在法国各地流行起来，成为公众意识中的一个新符号。

更确切地说，树的意象由来已久，但在此时被赋予了新的含义。许多文化中都崇尚树木。[45]早期基督徒在象征着永生的榆树下做礼拜。在英国的民间传说中，自罗宾汉时代起，绿色就一直象征着革命和自由。在美国独立战争之前的几年里，"自由之树"在美洲殖民地发挥了重要作用。1765年，波士顿人聚集在一棵大榆树下对英国印花税法案表示抗议。此后，每当庆祝胜利或对英国的政策表示抗议时，人们都会聚集在这里。波士顿人称它为"自由之树"，它也成为其他地区"自由之树"的起源。很快，"自由之树"就遍布新英格兰大地，后来沿海岸传到南卡罗来纳州，甚至远至佐治亚州的萨凡纳。由于法国对美国的革命事业给予了积极支持，数以千计为美国自由而战的法国士兵可能将"自由之树"这个想法带回了祖国。

随着革命思想逐渐深入人心，种植和装饰自由之树的习俗从法国传播到被法国占领的意大利北部、瑞士和德意志部分地区。早在1792年9月20日决定性的瓦尔密战役开始之前，一些莱茵兰城市就已经处于法国的控制之下了。"自由之树"及其象征的理想在贝多芬的家乡逐渐生根发芽，当地出现了50棵"自由之树"。[46]不久之后，人们为这些树挂上了缎带花结（军队的标志，通常为绿色）。1794年，波恩的广场上也出现了一棵"自由之树"。[47]虽然贝多芬在将近两年前就离开了家乡，但他可能在其他地方或在前往维也纳途中见过"自由之树"。1794年，在反对革命的奥地利，大革命的拥护者（其中不乏一些知名人士）在维也纳郊外的山谷里种下了一棵"自由

242

之树"，并围着树跳舞。为此，他们不可避免地受到了当局严厉的惩罚。[48] 这些常青树标志着旧时代的终结和新时代的诞生。"自由之树"被革命者视为自由精神和人权的象征，并继续激励着后世的人们。

但我们怎么知道梅勒画中的树是不是自由之树呢？画中的树与欧洲很多真正的"自由之树"不同，在 18 世纪 90 年代初期刚种植下去的时候，这些树的树干又小又细，人们会把这些树苗装饰起来。大约十年后，它们会长成成熟、健康的针叶树。多数针叶树生长迅速。即使到了冬天，它们的针叶也不会掉落，还会长出新叶。奥地利政府和英国政府一样，后来都不再允许公民在境内种植自由之树。在这种情况下，如果梅勒还将"自由之树"画成 18 世纪 90 年代被装饰一新、病恹恹的样子，那他就太鲁莽了。他在贝多芬肖像中描绘的高大而健康的树木是活下来的"自由之树"，它们丰茂的外表预示着人们对自由的希望将得以实现。在希腊神庙脚下的大地上，它们象征着受古典思想启发的革命理想。这些树也让我们想起了普鲁塔克笔下具有牺牲精神的古代英雄，那些逝去的英雄通过他们的精神鼓舞着现世的人不要惧怕牺牲，与暴政抗争到底。梅勒画中的两棵树完成的正是这样的使命。它们暗示着革命理想未曾熄灭，而贝多芬的音乐表达的正是这种理想。

1804~1805 年问世的"英雄"交响曲和《莱奥诺拉》体现了贝多芬仍坚持着他对政治自由的信仰。并非每个人都有这样坚定的立场。大革命的惊人力量在巴黎等地爆发十年后，许多人觉得欧洲已迷失了方向。然而，梅勒画中的树木告诉我们，贝多芬依然相信自由的存在，而自由的应许之地就在咫尺之外。贝多芬的肢体语言似乎在说："让我带你们去那里。"画中的他鼓励观众踏进这片土地，正如他的音乐鼓励愿意接受新事物的听众凝神聆听其中的革命讯息。如果你愿意，可以将梅勒的画作视为"英雄"交响曲和《莱奥诺拉》的视觉补充，甚至可以将其看作索伊默的《步行去锡拉库萨》的补充。

通常欧洲城镇或村庄的居民只种植一棵"自由之树"。然而，在梅勒的画作中，我们却看到了两棵树。如果我们仔细观察，会看到这两棵树一前一后，紧紧贴在一起，甚至相互纠缠着。贝多芬想让梅勒传达什么信息呢？我愿在此提出几个假设。会不会其中一棵树代表用音乐歌颂自由的贝多芬本人，而另一棵树代表他新结识的画家朋友梅勒呢？与持有相似政治观点的人相处时，贝多芬通常会感到更为自在。作为贝多芬的莱茵兰同乡和他终生的朋友，梅勒可能也支持共和主义，甚至支持革命理想。

关于这第二棵树，另一种猜测也许更说得通。它会不会代表了那个贝多芬十分感兴趣并对其事业发展极其关注的人，即拿破仑·波拿巴？他以第一执政官波拿巴为灵感创作了"英雄"交响曲，还打算将这部最新的、迄今为止最伟大的作品献给波拿巴，并以他的名字为这部交响曲命名。1818年，创作了8部交响曲的贝多芬声称"英雄"交响曲是他最得意的作品，而且可能很早以前就是他的最爱。"英雄"交响曲问世之前，拿破仑就以杰出军事战略家的身份著称，他似乎也是一位支持自由权利的领导者。至少在1804年之前，很多人认为他是一位开明的政治领袖，为他的国家带来了秩序和繁荣。全欧洲的自由主义者都将法国作为评判自己国家发展的标杆。对于许多人来说，在这个长期由强大王朝的国王和皇帝统治的欧洲，实现持久变革的最大希望，甚至唯一希望就是这位第一执政官。贝多芬让梅勒将两棵"自由之树"联结起来，可能希望以此表达他对拿破仑的支持。他倾向于认为拿破仑和他一样，相信人类终将走向自由。拿破仑贯穿"英雄"交响曲的始终，但这部交响曲真正的、根本上的主题其实是革命。尽管多年来

244

贝多芬对拿破仑的看法起起伏伏，但他对革命以及革命能够让人类走向美好未来的信念却始终如一。拿破仑参与了一场伟大的革命，这场革命改变了世界。贝多芬也将自己视为革命的参与者。在这幅肖像中，他与拿破仑并肩站在一起，两棵相连的"自由之树"如同两座相连的自由灯塔，贝多芬通过音乐推崇自由理想，他肯定也希望拿破仑能以同样的热忱通过其治国之道推动公民的自由权利。

在梅勒的画中，还有另一棵树值得我们注意。在画面右侧贝多芬的身后，赫然耸立着一棵巨大而多节的阔叶树，从树的大小和枝叶来看，它很可能是一棵橡树。在绘画中，倒下或被毁坏的树通常象征着死亡，包括人类的死亡或自然界中生命的凋零。亚历山德拉·科米尼（Alessandra Comini）将这里的树称为"戏剧性的枯萎之树的意象"。[49]欧文·扬德尔（Owen Jander）认为它与弗里德里希①的素描和油画中孤零零的树有着异曲同工之处。[50]他指出，梅勒和弗里德里希都在德累斯顿学习过，而这种树正是德累斯顿学派画家的典型手法。[51]但梅勒笔下的橡树显然正走向死亡。在欧洲早期的风景画中，枯死或垂死的树木象征着时间的流逝和生命的更迭。例如17世纪荷兰画家雅各布·范·勒伊斯达尔（Jacob van Ruysdael）的作品中就常常出现失去生命力的树木这一意象。[52]梅勒画中垂死的橡树除作为田园景色的一部分之外，还有着其他意义。虽然它比"自由之树"更大，但它代表了一个没有希望的旧事物，至少在一个开明的世界里，它已失去了未来。

尽管在1804年，君主制仍统治着欧洲的大部分地区，但贝多芬并未将未来的希望寄托在君主制身上，而寄托在了"自

---

① 可能指卡斯帕·大卫·弗里德里希（Caspar David Friedrich，1774~1840），德国早期浪漫主义风景画家。

由之树"所象征的世界。与垂死的橡树相比，贝多芬手臂后方的"自由之树"展现出了健康与活力，这种绿色是希望的颜色，也是许多革命者身上缎带花结的颜色。在画面右侧的"专制主义之树"苟延残喘之时，象征贝多芬革命热情的"自由之树"仍有着持久的生命力和光明的未来。

贝多芬背对着"专制主义之树"。实际上，这个姿势体现了他对这棵树所代表的事物的漠视。当他邀请观赏者踏入两棵茁壮成长的"自由之树"所处的革命领域时，他的深蓝色斗篷从肩膀上滑落下来。[53] 这时，一条鲜红色的衬里露了出来。科米尼指出："红色衬里的外套如古典时代的服装一样缠绕住他的下半身。"[54] 确实如此。但是这条红色的衬里十分显眼。它的作用不仅仅是将深色斗篷和深色的树木分隔开。红色也是革命者的代表色。历史学家西蒙·沙曼（Simon Schama）告诉我们："作为巴黎的颜色，红色和蓝色成了这里公民士兵制服的颜色。"红色代表"为自由而流的鲜血"，它也是法国三色旗上的色彩之一。

如果我们接受这种对梅勒画作内涵的复杂解读，那么"红色"衬里就代表着将垂死的"专制主义之树"烧毁。毫无疑问，这棵树迟早会自然死亡，但贝多芬希望亲自点燃它，加速它的死亡。红色衬里点缀了画中的人物，而这位主人公正是一个常常在书信中发表不当言论，并喜欢（且不惮于）开粗俗玩笑的人。画面中的红色是一个隐晦而巧妙的双关手法。画家将大衣衬里放在这个位置，表达了贝多芬对他认为即将消亡的专制主义的蔑视。总而言之，这幅肖像表面上描绘了田园风光中一位身着礼服的中产阶级男性，但实际上它表现的是充满革命意象的景观中的一位革命者。

通过这幅肖像，梅勒将贝多芬《第三交响曲》中关于自由和解放的信息以视觉方式表达了出来，引导我们凝神聆听贝多

246

芬的音乐。贝多芬的大部分音乐都体现了他对革命的信仰，这里的革命不仅指从根本上改变社会的本质，也指将音乐提升到新的高度。毕竟，普罗米修斯和拿破仑都是革命者，而贝多芬的"英雄"交响曲讲述的就是普罗米修斯和拿破仑的奋斗历程。最重要的是，梅勒的画作和贝多芬的交响曲都是贝多芬乌托邦式愿景的化身。和他珍视的古罗马诛弑暴君者卢修斯·尤尼乌斯·布鲁图的雕像一样，贝多芬一直将梅勒所作的画像保留在身边。直到贝多芬去世几十年后，这幅画才成为公共收藏品。

14

1808 年贝多芬个人音乐会之前

他提到了贝多芬……这时音乐声响起。米克抬起头，举起拳头，抵住喉咙。

她拼尽全力想要听清全部。乐曲在她心中沸腾。该怎么办呢？是应该抓住精彩的部分，反复回味，以便深深地记在脑海里——还是应该放松地聆听每一部分，不去思考也不尝试去记住。天啊！整个世界都是这首乐曲，她却还是听不够。

——卡森·麦卡勒斯（Carson McCullers）[1]

重燃的创造力，1802~1808

1802 年，也就是写下《海利根施塔特遗嘱》的那一年，贝多芬为自己构想了一条"新道路"，这条新道路开启了他的一个重要创作时期，更宣告了一个新艺术时代的到来。美国著名音乐学家约瑟夫·克尔曼（Joseph Kerman）说它"如同济慈初次读到恰普曼翻译的荷马史诗"①，也就是说，这是一个具有变革意义和启示性的重要时刻。经过多次徒劳的尝试，贝多芬的听力仍未出现好转的迹象，但正如伊格纳兹·冯·塞弗里德描述的那样，贝多芬依然"开朗、乐观、友好、神采奕奕，享受着生活，常常喜欢开玩笑和讽刺别人"。[2]

贝多芬将《海利根施塔特遗嘱》中的绝望化为创造力。除"英雄"交响曲和《莱奥诺拉》之外，贝多芬这一时期的作品还包括"华尔斯坦"（1803~1804）和"热情"（1804~1805）

---

① 指济慈的诗作《初读恰普曼译荷马史诗》。

两首钢琴奏鸣曲。"华尔斯坦"（Op.53）节奏鲜明、旋律优美，而"热情"（Op.57）则让我们感受到了一种新的审美理念。"热情"奏鸣曲一经出版就受到人们的欢迎，它比《第五交响曲》更早为人们所知。

"英雄"交响曲开工后，1803 年末，贝多芬也开始着手创作《三重协奏曲》。这部作品也在很多方面开创了先河。《三重协奏曲》的非公开首演是和"英雄"交响曲同时在洛布科维茨的宅邸里进行的。如果说"英雄"交响曲旨在拓宽交响乐的领域，那么《三重协奏曲》则致力于实现三位演奏者之间的调和。在解决这一艺术问题方面，《三重协奏曲》堪称典范。它也许不能代表贝多芬的最高水准，但已远远超出了其他作曲家的水平。著名的贝多芬研究者唐纳德·托维（Donald Tovey）评论道："我们绝不能因为贝多芬后来创作了更优秀的作品就低估了《三重协奏曲》的价值。就像我们不能因为作曲家后来创作出人类思维的最高成就之一（《D 大调庄严弥撒曲》）就忽略了美妙的《C 大调弥撒曲》一样。"[3]

《三重协奏曲》完成后，贝多芬再次转向大型曲式，创作了《第四交响曲》、《第四钢琴协奏曲》以及原名《莱奥诺拉》的歌剧《菲岱里奥》（我们将在后面的章节探讨 1814 年的最终版本）。1805 年 11 月 20 日，《莱奥诺拉》进行了首演。此前一周，法军凭借出色的计谋和平进入了维也纳。当时弗朗茨下令在多瑙河运河上的塔博尔大桥（Tabor Bridge）布下地雷。11 月 8 日，法国元帅缪拉（Murat）和拉纳（Lannes）镇定自若地走上了大桥。他们与奥地利将军卡尔·冯·奥尔施佩格（Karl von Auersperg）亲王进行了谈判。正当两位元帅与亲王就停战的可能性进行讨论时，法国掷弹兵悄悄溜到桥下并切断了地雷的引信。未等奥军察觉，法军就以这一大胆的策略攻下了桥梁，并掌握了主动权。此时，拿破仑已舒舒服服地坐在哈布斯堡王朝的夏宫——维也纳郊外的美泉宫里了。幸运的是，法军在维也纳城内及其周边的活动似乎并没有影响到贝多芬长期的创作热情。

貝多芬在 1805~1806 年的创作水平完全不输前两年。在此之后，作曲家接连创作了《D 大调小提琴协奏曲》（1806）、为海因里希·约瑟夫·冯·柯林（Heinrich Joseph von Collin）的戏剧《科里奥兰纳斯》创作的序曲（1807）、前文提到的《C 大调弥撒曲》（1807）、第五和第六交响曲（1807~1808）以及《合唱幻想曲》（1808）。1806 年春天，在斯特凡·冯·布罗伊宁的建议下，贝多芬不情愿地对《莱奥诺拉》进行了修改，他将整部作品的结构调整得更为紧凑，并重新创作了序曲。两场演出后，贝多芬与剧院经理发生了争执，撤下了这部歌剧。

1806 年 5 月，第二版《莱奥诺拉》的最后一场演出结束一个月后，在安德烈亚斯·拉祖莫夫斯基亲王的委托下，贝多芬创作了第 59 号作品中的三首弦乐四重奏。自 1792 年以来，拉祖莫夫斯基亲王一直担任俄国的驻奥地利大使。作为海顿、莫扎特以及贝多芬的朋友和赞助人，拉祖莫夫斯基是维也纳音乐界的核心人物。和他的连襟洛布科维茨亲王一样，拉祖莫夫斯基在兰德大街（Landstrasse）新建的豪华宅邸中拥有一支私人管弦乐队。后来他成了贝多芬最重要的赞助人之一。

这三首四重奏体现了平等对话的古典理念。它们与贝多芬其他伟大的革命性作品创作于同一时期，因此也体现了"英雄"交响曲、"华尔斯坦"奏鸣曲和"热情"奏鸣曲以及早期的"克鲁采"奏鸣曲和《三重协奏曲》中的一些特点。这三首四重奏更像"管弦乐作品"，比起四重奏，它们更接近交响乐。从音乐内涵上来说，它们也可以与交响乐媲美。但与贝多芬许多其他具有创新性的作品一样，在拉祖莫夫斯基的宅邸首演

249

时，在场的维也纳人对这几首乐曲反应平平。

以上这些作品都是贝多芬在五六年的创作热潮中构思、创作、排练及演奏的。其中许多（但不是全部）作品体现了军队的气质与活力。显然，作曲家希望通过自己的音乐作品挑战甚至超越他心目中最有力的竞争对手在战场上取得的非凡成就，这位对手就是拿破仑。

1806 年 10 月，当贝多芬前往特罗保（Troppau）附近的格拉茨（Grätz），到利赫诺夫斯基亲王的城堡拜访时，亲王要求他为驻扎在那里准备与普鲁士军队交战的法国军官演奏。贝多芬固执而坚决地拒绝了这一要求。当天晚上，贝多芬冒着大雨步行离开了城堡，在那之前，他为主人留下一张纸条，明确地表达了他的原则："亲王殿下，您之所以是您，是由际遇和出身决定的；我之所以是我，是我用自己的努力换来的；不论是现在还是将来，世上都有成千上万的亲王，但贝多芬只有一个。"4

小提琴协奏曲

贝多芬十几岁时就结识了小提琴家弗朗茨·克莱门特。他一生都很欣赏克莱门特的精湛技艺。从小就被视为神童的克莱门特也是一位作曲家。他和贝多芬的关系十分融洽。因此，贝多芬同意为克莱门特写一部小提琴协奏曲，供他在 1806 年 12 月 23 日的慈善音乐会上演奏。在创作过程中，贝多芬对协奏曲进行了多次修改。克莱门特对最终版本的贡献可能比人们想象得更大。有一则著名的逸事说克莱门特将小提琴上下颠倒拿它演奏了这部协奏曲。事实并非如此。实际上在音乐会下半场，克莱门特演奏完贝多芬的协奏曲之后，又倒拿小提琴演奏了另一首较为轻快的乐曲。

在这部协奏曲中，不同寻常的手法随处可见。贝多芬对《三重协奏曲》中简单的旋律线进行了改变和扩充。试问还有哪部小提琴协奏曲以五拍定音鼓独奏开始，并且在全曲的关键部分不断重复这一手法呢？小提琴独奏出现之前大段由管弦乐演奏的引子与当时的常规做法完全相反。出于政治原因，保守的维也纳人可能也不喜欢这样的引子。伊丽莎白·布里森指出，定音鼓可能暗指法国大革命的军队。她写道，定音鼓坚定的节奏为乐曲赋予了一种浑厚的声音。在大多数演出中，协奏曲的第一乐章就长达 25 分钟。遗憾的是，维也纳的观众很难接受如此长而复杂的作品，从篇幅上来说它可以算得上是一部交响乐。"如果我们认为贝多芬有着酒神狄俄尼索斯般的爆发力和恶魔般的情绪，那么我们也可以看到，他的音乐中有一种与之抗衡的强大力量，一种阿波罗式的秩序感、崇高的美感和宁静。"[5]这部小提琴协奏曲就融合了这两种情绪。

《科里奥兰纳斯序曲》[①]（1807）

科里奥兰纳斯是普鲁塔克笔下的一位模范英雄，他有着致命的性格弱点，但仍是一位道德楷模。通过这部非凡的序曲，贝多芬再现了这位伟大的人，他悲剧性的弱点、他的傲慢自大以及因此导致的失势和死亡。T.S. 艾略特曾经指出，同为普鲁塔克拥趸的莎士比亚"从普鲁塔克那里获得的历史知识比大多数人从整个大英博物馆获得的知识还要多"。[6]对于雅克－路易·大卫以及后来青年时期的拿破仑和贝多芬来说，普鲁塔克笔下的英雄儿女和同时代的重要人物一样，都是他们十分熟悉的人。

贝多芬创作《科里奥兰纳斯序曲》的目的是推动柯林的剧作《科里奥兰纳斯》（1802）的重演。作曲家认识也欣赏柯林，此前就曾考虑与他合作为《麦克白》谱曲。后来，他也想

---

①　这部作品的主人公虽名为科里奥兰纳斯，但乐曲的名称实际为《科里奥兰序曲》（Coriolan Overture）。本书中均按照英文原文译为《科里奥兰纳斯序曲》。

过基于柯林的《罗慕路斯》（*Romulus*）① 创作一部歌剧。莎士比亚创作《科里奥兰纳斯》时主要借鉴了普鲁塔克的叙述，他将这位罗马贵族描绘成一个备受煎熬的人。科里奥兰纳斯虽然是一位有才干的将军，但他常常表现出对普通民众的不屑。被驱逐出故乡罗马之后，他与昔日的主要对手伏尔斯人为伍，组建了一支军队，向罗马发起进攻。从贝多芬的背景和性格来看，我们可能会认为他对这样一位冲动的贵族不会产生什么好感。科里奥兰纳斯虽然在性格方面有缺陷，但他是一位意志坚定、英勇无畏的真英雄。这部序曲着重表现了他的优秀品质。

252

序曲的第一部分主要有两个主题。第一个主题表现的是军队的集结，贝多芬以断断续续的重复乐段暗示军队向罗马进军。第二个主题表现的是人们恳求不要毁灭罗马，这一恳求先是由罗马市民提出，然后由科里奥兰纳斯的母亲、妻子和两个孩子提出。贝多芬采用了奏鸣曲式，通过呈示部、展开部、再现部营造出紧张感和急迫感。这时的科里奥兰纳斯左右为难：如果选择撤退，他将失去军队的信任；但如果攻打家乡，他就会失去家人的爱。最后他承认命运必须由自己把握。一些评论家认为，贝多芬与这位顽固、骄傲、一意孤行、自以为是的罗马英雄产生了一种精神上的共鸣，这种说法不无道理。贝多芬音乐中的冲突反映了科里奥兰纳斯内心的冲突。贝多芬以令人印象深刻的方式用音乐再现了这位英雄的不屈与倔强，他是一个高尚但不完美的人，一个被同胞误解受到冤屈但理应被排斥的人，最终他自杀而亡。

序曲的结尾也十分精彩。强劲的第一主题逐渐分崩离析、不复存在，显然在宣告英雄的死亡。此前，贝多芬也曾在"英雄"交响曲的"葬礼进行曲"中纪念一位逝去的英雄。在这部

---

① 罗慕路斯与雷穆斯是传说中罗马城的建立者。

作品的最后四拍中，英雄的心脏停止了跳动。

　　E.T.A. 霍夫曼认为《科里奥兰纳斯序曲》"过于强硬，不适合作为柯林发人深省的剧作的序曲"。[7] 他指出，这首著名的快板是贝多芬按照他自己特有的想法创作的。《科里奥兰纳斯序曲》让霍夫曼联想起凯鲁比尼的序曲，贝多芬的作品中常常出现他的影子。在聆听这部作品时，霍夫曼逐渐意识到"两位大师心理上的联系"。[8] 同样，著名音乐评论家保罗·亨利·朗（Paul Henry Lang）也认为《科里奥兰纳斯序曲》《埃格蒙特序曲》甚至还有《莱奥诺拉》都受到了凯鲁比尼的极大影响。《科里奥兰纳斯序曲》和《埃格蒙特序曲》中的英雄主义在贝多芬的第三和第五交响曲中也有所体现。这两首序曲的演奏时长均为七八分钟，但它们甚至比很多篇幅更长的作品更加震撼人心。

253

海因里希·冯·克莱斯特

　　在德意志各邦斥责拿破仑的文人中，没有哪位比戏剧家、诗人和知名中篇小说家海因里希·冯·克莱斯特的情感更复杂、抗议更激烈、行为更矛盾。在那些年中，他对拿破仑的态度与贝多芬形成了有趣对比，因此我们将在此对他进行一些讨论。他在不同时期对拿破仑产生的迷恋、矛盾心理，甚至是纯粹的恨意，都有助于我们进一步了解贝多芬对这位法国皇帝的看法。克莱斯特在不同作品中以不同情绪表达出的对拿破仑的强硬态度也有助于我们理解贝多芬的态度。克莱斯特在戏剧、诗歌和中篇小说方面取得的成就可以与贝多芬交响乐和奏鸣曲方面的成就相媲美。克莱斯特的传记作者约阿希姆·马斯（Joachim Maass）曾准确地总结道："克莱斯特与贝多芬有很多共同之处，他们都固执、坚定、有着过人的天分。"[9] 除此之外，他们都毫不妥协、不愿委曲求全，常常锲而不舍地追求自己的目标。从性情上说，两人都有些偏执。贝多芬生活在哈布斯堡王朝统治下的奥地利，克莱斯特则生活在普鲁士，但两人对拿破仑的看法却惊人地相似。

克莱斯特最初是支持拿破仑的，但在 1803 年前后，拿破仑为进攻英格兰而操练军队时，克莱斯特开始将他称为"该死的执政官"。[10] 然而，令人意想不到的是，他后来却加入了拿破仑正在组建的部队。贝多芬对拿破仑的态度是时而钦佩、时而愤怒，克莱斯特则不同，他最初对拿破仑怀有的热情后来再也没有重燃过。1806 年耶拿战役之后，克莱斯特对拿破仑和法国人的仇恨远远超出了爱国主义的范畴。这场战役之后，克莱斯特给与他志趣相投的姐姐写信说，"我们是被罗马人征服的子民"。[11] 这里的罗马人指的就是法国人。在克莱斯特的教理问答中我们读到："年轻人，你的敌人是谁？"——"拿破仑以及视他为皇帝的法国人。"[12] 当他听说法国人在西班牙拜伦（Bailén）投降以及威灵顿在托里什韦德拉什（Torres Vedras）击败法军时，他十分高兴。原来法国军队也并不是不可战胜的。

克莱斯特的一些诗歌，包括《条顿堡森林战役》（The Battle of the Teutoburg Forest），都是刻意针对拿破仑而作的。他的剧作《阿米尼乌斯的战役》（*Arminius's Battle*）也是一部反拿破仑的作品，讲述了几个世纪前的古代日耳曼英雄阿米尼乌斯（亦称赫尔曼）击败了昆克蒂利乌斯·瓦卢斯（Quintilius Varus）领导的罗马军队。克莱斯特希望通过这些作品激励同胞反抗拿破仑和他率领的侵略军。他将法国皇帝视为现代的昆克蒂利乌斯·瓦卢斯，并不遗余力地在德意志寻找一位能够击败他的阿米尼乌斯。

与席勒积极向上的"欢乐颂"相比，克莱斯特经常被改写的诗歌《日耳曼尼亚致她的孩子们》（Germany to Her

Children）表达了一种相反的情绪。1809 年，奥地利向拿破仑宣战，在此影响下，克莱斯特创作了一首恐怖的《德意志战歌》（*German Song of Battle*），设想了一场全面反抗法国的战争：

> 用这些散落的白骨
> 装点每一个山谷、每一座山峰
> 狐狸和乌鸦的残羹
> 可让饥饿的鱼儿填饱肚子；
> 他们的尸体堵塞莱茵河；
> 直到被血肉疏通
> 决堤的河水奔涌向西
> 重新描绘我们的边界！　[13]

如果说贝多芬是一位与众不同的作曲家，那么克莱斯特也是一位与众不同的作家。和愤怒的贝多芬一样，克莱斯特心中的"条顿之怒"（*furor teutonicus*）①让他向拿破仑发起了猛攻。克莱斯特是个毫不留情的人。他的中篇小说《米夏埃尔·科尔哈斯》（*Michael Kohlhaas*）讲述了一个人不屈不挠地为自己伸张正义的故事。科尔哈斯对正义的不懈追求体现了克莱斯特反对拿破仑的坚定信念。和科尔哈斯一样，克莱斯特也下定决心决战到底，哪怕不择手段，也要取得他想要的结果。他为了自己的追求孜孜不倦地奋斗着，绝不曲意逢迎，从不放弃或退缩，直到实现目标。

有时情绪上来的时候，贝多芬也有着与科尔哈斯和克莱斯特一样的决心。然而，作曲家对拿破仑的看法和克莱斯特在

---

①　原指罗马帝国时期日耳曼地区部落在战争中展现的凶残气势。

某种程度上有所不同。虽然有时他也会咒骂拿破仑，但他毕竟没有生活在普鲁士，而是生活在哈布斯堡专制君主统治下的维也纳。在奥地利严格的审查制度下，我们很难判断贝多芬对德意志其他地区的民族主义情绪持什么态度。在日益严苛、极端保守的政权统治之下，贝多芬发现拿破仑的形象可以为饱受压迫的他带来一些慰藉，甚至是一丝希望。但情况也并非总是如此。1807 年 4 月 26 日，拿破仑在俄波边境的埃劳（Eylau）大胜俄军 3 个月后，贝多芬将拿破仑怒斥为"可恶的高卢人"。他希望自己"能将他们赶出不属于他们的地方"。[14]

克莱斯特成年之后的大部分时间都生活在柏林或是 1806 年之后法国占领的普鲁士其他地区。在这些地方，他感到政府变得越发专制。克莱斯特曾在柏林参加大规模的反抗运动。德意志爱国者在法国侵略者的眼皮底下鼓动并准备发动最终的起义。但到了 1811 年，德意志人的反拿破仑运动还没完全展开，克莱斯特就自杀了，他的情妇也随之殉情。

克莱斯特并不是当时唯一一位反对拿破仑的德意志文人。在扎哈里亚斯·韦纳（Zacharias Werner）的剧作《阿提拉》（*Attila*，即"上帝之鞭"，1807）中，主角多次提到拿破仑，以至于即使在法国控制下相对自由的柏林，这部剧也遭到了禁演。还有人一生都对拿破仑又爱又恨。与克莱斯特一样，许多才华横溢的知识分子，包括费希特、施莱尔马赫、阿恩特、柯策布、雅恩，还有贝多芬认识的年轻的特奥多尔·克尔纳（Theodor Körner），都开始思索德意志的未来。他们中的许多人和克莱斯特一样，都生活在普鲁士。作为德意志自我意识觉醒的一部分，普鲁士成了亲德情绪的起源地。对拿破仑不利的是，1806~1807 年普鲁士惨败之后，一群更有能力的军事领袖登上了历史舞台，其中包括奥古斯特·冯·格奈泽瑙（August von Gneisenau）和格哈德·冯·沙恩霍斯特

（Gerhard von Scharnhorst）。

1808 年 12 月 22 日的个人音乐会

1808 年年中，为解决个人的经济问题，贝多芬开始策划在 12 月举办一场个人音乐会，或者说是慈善音乐会 ①。毫无疑问，这场个人音乐会算得上贝多芬职业生涯中的一个重要转折点。研究者经常忽略或者说很少讨论的是，拿破仑在这场音乐会上发挥的作用以及音乐会给贝多芬带来的影响。多数研究者认为，贝多芬撤回"英雄"交响曲的献辞之时或在此之后不久，他对拿破仑便没有了钦佩之情。研究者经常探讨 1804 年之前贝多芬对这位法国领袖的看法，在他们看来，1804 年 5 月贝多芬对拿破仑的怒斥标志着他对拿破仑的支持走到了终点，这种情况一直持续到 1821 年拿破仑去世的时候。但拿破仑对贝多芬的影响并未因此停止。实际上，在 1804 年的时候，这种影响还没有显现出来。在贝多芬内心深处，他与拿破仑的竞争是终生的。拿破仑激励着贝多芬创作出伟大的音乐，从某些层面上说，他在音乐上取得的成就不亚于这位法国皇帝在军事和政治领域的成就。

1806 年 10 月至 1810 年 10 月，对于贝多芬来说，这场竞争正处于白热化阶段。在这几年里，拿破仑是欧洲最重要的人物。其他国家的当权者要么恨他，要么害怕他，但在君主专制的欧洲，民众仍将他看作社会和政治变革的希望。不论人们对他和他的功绩有何看法，拿破仑的朋友和敌人都认为他是这个时代最杰出的人物。贝多芬认为自己可以称得上是音乐界的拿破仑。1808 年 12 月 22 日的个人音乐会在他与拿破仑持续不

---

① 慈善音乐会一般指为筹集善款举办的音乐会，但 18、19 世纪的音乐家常常举办此类音乐会为自己的作品筹集资金，可理解为专场音乐会。

断的竞争中起到了重要作用。作为贝多芬命运中的转折点，这场个人音乐会及其带来的非凡而颇具争议的反响最大限度地体现了贝多芬的暴躁与伟大，体现了他是拿破仑最有力的竞争对手，也是拿破仑最忠实的崇拜者。

从首演的作品来看，这场音乐会也许算得上是维也纳乃至全欧洲有史以来意义最重大的一场古典音乐会。在那个冬日里，观众听到了七部作品，其中三部，即第五、第六交响曲和第四钢琴协奏曲，是贝多芬公认的杰作。另一首乐曲《合唱幻想曲》也称得上贝多芬的名作。音乐会上的第五首乐曲《C 大调弥撒曲》多年来虽被《D 大调弥撒曲》的光芒所掩盖，但其本身也是一部精彩的作品。节目单上的另两首乐曲分别是音乐会咏叹调《啊，负心人！》和后来的《钢琴幻想曲》（Op.77）。这些作品均创作于所谓"英雄"时期的中期阶段。贝多芬的"英雄"时期始于 19 世纪初，以作曲家提出"新道路"为起始标志。

德语中的 *Akademie* 和英语中"学院"的意思相同，指一个供人们学习的地方，或是学者的聚会。但如前文所述，它在德语里还有一个更为古老的含义，即由个人赞助或出资举办的个人音乐会。在这样的个人音乐会上，贝多芬需选定一个会场，聘请管弦乐队、合唱团和独唱者，并为各声部提供乐谱。贝多芬将亲自担任指挥，因此他不需要聘请指挥。他也要为这场音乐会自负盈亏。当时的维也纳并没有在晚间举行公开的系列音乐会的习惯。正如我们前文提到的，很多音乐会都是在贵族宅邸举行的，不对公众开放。相比之下，在 1808 年贝多芬的个人音乐会上，出席的观众可能大多是普通民众。需要提到的一点是，举办公开音乐会时，主办者需向警察局申请公共集会的许可。不巧的是，当晚维也纳音乐家协会（Tonkünstler Societät）也举办了一场音乐会，导致当地很多专业音乐家无法出席贝多芬的演出。

　　这场音乐会在维也纳河畔剧院举行，"英雄"交响曲和《莱奥诺拉》的首演也是在这里举行的。对于在场的大多数人来说，这漫长的音乐会更像是一场考验，而非一场音乐盛会。音乐会于当晚 6：30 开始，一直持续了四个多小时。19 世纪初的音乐会大多比今天的音乐会要长，但即便如此，这种时长的演出在当时也是罕见的。音乐厅里没有供暖，即便是裹着冬衣或皮草，观众也感到越来越冷，台上的音乐家也在瑟瑟发抖。除了冗长的演出和冻得发抖的观众及演奏者，这场音乐会也有很多让当时的观众难以一下子接受的前卫乐曲。如今被我们视为古典音乐的贝多芬的作品，在当时的人看来却是惊人而陌生的。我们需要发挥历史想象力才能意识到，当时的大多数人在初次听到贝多芬的作品时，认为他的音乐不甚和谐、荒诞怪异、难以理解甚至令人感到不安。

　　维也纳人很抗拒这种音乐，因为这种音乐与他们听惯了的海顿和莫扎特的音乐截然不同。即便是那些支持贝多芬作品的观众也经常感到不知道应该对这种音乐做何反应。将贝多芬说成疯子，将他的作品说成混乱不堪，远比以开放的心态仔细聆听来得容易。因此，很多人认为听这样的音乐会几乎算得上是受罪。但对于少数观众来说，这是一次难忘的体验。这些人真心喜爱贝多芬的音乐甚至是贝多芬本人，其中有些人从贝多芬 16 年前到达维也纳时起就是他的坚定支持者。

　　在这场演出中，基本上能出问题的地方都出了问题。观众感觉到这场音乐会准备得似乎不够充分，他们的感觉是正确的。在此之前，贝多芬与他聘请来的乐师发生了争执，以致他被禁止参加排练。结果，参加演出的人只有寥寥几位，导致几首乐曲中出现了重大失误。

　　出席音乐会的著名音乐家当中，有一位是约翰·弗里德里希·赖夏特，他是来自柏林的音乐评论家、知名音乐杂志的编辑，同时也是一位小有名气的作曲家。他在洛布科维茨亲王的包厢中听了这场音乐会。赖夏特将贝多芬誉为"高产的天才和不知疲倦的耕耘者"。贝多芬的音乐让他感到震撼，但他也知道音乐会的筹备工作进行得并不顺利。他和洛布科维茨亲王"也在刺骨的寒冷"中发抖，"从 6 点半到 10 点半，体会着那句真理：过犹不及——更何况是吵闹声"。[15] 对于当时听惯了海顿和莫扎特的古典作品的观众而言，贝多芬的音乐不仅难以理解，而且太过吵闹。在那个时代，音乐会通常在小型空间举办，要么是私人家中，要么是当地的礼堂，正如赖夏特所说，在这种地方演出，声音太过聚集，有时甚至会产生刺耳的感觉。现代观众习惯了在大型音乐厅里通过扬声器听大型管弦乐团演奏的高分贝音乐，因此贝多芬作品的音量听起来并没什么特别，但对于过去的观众来说并非如此。

和如今大多数颇为庄重的音乐会不同，两百年前的音乐会节目单通常无所不包。当时的观众能听到各式各样的音乐：交响曲和协奏曲中单独的乐章混杂着独奏钢琴曲、舞曲、流行的音乐会咏叹调（通常为意大利语）以及基于这些主题发展来的变奏曲，甚至还有街头巷尾的流行小曲。观众通常也不会静坐着听完整场音乐会，有时他们会在乐章之间甚至在演奏期间突然鼓起掌来。音乐家也可以随意发挥，修改、增加或删减乐曲，在贝多芬的独奏乐段，这些情况无疑都出现了。音乐会当晚上演的不同寻常的作品选择（实际上全部都是贝多芬本人的作品），以及在现代人看来十分不同寻常的演奏顺序可能不会让观众感到过分困扰。

如今标准的音乐会演出（包括序曲、著名演奏家独奏的协奏曲、幕间休息之后的交响曲）或其变体遵循的是 20 世纪的演出模式。多数曲目是由几个世纪前的作曲家创作的。演出

一般不超过两个小时，有时会更短，观众在演出结束时礼貌性
地报以几轮掌声，然后就匆匆离开了。如果现在的观众能听到
（或接受）一场像 1808 年贝多芬举行的那样丰富多彩又不同寻
常的音乐会，也许他们也能或多或少地体会到昔日观众的激动
心情。贝多芬之所以举办这场个人音乐会，有一些显而易见的
原因。节目单上的曲目很多没有进行过首演，贝多芬自然想让
朋友和支持者听到这些乐曲。更重要的是，他已身无分文。

　　虽然节目单上写的第一首曲目是《第五交响曲》，但音乐
会以贝多芬的《第六交响曲》"田园"开场。贝多芬热爱自然、
醉心于自然，夏季经常到乡下度假，但他坚称这部新创作的交
响曲是他情感的表达，而非对自然的描绘。维也纳以南 26 公
里的温泉小镇巴登似乎是他的最爱，在那里，他会沿着海伦娜
山谷（Helenental）中一条名为舍韦沙特（Schwechat）的小
河散步。

　　美国知名作家阿尔弗雷德·卡津（Alfred Kazin）曾写
道："散步时，我脑海中的音乐反映了我的感受。"[16] 贝多芬也
是如此。在乡间散步能给他带来创作灵感，让他将脑海中的音
乐写下来。他作品中源源不断的动力就来自他在大自然中漫步
时感受到的活力。他一边走，一边创作——哼唱、歌唱、自言
自语——然后将脑海中回荡的旋律和乐思匆匆记录下来。

　　节目单上的第二首乐曲是音乐会咏叹调《啊，负心人！》。
这部作品是贝多芬 1796 年北上前往柏林途中在布拉格创作
的，并由约瑟法·杜舍克在这个捷克城市进行了首演。意大利
语的咏叹调并非只能出现在歌剧演出中，它们也常常在器乐演
奏会上出现。贝多芬的这场音乐会见证了这部作品在维也纳的
首演。咏叹调的歌词充满了激情。女主角将她的情人称为"粗
鲁的叛徒"（*barbaro traditor*）、"无赖"（*scellerato*）但又
"愿意为他而死！"（*voglio morir per lui!*）

260

接下来是《C大调弥撒曲》中的"荣耀经"。1807年，贝多芬在尼古劳斯·艾什泰哈齐亲王的委托下创作了这部弥撒曲，并在亲王位于艾森施塔特的城堡大宴会厅里进行了首演。虽然贝多芬写过一部名为《基督在橄榄山上》的清唱剧，但他通常不喜欢创作传统的宗教音乐。艾什泰哈齐亲王听完这部弥撒曲后十分愤怒。他问道："我亲爱的贝多芬，你这次又在搞什么花样？"[17]贝多芬对此颇为不悦，立刻返回了维也纳。但话说回来，艾什泰哈齐亲王显然是唯一一位为音乐会出了资的人，他拿出了100古尔登（gulden），承担了音乐会的部分费用。显然贝多芬与这位亲王达成了某种和解，在他与赞助人的交往中，这种情况经常出现。遗憾的是，"荣耀经"以及当晚演奏的弥撒曲的其他部分没能得到现场观众的认可。

演出的上半场以《第四钢琴协奏曲》结束。贝多芬将这部如今备受赞誉的作品放在幕间休息之前，是为了以独奏家和指挥家的双重身份引起观众的注意。赖夏特认为这部作品"难度极大"，而贝多芬的演奏极为动人。贝多芬"勇敢地以人们能想象到的最快速度演奏了这部乐曲……精巧的柔板乐章如动听而深情的歌，他以深沉而忧郁的情绪将它真诚地演奏了出来"。[18]贝多芬研究者欧文·扬德尔指出，这一乐章原本是基于当时维也纳流行的俄耳甫斯神话故事编排的。如果我们同意这种说法，那么贝多芬以这部协奏曲结束上半场的演出体现了他将自己视为极具天赋的音乐创作者俄耳甫斯。

演出的下半场以《第五交响曲》开始。贝多芬在1800~1801年完成了《第五交响曲》前三个乐章的草稿，也是在这一高产时期，贝多芬开始构思"英雄"交响曲和《莱奥诺拉》。因此，在创作后两部作品时，《第五交响曲》也一直在他的脑海中萦绕，而且这部作品也彰显了同样的革命气息。如果说《第六交响曲》表现的是人与自然的关系，那么《第五交响曲》表现的则是人类直面悲惨的命运，经过艰苦卓绝的斗争取得了最后的胜利，并在战胜令人绝望的邪恶力量后看到了光明与希望。埃克托尔·柏辽兹将终曲乐章称为"宏伟的胜利之歌"，体现了灵魂穿过黑夜之后看到了光明。[19] 如今，《第五交响曲》已成为贝多芬最著名的一部交响曲，它和《第九交响曲》经常成为音乐会上的压轴曲目。贝多芬也许已经意识到《第五交响曲》将成为他最知名的作品，如果以这样一部乐曲结束长达四个小时的音乐会，观众可能因为太累或太冷而无法好好欣赏它。

　　在《C大调弥撒曲》的另一个乐章"圣哉经"（降福经）之后，贝多芬演奏了另一首乐曲，这首乐曲很显然就是后来的《钢琴幻想曲》（Op.77）。贝多芬的即兴演奏是最为精彩的，至于他的演奏和最终出版的版本有多少内容是一致的，这一点我们不得而知。他希望通过这首乐曲让观众看到，即便耳疾日益严重，他仍是一位了不起的钢琴家。

　　音乐会上的最后一首乐曲是《合唱幻想曲》。这部作品是贝多芬在演出前最后一刻完成的，他希望用这首乐曲为音乐会收场。《合唱幻想曲》涵盖了贝多芬在音乐会上使用过的多种音乐形式，包括钢琴、管弦乐队、独唱、合唱等。钢琴独奏和乐队齐奏轮番上阵，合唱与独唱贯穿其中。贝多芬希望通过《合唱幻想曲》博得观众的喝彩。乐曲以即兴钢琴独奏开始，这段独奏最终被写进了乐谱里。随后是基于诗歌《爱的回应》（Gegenliebe）创作的咏叹调，贝多芬此前就为这首诗谱过曲。它歌颂的是"音乐带来和平与欢乐的力量"，这是一种具有解放性的力量。如果观众能够理解贝多芬的用意，将歌词和音乐庄严地结合在一起，构成一个美妙的声音世界，那么他们也会对贝多芬顶礼膜拜。音乐一如既往地从黑暗走向光明，从混沌走向秩序。咏叹调的歌词体现了音乐的力量将比任何世俗的权

262

威力量都更持久。多年后，当贝多芬创作《第九交响曲》的终曲乐章时，《合唱幻想曲》成了一个理想的起点。

遗憾的是，贝多芬在排练《合唱幻想曲》时遇到了一些问题，准备得不够充分，最终演出的效果很不好。演出时贝多芬已完成了乐队和合唱部分的曲谱，按照他的惯例，他会即兴演奏开场的钢琴独奏部分。但当他激情澎湃地演奏了几分钟后，乐队却没能顺利地衔接上。一边弹钢琴一边指挥的贝多芬非常恼火。他中断了演奏，坚持要求重新开始。在观众席中，他的朋友们尴尬地面面相觑。虽然重新开始之后乐曲进行得十分顺利，但赖夏特说他后悔自己没有早点离场，以避免看到这样的失误。

1808 年这场非凡的个人音乐会虽在 12 月 22 日结束，但故事还没讲完。在筹备音乐会的过程中，贝多芬和拿破仑最小的弟弟热罗姆·波拿巴（Jerome Bonaparte）进行了一项商谈。当时拿破仑在德意志建立了附属国威斯特伐利亚（Westphalia），并任命热罗姆为国王。热罗姆邀请贝多芬担任他的宫廷乐长。由于厌倦了维也纳的政治阴谋，财务状况也陷入了低谷，贝多芬考虑了几个月，犹豫着是否要接受任命。1809 年 1 月 15 日，音乐会结束三周后，他正式接受了热罗姆的任命。这就意味着他同意前往拿破仑建立的国家并加入该国的宫廷乐队。热罗姆是共济会成员，当时同为共济会成员的赖夏特刚刚辞去该国宫廷乐长的职务。几乎可以肯定，贝多芬向赖夏特进行了咨询，而后者的建议也影响了他的决定。

贝多芬之所以举办这样一场内容丰富、长达四个小时的演出，可能是因为他认为这将是他在维也纳的最后一场公开演出。他希望通过这场演出让维也纳人为失去这样一位音乐天才感到遗憾，甚至感到羞愧，因为这位天才即将效力的对象正是战无不胜的拿破仑的弟弟。但贝多芬的三位维也纳赞助人——金斯基亲王、洛布科维茨亲王和鲁道夫大公——伸出了援手，让贝多芬获得了与热罗姆出价相当的年薪，帮助奥地利人保住了面子。这份于 1809 年 3 月 1 日生效的合同规定贝多芬留在哈布斯堡王朝的领土内（除了维也纳，也包括布拉格和布达佩斯等主要音乐名城）。贝多芬接受了合同中的条款，留在了维也纳。就是这样，维也纳人险些就失去了他们最伟大的作曲家。

15

1809 年拿破仑在维也纳；贝多芬与特雷蒙男爵成为朋友

> 如果这些事能够被衡量的话，人们可能会误认为拿破仑的神话在德意志地区比在法国流传得更广，也更精彩。
>
> ——戈洛·曼（Golo Mann）[1]

战争

事实证明，1805 年是欧洲史上极富戏剧性的一年。这一年，席勒去世，纳尔逊在西班牙海岸附近的特拉法尔加海战中击溃法军（10 月 21 日），拿破仑在维也纳以北 80 英里的奥斯特利茨大败俄奥联军（12 月 2 日）。各国要么处于法国的权力轴心之中，要么处于英国的权力轴心之中。英国的海军实力甚至让它的盟友都感到忐忑不安。各国对海上大国的道德谴责日益高涨，一些国家认为每个国家都应该在公海上获得一定的专属权。同样，人们认为拿破仑在奥斯特利茨取得的胜利可能会使法国获得整个欧洲大陆的霸权。这两种担忧加剧了欧洲大陆的紧张局势。

1809 年 4 月 9 日，在第五次反法同盟的支持下，奥地利政府再次愚蠢地向拿破仑统治的法国宣战。当时拿破仑正计划进军西班牙或横渡英吉利海峡与英国开战，因此奥地利认为这是一个进攻的好时机。四年前奥地利在奥斯特利茨战败，政府、军队和人民都渴望一雪前耻。但事实证明，宣战是个错误的决定。这重要的一步让奥地利——尤其是贝多芬——付出了惨痛代价。

很快，法军再次兵临维也纳城下。拿破仑也再次坐镇美泉宫。弗朗茨皇帝、维也纳贵族以及贝多芬的一些朋友和支持者再次前往摩拉维亚的奥尔米茨（Olmütz）。和 1805 年不同的是，市政当局接到了保卫维也纳的命令。拿破仑因此下令轰炸维也纳。战争于 5 月 11 日打响。三天后，即 5 月 13 日，弗朗茨皇帝的弟弟、被任命负责保卫维也纳的米夏埃尔大公投降，法军的第一批部队几乎没遇到什么阻碍就进入了维也纳。五天后，大部队进入城市，如入无人之境。维也纳已完全被他们占领。法国皇帝——反对他的讽刺画家称他为"科西嘉怪物"——再次控制了维也纳。

留在维也纳的人当中，有一位就是贝多芬。法军轰炸维也纳时，贝多芬躲在弟弟卡尔家的地下室里。炮弹击中附近建筑物发出巨响，为保护听力，他用枕头将耳朵捂住。1805 年时，许多维也纳人都有亲法情绪，但到了 1809 年，拿破仑和他的军队却遭到了冷遇。为了表达敬意，法国皇帝向一些人家中派驻了警卫，年迈的海顿就是其中之一。当一名值班的军官以优美的男高音演唱了《创世纪》中的咏叹调"宏伟雄壮"（With Majesty and Grandeur）时，海顿被感动得热泪盈眶。

阿斯珀恩－埃斯灵（Aspern-Essling）

266

拿破仑的主力军进驻维也纳后，奥法双方的冲突仍在继续。此前一支法军部队在多瑙河南岸驻扎下来。为了抢滩登上北岸，他们占领了河中央的洛博岛（Lobau），并在岛上搭建起连接北岸的浮桥。拿破仑大约有一半的部队驻扎在维也纳上游多瑙河对岸的阿斯珀恩和埃斯灵两个村庄，但他没有考虑到猛烈的春雨会使河流的水位大幅上涨。奥地利爱国者将树干扔进上游湍急的河水中，导致法军的浮桥被冲垮或冲毁。决堤的多瑙河使两岸的法军失去了联系。

驻扎在北岸的奥军感到他们获得了战略优势，于是在弗朗茨皇帝的另一位兄弟、能干的卡尔大公的率领下，袭击了驻扎在阿斯珀恩和埃斯灵的法军。5 月 21 日至 22 日，双方展开了激烈的交锋，法军损失惨重。拿破仑的部队重新建好浮桥后，增援部队和补给品才到达北岸，幸存者才得以安全地返回洛博岛。

虽然没有与拿破仑正面交锋，但阿斯珀恩－埃斯灵战役依然标志着奥地利在与拿破仑军队对战中的首次胜利。这也是指挥官卡尔大公个人的胜利。弗朗茨皇帝的能力远不如这位弟弟，因此卡尔的胜利引起了皇帝的嫉妒。[2] 法国战败的消息传遍了整个欧洲。海因里希·冯·克莱斯特称赞卡尔战胜了不可战胜的人。在英格兰，即将踏上东方之旅的 21 岁的拜伦惊讶地说："欧洲大陆正处于良好的状态！巴黎爆发了起义，奥地利人击败了波拿巴，蒂罗尔人也已奋起反抗。"[3] 拜伦有理由感到惊讶：曾经他心目中的英雄已变得不堪一击。阿斯珀恩－埃斯灵战役两个月后，法军再次打了败仗，在拜伦向西班牙投降。虽然拿破仑没有参加西班牙的战役，仍在维也纳舒舒服服地坐镇，但这位贝多芬（和拜伦）心目中的英雄已被证明并非不可战胜。

瓦格拉姆（Wagram）

当奥法双方在战场上集结，迎接不可避免的巅峰之战时，拿破仑仍在美泉宫制订着作战计划。7 月，他在多瑙河对岸的瓦格拉姆再次击败了奥军。瓦格拉姆位于马希费尔德（Marchfeld）地区，从这里可以看到圣斯蒂芬天主大教堂的塔尖。瓦格拉姆被多瑙河和它的一条小支流马希河（March）环绕，是一块只有圆 10 英里的平原。7 月 5 日至 6 日，双方共有 30 万人投入了战斗，比维也纳当时的总人口还多，这场激烈的战役持续了两天，共有 6 万人阵亡。最终拿破仑艰难取胜，双方都损失惨重，胜者收益甚微。令法国将领们感到不安的是，双方不再像过去一样实力悬殊，而全欧洲的时事评论者也都注意到了这一点。

贝多芬在被占领的维也纳

关于占领维也纳的法国人，贝多芬没有什么抱怨的。至少刚开始的时候，他似乎并不觉得法国人的存在对他有什么影响。尽管如此，他不得不放弃到乡下避暑的计划。虽然他承认"维也纳弥漫着难以形容的悲惨气氛"，但无论是当时还是后来，他都没有反对过法国人。维也纳的生活一如既往。当时圆舞曲已经出现，在约瑟夫·兰纳（Josef Lanner）和老约翰·施特劳斯（Johann Strauss）的小型乐队的推广下，这一音乐体裁得到了进一步普及。人们常说，维也纳人对什么都漠不关心，只想着娱乐。现代维也纳学者约瑟夫·韦克斯贝格（Joseph Wechsberg）诙谐地将那年夏天维也纳的局势描述为"绝望，但并不严重"。[4] 维也纳人再次投入了娱乐活动中。

在贝多芬的时代，奥地利人对头衔十分热衷。韦克斯贝格评论道："在维也纳，没有头衔的人就没有身份。维也纳一直是个大舞台，在这里每个人都喜欢扮演一个角色，就像在戏剧中一样。"写剧本的人呢？似乎没人对他感兴趣。维也纳人说："他不过写了剧本。"这就引出了一个问题，一个几乎完全失聪的人可以在这个社会中扮演什么角色呢？贝多芬毕生的一大憾事就是他始终没能成为哈布斯堡的宫廷乐师，没错，就是他经常蔑视的那个宫廷。在维也纳的大部分时间里，他都是落魄且贫穷的，如果能获得一个地位和相应的头衔，他的境况就会改善很多。但毕竟，贝多芬只是个写音乐的。

格里尔帕策和贝多芬

奥地利最著名的剧作家弗朗茨·格里尔帕策在出名前很早就认识了贝多芬。尽管两人的性情和专业领域有所不同，但他们依然成了朋友。弗朗茨的舅舅约瑟夫·松莱特纳（Joseph Sonnleithner）在维也纳经营着一家艺术音乐书店，并辅导小格里尔帕策学习音乐。1805 年，松莱特纳为《莱奥诺拉》创作唱词时，格里尔帕策第一次见到了贝多芬。他回忆说贝多芬"较瘦，肤色黝黑，甚至穿着讲究，与后来十分不同"。当时，贝多芬戴着眼镜，虽然后来他很少佩戴眼镜。这时的贝多芬依然像梅勒肖像中所描绘的那样风度翩翩，但在此后的几年里，他变得越发不修边幅。1808 年夏天，格里尔帕策和母亲与作曲家同住在当时还很偏远的海利根施塔特的一栋房子里，这栋房子位于如今的格林青格大街（Grinzinger Strasse）64 号。贝多芬弹钢琴时，格里尔帕策的母亲经常会开着门偷听。有一天，作曲家发现了她，他勃然大怒，从此再也没有弹过琴。

269

弗朗茨皇帝逃离维也纳后，人们对法国人进行着消极抵抗。1809 年，18 岁的格里尔帕策也参与了这些抵抗运动。维也纳很快于 5 月 13 日投降，而格里尔帕策也并没有为此感到过分担忧。但拿破仑在美泉宫阅兵的景象让他难以忘怀。他对此的反应是矛盾而困惑的：

> 我和父亲一样仇视法国，但拿破仑似乎有一种神奇的力量让我着迷。我心中怀有仇恨，也不喜欢军事表演，但我从没错过他在美泉宫或所谓的施梅尔茨阅兵场举行的任何一场阅兵。我似乎还能看到他站在我的面前……他坚定地站在那里，双手在背后交叉，以领主和主人那种不动声色的目光注视着他面前经过的军队。他的身影令我难忘……他让我着迷，就像一只鸟对一条蛇那样着迷。5

拿破仑对格里尔帕策有着巨大的吸引力，让他怎么也看不够。三年前，黑格尔在耶拿看到骑着马的拿破仑时，感觉自己看到的仿佛是无所不能的、骑在马背上的"世界精神"（World Spirit）。和黑格尔一样，格里尔帕策也很受震撼。1809 年 8 月 15 日，也就是瓦格拉姆战役一个月后，维也纳人为庆祝拿破仑的生日举行了隆重的活动。市政当局要求公民站在街道两旁观看大阅兵。人们在家门前插上旗帜，教堂的钟声响彻云霄。格里尔帕策无法抑制希望见到法国皇帝的好奇心，也参加了这些活动。

特雷蒙男爵拜访贝多芬

270

　　1809 年贝多芬没有离开维也纳去乡下度假还有另一个原因。法军占领维也纳不久后，贝多芬就结识了常驻维也纳的法国军官路易 – 菲利普 – 约瑟夫·吉罗·德·维耶奈（Louis-Philippe-Joseph Girod de Viennay），即后来的特雷蒙男爵（Baron de Trémont）。两人建立起了友谊。特雷蒙热爱音乐，5 岁就可以流利地读谱。他会唱歌，也会演奏各种乐器。特雷蒙是拿破仑手下一位有修养的官员、法国参政院的审计员，他很久以前就成了贝多芬的崇拜者。在他的一生中，只要没有因为公务离开巴黎，他就会在家中举办音乐聚会。对于当时的作曲家，特雷蒙的看法是不拘一格的。他喜欢奥柏和凯鲁比尼，对李斯特持保留态度，他不喜欢柏辽兹的音乐但欣赏其文章，并且认为不论以什么标准来说，莫扎特都是一位音乐天才。

　　启程前往维也纳之前，特雷蒙曾请凯鲁比尼为他写一封给贝多芬的介绍信，但凯鲁比尼认为贝多芬太难相处，拒绝了这一请求。凯鲁比尼为他给海顿写了一封介绍信，但还没等特雷蒙抵达维也纳，海顿就去世了。最终，在波恩时就熟识贝多芬的安东·雷哈（Anton Reicha）给特雷蒙写了一封介绍信，但雷哈认为这封信不一定有什么作用。特雷蒙常听人说贝多芬深居简出，但他没有退缩，仍十分希望见到这位他钦佩的作曲家，最后经过一番周折，特雷蒙终于找到了贝多芬的住处。到了门口，他敲了三下门但没人回应，正准备离开时，"一个非常丑陋且显然脾气很暴躁的人打开了门"。[6] 早年间梅勒肖像画中衣冠楚楚的贝多芬已变成一个矮胖、有些不修边幅的人。

贝多芬通常会将不速之客粗鲁地拒之门外，但他对特雷蒙很热情。两人开始交谈，贝多芬的法语很差，特雷蒙的德语更糟。虽然他们都不太会说对方的语言，但两人都能理解对方的意思。即便贝多芬的听力日渐衰退，他们依然还能进行沟通。尽管两人在性情上有着极大的差异，或者说得益于这种差异，两人一见如故。

特雷蒙对这些会面的书面记录是同类资料中最为可靠的。他给我们留下了对贝多芬的坦诚印象：蓬头垢面、脾气暴躁、性情粗暴，房间也混乱不堪。多数资料都只提到了贝多芬晚年的生活环境十分糟糕，但特雷蒙 1809 年的记录表明作曲家邋遢的生活方式由来已久：

> 想象一下，一切都是肮脏不堪、潦草凌乱的：地板上有积水，一架相当老旧的三角钢琴上布满灰尘，堆满了手写或印刷出来的乐谱。钢琴下面（我没有夸张）放着一个未清空的夜壶。钢琴旁有一个胡桃木的小桌，墨水池中的墨水显然经常洒在桌面上。一大把钢笔笔头的墨水已经凝固，桌上也铺满了乐谱。椅子大多是藤椅，上面堆放着衣物和盘子，盘子里还装着前一天晚上的剩饭。

诚然，特雷蒙是在没有提前通知的情况下突然到访贝多芬家的，此时的贝多芬也没有雇用仆人。尽管如此，他还是让我们了解到了作曲家的生活方式。

在特雷蒙的叙述中，同样令人印象深刻的是贝多芬的友好态度，他愿意与自己的崇拜者交谈并分享他的想法。贝多芬很喜欢特雷蒙。特雷蒙告诉我们，"我在维也纳期间经常与他见面，他有时会为我即兴演奏一个多小时，甚至是两个小时"。

有时他会突然停下来，谈论"哲学、宗教、政治，尤其是他的偶像莎士比亚，他说的话一定会让在场的每一个人捧腹大笑"。特雷蒙意识到，贝多芬"算不上'聪慧'，因为他不是个妙语连珠的人。他生性沉默寡言，无法与人进行激烈的讨论。他说话磕磕巴巴，想法十分远大，但经常是错误的"。因此，特雷蒙将他比作卢梭，而卢梭在当时是可耻和古怪的代名词。贝多芬有时也反复无常、行为矛盾："心情不好的时候，他会希望我反驳他，而不是顺从他的观点。"

　　两人的第一次见面持续了 45 分钟。特雷蒙离开时，"感到自己比占领了维也纳的拿破仑还自豪，因为我征服了贝多芬"。将贝多芬与拿破仑比较的做法在当时并不罕见，比起贝多芬，通过引荐见到拿破仑可能还更容易些。在两人的谈话中，特雷蒙和贝多芬论及这位法国皇帝。特雷蒙问贝多芬"是否想了解法国"时，贝多芬回答说，"在拿破仑称帝之前"，他还是有一些了解意愿的。换句话说，比起拿破仑统治时期的法国，他更喜欢大革命时期的法国。尽管如此，贝多芬说他希望去巴黎听莫扎特的交响曲。在这个问题上，特雷蒙说贝多芬"既没有提到他自己的作品，也没有提到海顿的作品"。

　　他们无休止地谈论着这位法国人的皇帝，甚至谈到要一起去巴黎。"拿破仑的伟大令他痴迷，他经常跟我谈起这件事……他很佩服拿破仑能从一个无名小卒奋斗到如此高的地位。这与他的民主理念十分契合。"贝多芬以独立的身份而自豪，他担心拿破仑统治的巴黎可能会让他失去在维也纳相对自由的生活。他说不知道拿破仑是否会接纳他。特雷蒙告诉他，拿破仑一定会接纳他。"有一天，他说：'如果我去巴黎，我是否应该去拜见你们的皇帝？'我对他说，恰恰相反，除非他被召见，否则不需要去拜见皇帝。'他会让我为他效劳吗？'"特雷蒙回答说："如果拿破仑了解您的才华，那么他一定会的——但凯鲁

272

比尼也说过，拿破仑对音乐几乎一无所知。"

特雷蒙向贝多芬解释了为什么拿破仑对音乐兴趣寥寥。"虽然有人说拿破仑青年时期学过一点中提琴，但他算不上音乐爱好者。他对音乐的理解仅限于帕伊谢洛的作品，这位意大利作曲家创作的都是安静、和谐的乐曲。他认为喧嚣的作品是拙劣而混乱的，他无法理解这些作品。"但是他越发意识到音乐的感染力，因此开始考虑将音乐作为一种宣传手段。"直到 1806 年，拿破仑在德累斯顿听到萨克森宫廷乐队的演奏后，才开始考虑建立一个不完全具有宗教性质的音乐机构。"拿破仑的愿望通常很快就能实现。"所有来到巴黎的优秀艺术家都受邀在皇帝的音乐会上献唱或献技，宫廷承诺将依据他们的才华赠予银器作为荣誉性的奖励。"在那个时代，出手如此阔绰的赞助人实属罕见。

贝多芬一直希望进入哈布斯堡王朝的宫廷乐队，到了这时他肯定也意识到此事已不太可能实现，因此他自然会对前往巴黎觐见拿破仑一事表现出兴趣。拿破仑也许会欣赏贝多芬的音乐，这让贝多芬充满了希望。20 世纪维也纳最睿智、最敏锐的学者之一埃贡·弗里德尔认为，如果拿破仑喜欢的是贝多芬的音乐而不是帕伊谢洛的音乐，音乐史甚至是欧洲史很可能会因此改写。1809 年 9 月 8 日，"英雄"交响曲在维也纳演出。贝多芬肯定希望拿破仑能够出席这场音乐会。但在演出前最后一刻，皇帝因公务缠身未能前往。

特雷蒙邀请贝多芬乘坐他的私人马车一同返回巴黎，之后可以借住在他的公寓里，但被这位常常做旅行计划但很少付诸实践的作曲家以各种理由推辞了。有一次，贝多芬说："你的巴黎同胞会说我粗鲁野蛮。"特雷蒙不接受这样的说法。他巧妙地回答道："这对您来说重要吗？"他说巴黎人思想开放，并试图让贝多芬相信，"在那里，只要你有才华，无论什么样都

会被接受，而且如果这样的人——特别是外边来的人——有点
古怪，那么你会更加成功"。最后，经过反复讨论，贝多芬同
意和他一起前往巴黎。结果，这一年7月，特雷蒙被派驻到摩
拉维亚，导致计划落空。虽然特雷蒙在10月中旬回到维也纳
停留了几周，但他是否再次向贝多芬发出了邀请，我们已不得
而知。无论真实情况如何，作曲家最终留在了维也纳。

274

在法国和奥地利开战期间，贝多芬与特雷蒙能够建立起这
样的关系似乎不太寻常。见到贝多芬的特雷蒙是幸运的，而遇
到特雷蒙的贝多芬也是幸运的。特雷蒙是为拿破仑效力的人，
也是一名音乐爱好者，不论是关于法国皇帝还是巴黎音乐界，
他都掌握着第一手信息。毫无疑问，特雷蒙描述的和贝多芬想
象的都是理想中的巴黎。那里也有审查制度，但没有维也纳的
审查制度那么严格。巴黎有更好的医疗条件，而贝多芬可能也
还没有完全放弃恢复听力的希望。因此，尽管与赞助人签订了
合同，贝多芬还是被特雷蒙的提议深深地吸引，一度同意前往
巴黎。十年后，希望能在伦敦获得成就与声望的贝多芬明确表
示想要前往英国首都，但同样未能成行。

从表面上看，无论贝多芬对拿破仑的支持或反对持续多长
时间，贝多芬的理想主义思想都会让他对这位欧洲最重要、最
著名的人物继续痴迷下去。虽然他生活在维也纳，接受着维也
纳赞助人的支持，但他无意成为弗朗茨皇帝的忠实子民。正如
达尔豪斯所说，即使贝多芬对拿破仑的行为感到愤慨，他依然
认为拿破仑是个伟大的人，不仅"在军事层面，在共和主义层
面"也是如此。[7] 1809年，拿破仑正好在维也纳，在这种情况
下，期待过上更好生活的贝多芬怎么可能不对他感兴趣呢？拿
破仑原本有可能成为他的赞助人。在欧洲，拿破仑是个独一无
二的人，没有任何一个人像他一样象征着变革的可能。而且，
在贝多芬的概念里，从才华上来说，全欧洲没有人比他更接近

275

拿破仑。至少他是这么认为的。正是怀着这样的想法，他开始创作一部新的协奏曲。

"皇帝"协奏曲

1809年秋季，贝多芬完成了他的《第五钢琴协奏曲》（Op.73）。虽然从那一年①的个人音乐会之后一直到19世纪20年代初，贝多芬仍然偶尔会进行公开演出，并持续创作着钢琴曲，但《第五钢琴协奏曲》是他最后一部钢琴协奏曲。这部作品充满了军事色彩。在第一乐章"快板"中，钢琴独奏似乎与火力全开的管弦乐队进行了一场对决。管弦乐队以雄壮的和弦开场，钢琴独奏则以上下翻飞、纷繁复杂的华彩乐段作为回应。在这些高难度的演奏中，钢琴独奏似乎勉强稳住了阵脚。管弦乐队充满活力地演奏具有军事色彩的主题。钢琴冒着被管弦乐队的势头压倒的风险，勇敢地应战。它无时无刻不在向管弦乐队发起挑战，与管弦乐队不分高下。这部交响曲中每个音符都洋溢着英雄主义色彩。在写第一乐章时，被战斗热情鼓舞的贝多芬在乐谱草稿的边缘写下了激情洋溢的话语："战斗胜利之歌！向着胜利前进！"第一乐章以势如破竹的速度前进着，没有丝毫犹豫。这一时长约20分钟的乐章是贝多芬写过的最长的乐章之一。著名钢琴家伊曼纽尔·阿克斯（Emmauel Ax）②曾说："毫无疑问，当贝多芬这样的作曲家写下我们今天在音乐厅听到的交响乐和钢琴协奏曲时，如果某一乐章以《第五钢琴协奏曲》第一乐章这样激昂的方式结束，他希望观众集体起立鼓掌，让作曲家［和钢琴家］知道他们取得了成功。"

---

① 前文说到个人音乐会是在1808年举行，没有查到贝多芬在1809年举办音乐会的信息。

② 拼写有误，应为 Emanuel Ax。

拿破仑虽然占领了维也纳，但贝多芬是音乐界的皇帝。第二乐章"稍快的柔板"（Adagio un poco mosso）以管弦乐队柔和的前奏开始，钢琴的旋律随后安静地出现。第二乐章结束后，就是终曲乐章"回旋曲：快板"（Rondo：Allegro），开篇钢琴再次奏出具有爆发力的旋律。管弦乐队和钢琴交替演奏，最终以钢琴狂风暴雨般的渐强音结束。

276

音乐评论家阿尔弗雷德·爱因斯坦将这部《降 E 大调钢琴协奏曲》称为"军事风格的巅峰"。在他看来，这部协奏曲是"'英雄'交响曲的姊妹篇：它为英雄元素穿上了军装"。[8]此时法国和奥地利再次交战，贝多芬在手稿的边缘处写道："奥地利应该惩罚拿破仑。"无论双方的战况如何，这句话都体现出贝多芬矛盾的思想，以及他对拿破仑的看法是多么两极分化。他曾认为拿破仑是一位革命者，或者至少是君主制的颠覆者，但显然现在他不这样认为了。也许在特雷蒙拜访贝多芬时，贝多芬已经预见到了这部作品中将存在这样的冲突。

在这个节骨眼上，贝多芬没有选择在维也纳进行新协奏曲的公演。1811 年 11 月 28 日，即作品完成两年后，这部协奏曲才在莱比锡的布商大厦进行了首演。贝多芬的门生卡尔·车尔尼担任了钢琴独奏，演出大获成功。当 1812 年 2 月车尔尼在维也纳演奏这部作品时，它毫不意外地遭遇了失败。《第五钢琴协奏曲》具有贝多芬的典型风格，爆发出了非凡的能量，但事实证明，维也纳人很难接受音乐中的这种能量。

贝多芬在一生中的大部分时间里都居住在霍夫堡皇宫一两英里范围内，这座宫殿位于维也纳市中心，是弗朗茨皇帝的官方宅邸。哈布斯堡家族喜欢与社会各阶层交往，并且以此为傲，贝多芬有时可能会在大街上或公园里见到这位皇帝。但弗朗茨认为贝多芬的音乐"具有革命性"，而且可能除了贝多芬的学生——弗朗茨最小的弟弟鲁道夫大公以外，哈布斯堡家族的成员没有出席过他的一场音乐会。此外，弗朗茨是个缺乏勇气的皇帝，而贝多芬则是勇气的化身。

毕竟，与"英雄"交响曲不同，贝多芬打算将这部协奏曲作为对拿破仑的攻击，他在页边留下的文字就可以让我们对这一点确信无疑。1806年10月普鲁士在耶拿和奥尔施泰特战败后，贝多芬就向拿破仑发起了攻击，此时他通过《第五钢琴协奏曲》继续着这场战斗。他发誓要与拿破仑一较高下，1808年12月22日的个人音乐会就是他对自己实力的展示。此时他再次用他的武器——钢琴做出还击。最终，"皇帝"协奏曲加冕的皇帝就是贝多芬本人。创作这部作品时，贝多芬将自己看作拿破仑的主要对手，他认为自己比哈布斯堡王朝强大得多。如果贝多芬知道后世将这部协奏曲称作"皇帝"协奏曲，在某些情况下，他可能也不会反对。他在手稿上写道："奥地利会让拿破仑付出代价（Österreich lohne Napoleon）。"[9]这部协奏曲虽然姗姗来迟，但它强烈地表达了贝多芬对耶拿－奥尔施泰特战役中普鲁士指挥官路易·斐迪南的支持，以及他对"法国人的皇帝"的猛烈攻击，而当时这位皇帝就居住在几英里外的美泉宫。

要知道，当时钢琴这种乐器正处于迅速演进的过程中。事实上，在18、19世纪之交，钢琴制造业经历了一场大革新，钢琴也有望成为德意志浪漫主义的一大工具。在钢琴的尺寸、结构、音域上，制造商展开了激烈竞争。为更具有表现力的钢琴所作的乐曲出现了突飞猛进的发展。《第五钢琴协奏曲》的军事风格出人意料地一举成名。大约在18世纪90年代，当拿破仑在意大利击败奥地利军队并被人们奉为英雄时，浪漫主义钢琴协奏曲也使钢琴独奏者成了英雄。但直到此时，钢琴家才拥有了一件像样的乐器，可以将《第五钢琴协奏曲》这样的作品表现得淋漓尽致。[10]很早以前，贝多芬就曾收到施特赖歇尔赠送的钢琴，巴黎的埃拉尔（Érard）也曾将自己的钢琴赠送给他，1818 年他还收到一架布罗德伍德钢琴（Broadwood）。钢琴是贝多芬的战场，正如它后来成了李斯特的战场。这部宏伟雄壮的协奏曲和"英雄"交响曲的调性相同，都以贝多芬最爱的降 E 大调写成。钢琴大师贝多芬作为掌舵者，稳稳地驾驭住了《第五钢琴协奏曲》的独奏部分。

18 世纪 90 年代，这位了不起的钢琴领袖难道没有凭借他的杰出才华征服维也纳的贵族吗？在与丹尼尔·施泰贝尔特等人的激烈斗琴中，他在键盘上飞舞的手指难道没有打败维也纳贵族府邸里的这些对手吗？他的主要作品——"英雄"交响曲、"热情"奏鸣曲、"拉祖莫夫斯基"四重奏、《第五交响曲》——难道没有体现出他能创作出史诗般的作品吗？《第五钢琴协奏曲》是贝多芬英雄主义作品中最成功的一部。他将这部新协奏曲献给了一位他非常看重的年轻人，也是唯一一位让他产生了好感的哈布斯堡家族的成员，贝多芬献给他的作品比献给任何人的作品都要多，此人就是从 1809 年开始跟随贝多芬学习钢琴和作曲的鲁道夫大公。

"皇帝"协奏曲并不是贝多芬在 1809 年夏天创作的唯一一部作品。在此期间完成的作品中，最著名的大概是一首献给鲁道夫大公的奏鸣曲。作为他长期以来的学生和此时的赞助人，鲁道夫在这一年 5 月初与哈布斯堡王朝的其他皇室成员一起离开了维也纳。贝多芬便着手创作并在 1809 年夏天完成了这首奏鸣曲。在手稿上，贝多芬在第一乐章的开头写下了鲁道夫离开的日期，即 1809 年 5 月 4 日。第一乐章的法语名称 Les adieux 和德语名称 Das Lebewohl 都是"告别"的意思。贝多芬用音乐向这位年轻朋友告别，祝他一路顺风，并表达了自己怅然若失和期待朋友归来的感情。这位学生、伙伴、支持者没有与他一起感受法国入侵维也纳给他带来的不安。因此，这首奏鸣曲遵循了告别、思念、重逢的模式。第一乐章"柔板－快板"（Adagio－Allegro）流露出一种沉思的气息，表达了作曲家的失落之感。随后一股能量爆发了出来，乐曲进入一种悬而未决的状态，最后以两个强有力的和弦结束。第二乐章"富有感情的行板"（Andante espressivo）以一种饶有趣味的情绪开始，演奏越来越轻柔，最后以迸发的音符结束。活泼向上的终曲乐章"极活泼"（Vivacissimamente）体现了对重逢的期待，乐曲在一阵欢腾中结束。此时，鲁道夫大公已回到了维也纳。尽管他年纪较轻，而且是贝多芬唯一的学生，但事实证明鲁道夫是一位真正的朋友。贝多芬只为两首奏鸣曲冠上了标题，"告别"就是其中之一（另一首是"悲怆"）。这首奏鸣曲成了贝多芬最动人的作品之一。

军事主题也贯穿了贝多芬 1809 年夏天创作的其他几部作品。他完成了 7 首专为阅兵而作、供军乐团演奏的进行曲。这些乐曲很可能是贝多芬受人委托而创作的。有一次，一位奥地利军官告诉贝多芬他的一首进行曲速度太快，士兵的步伐跟不上音乐的节奏。作曲家幽默但不太得体地回答说，这首乐曲是"撤退时用的"。

当时的奥地利军队可以算得上是一支优秀的非战时部队，拥有全欧洲最好的军乐团。美国的一位著名奥地利史学家指出："在大阅兵的战场上，奥地利军队无人能敌。"[11] 正如一个世纪之后斯蒂芬·茨威格所说，奥地利是唯一一个不断培养出优秀乐队指挥而非优秀将军的欧洲强国。奥地利士兵总是穿着靓丽的军装行进着。可以想象，在 1809 年，奥地利军队与法国军队之间的差异有多大。在法国军队中，士兵为他们的信仰和领袖而战。而在奥地利，军队里都是义务兵和雇佣兵。贝多芬很清楚这些军乐的价值。他在 1809 年秋天给一位朋友的信中写道："目前，我不得不将大量的时间花费在迎合他人品味的营利性作品上。"[12]

　　1809 年 7 月奥地利和法国在茨纳伊姆（Znaïm）宣布停战后，双方于 10 月 14 日签署了《维也纳条约》（亦称《美泉宫条约》）。该条约标志着奥法战争的正式结束，也标志着第五次反法同盟的终结。10 月 16 日，拿破仑离开了维也纳，而弗朗茨于 11 月 26 日悄悄地回到了这里。维也纳人似乎为此感到欢欣鼓舞。然而，这时奥地利却面临严重的经济问题。铸币价值下降，因战争大量印刷的纸币也迅速贬值。拿破仑拒绝接受奥地利使用本国货币支付战争的巨额赔款。在此后的几年里，奥地利的经济危机将进一步加剧。

16

创作《埃格蒙特》

人生而自由，却无往不在枷锁之中。

——让－雅克·卢梭

《第五钢琴协奏曲》和"告别"奏鸣曲完成后不久，贝多芬就接受了宫廷剧院总监约瑟夫·哈特·冯·卢赫森施泰因（Joseph Hartt von Luchsenstein）的委托，为歌德的戏剧《埃格蒙特》创作序曲和配乐。他一直希望受到委托为席勒的《威廉·退尔》创作音乐，但是，正如车尔尼回忆的那样："在1809年11月下旬弗朗茨皇帝返回维也纳前后，一些人策划了一系列的阴谋，以确保贝多芬拿到《埃格蒙特》，因为（他们认为）这部剧不适合谱曲。"[1] 总监将《威廉·退尔》的配乐工作委托给了阿达尔贝特·吉罗维茨（Adalbert Gyrowetz），一位如今已几乎被遗忘的捷克音乐家，自1804年以来他一直是宫廷剧院的常驻作曲家和指挥家。吉罗维茨显然比贝多芬更受官方欢迎。

歌德似乎与贝多芬棋逢对手。贝多芬认为歌德是德语世界最优秀的诗人，而歌德认为，在同时代的人里，贝多芬是为数不多的能在才华方面与他媲美的人，并且他也渴望见到贝多芬，因为这位作曲家创作出了如此之多被冠以伟大之名的作品。1808年，《浮士德》一问世就激发了贝多芬的极大兴趣。贝多芬希望为它谱曲，他对作家贝蒂娜·冯·阿尼姆（Bettina von Arnim）说，这"纯粹是出于对他的诗歌的热爱，这些诗歌让我感到快乐"。[2] 为《浮士德》谱曲成了贝多芬一生的心愿。他确实为歌德的几首诗歌谱过曲，包括为钢琴伴奏的声乐作品

《歌德的三首歌》（Op.83），他也拜读过歌德的长篇小说《威廉·迈斯特的学习时代》，还向别人推荐这部作品。

歌德一直考虑以威廉·退尔的传奇故事为题材写一部小说。虽然席勒将威廉·退尔的故事写成了一部精彩的剧作，但歌德并不适合参与这场角逐。有一次贝多芬将席勒和歌德进行比较，他认为"给席勒的作品谱曲十分困难。作曲家必须超越诗人。谁能超越得了席勒？但超越歌德就容易多了！"3《埃格蒙特》是歌德所有戏剧作品中最具政治色彩的一部，但在为它谱曲时，贝多芬脑海中所想的似乎是席勒的《威廉·退尔》。

1807 年，维也纳当局放宽了监管制度，允许《阴谋与爱情》和《强盗》等几部席勒的戏剧在维也纳进行首演。1809年法国占领维也纳期间，人们可以买到席勒和歌德等作家的完整版本作品。那年夏天，贝多芬不仅阅读了这两位作家的作品，还阅读了由苏格兰作家詹姆斯·麦克弗森（James Macpherson）基于吟游诗人莪相的传奇故事创作的极受欢迎的作品，也重读了他长期以来的最爱——荷马史诗。

1804 年，席勒的《威廉·退尔》出版后不久，贝多芬似乎就拜读了这部剧作。这部作品大获成功，仅 3 个月就卖出了7000 册。同年 3 月 17 日在魏玛首演时，它不仅让其他关于威廉·退尔的作品黯然失色，还让这位瑞士英雄的传奇故事与精神给后世留下了难以磨灭的印象。虽然故事背景设定在瑞士，但席勒对奥地利当局严酷统治的谴责使得这部剧不太可能在维也纳完整上演。即使是剧院管理层选择的剧目《埃格蒙特》也存在风险，尤其因为这部剧的配乐是由贝多芬创作的。贝多芬的《莱奥诺拉》在皇后的帮助下才通过了审查，而且很多人认为他音乐具有革命性。但不管怎么说，即便贝多芬更喜欢《威廉·退尔》，他为歌德的戏剧创作的音乐依然十分出色，表达出了作品中的戏剧性。但应该承认的是，在《埃格蒙特》的创作过程中，贝多芬受到了《威廉·退尔》的显著影响。

《威廉·退尔》和《埃格蒙特》

在弗朗茨一世统治的维也纳，席勒的作品时而被禁止，时而被允许。从1793年至1807年5月，奥地利政府禁止了席勒剧作的出版与演出。1809年5月，拿破仑一到达维也纳就撤销了审查办公室。维也纳被法国人占领后，具有争议性、进步性的外来作品开始流通起来。在拿破仑的统治下，《威廉·退尔》得以上演，但10月拿破仑离开维也纳后，弗朗茨的首相梅特涅再次禁止了这部剧作的几乎所有演出。

也许以席勒的剧作为灵感创作音乐时，贝多芬回忆起了他在波恩度过的岁月，那时他十分喜欢《强盗》和《唐·卡洛斯》等剧目。虽然贝多芬认为歌德是一位更伟大[①]的作家，但席勒作品中的光芒与热情让他感到难以抗拒。他认为比起歌德的《埃格蒙特》，《威廉·退尔》更能体现"英雄"交响曲和《莱奥诺拉》中的革命精神。席勒的戏剧也受到了公众的欢迎。

《威廉·退尔》讲述的是14世纪初期三个瑞士森林州对奥地利统治者的反抗，总督赫尔曼·格斯勒（Hermann Gessler）作为皇帝的代理人，无疑代表了奥地利统治者。格斯勒鱼肉百姓，对他所怀疑的持不同政见者施以酷刑。在乌里州的奥地利官方驻地阿尔特多夫镇（Altdorf）的广场上，格斯勒立了一根杆子，在顶端挂上一顶帽子，并宣布这顶帽子代表了奥地利当局，所有市民经过这里时都要行脱帽礼。拒绝行脱帽礼的市民将面临监禁或死刑。威廉·退尔是一个与众不同、热爱自由的猎手。他直言不讳，但大多数时候沉默寡言，

---

① 上文提到贝多芬认为超越歌德比超越席勒要简单，似乎与此处逻辑矛盾。

让人感到有些神秘。由于不知道格斯勒颁布的新政策，他从广场前走过时没有脱帽致意。格斯勒将他逮捕起来，威胁说要将他处以死刑。

嘲笑完退尔的射箭技术后，格斯勒告诉退尔，如果他能在80步之外用十字弓射中小儿子头上的苹果，就可以免于一死。经过一番痛苦挣扎，退尔射出的箭击中了苹果，他的儿子安然无恙。随后格斯勒问他为什么还拿了另一支箭。退尔回答说这是因为如果第一支箭射中了他的儿子，他就要用第二支箭杀死格斯勒。听了这话，格斯勒命人给退尔戴上锁链。他们登上一艘船，湖上突然狂风大作、暴雨倾盆，于是士兵让经验丰富的退尔掌舵，将船开往安全地带。解除锁链的退尔将船开到岸边，抄起十字弓便跳上了一块礁石。

从施暴者手中勇敢地逃脱之后，退尔来到格斯勒一行人的必经之路上，埋伏在一道山隘中等待着格斯勒的到来。总督出现时，一个女人冲到他的马前，乞求格勒斯放了她在监狱里受苦的丈夫。格斯勒无情地拒绝了，还威胁要将她踩在马蹄下。听到格斯勒说要实行更严苛的新法律让农民屈服，进一步限制瑞士人的自由权利时，退尔将第二支箭射向了格斯勒的心脏。他这么做不是为了个人恩怨，而是为了让他的同胞免遭奴役。毕竟，在司法制度不健全的年代，他无法诉诸法律，只能自己伸张正义。但由于他是个正直的人，他也必须公开承认自己的行为。在德语国家，席勒笔下的这位瑞士英雄很快成了为追求自由和个人尊严而奋斗的臣民的象征。

贝多芬更希望创作一部作品来描绘威廉·退尔的英雄气概，而不是受人委托为《埃格蒙特》中反抗西班牙统治者的尼德兰作曲。猎人威廉·退尔对个人自由的追求必然会深深地吸引贝多芬。但当时发生的一些事件给退尔的胜利蒙上了阴影：拿破仑使《威廉·退尔》中歌颂的自由毁于一旦。

从贝多芬为《莱奥诺拉》(即后来的《菲岱里奥》)中的大反派皮萨罗创作的乐曲来看，他会为《威廉·退尔》中狡猾的格斯勒创作什么样的乐曲呢？皮萨罗尖锐刺耳的主题同样适合格斯勒。在《威廉·退尔》中，与格斯勒对抗的力量是以威廉·退尔为代表的瑞士自由战士。退尔和其他勇敢的人并肩战斗，其中有年轻人也有年长者，包括维尔纳·施陶法赫、瓦尔特·费尔斯特、维尔纳·封·阿庭豪森男爵。退尔无畏的小儿子也有着和父亲一样的英雄气概。就像创作《莱奥诺拉》时的贝多芬一样，创作《威廉·退尔》的席勒也没有对全人类理性、抽象的爱留有空间。只有在现实世界中斗争，人类才能走向更美好的未来。

贝多芬之所以更喜欢威廉·退尔，一个重要原因就是退尔的品行体现了他最爱的古代英雄卢修斯·尤尼乌斯·布鲁图身上的英勇特质。布鲁图的行为促成了罗马共和国的建立，而威廉·退尔的行为促成了瑞士各州的统一。布鲁图和威廉·退尔一样，有一个妻子和两个儿子，但在后世看来，他们都特立独行、自立自强、有主见，也许和贝多芬本人也没有什么不同。威廉·退尔本是一个性格温和的人，只有在遭遇不公时才会有所行动。法国革命者经常将他与布鲁图联系起来。和布鲁图一样，威廉·退尔也是一位诛杀暴君者。他的做法可能会扰乱他所处社会的结构，但他并没有因此退缩。同样，贝多芬希望他的音乐能够成为促进社会变革的强大力量，无论需要付出多大代价。

在法国，威廉·退尔和布鲁图的形象经常同时出现。1793年，雅各宾俱乐部组织了一场为期数天的文化节来纪念威廉·退尔和布鲁图。第一天的演出包含伏尔泰的《布鲁图》和 A.-M. 勒米埃(A.-M. Lemierre) 1766 年创作的戏剧《威廉·退尔》，雅各宾派基于他们的政治目的对后者进行了改编。革命者宣称，瑞士猎人威廉·退尔和罗马执政官布鲁图的性格气质虽然有所不同，但两人之间存在着天然的联系。威廉·退尔通常（但并非总是）被看作一个正面的形象。对于那些不热衷于大革命的人来说，他是恐怖统治的可怕使者、一位凶手、无政府主义的帮凶。[4] 然而，对雅各宾派来说，威廉·退尔对不可容忍的不公行径进行了无情的报复，英勇地宣扬了自由思想。威廉·退尔反对奥地利的暴政统治，法国的雅各宾派也反对暴政。他们在很多公共场所放置了两位英雄的半身像。对于革命者来说，布鲁图和威廉·退尔都为争取自由而进行了长期奋斗。与布鲁图和昔日其他的诛杀暴君者一样，威廉·退尔是法国大革命时期人们崇尚的圣人。

贝多芬将革命思想写进了"英雄"交响曲等作品中。在专制君主统治的欧洲，贝多芬的作品如弩箭一般射向了震惊的众人。和威廉·退尔一样，他也正中了目标。当最根本的信仰受到威胁时，他同样毫不退让妥协。在贝多芬的思想和音乐中，自由一直是最重要的主题。如果说在哈布斯堡王朝的统治下，人们无法与专制君主抗衡，而对于作曲家来说，他已投身到战斗中，并决心全力以赴实现目标。

1810 年 6 月 14 日，吉罗维茨制作的《威廉·退尔》在维也纳河畔剧院上演。毫无疑问，这部作品在上演之前被大幅删改。而同年晚些时候哈布斯堡王朝的审查制度再次收紧，席勒的剧作再次被封禁时，这部作品的命运也可想而知。在君主专制的欧洲，《威廉·退尔》的故事很少能通过审查。即便被允许上演，官方也将故事解读为瑞士英雄与现代格斯勒——暴君拿破仑的斗争。1815 年拿破仑倒台后，奥地利当局允许该剧偶尔在奥地利帝国的宫廷剧院即霍夫堡剧院演出。这部备受欢迎的剧作总能让剧场长期以来赤字的问题得到缓解；但随着1830 年欧洲革命的进一步爆发，《威廉·退尔》在维也纳的剧场中消失了几年。

1809 年 10 月拿破仑离开维也纳之后，归来的弗朗茨皇帝实施了更为严格的审查制度，维也纳也再次处于哈布斯堡王朝的高压统治之下。贝多芬为歌德的《埃格蒙特》谱写的乐曲虽然比如今常见的版本篇幅更长也更复杂，但从表面上看，它不像《威廉·退尔》的配乐那样更具煽动性。

《埃格蒙特》与歌德

与席勒不同，歌德从未全身心地投入戏剧创作中。甚至在 1806 年，当拿破仑敦促他以恺撒之死为题材创作一部戏剧时，歌德也拒绝了，他不愿塑造这样一位英勇的实干家。《埃格蒙特》以 1567~1568 年的布鲁塞尔为背景，描绘了低地国家对西班牙统治的早期反抗。18 世纪 70 年代初，贝多芬还在襁褓中时，歌德就开始了《埃格蒙特》的创作，直到 1787 年，他才在罗马完成这部作品。对于完成后的《埃格蒙特》，歌德并不是非常满意。他评论说，他的一些朋友、罗马的一些德意志青年"已经习惯了我早期那种情感激烈的、充满活力的作品，他们期待着《贝利欣根》那样的风格，无法很快适应这种平静的节奏"。[5]

与席勒笔下的威廉·退尔不同，埃格蒙特身上不存在实际的矛盾冲突。从某些方面来说，是他的性格导致了悲剧性的结果。在故事中，我们对埃格蒙特的了解主要来自不怎么熟悉他的人或是只看到一些表象的人。在他们看来，埃格蒙特是一位拿着十字弩的神箭手，他战无不胜，是个无忧无虑、受人喜爱、性情随和、慷慨大方的人，他爱上了一个社会地位比他低的年轻女子克莱尔茜（Klärchen），而克莱尔茜也爱慕着埃格蒙特。克莱尔茜的母亲认为埃格蒙特是个"友好、坦率和随和"的人，她陷入爱河的女儿则补充说埃格蒙特十分勇敢和谦逊。虽然布鲁塞尔的公民为他们有这样一位领袖而骄傲，但埃格蒙特不论走到哪里都是一副昂首阔步、趾高气扬的样子，"他的满不在乎和鲁莽"令西班牙统治者感到担忧和不快。

阿尔瓦公爵（Duke of Alba）的到来预示着布鲁塞尔将陷入一场危机。阿尔瓦是一名将军，他被派驻到尼德兰实施西班牙国王菲利普二世的暴政，在这里屠杀了数千名男人、女人和儿童。他认为与其让一个国家落入新教异教徒的手中，不如将其夷为平地。对于当时和后世的人来说，他代表了西班牙帝国主义的丑陋面目。阿尔瓦公爵固执己见、独断专行、冷酷无情，是《埃格蒙特》中的皮萨罗。他将埃格蒙特投入监狱，并将他判处死刑。

歌德试图对历史进行象征性而非准确的描述。《埃格蒙特》所展现的不一定是真实的历史事件。贝多芬善于表现紧张情绪和强烈情感，他可以通过扣人心弦、充满戏剧性的音乐表达他的政治立场和热情，而歌德的剧作展现的并不是某一时间、某一地点、某个具体社会的面貌，它并不像莎士比亚的剧作那样能够反映伊丽莎白时代的社会面貌。歌德笔下的人物都是虚构的，他采用历史剧的形式不是为了讨论政治阴谋，而是将其作为宣扬某种理想的手段。

贝多芬一直希望能创作更多舞台音乐，虽然《莱奥诺拉》的反响不佳，但他仍未放弃创作歌剧的想法，因此，为《埃格蒙特》配乐的机会重新激起了贝多芬的兴趣。早在 1807 年，贝多芬就向维也纳河畔剧院的管理层提议，他承诺每年为剧院写一部歌剧，作为回报，剧院向他支付固定薪水。但剧院管理层没有接受他的提议，鉴于《莱奥诺拉》遇到的麻烦，这样的结果也在意料之中。此时的贝多芬刚在 1809 年夏季完成了《第五钢琴协奏曲》和一系列进行曲，为《埃格蒙特》作曲成了他的一个新机遇，这部作品最终成了他的第 84 号作品。

虽然席勒在 1796 年将歌德的《埃格蒙特》改编成了一部三幕剧，但贝多芬还是采用了歌德的原始版本。1809~1810 年的冬天，他一直在为《埃格蒙特》谱曲，除了一首序曲以外，他还创作了四首幕间曲、克莱尔茜的两首歌曲（一首是军事风格的赞美诗，一首是表现克莱尔茜之死的小广板）、一段情节剧（melodrama）① 以及结尾的一首短小但极富感染力的"胜利交响曲"（Siegessymphonie）。

虽然《埃格蒙特》缺乏《威廉·退尔》中的强烈情感和爱国情怀，但青少年时期的贝多芬在波恩第一次读到《埃格蒙特》时就被它所吸引，并对它十分热衷。更何况，他深爱的祖父就来自低地国家。正如他为《埃格蒙特》创作的音乐所体现的那样，他的祖先为摆脱西班牙的压迫、争取自由而进行的长期英勇斗争在他的脑海中产生了共鸣。对自由的渴望贯穿了贝多芬的生活和音乐，作为佛兰德人的后代，他从未放弃这一追求。除了历史上几个极为短暂的时期以外，比利时人、佛兰德人和瓦隆人很少享有自由。然而，佛兰德人热爱自由，也渴望在最大限度上实现独立。

关于为《埃格蒙特》作曲一事，贝多芬曾在一封信中说："我创作它纯粹是出于对诗人的热爱。"6 由此可见，贝多芬创作这部作品一定程度上是为了获得他所崇拜的人的认可。次年贝多芬给歌德写信时，提到了"我为《埃格蒙特》创作的音乐，那部了不起的《埃格蒙特》"。7 贝多芬认为《埃格蒙特》"了不起"的原因之一可能是歌德将它写成了散文。因此，它与歌德早期"狂飙突进"风格的剧作有一些相似之处。在 1810 年 5 月 10 日给特蕾莎·马尔法蒂（Therese Malfatti）的一封信中，贝多芬引用了第五幕中被囚禁并被判处死刑的

---

① 话剧或歌剧中的一部分，用来朗诵的语言配合着音乐的解说。

埃格蒙特对斐迪南说的话："人们不仅仅因为身在一起才团结；那些身在远方、不在此处的人也与我们同在。"8 从某些方面来说，在席勒的《唐·卡洛斯》中，持理想主义思想的波萨侯爵与埃格蒙特最为相似。菲利普二世杀死了他和唐·卡洛斯，以否定他的理想主义思想，正如阿尔瓦公爵设局逮捕并处决了埃格蒙特一样。

在历史上，埃格蒙特的死激起了低地国家对西班牙统治者的反抗。埃格蒙特虽然是一名虔诚的天主教徒，但他敦促西班牙国王菲利普二世为新教徒赋予自由权利，西班牙当局因此将他视为反叛者，将他逮捕并处以死刑。也许为《埃格蒙特》谱曲时，贝多芬也看到了1809~1810年欧洲对自由的追求。与《莱奥诺拉》一样，《埃格蒙特》也以一首戏剧性的赞美诗结尾，歌颂了女性的气节和人民对自由的渴望。

歌德笔下的埃格蒙特让人联想到《唐·卡洛斯》中的波萨公爵和卡洛斯王子，埃格蒙特也是一个有弱点的人物，他很理想化，性格天真，勇敢又冲动。当时西班牙对尼德兰实施严酷的统治，当地局势一直十分紧张。在歌德的戏剧中，西班牙最暴虐的指挥官阿尔瓦公爵致力于根除心怀不满的民众对他的异议。而埃格蒙特是布鲁塞尔的总督。虽然受到人们的爱戴，但他并没有意识到自己的危险处境。第一次出场时，他对自己肩负的责任表现出了一种漫不经心的态度："能够保持心情愉悦、轻松生活、快意旅行是我的幸运，我不会用它们换取死后的安宁。"他问道："我难道不应享受当下，只为日后的安危而忧虑？我难道要在忧虑中度过未来的岁月吗？"9 至少对他来说，答案显然是否定的。尽管如此，埃格蒙特是个勇敢的人，他不惧怕死亡，并真心真意地爱着克莱尔茜。

埃格蒙特的人生观是浪漫甚至是诗意的，完全不切实际。如果来得迅速，死亡对他来说并不可怕："如果我必须倒下，让雷电、狂风或是踏错的一步将我丢进深渊。"当奥兰治亲王（Prince of Orange）建议他谨慎行事并敦促他离开布鲁塞尔时，他置若罔闻。故事中的一个名叫范森（Vansen）的平民说，埃格蒙特不够"精明"，"他不应该如此轻信他人"。[10] 但埃格蒙特就是这样一个容易相信别人又有些愚蠢的人。

席勒对歌德塑造的人物和故事十分不满，该剧作出版时，席勒写了一篇尖锐的评论，名为《论歌德的〈埃格蒙特〉》，直截了当地指出其中的关键问题：

> 该剧的主旨难道不是塑造一个英雄形象吗？在争取自由的斗争中，尼德兰人民将他们全部的爱都倾注在了这位埃格蒙特伯爵身上；他们指望埃格蒙特将他们从西班牙的压迫下解放出来。但是，这位亲切友善的伯爵在哪些方面值得我们的同情？他有什么美德？关于这些，作者未着丝毫笔墨；我们能看到的只有他的弱点。[11]

主人公的优柔寡断体现了歌德自己的优柔寡断。

比主人公个性更加鲜明的是埃格蒙特的情人克莱尔茜。克莱尔茜希望穿上裤子，跟随埃格蒙特一起去战斗。在第一首咏叹调中，她唱道："如果能做个男人，将是多么的快乐！"在歌德的《威廉·迈斯特的学习时代》中，迷娘也拒绝穿女孩的衣服。莱奥诺拉也打扮成男人的样子，以便进入可能关押着她丈夫的监狱工作。克莱尔茜慷慨激昂地斥责了布鲁塞尔的市民，与这些人不同，她不惧危险。她向市民大声疾呼："我拥有你们所没有的东西——勇气和对危险的蔑视！"她说："我的心跳比你们所有人的心跳都快。"也许我们可以将她看作圣女贞德的化身或是未婚的莱奥诺拉。但遗憾的是，她面临着难以克服的困难。埃格蒙特落入阿尔瓦公爵的圈套后，克莱尔茜和她的伙伴布拉肯贝格（Brackenberg）试图组织一场民众起义来营救他，但计划以失败告终。

等待行刑的埃格蒙特睡着后，看到克莱尔茜以"耀眼的、衣着华美的自由"形象出现在他面前。她象征埃格蒙特失去的自由。他喊道："神圣的自由，借用了我爱人的身形。"与弗洛雷斯坦（Florestan）[①] 和威廉·退尔不同，埃格蒙特被执行了死刑。自由的胜利只存在于克莱尔茜慷慨激昂的话语中。看到死去的埃格蒙特时，克莱尔茜发出了惊恐的叫声。没能成功营救出心爱的人，她也服毒自杀了。她英勇的发言不免让人想起另一位"自由天使"莱奥诺拉所说的"我拥有勇气与力量"。

虽然作为一位领袖，埃格蒙特身上有着致命的缺点，但他和弗洛雷斯坦一样，是一位正义和自由的战士。歌德希望埃格蒙特的故事能激励后世与权势暴政不断斗争下去。贝多芬的音乐也充分体现了这一点。短小的终曲"胜利交响曲"与序曲一脉相承，将故事推向高潮，描绘了埃格蒙特之死和人们在他死后取得的胜利。和《莱奥诺拉》的第三版序曲，甚至是第二版序曲一样，这首"胜利交响曲"体现了整部剧的精髓，表达了贝多芬的革命情怀。

《埃格蒙特》的上演

《埃格蒙特》最初以没有配乐的形式于 1810 年 5 月 24 日在霍夫堡剧院上演。直到 6 月 1 日，观众才听到有贝多芬配乐的版本。虽然作曲家激情澎湃的配乐增强了戏剧效果，但演出似乎并不成功。当时的报道称，演员的表现不佳，未能给观众留下深刻印象。令人感到意外的是，奥地利当局并没有对演出

[①] 《莱奥诺拉》中女主人公的丈夫。

进行干涉，也许是因为这部作品是他们委托给贝多芬的。观众知道政府密探可能就坐在他们中间，因此他们对克莱尔茜的咏叹调和贝多芬音乐的反应十分冷淡。贝多芬的音乐发出了对自由的强烈呼吁，对此表现出积极的态度可能会给在场的其他观众带来困扰。热情回应可能会招致当局的打击。与四年后更名为《菲岱里奥》重新上演的《莱奥诺拉》一样，奥地利当局在宣传时称这部剧表现的是人们摆脱拿破仑的压迫，但这并不是贝多芬的想法。

1810 年年中，也许是因为《埃格蒙特》反响不佳，贝多芬出现了抑郁的症状。在完成第 95 号作品《弦乐四重奏》"庄严"（Serioso）前的几个月，他写信给波恩的朋友弗朗茨·韦格勒说："我在某处读到一句话：只要一个人还能做些益事，就不应该主动离开这个世界。如果不是读到了这句话，我可能早就结束了生命——而且是我自己亲手结束的。"[12]"庄严"是唯一一首贝多芬亲自命名的四重奏。在创作过程中，他的抑郁情绪逐渐得到了缓解。

《埃格蒙特》的乐谱于 1811 年出版，并于这一年的春末被送到了歌德手中。贝多芬向歌德表达了他对《埃格蒙特》的喜爱，并说"我在音乐中强烈地感受到并再现了这种情感，就像我读到剧本时所感受到的一样"。[13]贝多芬可能指的是直到这时他才对故事中主人公的经历有了切身的体会。他很想知道歌德对他的音乐有何看法，并请求歌德告知他，哪怕是一些负面的看法。歌德对贝多芬的作品并无太大兴趣，这样的音乐令他感到不安，甚至是惊恐，但他赞扬了贝多芬为这部剧所作的配乐，尤其是埃格蒙特梦中场景的音乐。歌德评论说："我明确指出埃格蒙特睡梦中的场景应配有音乐，贝多芬理解了我的想法，并出色地展现了他的才华。"为《埃格蒙特》谱曲是贝多芬与歌德最接近的一次合作。

《埃格蒙特》的含义

《埃格蒙特》展现出的英雄主义理想与"英雄"交响曲和《第五交响曲》的主旨有着异曲同工之处。贝多芬的音乐比歌德的语言更有力地表达了歌德的英雄主义愿景。我们必须承认，贝多芬是一个"扰乱安宁者"（Rühestörer），他希望提醒同胞，变革不是一蹴而就的，但仍有实现的可能。奥地利当局这样看待他，贝多芬也这样看待自己。《埃格蒙特》的乐谱中跳动着革命热情。从这方面来说，歌德的戏剧为贝多芬的音乐提供了助力。听过《埃格蒙特》序曲的人都知道它歌颂的是人民英雄主义，预示着人民终将取得胜利。虽然故事中的埃格蒙特死去了，但他所代表的理想将长存于世。

历史剧的发展在 19 世纪达到了巅峰。军事主题贯穿了整部《埃格蒙特》的配乐，"胜利交响曲"歌颂了克莱尔茜的英雄气概，以振奋人心的旋律结束。从某种程度上来说，贝多芬将歌德这部深刻的戏剧转化成了一部充满活力的席勒戏剧。1810 年 5 月 2 日，作曲家曾痛苦地问道："但谁又能摆脱身边肆虐的风暴呢？"贝多芬没有说明他身陷于哪一场风暴或风暴的起因，但毫无疑问，维也纳的高压统治扰乱了他内心的平静。他怒斥着维也纳当局。但无论贝多芬是否对法国 1809 年占领维也纳一事感到气愤，他依然对法国皇帝拿破仑怀有钦佩之情。正如特雷蒙的回忆（见本书第 15 章）所表明的那样，拿破仑给贝多芬的创作带来的影响是持久而不可预测的。

293

拿破仑的另一位新娘

法国与奥地利的战争以拿破仑在瓦格拉姆（1809 年 7 月 5 日至 6 日）战役中的胜利结束。这场战役让维也纳的许多家庭破碎。大街上，伤员随处可见。1809 年 10 月 14 日签署的《维也纳条约》使战败的奥地利面临难以承受的巨额赔偿。拿破仑离开奥地利首都时，下令拆除了部分城墙。此外，他也变本加厉地实施大陆封锁政策，旨在切断英国与欧洲大陆之间的贸易联系。这一政策损害了英国经济，进一步孤立了这个海上大国。此时，该政策的重新实施也对大多数欧洲国家产生了不利影响。

瓦格拉姆战役之后，奥地利迅速与法国恢复了表面上的友好关系。这一次军事上的失败重创了该国人民的民族自豪感，奥地利也因此与法国达成了另一项协议。从 1809 年开始一直到之后的几年里，这位战无不胜、主宰欧洲命运的皇帝走向了事业的巅峰。但他也知道自己的帝国不甚牢固。虽然约瑟芬皇后在前一段婚姻中生下了两个孩子，但她没有给拿破仑生下子嗣。作为权宜之计，拿破仑将弟弟路易的孩子指定为继承人，但他们还年幼，无法保证王朝的延续。更稳妥的办法是生下自己的继承人。拿破仑用一贯直白的语言说道："我想娶一个王室的子宫。"曾与约瑟芬真心相爱的拿破仑在 1809 年底做出了一个艰难的决定：解除与约瑟芬的婚姻，另寻一个新娘。他的首选是沙皇亚历山大的妹妹安娜女大公，但拿破仑发现她有着桀骜不驯的性格（当时只有 15 岁），沙皇亚历山大对此事也不甚热衷，于是 40 岁的拿破仑转向了欧洲最古老、最枝繁叶茂的哈布斯堡王朝。他通过代理人向弗朗茨皇帝的小女儿——18 岁的女大公玛丽·路易丝——提出了婚约。

奥地利国库亏空、经济萎靡不振，又希望避免战争，因此弗朗茨欣然接受了婚约。当时有人说，哈布斯堡王朝决定向这位法国的人身牛头怪献上祭品，没有感到丝毫的不妥。为了填补国库亏空，梅特涅批准了这桩婚事，准备让法国代替俄国成为奥地利的主要盟友。玛丽·路易丝深知自己没有选择丈夫的权利，因此接受了命运。拿破仑派路易-亚历山大·贝尔蒂埃

（Louis-Alexandre Berthier）元帅前往维也纳定下这桩婚事。1810年3月11日，婚礼在维也纳通过代理人举行。两天后，玛丽·路易丝启程前往巴黎。这桩婚姻将欧洲大陆上的两大强国联合了起来，旨在稳定欧洲的局势。虽然在奥地利帝国的广袤领土上，许多人表达了对此事的不满，但厌倦了战争的维也纳人却欢欣鼓舞。

题献

1809年，贝多芬有充分的理由对不断恶化的财务状况感到担忧。在格奥尔格·毕希纳（Georg Büchner）的著名剧作《沃伊采克》（*Woyzeck*）中，主人公沃伊采克曾痛苦地疾呼："我无法再理解这个世界。"和沃伊采克一样，贝多芬也感到他无法理解这个世界。贝多芬喜欢秩序而非混乱。1809年11月，法国人离开后，他问道："你对这死一般的平静有什么看法？在现在这个时代，我已不对稳定的生活抱任何期望。"14维也纳第二次被法国人占领后，他对这座城市和这里的市民更加失望了。但在信件中，他更多是在抨击维也纳人，而非法国人。贝多芬虽然哀叹他的"生活不断受到干扰"，但令人惊讶的是，他并没有特别提到法国人。实际上，在当时的信件中，他说的是"我诅咒这场战争"，而不是"我诅咒法国人"。15心情好的时候，贝多芬会与维也纳人保持距离；心情不好的时候，他会将生活中的不适和挫败感引发的不安情绪发泄在这座城市上。

1810年10月，为了摆脱前一年的不利运势，贝多芬考虑将《C大调弥撒曲》献给拿破仑。这部作品的首演已过去了将近两年，而在所有人中，贝多芬偏偏选择将它献给拿破仑。对于贝多芬来说，这非常合理。比起失败的埃格蒙特，贝多芬更喜欢取得革命性胜利的威廉·退尔。对于这样一个人来说，将

295

《C 大调弥撒曲》献给拿破仑恰恰体现了贝多芬争强好胜的个性。鉴于此事可能带来的严重后果，即便产生这样的想法也需要贝多芬具备足够的勇气。

如果说到了 1810 年 10 月，拿破仑重新获得了贝多芬的青睐，那么贝多芬后来似乎也不太可能将拿破仑全盘否定。拿破仑不太可能是一位虔诚的基督徒，但这一点对于贝多芬来说并不重要。尽管贝多芬很重视精神生活，但他从未声称自己信仰宗教，也绝不是教会的忠实信徒。梅纳德·所罗门认为贝多芬将《C 大调弥撒曲》献给法国大魔王拿破仑的想法"非比寻常"，此话不假，但他没能正确判断当时的形势。当时欧洲的政治局势十分复杂，而贝多芬认为拿破仑是一位优于弗朗茨的统治者，因此他希望将弥撒曲献给拿破仑也是合情合理的。他认为拿破仑是唯一一位可以推翻君主制、促成变革的领袖。在法国占领维也纳期间，艺术和文学享有更大程度的自由，比起弗朗茨实施的日渐严格的审查制度，拿破仑的政策更为可取。不仅如此，在 1810 年初，弗朗茨还将他的小女儿嫁给了拿破仑。

奥地利与法国的休战无疑使贝多芬更有可能将这样一部重要的作品献给奥地利从前的敌人拿破仑，虽然这样做还是会为他带来一些风险。贝多芬的题献可能并非出于政治目的，而是表明了他对拿破仑的钦佩之情，因为拿破仑能够克服重重阻碍、在巨大的压力下取得并延续如此伟大的成就。这个伟大成就不亚于威廉·退尔取得的成就，因此贝多芬确实会对拿破仑产生敬佩之情。但即便奥法双方休战和解，贝多芬也意识到将弥撒曲献给奥地利从前的（也可能是未来的）敌人仍存在极大的政治风险，因此他按照惯例将弥撒曲献给了他的三位赞助人之一——金斯基亲王。

贝多芬对拿破仑的怨气似乎总是不会维持太久。在这些年里，即便有充分的理由，贝多芬也很少批评拿破仑，原因之一就是批评拿破仑实际上等同于批评他自己：拿破仑是他既反对又钦佩的英雄人物，贝多芬力图在音乐领域获得如拿破仑一般的统治地位。除歌德外，拿破仑是欧洲唯一一个让贝多芬怀有崇高敬意的人。贝多芬和拿破仑有时可能站在冲突的对立面上，但在民族主义还未席卷欧洲的时代，这种分歧显得并不那么突出。贝多芬没有深陷在爱国情怀当中，因此他为拿破仑创下的伟业所打动。多年来，他对拿破仑的态度一直如此：充满了潜在的、令人捉摸不透的情绪波动，时而愤怒，时而赞扬，反复无常。这种情绪摇摆不定，它不完全是爱，也不完全是恨，而是反映了作曲家内心持续不断的情感变化。拿破仑对此毫不知情，他却让贝多芬深陷其中，无法自拔。

财政状况

　　为了支付战争的巨额赔款，奥地利货币多次贬值。该国的经济已走到崩溃的边缘。奥地利日渐恶化的财政状况也开始对贝多芬的生活造成影响。最终在 1811 年 2 月 10 日，国家通过了一项财政御令（Finanz-Patent），并在三周后开始实施。该政策推出了一种紧急纸币，即银行钞票的赎回债券，导致货币贬值至其原本价值的五分之一。原本在 1809 年初，贝多芬与三位赞助人签订了协议，获得了稳定收入，但现在他的收入急剧缩水。1809 年，他每月可以拿到 4000 古尔登，但到了1811 年，他月收入的实际价值只有大约 1600 古尔登。贝多芬有着精明的商业头脑，因此他逐步与赞助人重新进行协商。在这样的困难时期，人们难以维持生活，连温顺的奥地利人都开始表现出躁动不安的情绪。

　　贝多芬对维也纳生活的不满情绪也再次凸显出来。当时正在跟随贝多芬学习的作曲家克萨韦尔·施奈德·冯·瓦滕泽

（Xaver Schnyder von Wartensee）回忆说："他怒斥维也纳人，并考虑离开［维也纳］。他说：'从皇帝到擦鞋匠，维也纳人都不是什么好东西。'"1812年初似乎是一个尤为艰难的时期。贝多芬在2月2日的一封信中写道："在奥地利这个野蛮的国家，生活应受到诅咒。"[16]他计划逃离这里。他感叹道："希望在我出国之前，上天能给我足够的耐心。"[17]5月，他说这座城市是"我生活的下水道"。[18]7月，他哀叹道："我现在在维［也纳］过得很悲惨。"[19]虽然这些话语可能带有一些玩笑的成分，但它们经常在贝多芬的信中出现，因此我们可以确信近年来一些维也纳学者认为贝多芬发表过一些爱国主义言论的说法是错误的。虽然贝多芬没有意识到，但情况已经出现了明显改善。

17

酒神巴克斯的胜利：
《第七交响曲》—《第八交响曲》—《威灵顿的胜利》

> 魔鬼性是自然、诗歌、音乐、宗教和解放战争中爱国
> 热情的力量。拿破仑和拜伦都具有这种魔鬼性。
>
> ——歌德

> 所以，每当人们叫他唱些什么，
>
> 他总给当地人以当地的特色；
>
> 对他来说反正都一样：《天佑吾王》也好，
>
> 《都会好的》（Ça ira）也罢，全看风尚如何。①
>
> ——拜伦 1

  几十年来，当纽约大都会艺术博物馆的参观者登上高高的楼梯，前往楼上的画廊时，他们会看到楼梯尽头法国雕塑家埃米尔 – 安托万·布德尔（Émile-Antoine Bourdelle）为贝多芬塑造的巨大半身像。作曲家被放在高高的基座上。他俯视着我们，我们仰望着他。布德尔对贝多芬十分着迷，一生中为贝多芬创作了 20 多尊不同的雕像。每一尊都极富戏剧性和感染力，但大都会艺术博物馆的这尊半身像是体积最大、最具震撼力的一尊。布德尔将它称为"酒神巴克斯"（Bacchus）。贝多芬和歌德共同的朋友贝蒂娜·布伦塔诺（Bettina Brentano）在 1811 年写给歌德的信中说，贝多芬曾自称巴克斯，而布德尔正是从她的话语中获取的灵感。贝多芬十分崇拜这位酒神，

---

① 译文参考了拜伦《唐璜》，查良铮译，人民文学出版社，1993。

他曾说："音乐是激发人取得新成就的美酒。"他知道自己有着过人的音乐天赋，于是将这种天赋与古典神话中的神性联系了起来。"我是巴克斯，为人类榨取神圣的甘露，让他们获得精神上的陶醉。"[2] 布德尔用法文将这句话雕刻在了半身像的基座上。[3] 他抓住了贝多芬身上常常被其他雕塑家忽略或忽视的品质。

这位伟大而忧郁的贝多芬气势汹汹地俯视着我们。乱糟糟的头发几乎完全遮住了那双令他失望的耳朵。[4] 布德尔深知作曲家也有享受快乐的时候。1811 年 2 月 10 日，贝多芬告诉贝蒂娜·布伦塔诺，他参加了一场聚会，"我在那里开怀大笑"。[5] 在布德尔看来，化身为巴克斯的贝多芬不仅象征着美酒带来的沉醉，也象征着快乐与欢愉，这是一种席勒式的"欢乐"，贝多芬后来在《第九交响曲》的合唱乐章中将其称为"极乐世界的姑娘"（Daughter of Elysium）。

贝多芬确实是巴克斯的拥趸。罗马神话中的巴克斯，即希腊神话中的狄俄尼索斯，代表了狂热的两面，一面是积极向上的创作热情，另一面是摧毁一切的毁灭狂潮。作为一个享受夜生活的人，贝多芬非常清楚巴克斯力量的外在表现。对他而言，除了美酒和欢笑以外，好朋友也是酒神狂欢中不可或缺的一部分。葡萄酒可以激发他的创作热情。"音乐是一种高于智慧和哲学的启示，"贝多芬告诉贝蒂娜，"美酒激励着人们不断踏上新的创作历程。"[6] 在创作音乐时，尤其是在创作第七和第八交响曲时，贝多芬总是能感受到这种狂热。

歌德将贝多芬所说的"创作历程"背后的力量称为"魔鬼性"，这是一种强大的通常是非理性的力量，它能驱动富有想象力的人进行创作，让他们爆发出创造力。德国的思想家一直在探索这种"魔鬼性"。它有时体现在一些人身上，有时体现在某些文化习俗中，但本质上来说，它让世界变得生机勃勃。

在歌德看来，魔鬼性甚至可以激发人们的爱国热情，促成革命性变革，美国革命就是一个显著的例子。歌德认为，拿破仑、拜伦和贝多芬都将这种魔鬼性展现得淋漓尽致。他对魔鬼性的思考也解释了贝多芬身上的酒神特质。要理解贝多芬和拿破仑的生平，我们需要将这种魔鬼性置于历史背景下考虑。它可能有多种表现形式。1812 年，拿破仑在魔鬼性的驱使下入侵俄国，而贝多芬在它的驱使下创作出了第七和第八交响曲。

1812 年

　　1812 年是贝多芬人生中的另一个转折点。情感、财务、心智和政治上的问题交织在一起，透支着他的耐心和精力。他感到自己在维也纳不受赏识，有时还会受人轻视，因此认为自己生活在一个充满敌意的城市里。1812 年 1 月 28 日，在写给莱比锡的布莱特克普夫与黑特尔音乐出版社的一封信中，他说自己是"一个可怜的奥地利音乐苦工"。[7] 在这封信里，贝多芬罕见地将自己称为奥地利的公民。在这段时间的一些信件中，他一如既往地抨击着奥地利及其人民，认为自己与他们格格不入。贝多芬曾多次提到奥地利和奥地利人，但没有一次对其做出正面评价。即便这些评价有时是他的玩笑话，有时是他在发泄情绪，但它们出现得如此频繁，因此应该也代表了他的真实想法。奥地利国内和欧洲地区发生的一系列事件让贝多芬写起了日记（Tagebuch）。他通过写日记理清思绪、获得慰藉。贝多芬一直写了六年的日记。

　　由家境阔绰的贵族资助的私人管弦乐团和四重奏乐队推动了贝多芬初期的事业发展。如今这些贵族走向了衰败。贝多芬的赞助人金斯基亲王在 1812 年坠马而亡；他最早的赞助人利赫诺夫斯基亲王于 1814 年去世；两年后，洛布科维茨亲王去世。1813 年新年前夜，拉祖莫夫斯基伯爵位于兰德大街的奢

301　华宅邸和他保存在这里的精美收藏品被一场大火烧成灰烬。灰心丧气的亲王不得不解散他的私人乐队。当时已没有几位贵族能养得起私人乐队；即便可以，乐队的规模也比以前小得多。在这种情况下，贝多芬的收入骤减。出售乐谱手稿和举办个人音乐会逐渐成为他的主要收入来源。虽然他的作品在精英阶层很受欢迎，但哈布斯堡家族仍然对贝多芬及其音乐兴趣寥寥，甚至怀有敌意。除了继续跟随他学习钢琴和作曲的鲁道夫大公之外，此时的贝多芬没有其他学生了。

拿破仑的落败

　　1812年夏天，拿破仑准备对俄国发起进攻，率领50万大军到达俄国边境。欧洲大地上从未集结起如此大规模的军队。6月24日，拿破仑率军跨过尼曼河（Niemen），进入了欧洲最大的国家。这次战争的结果将决定欧洲大陆的命运。如果拿破仑成功地让俄国屈服，权力的天平将继续向法国一方倾斜。如果拿破仑失败，他的辽阔帝国可能面临崩塌。不论是哪一种结果，贝多芬的生活和他创作的音乐都可能受到影响。

　　那年夏天，语焉不详又常常自相矛盾的报道断断续续地从俄国传到西欧。俄国人拒绝与拿破仑谈判，也不与法军交战，而是稳步撤退。他们采取焦土战术，在撤退前将城市烧毁。到了秋天，双方在距离莫斯科不到100英里的博罗季诺（Borodino，9月7日）展开了一场血战，但并未分出胜负。一周后，法军进入这座无人防御的城市，却发现它已被俄国人遗弃并烧毁。

　　即便如此，俄国人依然拒绝谈判。拿破仑这时才意识到，他落入了敌人的圈套。他的士兵大量战死或病死，此时人数已302　锐减到大约10万人。10月19日，法军放弃了莫斯科，开始慢慢向法国撤退。他们用了数周时间穿越森林和草原，途中还要抵御哥萨克人的袭击、日益寒冷的天气和暴风雪。在茫茫的异国土地上,法军筋疲力尽、疲惫不堪。数千人因物资供应不足而丧生。跨越布满浮冰的别列津纳河(Berezina)时(11月25日至26日),一座浮桥突然断裂,许多未过桥的士兵遭到哥萨克人的攻击。幸存者继续艰难前行。法军的队伍越来越松散,此时又遭受着严寒的折磨,逐渐四分五裂。10月23日至26日,克洛德·弗朗索瓦·德·马莱将军(General Claude-François de Malet)在巴黎密谋发动政变,11月下旬这个消息传到拿破仑耳中,12月5日他离开了溃不成军的部队,赶回了法国首都。12月13日,来时浩浩荡荡的法国军队只剩一小部分渡过了尼曼河。6月时渡过这条河的士兵没几个能活着回来。

　　这一年的秋天和初冬,关于这场大败仗的零星消息逐渐传开,令欧洲人大为震惊。拿破仑的大军(Grande Armée)在俄国遭遇惨败,这几乎是不可能的。随着时间的推移,前方传来的消息越来越不容乐观。人们几乎确信拿破仑的军队已不复存在。面对如此出人意料的情况,所有人都在猜测接下来的发展,但没人敢妄下定论。失败的撤军是否预示着拿破仑庞大帝国的终结?各国是否会联合起来将他逐出欧洲?还是说他会重振威风,再次确立法国的霸权地位?法军在俄国遭遇的溃败让很多人看到了一种几乎难以想象的可能:十年来第一次,欧洲大陆不再被拿破仑的巨大阴影所笼罩。法国皇帝已经屈服。这让许多人感到解脱,也让另一些人感到失望。

"不朽的爱人"

303

　　拿破仑在俄国陷入苦战时,贝多芬在1812年夏天前往温泉小镇特普利茨疗养。这个小镇当时属于奥地利,现在位于捷克共和国境内。在特普利茨,他试图与一位不知名的女士再续前缘,后世将她称为"不朽的爱人"。

7月6日，贝多芬在特普利茨给这位女士写了一封著名的信，信的开头写道："我的天使，我的一切，我的我。"贝多芬热情地说希望与她永远在一起。这位女士似乎也曾深爱贝多芬。在信中，贝多芬反复表达了他对"我唯一的爱人、我的一切"的热切渴望。但他也提醒她，像他们两人之间这样的感情需要坚韧的毅力和全身心的投入。他问道："没有牺牲，没有全情投入，我们的爱会长久吗？"贝多芬的话不仅出于热情，也出于对现实问题的考虑。但是这封信或根据这封信改写的其他版本是否真的寄出了，我们不得而知。

不知何故，贝多芬的愿望没能实现。当他意识到自己无法得到梦想中的伴侣时，他陷入了极度痛苦之中。直至今日，依然没有人能对这位女士的身份给出令人信服的答案，但研究者的猜测仍在继续。确认这封信件的预期收件人固然很重要，但信中关于贝多芬本人的信息更值得我们关注。对贝多芬而言，这份炽热的爱情可能是他一生当中最热烈、最持久的一段爱情。虽然出于多方面的复杂原因，贝多芬终生未娶，但这封信让我们看到贝多芬多年来一直在深入思考什么是纯真而持久的爱情，他不仅渴望一段忠贞的爱情，也为实现这种关系做着努力。

7月下旬，贝多芬在特普利茨多次与歌德见面。也许对贝多芬而言，与失去"不朽的爱人"同样痛苦的是他未能与心中最具才华和智慧的人建立起一段有意义的关系。两人的性格相去甚远，贝多芬日渐衰退的听力无疑也使谈话变得十分艰难。歌德将贝多芬形容为 ungebändigt，这个词的字面意思是"桀骜不驯的"或"难以捉摸的"。在特普利茨，贝多芬对歌德大失所望，虽然他没有明说，但这件事一定让他非常伤心。两人都是天才，但他们有着完全不同的天赋，对人类的期望也不尽相同。贝多芬和歌德在特普利茨共处的那段时间里，有一件逸事最为有名。两人走在路上碰到一群贵族，也有人说他们碰到

304

的是奥地利的皇室成员。歌德恭敬地走到一边,礼貌地向他们鞠躬。而贝多芬径直从他们中间走了过去,没有向任何人致意。

毫无疑问,那年夏天在特普利茨疗养的人们都在讨论拿破仑对俄国的进攻。这位法国皇帝能否超越他此前的成就,再创佳绩呢?似乎不太可能。贝多芬也面临着同样的问题。在"英雄"交响曲、《莱奥诺拉》、第五和第六交响曲、第四和第五钢琴协奏曲、《C大调弥撒曲》以及《埃格蒙特》之后,还有什么高峰可供他攀登呢?在生活中,他要应对不确定的财务状况、在维也纳生活的压力、未能与歌德建立友谊的沮丧以及未能与"不朽的爱人"结合的苦恼。但他的创作才华还未枯竭。

"英雄"时期

贝多芬的"英雄"时期为1802~1812年(如果算上修改《菲岱里奥》的时间,则这一时期要延续到1814年),这十年差不多与拿破仑建立法兰西第一帝国的时期重合。在拿破仑统治了欧洲大部分地区的那些年,在人们对拿破仑和他的事迹议论纷纷时,贝多芬正创作着极富活力与力量的音乐。

法国大革命改变了人们对英雄气概的看法。拿破仑惊人的成就让人们更加相信,通过磨炼技能和奋发图强,只要一个人有能力,无论其出身如何,都可以凭借自己的才华获得人们的认可。在旧制度下,只有贵族出身的人才能成为军官,这种情况在君主专制的欧洲十分普遍。而相比之下,拿破仑的元帅大多为平民出身。米歇尔·奈伊(Michel Ney)元帅的父亲是一名桶匠,若阿基姆·穆拉(Joachim Murat)的父亲经营着一家小酒馆,但两人都凭借自己的英勇和才华获得了军衔。革命精神和"拿破仑精神"鼓舞着那一代的人发挥潜力、抓住命运和社会带来的新机遇。从大革命爆发到拿破仑倒台的几十年

305

里，理想主义思想涌现，战争不断，政治联盟变化频繁，但许多持自由思想的欧洲人认为，这些看似矛盾的因素最终将带来社会迫切需要的变革。

酒神巴克斯

正如前文所说，布德尔将他极具震撼力的贝多芬半身像命名为"酒神巴克斯"。据说 1812 年弗朗茨·克莱因（Franz Klein）在为贝多芬制作石膏面部模型时也应作曲家的要求体现出了酒神的特征。贝多芬认为自己与从美酒中获得快乐的罗马酒神巴克斯有一些共同点。

酒神巴克斯的形象来源于早期希腊神话中的狄俄尼索斯。和起源于东方的狄俄尼索斯一样，巴克斯生活在一个神奇的世界。作为唯一一位凡人所生的神，他十分与众不同。巴克斯有一些追随他的女祭司，她们会唱歌，也会吹奏一种双管乐器①。这些女祭司喜欢寻欢作乐、纵酒狂欢，总是处于狂喜的状态。美酒能展现人性中野蛮的欲望和激情，也能激发创作乐曲的灵感。维吉尔在他的第六首《农事诗》（*Georgic*）②中为我们描绘了一个异想世界中的景象："音乐击中了山谷，山谷将它抛向星空。"[8]

在托尔斯泰根据贝多芬的同名乐曲创作的悲剧故事《克鲁采奏鸣曲》中，他将音乐描述为"感官的高雅欲望"。[9]托尔斯泰认为音乐的力量是酒神式的。这一观点得到了不少人的赞同。法国作家安德烈·苏亚雷斯（André Suarès）认为："音乐家总是崇高的，总是具有酒神般的气质。"[10]历史学家菲利普·布罗姆（Philip Blom）指出，巴克斯"在狂欢的酒神节

---

① 也就是阿夫洛斯管（Aulos），古希腊簧管乐器。

② 维吉尔的《农事诗》分为四卷，不确定这里的 sixth 指什么。

上带领着他的追随者"。他主要通过舞蹈和戏剧来表达自己的 306感受。布罗姆告诉我们,巴克斯能够"引诱和使他人陶醉,他可以自由使用这种力量,通常会带来幸运的结果"。[11] 简而言之,巴克斯让音乐充满了想象力,他为创作者赋予了无穷的创造力、无尽的变化和丰富的乐思。歌德的诗歌语句流畅、句读通顺,而贝多芬的音乐和歌德的诗歌一样,其中充满了奇思妙想。"英雄"交响曲的谐谑曲和终曲几乎始终保持着极度兴奋的状态。《第五交响曲》的终曲乐章也体现出了一种毫不松懈、更为坚定的狂热情绪。这样的情绪持续了很长时间,每当我们以为乐曲即将结束时,它就会再次咆哮起来。

巴克斯是一个受难者,他有着自己的痛苦。他曾经死去又被复活。巴克斯的精神体现在两个方面:一方面是对自由和极乐的追求,另一方面是对狂野破坏的表达。巴克斯经得住时间的考验:他是唯一一位至今仍具有影响力的罗马神明。歌德指出,巴克斯及其原型狄俄尼索斯是革命背后的驱动力;作为一种魔鬼性的力量,巴克斯能够促使原始本性爆发出来,颠覆理性的社会结构。酒神的力量能够催生出令人眼花缭乱的作品、唤起人们的感官体验、表达最丰富的情感。在法国大革命初期,即从巴士底狱陷落至恐怖统治之前,法国人和欧洲其他地区的人就曾用歌声表达他们的兴奋和喜悦之情。

在《悲剧的诞生》(*The Birth of Tragedy*)中,尼采提出了一个著名理论,即酒神狄俄尼索斯和太阳神阿波罗是对立的。尼采认为:"人将自己拉向两个相反的方向。一方面是希腊酒神狄俄尼索斯,他代表人感性的一面,即活力、创造力和灵感,但如果过度发挥,则会导致精神错乱,带来破坏。另一方面是太阳神阿波罗,他代表人理性的一面,即对秩序、系统和正义的倾向,当然,过度约束可能会使人失去活力。"尼采的疑问是:"生命是否能充满激情、活力、纵情狂欢而又不陷

307

入混乱？另一方面，生命是否可以井然有序、合情合理、自律理性而又不像牙医诊所那样枯燥乏味？"虽然贝多芬努力控制着他的情绪，但要发挥创造力，他需要用严明的纪律来约束自己。旧制度下海顿、莫扎特和同时期其他作曲家的音乐让维也纳观众感到愉悦和舒畅。但贝多芬革命性的音乐不是这样的。它让维也纳的观众感到震惊，甚至恐惧。

阿波罗是罗马神话中的光明、理性和艺术之神，在这些领域中，他的力量不亚于巴克斯。18世纪德意志古典学者约翰·约阿希姆·温克尔曼将阿波罗的天赋概括为"高贵的单纯和静穆的伟大"。温克尔曼曾前往意大利南部寻访古希腊和古罗马遗迹，让当时的人们了解到了古希腊艺术中的阿波罗式特征。三个世纪前，米开朗琪罗在佛罗伦萨雕刻了巴克斯的雕像。贝多芬音乐中的酒神（或歌德所说的"魔鬼性"）元素体现了他天才的一个方面。在《文学传记》（*Biographia Litera*）中，柯勒律治强调诗歌应同时具备太阳神和酒神的特征："诗歌，即使是立意极为高远，甚至看似情绪恣肆的抒情诗，都有其特有的逻辑，如像科学一样严谨；但它们比科学更难以把握，因为它们更为微妙、更为复杂，并且更多地依赖偶然因素。真正伟大的诗人……不仅每个词的使用都有缘由，而且每个词的位置都大有讲究。"①12 同样，贝多芬酒神式的激情背后，也存在阿波罗式的严明纪律。即使沉浸在酒神式的活力中，贝多芬也从来不会失控。酒神元素和阿波罗元素在他的音乐中相互制约，由此产生的紧张感为他的音乐赋予了力量。

18世纪的音乐以各式各样的舞曲见长。在贝多芬的时代，"土耳其"音乐，即受到酒神启发的狂欢式音乐日益受到人们

---

① 此处翻译参考了塞缪尔·泰勒·柯勒律治《文学传记：柯勒律治的写作生涯纪事》，王莹译，中国画报出版社，2019，第7页。

的欢迎。对于1800年前后的欧洲人来说，横笛、鼓和钹是土耳其音乐中的标志性乐器。凭借活泼热烈的旋律和强烈的节奏感，土耳其音乐也可以用于表现喜剧效果，例如莫扎特为《后宫诱逃》中的奥斯明（Osmin）创作主题音乐时，就将土耳其风格与德意志音乐融合起来。

308
贝多芬一直对酒神式的音乐情有独钟。他的芭蕾舞剧《普罗米修斯的生民》中充满了狂野与不协和的旋律，其他作品中也潜藏着以酒神为主题的阴暗力量。在第六和第七交响曲中，连大自然——不论是田野还是森林，不论是狂风暴雨还是风平浪静——都暗中激荡着恶魔的力量。贝多芬的音乐让喜欢它的人感受到了强烈的欢愉。虽然贝多芬也有理智的一面，但他更重视他的音乐中酒神式、极为情绪化、扰乱人心的内容。提到后来创作的《庄严弥撒曲》时，贝多芬写道，"发自内心——但愿它能——深入人心"（Von Herzen—Möge es werden—zu Herzen gehen）。[13] 在这些音乐的诠释者中，没有几个人能充分表现出乐曲中情绪上的感染力。贝多芬也享受酒神式的乐趣。一位贝多芬诠释者在讨论《第八交响曲》时写道："这样的音乐……纯粹是一种游戏。"[14]

贝多芬作品中酒神式的活力让人想起拉伯雷（Rabelai）的《巨人传》（*Gargantua and Pantagruel*）。《巨人传》算得上是一部酒神式的作品，其中的狂欢特质在17世纪托马斯·厄克特（Thomas Urquhart）和皮埃尔·莫特（Pierre Motteux）浮夸的英译本中体现得尤为明显。在第五卷中，拉伯雷歌颂了非理性的巴克斯。拉伯雷用精彩而幽默的语言描写了喧嚣的狂欢盛宴，让我们既兴奋又不安，甚至让我们深受震撼。和贝多芬的音乐一样，《巨人传》充分体现了生命的活力。故事中的庞大固埃（Pantagruel）认为葡萄酒能给人带来快乐与活力。除了激发创作灵感外，葡萄酒"是各种原始能量的象征，无论这种能量是灵感还是行为。它是所有人心中不可阻挡的力量，让人们以非理性的方式生活、行动和创作"。[15] 拉伯雷同样沉醉于"悲惨的受难、异常的持续性兴奋、酒神节中的纵饮以及两个世纪之后所有被尼采称为'酒神式'的事物"。[①16] 贝多芬则试图通过酒神式的音乐创造出一个更伟大的新世界。

与贝多芬同时代的一些人也展现出了拉伯雷式的倾向。黑格尔在《精神现象学》（*Phenomenology of the Spirit*）中指出，"真理是一种'酒神式的狂欢'，换言之，它是一种思想上的狂欢、精神上的放荡"。[17] 特奥多尔·阿多诺（Theodor Adorno）提醒我们："贝多芬作品中的阴暗元素是他交响乐中不可分割的一部分……恶魔和理想就这样交织在一起。"[18] 在贝多芬的作品中，黑暗往往潜伏在表象之下，直至突然爆发。他不是第一个也不是最后一个体会到这种黑暗的人。勃拉姆斯认为，如果贝多芬没有成为音乐家，他"可能会成为一个大恶人"。在戈雅的画作《巨人》中，一个巨人正对着天空挥舞拳头，而地面上的生灵——包括人和动物——都在惊恐地逃跑。[19] 和巴尔扎克笔下《高老头》（*Père Goriot*）中的大恶人伏脱冷（Vautrin）一样，贝多芬所表现出的伟大也具有潜在的威胁性。

《第七交响曲》

拿破仑在俄国惨败之时，贝多芬在拿破仑引起的骚乱和失去挚爱的痛苦中反思着他的音乐。随着第七和第八交响曲的完成，1812 年成了贝多芬创作生涯中极为重要的一年。虽然贝多芬很早就完成了《A 大调第七交响曲》的草稿，但这部作品主要是在 1812 年的春夏两季创作的。《第七交响曲》问世之

---

① 此处翻译参考了彼得·沃森《德国天才》，张弢、孟钟捷译，商务印书馆，2016，第 156 页。

后，他继续创作了《第八交响曲》。贝多芬还在这一年完成了
《第九交响曲》的一些草稿。但当时他还没有想好如何继续，
于是将其搁置了近十年。但能够构思出如此多样而伟大的三部
作品并完成其中的两部已经算得上一项惊人的成就了。

　　为了向公众展示新作品，贝多芬的朋友们帮他举办了两场
个人音乐会。虽然贝多芬与维也纳的许多音乐家关系不错，但
他与宫廷乐队没有建立任何官方联系，因此即便作为当时最著
名的一位作曲家，他也不得不自掏腰包或在朋友的帮助下举办
音乐会。筹备音乐会是一项繁重的工作。在维也纳举办任何公
共集会，哪怕是小规模的集会，都需要获得警察的批准。著名
的艺术家也必须向当局提交他们的最新作品，审批通过后才能
演出，而这一流程一定让贝多芬感到十分不满。

　　1813 年，贝多芬的个人音乐会在古老的维也纳大学华丽
的节日大厅里举行。就在 1809 年 5 月 31 日去世几周之前，海
顿还在这里出席了他的清唱剧《创世纪》的演出。四年后，贝
多芬在这里指挥他自己创作的交响曲。参加首演的大型乐团明
星荟萃，当时最著名的低音提琴演奏家多梅尼科·德拉戈内蒂
（Domenico Dragonetti）以及著名小提琴家安东尼奥·萨列
里（Antonio Salieri）和路德维希·施波尔（Ludwig Spohr）
都参加了演出。

　　在施波尔看来，12 月 8 日的这场首演取得了"圆满成功"。
第二场慈善音乐会于 1813 年 12 月 12 日举行，第三场于次年
1 月 2 日举行，第四场于 1814 年 2 月 27 日举行，3 月 16 日
又举行了另外一场。贝多芬一共举办了五场音乐会展示他的新
作。之后的几场演出虽然没有为他赚得很高的收入，但仍然吸
引了大量观众。贝多芬在维也纳会议前后（1814~1815）创作
的器乐作品中，《第七交响曲》成为最经久不衰的一部。

　　贝多芬在《第七交响曲》首演中的活跃表现令人们备感惊

310

讶。施波尔本人也是一位著名的作曲家，他在日记中对此事的描述让我们了解到了贝多芬不寻常的指挥方式。指挥台上的贝多芬让施波尔大为惊奇：

> 虽然听说过很多传闻，但亲眼看到时我依然感到十分震惊。贝多芬喜欢通过各种各样奇怪的肢体动作向乐团表达他的想法。要表现突强（*sforzando*），他会先双手交叉放在胸前，然后突然张开双臂。要表现弱音，他会弯下腰，声音越弱，他弯得越低。表现渐强时，他会慢慢挺起身，最强音出现时，他会直接跳起来。他经常大喊大叫，仿佛在为强音用力，虽然他可能是下意识的。[20]

戈雅的画作《巨人》也许为我们描绘出了《第七交响曲》的内涵。巨人庞大的身姿十分引人注目：也许它表现的是魔鬼般的贝多芬对着宇宙愤怒、疯狂地挥舞拳头，而无法理解这种音乐的观众正惊惶地逃跑？在一些人看来，这种音乐代表了解放，但在另外一些人看来，这种音乐却十分可怕。

卡尔·马里亚·冯·韦伯（Carl Maria von Weber）听到《第七交响曲》的第一乐章时，认为贝多芬"应该被送进疯人院"。与贝多芬同时代的文人路德维希·蒂克（Ludwig Tieck）甚至认为这种音乐的创作者是个"疯疯癫癫的神经病"。很多人也持有相同的看法。蒂克认为这部作品"令人费解——几乎让人以为它是一部恶作剧"。十几年后，在1826年，作为伦敦《谐音》（*Harmonicon*）杂志评论员的蒂克问道：贝多芬是否想让观众将他新创作的交响曲看作一个巨大的笑话？

人们为什么会产生这样的看法呢？诚然，贝多芬的《第七交响曲》以令人难以置信、几乎无法持续的速度奔涌向前，这一点在终曲中表现得尤为明显。这样的音乐让我们深受震撼。各种乐器，不论是圆号、小号还是定音鼓，都以不同寻常的音调演奏着。史无前例的快节奏和爆发式的能量让人很难相信维也纳的听众竟然会喜欢这种音乐。但在首演当天，这部作品确实受到了不少观众的欢迎，奔涌而过的声音洪流让他们感到无比惊奇。观众尤其喜欢第二乐章，这是一段相对舒缓的小快板。观众热情高涨，要求乐队将这一乐章再演奏一遍。这种情况在当时十分常见。于是乐队照做了。一直到 20 世纪，第二乐章依然是《第七交响曲》中最受欢迎的乐章。快节奏的第三乐章"急板"（Presto）过后，终曲乐章为我们展现了一个恣意狂欢、放浪形骸和无所顾忌的世界，体现出了酒神节的欢乐气氛。在瓦格纳看来，狂热的终曲乐章体现了恶魔性。音乐毫不松懈地疾驰向前，只要听过一次就永远不会忘记。

首演十年之后，年轻的克拉拉·舒曼（Clara Schumann）听到《第七交响曲》时指出，多数听众认为"这部交响曲——尤其是第一乐章和终曲乐章——一定是作曲家在不得体的醉酒状态下创作的"。[21] 在当时，这样的看法并不罕见。正如约翰·德莱顿（John Dryden）很久以前指出的那样，疯子"与天才只有一线之隔"。《第七交响曲》通过其著名的小快板和快节奏的终曲乐章真正体现出了显著的酒神特质。

312

弗里达·奈特（Frida Knight）认为，《第七交响曲》展现了反抗压迫的人民的崛起。马丁·格克认为这部作品的灵感来源可以追溯到戈塞克和格雷特里为法国大革命创作的热情洋溢的序曲和歌剧。格克提醒我们："我们不应忽视乐曲中规整而嘹亮的副题，也不应忽视其节奏鲜明的军事风格。"[①] 这两

---

① 此处翻译参考了马丁·格克《贝多芬》，严宝瑜译，人民音乐出版社，2011，第147页。

者都让人想起戈塞克在抒情幕间剧（lyrique divertissement）《共和国的胜利》中创作的进行曲，这部作品歌颂了1792年法国人在瓦尔密战役中取得的胜利。[22]哲学家恩斯特·布洛赫（Ernst Bloch）认为，《第七交响曲》让人联想到"在巴士底狱的废墟上跳舞"。[23]

《第七交响曲》彰显的酒神式活力在贝多芬的音乐中并不是第一次出现。这种能量在他的众多作品中几乎无处不在，但《第七交响曲》集中体现了这种能量。十年前，"英雄"交响曲中的最后两个乐章展现出了酒神节的狂热。《第五交响曲》的终曲乐章也在一片喧嚣中结束。和弦一个接一个崩塌，几乎没有间断，体现出了越来越强的魔鬼性。《第七交响曲》问世十年之后，在《庄严弥撒曲》的结尾部分，酒神式的能量突然地、出乎意料地迸发了出来。法国学者贝尔纳·富尼耶（Bernard Fournier）认为，贝多芬的音乐，不论是奏鸣曲、四重奏还是大型作品，都体现出了"一种幽默感，时而具有启发性，时而又很黑暗"。他认为，这种幽默感也体现在《第六交响曲》的终曲乐章中。他将贝多芬的《第七交响曲》与里夏德·施特劳斯（Richard Strauss）的《蒂尔的恶作剧》（*Till Eulenspiegel*）进行了比较。富尼耶提醒我们："创作四重奏的这位粗野的作曲家身上有一些特质让我们想起那位快乐的恶作剧者；但蒂尔是一个非常矛盾的人物，他是个无赖，又十分感性，还有着英雄般的固执。"[24]确实，贝多芬对人类有着宽宏大量、拉伯雷般粗俗幽默的看法，因此在他的书信和音乐中，幽默感都是一个重要的元素。相比之下，让·德·索利耶（Jean de Solliers）认为这部作品体现了"贝多芬的坚韧不拔。一种阳刚的柔情为他赋予了活力。他对世间的一切充满爱意。他是真正惠及万物的酒神"。[25]

创作《第七交响曲》时，贝多芬与歌德短暂的友谊达到了巅峰。作曲家对歌德的作品十分熟悉，可能也受到了歌德的影响。当时贝多芬刚刚为歌德的几首诗歌谱了曲，其中包括《威廉·迈斯特的学习时代》中的《你可知晓那个地方》。据说贝多芬曾告诉贝蒂娜·布伦塔诺，他希望让歌德听听他的交响曲。[26] 他认为只有歌德才能真正理解他的音乐。有时，贝多芬在描述他不同寻常的创作方式时会说"我陷入了癫狂"，即灵感迸发的瞬间。[27] 歌德本人也非常了解巴克斯的力量，他曾在魏玛的花园里竖立了一尊酒神像，这尊雕像一直屹立至今。但当布伦塔诺在书信中提到贝多芬身上的酒神特质时，歌德给出的回应是礼貌而冷漠的。遗憾的是，他只对贝多芬的音乐才华给予了表面上的认可，但对贝多芬本人没有表现出多少兴趣。和许多具备阿波罗式才华或认为自己具备这种才华的人一样，歌德从未真正理解贝多芬身上的酒神特质和他的作品。

车尔尼称《第七交响曲》的灵感来源于当时的一些事件。他没有具体说明贝多芬受到了哪些事件的启发，但这部作品的创作时间与拿破仑 1812 年俄国战役的初期阶段重合。1812 年 6 月下旬，在俄国的土地上，拿破仑似乎正朝着胜利大步迈进。向莫斯科进军的过程中，他势如破竹的气势也许激发了贝多芬的创作热情。完成这部疯狂的交响曲可能也反映了他试图弥补失去"不朽的爱人"的遗憾。我们可能永远无法知道她的确切身份，但可以确定的是，对于贝多芬来说，她曾经是——并且一直是——理想中的爱人。正如贝多芬曾在《海利根施塔特遗嘱》中表达的，他在绝望情绪中创作了欢快的《第二交响曲》，此时的他也全身心地投入了《第七交响曲》的创作。

《第七交响曲》最终出版时，贝多芬将其献给了俄国沙皇亚历山大一世，这位沙皇的军队凭借俄国的广袤地形和寒冷的天气击败了拿破仑。此前贝多芬曾将他在 1801~1802 年创作的《三首小提琴奏鸣曲》（Op.30）献给亚历山大一世。车尔

314

尼将《第七交响曲》改编成了钢琴曲，两年后，为了获得更高的知名度和报酬，贝多芬在维也纳会议期间将其献给了出席会议的沙皇皇后伊丽莎白。伊丽莎白给了贝多芬一份礼物和一笔钱作为回报，这证明了她对贝多芬音乐的认可以及俄国音乐爱好者对这些作品的喜爱。

《第八交响曲》

具有古典风范的《第八交响曲》可以说是热情洋溢的《第七交响曲》的续作，这部作品是贝多芬在波希米亚的温泉胜地特普利茨避暑时创作的，在那里他给"不朽的爱人"写下了热切的书信，和歌德一起散步。1812 年 10 月，贝多芬在弟弟约翰家中完成了这部作品，当时约翰一家住在林茨郊外、多瑙河畔的格内森道夫（Gneixendorf）。《第八交响曲》歌颂的是摆脱逆境、获得成功，这一点可以从贝多芬个人层面来理解，同时我认为也可以从政治层面来理解。

《第八交响曲》的首演在 1814 年 2 月 27 日举行，几乎与《第七交响曲》的首演一样成功。它既让人联想起《第七交响曲》的活力，又有着《第六交响曲》的轻松氛围，同时展现出了可以与《第七交响曲》媲美的热情。虽然从结构来看，这部交响曲显然是在向海顿致敬，但贝多芬通过改变人们对主题的期待实现了了不起的创新。《第八交响曲》没有真正意义上的慢板乐章，全曲以狂热的激情推进着，不断积蓄着力量。保罗·亨利·朗认为，这部作品也是"一篇用音乐写成的幽默文章，是对交响乐本身的戏仿"。[28] 贝多芬的幽默感在第二乐章"诙谐的小快板"（Allegretto Scherzando）中体现得尤为明显，但从某种程度上来说，这种幽默——至少是一种出人意料的幽默——也出现在了所有乐章中，甚至第三乐章"小步舞曲"（Tempo di Menuetto）也不例外。当时并非所有人都能感受到或欣赏这部交响曲中的幽默感，前文提到的《谐音》杂

志的评论员就是其中之一，1827 年蒂克听到《第八交响曲》
后，认为它"古怪而乏味，徒劳而无功"。这一 18 世纪的古
板句式反映了评论者的保守观点和他有限的音乐品味。在贝多
芬的创作过程中，巴克斯一直发挥着重要作用。1815 年，贝
多芬的挚友卡尔·阿门达从遥远的拉脱维亚库尔兰将鲁道夫·
冯·贝格（Rudolph vom Berge）的抒情戏剧《酒神巴克斯》
寄给了贝多芬，请他考虑以此为题材创作一部歌剧。虽然最终
作品没有成形，但贝多芬创作了一些草稿，可见他对这个题材
很感兴趣。1818 年至 1824 年创作《庄严弥撒曲》和《第九
交响曲》时，贝多芬也在"想着希腊神话——以及'巴克斯的
盛宴'"。1818 年，在一份可能是为《第十交响曲》创作的草
稿中，贝多芬留下了一个备注："快板描绘的是酒神节"（Im
allegro Feier des Bacchus）。贝多芬历时十年完成的极具震
撼力的《第九交响曲》让我们看到贝多芬希望通过这部作品征
服所有人。《第九交响曲》合唱乐章中的"土耳其进行曲"是
对酒神精神的戏剧性表达。实际上，在最后几个乐章中，贝多
芬似乎在呼唤着巴克斯。埃米尔·路德维希（Emil Ludwig）
略带夸张地指出，在几乎所有的乐章中，"这位梦想家要么以
征服者的身份结束，要么以酒神的身份结束"。[29] 在贝多芬作
为钢琴家的名声日渐衰落之时，他作为作曲家的名声却越来越
响亮。

《威灵顿的胜利》

在 1813 年 12 月 8 日的音乐会上，《第七交响曲》受到
了观众的热烈欢迎，但获得满堂彩的是节目单上的最后一支
曲目——《威灵顿的胜利》。这场音乐会的收入全部用于帮助
在哈瑙战役中受伤致残的联军士兵。12 月 12 日，在观众的要
求下，《威灵顿的胜利》再度上演，在当时的许多人看来，它
是贝多芬最著名的一部作品，后来在 1814 年 9 月开幕的维也

315

纳会议（该会议旨在重塑拿破仑战败后的政治格局）上，该作品也成了当时的热门乐曲。作为拿破仑最有力的对手，威灵顿受到了人们的广泛赞誉。正如《威灵顿的胜利》所体现的那样，从某种程度上来说，贝多芬可能也乐于见到法国军队被打败。但法军是在西班牙的维多利亚（Vittoria）遭遇的失败，而当时拿破仑在 1000 英里外的萨克森，距离事发地相当遥远。从音乐层面来说，《威灵顿的胜利》、次年完成的《光荣的时刻》（Der glorreiche Augenblick）以及我们将在后文中讨论的许多不那么知名的作品都算不上贝多芬的力作。与过去十年"英雄"时期的作品相比，这些作品显然十分刺耳，缺乏感染力。它们几乎让人感觉贝多芬给右手放了假，用左手写出了新作品。

　　《威灵顿的胜利》源于贝多芬和约翰·内波穆克·梅尔策尔（Johann Nepomuk Mälzel）之间一次非同寻常的合作。梅尔策尔常被误认为节拍器的发明者，实际上他发明了一台自动下棋机，还仿照土耳其人的模样制造了一台机器人。他希望贝多芬可以创作一部作品，并使用他的新发明百音琴（panharmonic）来演奏。百音琴是一台复杂而奇特的机械装置，是一个集合了各种设备的机械军乐团。贝多芬尝试后发现这个想法并不现实，于是将《威灵顿的胜利》改写成了交响乐团演奏的乐曲。他将这部作品视为一位桂冠诗人用官方委托的主题创作的一首诗歌。《威灵顿的胜利》首演时广受好评，在之后的一段时间内，它也获得了一些著名音乐家的认可。

　　参加了 1813 年《第七交响曲》首演的著名音乐家也在这部作品的首演中为贝多芬效力，其中包括多梅尼科·德拉戈内蒂、路德维希·施波尔、约瑟夫·迈泽德（Joseph Mayseder）、约翰·内波穆克·胡梅尔和年轻的贾科莫·梅耶贝尔（Giacomo Meyerbeer）担任鼓手。曾经认为"英雄"交响曲难度过大、过于富有挑战性的维也纳公众现在"对这部具有相反品质的作品赞不绝口",两位现代学者将这部作品称为"[贝多芬]对自己交响乐理想的愤世嫉俗且备受欢迎的嘲讽"。[30]《威灵顿的胜利》虽有多个版本,但不论从哪一个版本来看,它都是贝多芬最缺乏感情的作品之一。

整体而言,否定的声音占了上风。大多数仰慕贝多芬才华的人并不欣赏这部作品。保罗·亨利·朗将其称为"一部肤浅的大作,也许是贝多芬最微不足道的作品"。[31] J.W.N. 沙利文(J. W. N. Sullivan)甚至更为尖锐地指出,《威灵顿的胜利》是"贝多芬有史以来最差的作品"。[32] 这部作品中确实有一些活力迸发的时刻,这一点在第一乐章毫不松懈的快节奏和终曲乐章忙乱的进行曲中体现得尤为明显。但整体而言它不过是一部激昂的战斗音乐,充满了例行公事般的喧嚣、抗议和战斗的号召。从贝多芬成熟时期的艺术水平来看,它与我们的预期相去甚远。

贝多芬的传记作者、荷兰学者扬·凯耶斯(Jan Caeyers)巧妙地将《威灵顿的胜利》形容为"噪音的雪崩"。[33] 与贝多芬同时代的卡尔·马里亚·冯·韦伯也不喜欢这部作品,他曾嘲笑作品中的配器效果。贝多芬读到韦伯的评论时,在书页的底部写道:"你这个卑鄙的恶棍,你的想法连我拉的屎都比不上。"[34] 但并非所有人都像韦伯一样对这部作品持否定态度。21 世纪的音乐学家尼古拉斯·马修(Nicholas Mathew)认为《威灵顿的胜利》是"同类作品中最伟大的一部"。[35] 至于他说的"同类作品"具体指什么,我们不得而知。除了表达自己的喜爱之情以外,他并没有做出进一步解释。简而言之,1814 年春天,拿破仑的倒台对贝多芬产生了深刻的影响。贝多芬原本希望拿破仑给欧洲带来重大变革,但此时这些希望都破灭了。

18

《菲岱里奥》

对自由的热爱是地牢中开出的花。

——海因里希·海涅

在莱奥诺拉著名的咏叹调中，有那么一刻，在祷告般的舒缓旋律过后，圆号的声音出现了，仿佛在发出号召。那一刻，我想拉起横幅，冲在队伍的最前面，突破钢铁牢笼，以自由和人类精神的名义解放被禁锢的人们。没有一部音乐或舞台作品有这样的魔力，能够产生如此纯粹的反响。

——加林娜·维什涅夫斯卡娅（Galina Vishnevskaya）[1]

多年来，贝多芬遇到了多次将剧本改编成歌剧的机会，而他都在考虑之后拒绝了，但只有让 - 尼古拉·布伊（Jean-Nicolas Bouilly）创作的、由约瑟夫·松莱特纳改编成德语剧本的《莱奥诺拉》打动了他，让他创作了一部歌剧。显然，松莱特纳的文字激发了他对婚姻、法国革命思想以及当时在维也纳受到的政治压迫的思考。在布伊的故事中，正义战胜了专制，忠贞的爱情战胜了困难，个人的勇气和担当取得了胜利。女人的牺牲、男人对自由的渴望、两人忠贞而无私的婚姻、围绕理想主义和自由的主题展开的故事都出现在了布伊的剧作中。这部剧作也和贝多芬本人的理念不谋而合。晚年时贝多芬告诉经常帮他处理杂事的安东·辛德勒："在我所有的孩子中，这一个……是我最珍爱的。"他对这部作品的爱超过了其他所有作品，因为他声称自己在创作这部歌剧时遭受了更多痛苦。他告诉辛德勒，这是"他最心爱的、诞生于痛苦之中的孩子"。[2]

贝多芬原本想将这部歌剧命名为《莱奥诺拉》，但后来改名为《菲岱里奥》，从体裁上说，它是一部拯救歌剧。这类歌剧诞生于法国大革命期间，后来很快传到了维也纳，在19世纪前十年里，它们受到人们的广泛欢迎。《莱奥诺拉》中也出现了进行曲和类似于进行曲的主题，让人联想起法国大革命时期的音乐，这一点在热情洋溢的《莱奥诺拉》序曲中体现得尤为明显。约翰·艾略特·加德纳（John Eliot Gardner）曾敏锐地指出，"在1804~1805年的《莱奥诺拉》中，贝多芬努力重现他在波恩时所感受到的革命热情与理想主义"。[3]贝多芬也希望这部歌剧能具有与"英雄"交响曲相同的革命意义。在这部"有歌词的""英雄"交响曲中，贝多芬希望通过富有人情味的故事而非抽象的概念来展现革命理想。演员在舞台上演唱的歌词与音乐相得益彰。特奥多尔·阿多诺指出，《莱奥诺拉》"没有将革命描绘出来，而是将它在仪式中重现"。[4]这部歌剧可以被看作攻占巴士底狱的周年纪念。

1805年11月20日，即拿破仑的军队占领维也纳一周后，当时还是三幕的《莱奥诺拉》举行了首演。1806年，贝多芬将其删改成两幕歌剧。1814年，他再次对其进行了修改，并将其更名为《菲岱里奥》。虽然本质上来说它们是同一部作品，但本章将主要讨论1814年版的《菲岱里奥》。

拿破仑再度征战

1813年8月之前，弗朗茨和梅特涅统治下的奥地利一直是法国的盟友，而在这一年，两国日益紧张的关系到达了顶峰。无论结果如何，冲突最终必定会对贝多芬不稳定的财务状况产生不利影响。贝多芬曾在信中提到奥地利迟迟没有加入反法同盟，可能会对他的收入造成影响，他哀叹道："这场灾难性的战争会让我迟迟拿不到钱，也可能让我陷入更糟糕的局面。"他不打算再像 1809 年夏天那样留在维也纳，而是下定决心，"如果战争的浪潮再靠近维也纳"，他就会"前往匈牙利"。[5]

1813 年初，拿破仑刚刚组建了一支由新兵和幸存老兵组成的未经考验的新部队，他试图通过这一力量稳住与他结盟的中欧国家，虽然这种同盟关系已经岌岌可危。除了因签订条约和联姻与拿破仑结盟的奥地利以外，英国、瑞典、普鲁士和俄国等欧洲国家组成了反法同盟来对抗拿破仑。身在萨克森的拿破仑发现自己已四面楚歌、陷入困境。即便拿破仑在俄国打了败仗，他的对手依然十分畏惧他战无不胜的名声，因此他们避免与拿破仑正面交锋，只攻击那些不由他亲自指挥的军队。1813 年春天，拿破仑在莱比锡以南的吕岑（5 月 2 日）和德累斯顿东北部的包岑（5 月 20~21 日）取得了初步胜利。但由于在俄国失去了许多久经沙场的老兵和大量的马匹，他难以乘胜追击、扩大战果。对于拿破仑来说，沙漏里的沙子已所剩无几。1813 年夏天，尽管在德意志地区的战役为他争取了一些时间，但他终究无法改变不可避免的结果。由梅特涅掌权的奥地利虽然是法国名义上的盟友，但 8 月 12 日，奥地利反戈加入了反法同盟。在德累斯顿的一场重大战役中（8 月 26~27 日），拿破仑勉强获胜，但这场胜利并没有让联军退缩。

10 月 16 日，联军在莱比锡及周边地区与拿破仑的军队展开了交战，希望以此扭转局面。在这场所谓的"民族会战"中，30 万联军与 15 万法军进行了交锋。在为期四天的苦战中，在背叛了拿破仑的几个德意志国家的帮助下（先是萨克森，然后是巴伐利亚），联军取得了决定性胜利。当今的历史学家将这场莱比锡会战视为现代欧洲史上的一个关键时刻。在这一时期幸存下来的信件中，贝多芬从未提到过这场战役。他也没有谈及拿破仑或奥地利加入反法同盟一事，也许是因为他不想表现出自己对联军的事业缺乏热情。随着拿破仑的势力范围不断缩小，失败的命运逐渐逼近，贝多芬似乎陷入了沉默。这位法国皇帝带着残余的部队开始缓慢向法国撤退。10月30日，在法兰克福以东的哈瑙，法国的后卫军反败为胜，击败了奥地利和巴伐利亚的追兵，但法军并没有因此停下撤退的脚步。到了这年年底，长达数十年的欧洲战争虽然尚未结束，但似乎已接近尾声。拿破仑失败了，他虽败犹荣。

法国战役

1814年1月初，联军借着莱比锡会战的势头乘胜追击，入侵法国，继续这场战争。拿破仑在巴黎再次召集年轻新兵和幸存老兵，组成了一支比上一次规模小得多的新部队。1月25日，拿破仑带着击退敌人的决心离开巴黎，第一次进行本土作战。众所周知，这场法国战役进行了两个月，一直持续到3月底。从人数和装备上来说，联军具有压倒性的优势，但拿破仑拼尽了全力，发挥出了过人的谋略，敏锐地抓住了战机。他打了几场胜仗。事实上，9天（2月10日至18日）里他总共取得了四场胜利。尽管如此，败仗还是占了主导，他的损失也越来越惨重。

3月，为了吸引联军的火力，拿破仑佯装向东边的莱茵河进发。然而联军截获了拿破仑写给妻子玛丽·路易丝的信件，知晓了他的战术，于是向西进军，很快就到达了巴黎市郊。拿破仑意识到自己没能骗住敌人，调转马头返回巴黎东南的枫丹白露。但为时已晚！他的几位得力将领已经投降。巴黎的部队仅仅进行了象征性的抵抗，3月31日，联军几乎没有遇到任何阻力就进入了首都。法军已名存实亡，拿破仑也面临失败。占领了巴黎的联军主导了战后的和谈。1814年4月6日，拿破仑退位并被流放到意大利利古里亚（Ligurian）海岸附近的一

322

个小岛——厄尔巴岛（Elba）上。这个欧洲历史上最具传奇色彩的人物已无法再主宰各国的命运。这场始于 1792 年、断断续续地持续了近 25 年的战争终于结束了。或者说，看起来是这样的。同盟国将波旁王朝的路易十八指定为新的法国国王，他的哥哥是法国大革命期间被送上断头台的路易十六，他将继续统治因战败而灰心的法国民众。

在过去的将近 20 年里，贝多芬一直对拿破仑十分着迷。这时拿破仑已退出了欧洲的政治舞台，也许永远不会再回来了。在接下来的几个月里，贝多芬对拿破仑的态度在仇恨和热情之间来回摇摆。在这段时间里，他没有写出一部有影响力的新作品。虽然他一直创作着，但他此前展现出的旺盛创造力似乎开始枯竭。除了修改版的《菲岱里奥》，此时他的作品大多为表现爱国情怀或者说伪爱国情怀的作品。贝多芬可能想过一个关键的问题：如果拿破仑真的将可能变为现实，推动了一个新欧洲的崛起，那么情况会是怎样的呢？但事实是，贝多芬最有力的对手、这个有着令他钦佩的活力和能力的人已经被打败并被流放了。

夏多布里昂与拜伦

弗朗索瓦－勒内·德·夏多布里昂在他的长篇自传《墓中回忆录》（*Memoirs from Beyond the Tomb*）中，回忆了他意识到 18 世纪已被 19 世纪取代那一刻的想法，他的评论也有助于我们理解贝多芬的创作特点。在夏多布里昂看来：

> 艺术家以他的方式表达他所经历的新秩序的诞生，在这种新秩序下，人类感到自己能够从真正人性的层面以一种集体意识理解完整历史，此前这种集体意识一直被无视，在贝多芬创作的早期阶段，旧秩序曾将［它们］贬低为过去的糟粕。

贝多芬比夏多布里昂小一岁，两人都是在旧制度下成长起来的。1814年，拿破仑退位后，他目睹了旧制度的复辟。但1789年的事件让贝多芬和夏多布里昂坚信，即使新时代的生命力看起来还十分脆弱，但它已经到来。

拜伦也和夏多布里昂一样，被拿破仑的传奇经历深深吸引。从十几岁起，拜伦就将拿破仑视为偶像，虽然他的态度历经了多次变化。和贝多芬一样，拜伦对拿破仑时而崇拜、时而愤恨。拿破仑在1814年4月初的退位让拜伦大为震惊。听说拿破仑接受流放时，他更加错愕。拜伦不明白拿破仑为什么选择投降，而不是自杀。退位几天后，拜伦在《拿破仑颂》中哀叹道："如果你和荣誉一起死去。"但随后，也许是想到了自己，拜伦继续写道，"另一位拿破仑或许会崛起，让世界再次蒙羞。"[6]

创作《菲岱里奥》

事实证明，"另一位拿破仑"其实就是贝多芬。十年来，虽然对《莱奥诺拉/菲岱里奥》进行了一次修改，但他始终对这部作品不甚满意。1814年初，伊格纳兹·扎尔（Ignaz Saal）、约翰·迈克尔·福格尔（Johann Michael Vogl）和卡尔·弗里德里希·约瑟夫·魏米勒（Karl Friedrich Joseph Weinmüller）三位歌唱家怀着对原版歌剧的钦佩之情，向贝多芬提议以他们自己的慈善音乐会的形式重演这部歌剧。从这部作品曲折的历史来看，提此建议的几位歌唱家也是勇气可嘉。为达到理想效果，霍夫堡剧院的管理层坚持要求贝多芬对其进行大改。虽然贝多芬不愿对这样一部已经两度完成的作品进行返工，但他还是对《莱奥诺拉》进行了全面的反思。

1805年创作《莱奥诺拉》以及1806年重写这部作品时，贝多芬都面临巨大的困难。这样的工作对他来说并非易事。

324

1814年重新修改之前，他一定也考虑过如果作品最终没能通过审查，将时间花费在这样一项艰巨的任务上是否值得。器乐曲通常很容易通过审查，但歌剧就是另一码事了。贝多芬通常不愿意对他认为已经完成的作品进行返工，因此面对这个经常惹事的"继子"时，他感到十分烦闷与反感。

这时距《莱奥诺拉》1805年的首演和1806年的第一次修改已有近十年。虽然在此期间贝多芬创作出了大量杰作，但他对修改歌剧的工作并不上心。冬去春来，他与这部让他痛苦不堪的作品进行着最后斗争。如何修改这部多年前创作的歌剧成了他心中沉重的负担。正如贝多芬常说的那样，比起修改旧作，他更喜欢创作新作品。贝多芬完成《莱奥诺拉》的最初版本时，拿破仑正处于权力的巅峰，刚刚首次占领维也纳。1814年，他再次着手修改这部作品时，拿破仑正在法国与联军作战。最终，贝多芬对这部歌剧进行了两次大改，创作了四版不同的序曲，才使它呈现出了最终的样子。

《菲岱里奥》促使贝多芬对他理想化而深信不疑的婚姻观进行了反思。1812年，他未能与"不朽的爱人"再续前缘，这段经历可能影响了他对《菲岱里奥》的第二次修改。他相信女性具有拯救爱人的力量，也向往婚姻，因此他在1806年的版本中对这一主旨进行了细化，第二次修改时又对其进行了强化。在现实中，他无法拥有自己倾慕的女子，于是他在音乐中塑造出一个具有牺牲精神的"不朽的爱人"。在1814年的《菲岱里奥》中，莱奥诺拉展现了从不安、沮丧到绝望、希望和爱情胜利的全部感情。贝多芬修改这部作品时，拿破仑正深陷法国战役之中，被专制君主的军队包围，这也为贝多芬重申法国大革命的理想提供了机会。贝多芬找到格奥尔格·弗里德里希·特赖奇克（Georg Friedrich Treitschke）帮助他重写歌词，特赖奇克是一位经验丰富的剧作家，也是克恩滕大门剧院的总监，该剧院位于如今的维也纳国家歌剧院附近。

事实证明，找特赖奇克来帮忙是一个正确的选择。特赖奇克在早期版本的基础上，从头到尾重新构思了整个剧本。他保留了松莱特纳和布罗伊宁文本中的大部分内容，同时也做出了一些关键的修改。特赖奇克保留了 1806 年的大部分修改，但也在某些地方使用了 1805 年篇幅更长的内容。尽管如此，从文本上来说，1805 年和 1806 年的两个版本一脉相承，但 1814 年经过大改的版本几乎成了一部新作品。贝多芬勉强同意了其中的大多数修改。在特赖奇克的鼓励下，他为新的歌词重新谱了曲，但抱怨说这项工作花费了他大量时间："在这种情况下，从某种程度上说，我的整部作品已经四分五裂；我必须重新构思整部作品。"[7]

在第一幕介绍性的歌唱剧（*Singspiel*）中，莱奥诺拉女扮男装混入监狱，寻找失踪两年的丈夫。她心怀希望，认为丈夫还活着。监狱看守罗科（Rocco）的女儿玛泽琳娜（Marzelline）爱上了菲岱里奥，但并不知道"他"就是莱奥诺拉。罗科的助手雅基诺（Jaquino）对玛泽琳娜穷追不舍，却备受冷落。

在贝多芬的时代，一类新女性走上了欧洲的革命舞台。席勒笔下强大的女主人公形象已为人们所熟知，而莱奥诺拉正是脱胎于这样的女性形象。有些人认为，莱奥诺拉是个无足轻重的艺术形象，因为她不过是贝多芬内心深处幻想的产物，这种说法不仅是错误的，而且是无视史实的。与贝多芬同时代的女性，包括玛丽·沃斯通克拉夫特、罗兰夫人、斯塔尔夫人、贝蒂娜·布伦塔诺、安内特·冯·德罗斯特－许尔斯霍夫（Annette von Droste-Hülshoff），此外还有柏林出色的犹太沙龙女主人拉埃尔·费尔哈根·冯·恩斯（Rahel Vernhagen von Ense，娘家姓拉埃尔·莱文）以及维也纳同样出色的女性范妮·冯·阿恩施泰因(Fanny von Arnstein),她们都在各自的领域取得了极高的成就。贝多芬应该也听说过这些女性和她们的成就。他塑造的莱奥诺拉有主见、有英雄气概,也体现出了同样的活力。

莱奥诺拉请求罗科让囚犯们走出牢房透透气,以便借此机会观察其中是否有她的丈夫。沐浴在阳光下的囚犯们感伤地怀念起他们失去的自由。这时皇家监狱的监狱长唐·皮萨罗出现了。他看到囚犯得到了喘息的机会,十分愤怒,威胁要对囚犯们和一名不知名的神秘囚徒进行报复,而这名囚徒很可能就是莱奥诺拉的丈夫弗洛雷斯坦(Florestan)。皮萨罗离开后,莱奥诺拉得知罗科已奉命杀死并埋葬这个不知名的囚徒。虽然她心里很害怕,但她还是提出帮忙,希望能想办法拯救这个人,不论他是谁。在这部歌剧中,囚犯们被要求返回牢房时演唱的悲歌《再见,可怜的阳光》是全剧中最动听的合唱曲之一。在 1814 年的演出中,威廉明妮·施勒德-德弗里恩特(Wilhelmine Schröder-Devrient)饰演了莱奥诺拉这一角色。在她的咏叹调《快来吧,希望》的结尾部分,贝多芬重新创作了动听的旋律,进一步彰显了莱奥诺拉过人的勇气。

贝多芬塑造的这位女性形象是所有浪漫主义艺术形式中最强大的一位。贝多芬歌剧中的莱奥诺拉富于勇气、诚实正直、坚定果决。从未有任何一部小说和艺术作品将女性置于这样一个如此具有革命性的环境中。作为歌剧中最强大的女性角色,莱奥诺拉不同凡响,是美狄亚(Medea)、安提戈涅(Antigone)和厄勒克特拉(Electra)当之无愧的继承者,但在无比现实的革命年代,她是欧仁·德拉克鲁瓦(Eugène Delacroix)的伟大油画作品《自由引导人民》(*Liberty Leading the People*)中玛丽安娜的音乐化身。德拉克鲁瓦热情洋溢的作品描绘了 1830 年法国七月革命中的"光荣三日",

在这三天里，巴黎人民奋起反抗，推翻了波旁王朝的最后一位
国王——路易十八的继任者查理十世。

身陷囹圄的弗洛雷斯坦

327

　　第二幕的帷幕拉开后，我们看到（也感受到）了监狱生活
的悲惨。一个不知名的人躺在牢房里，不省人事。我们可以猜
到，这个又冷又饿、在黑暗中孑然一身的人就是弗洛雷斯坦，
他似乎已经走到了生命的尽头。不和谐的旋律表现了地牢里的
痛苦、黑暗和绝望。贝多芬将这段音乐重写了不下 18 次。他
故意将音乐写出了令人不安的感觉，体现出因犯因长期被单独
关押的悲惨与痛苦。贝多芬传记作者弗里茨·佐贝利（Fritz
Zobeley）在评论贝多芬的一部作品时曾一针见血地指出："它
让人睡不着觉。"[8]全身心地欣赏贝多芬的作品确实会让人备受
震撼。不论我们从中感受到的是欢乐、压抑还是豁然开朗，听
完之后我们都会感到难以入眠。

　　弗洛雷斯坦被关押在一所皇家监狱里，但和许多犯人一
样，他因为个人恩怨而身陷囹圄。从法律上来说，弗洛雷斯坦
并不是一名政治犯，19 世纪的敏锐观众都能看出这一点。虽
然揭露皮萨罗的恶行确实有着政治层面的意义，但皮萨罗将弗
洛雷斯坦囚禁于此主要是为了公报私仇。弗洛雷斯坦的名字从
来没有出现在监狱的花名册上。在当局眼中，这个人根本不存
在。皮萨罗深知，根本不会有人过问弗洛雷斯坦的死。多数观
众应该也明白，监狱里的其他犯人可能也是出于政治原因被
监禁。

　　当时具有影响力的法国监狱文学作品中充斥着对被活埋
的恐惧。在《菲岱里奥》中，弗洛雷斯坦也害怕被活埋。他的
恐惧是合理的。贝多芬歌剧中的犯人告诉我们，被监禁的人就
如同活死人。犯人都知道他们难逃一死。监狱剥夺了他们的身
份。犯人在坐牢时所承受的精神折磨比肉体上的痛苦更为强

烈。很多人痛苦地死去。活着走出监牢的人也成了废人，无法过上正常的生活。

在贝多芬的时代，犯人不一定被关押在真正意义上的地牢里。对精神的禁锢、对灵魂的囚禁都可算作囹圄，用威廉·布莱克（William Blake）的名言来说，就是"心灵的镣铐"。任何压抑的、危险的封闭空间或环境都可以视为囚禁之处，如一个房间、一段关系，甚至是一个国家。囚禁也可以是一种状态，例如失聪之于贝多芬。启蒙运动时期，酷刑在欧洲各地的监狱里使用得越来越少，连俄国也不例外，尽管如此，酷刑并没有完全消失。19世纪流亡异国他乡的俄国知识分子亚历山大·赫尔岑将欧洲称为"一座巨大的监狱"。[9] 这句话不仅适用于20世纪的欧洲，也适用于如今21世纪的欧洲。

除了罗西尼的《坦克雷迪》（*Tancredi*，1813）以外，《菲岱里奥》是为数不多至今仍受到人们欢迎的监狱题材歌剧。奇怪的是，贝多芬的音乐也能引起当代听众的共鸣。自19世纪以来，歌剧中描述的问题似乎愈演愈烈。看到《菲岱里奥》中的囚犯，听到他们的歌声时，我们的脑海中会浮现1945年从集中营中解救出来的幸存者、俄国古拉格劳改营里的悲惨生活、柏林墙倒塌后东德的牢房、阿布格莱布监狱里被虐待的囚犯、关塔那摩监狱里被无限期关押以及美国联邦监狱中被永久囚禁的犯人。如今，最后一种监禁被称为"行政扣押"（似乎术语用得越专业，这种恐怖的经历就越容易被掩饰或掩盖）。随着《菲岱里奥》的展开，我们发现贝多芬早已走在了我们的面前。

不公正的监禁：过去与现在

监狱为18世纪和19世纪的创作者提供了丰富的想象空间。1764年，意大利的刑罚改革者切萨雷·贝卡里亚（Cesare Beccaria）在具有开创意义的著作《论犯罪与刑罚》（*Of Crimes and Punishments*）中表达了对"冷血残忍"的监狱的愤慨之情。贝卡里亚写道:"监狱将人变成了一件物品。"心灵和精神上的折磨比身体上的不适更令人难以忍受,漫长无期的囚禁近乎成为人间炼狱。在这种环境下,为数不多的幸存者也已经精神崩溃。贝卡里亚对旧制度监狱中此类暴行的声讨触动了许多人。

大约在同一时期,居住在罗马的乔瓦尼·皮拉内西(Giovanni Piranesi)受到当地古代遗迹的启发,创作了一系列非同凡响的版画——《想象中的监狱》(*Imaginary Prisons*,创作于 1745 年,修改于 1761 年)。这 16 幅作品可以说是对贝卡里亚著作的视觉补充。画作描绘了幻想中的地牢,在暗无天日的巨大迷宫里,一些小小的身影被裹挟在黑暗之中,漫无目的地游荡着。《想象中的监狱》体现了皮拉内西的痴迷与幻想和他黑暗的想象力,在这些无比细致的版画中,他将罗马变成了一个荒唐无稽的地方。皮拉内西的作品促进了社会想象力的蓬勃发展,并迅速让他在欧洲出了名。后来,托马斯·德·昆西(Thomas De Quincey)读到塞缪尔·泰勒·柯勒律治对皮拉内西版画的描述后深受启发,写出了《一个英国瘾君子的自白》(*Confessions of an English Opium-Eater*)中的幻想散文"鸦片之苦",再现了《想象中的监狱》给他带来的恐惧。在贝卡里亚和皮拉内西之前,威廉·霍加斯(William Hogarth)就已描绘过监狱中的恐怖生活。几乎所有 18 世纪的英国小说——不论是笛福、斯摩莱特、理查森还是斯特恩的作品,不论是沃波尔的《奥特兰托堡》(*Castle of Otranto*)还是贝克福德的《瓦特克》(*Vathek*)——都包含监狱的场景。禁锢与自由心灵之间的联系也是此时正处于发展中的德意志浪漫主义的核心。

作为旧制度中种种不公现象的象征,监狱很快成为法国大革命中的一个关键意象。西蒙·沙玛(Simon Schama)告诉我们："它是独断专横、秘而不宣、草菅人命的君主制的完美象征。"[10] 18 世纪 90 年代，许多活跃在法国的政治人士被关进了巴黎的监狱，他们中很多都未经审判，毫无缘由、无限期地被关押。罗兰夫人、汤姆·佩因（Tom Paine）、安德烈·舍尼埃（André Chenier）和萨德侯爵都曾蹲过监狱。舍尼埃最终死在狱中。巴士底狱的陷落促进了监狱文学和拯救歌剧的蓬勃发展。作曲家安德烈·格雷特里曾挪揄道，这个时代的每一部歌剧似乎都再现了攻占巴士底狱这一事件。

1789 年之前，法国国王开始施行臭名昭著的"秘密逮捕令"（国王盖章下达的命令），这意味着国王可以不经审判就将公民无限期地关进监狱。尽管哈布斯堡王朝没有正式实施过"秘密逮捕令"，但奥地利的现实也同样黑暗。当权者可以毫无缘由地关押公民，服刑时间不是由法官或陪审团决定，而是由当权者决定。

在贝多芬的时代，监狱和监禁相关的情节在文学作品中随处可见。法国历史学家让·斯塔罗布林斯基（Jean Staroblinski）指出："18 世纪末小说（黑色小说）中那些被残忍关押在哥特式地牢和宗教法庭牢房中的奄奄一息的人都是现实的真实写照。"[11] 他声称，想象力"能让我们逃避现实生活中的不幸"。但也许并非所有人都能靠想象力做到这一点。卢梭曾说："如果我被囚禁在巴士底狱，那么我会画一幅美丽的画。"[12] "我们经常能在后来的法国文学——如司汤达和雨果、加缪和萨特的作品中——看到他所说的这种'人在监狱、心生自由'的想法。"[13] 这种理想化的想法虽然有时也可能会成为现实，但这并非贝多芬想象中的监狱生活。

舒巴特与席勒

1792 年，拉斐德侯爵（Marquis de Lafayette）因与激进革命派意见相左而出逃，在中立地区被哈布斯堡当局逮捕，在接下来的五年中，他被辗转关押于多间奥地利监狱，不知道何时才能获释。1797 年，拿破仑在坎波福米奥（Campo Formio）的谈判中要求奥方释放拉斐德侯爵。他因此重获自由。拉斐德并不是唯一一个遭到不公正监禁的人，这样的案例在当时十分普遍。符腾堡的 C.F.D. 舒巴特（C. F. D. Schubart）的悲惨遭遇尤为有名，并且极具代表性。舒巴特是一位作曲家。1777 年，他被指控犯下"直言不讳之罪"而被符腾堡公国的统治者卡尔·欧根公爵关押在霍恩阿斯佩格（Hohenasperg）黑暗的地牢中。在那里，他无事可做。他没有被判刑，也不知道自己被囚禁的具体原因。10 年后他才被释放，但此时他已无法正常生活。4 年后，也就是 1791 年，他与世长辞。

舒巴特的经历让同为符腾堡人的弗里德里希·席勒深受触动。卡尔·欧根是席勒青少年时期的噩梦。这位公爵严苛的统治激发了席勒的反叛精神。席勒的所有作品都在讨论自由的问题。他的剧作中有很多专制暴君，也有很多心地善良、追求正义的奋斗者。在这些具有反抗精神、崇尚理想主义的主角中，有很多出身于贵族家庭，其中最有名的也许要数《强盗》中的卡尔·莫尔。在《菲岱里奥》中的弗洛雷斯坦身上，我们可以看到《阴谋与爱情》中的费迪南、《菲耶斯科的谋叛》中的菲耶斯科以及《唐·卡洛斯》中的波萨侯爵的影子。贝多芬歌剧中的唐·皮萨罗也让人想起《唐·卡洛斯》中冷酷无情、报复心强、心思复杂的菲利普二世。但两者之间的不同之处在于，菲利普二世毁掉了他的儿子唐·卡洛斯及其好友——理想主义者波萨侯爵，而莱奥诺拉则成功地挫败了皮萨罗。

再谈弗洛雷斯坦

在《菲岱里奥》第二幕中，弗洛雷斯坦说的第一句话是"上帝啊！"（Gott!）接着他补充道，"这里多么黑暗！"（welch

Dunkel hier!）这两句歌词在充溢着痛苦的音乐之后出现，对歌唱者来说是一个挑战。在这首咏叹调中，弗洛雷斯坦唱着"在生命的春天里"，再次彰显出他对理想主义价值观的信仰。他回想着自己的生活，思索着自己做了什么才陷入了如此悲惨的境地。我们从后边的故事发展中得知，他的罪过在于直言不讳地说出了皮萨罗的罪行。他总结道："弗洛雷斯坦做了该做的事，我完成了自己的职责。"他揭露了皮萨罗的不正当行为，因而被关进了监狱。身处地牢中的弗洛雷斯坦出现了幻觉，他看到莱奥诺拉以天使的形象出现在他面前。他的幻觉预示了未来的现实，让他在极度痛苦中获得了短暂的慰藉。他的正直和他对"公正的世界终将到来"的信念让他坚持了下来。

我们可以感受到弗洛雷斯坦的咏叹调和贝多芬的《海利根施塔特遗嘱》之间的联系，在遗嘱中，贝多芬对听力逐渐丧失和其他病痛发出了哀叹。随着弗洛雷斯坦的思绪飘散、身体逐渐衰弱，他能听到的声音也越来越少，和他的创作者一样，变成了"聋子"。幻觉出现时，弗洛雷斯坦想象监狱的高墙敞开，天使般的莱奥诺拉沐浴在美好的光芒中，呼唤他去感受天堂中的自由。在这个奇妙的时刻，他感到"温和的微风"拂面而过，他的痛苦悲歌变得欢乐起来。这种震撼的瞬间类似于浪漫主义诗人所说的人类与其环境之间的"相似的微风"。①

莱奥诺拉和罗科挖好用于埋葬弗洛雷斯坦的坟墓后，唐·皮萨罗带着杀气和愤怒登场了。他得知上级大臣将对监狱进行突击检查，因此他意识到自己必须迅速除掉弗洛雷斯坦。他让

---

① 此观念出自华兹华斯的《序曲》，第一部分，第33~36行。英国创新的浪漫主义文学和哲学的核心观点是：现代人萎靡不振的根源在于人类与自然之间的一体性被分离，而解决这一问题的关键在于将人类和自然重新结合起来，与世间万物和谐互惠。

一名号手为他望风，看到大臣的马车驶来时就吹号发出警报。皮萨罗与弗洛雷斯坦进行了对质，他表明了身份，为自己的胜利沾沾自喜，然后掏出了一把匕首。弗洛雷斯坦意识到原来是皮萨罗将自己关进监狱后，他大喊道："我大胆揭露的是他的罪行、他的滥用职权。"在这个紧要关头，莱奥诺拉挺身而出，挡在丈夫的身前呼喊道："要杀他，先杀他的妻子。"在场的人都惊呆了：这一突发事件让皮萨罗震惊不已，他愣住了；弗洛雷斯坦大吃一惊，感到之前看到的幻象成了真；罗科也十分惊讶——他未来的女婿竟是个女人。

这时台下传来远处微弱的号声。这声音如此动听、令人振奋。这是一个十分具有戏剧性的时刻，极具感染力，堪称歌剧舞台上最激动人心的一幕。舞台上一片寂静。听到小号声时，我们不禁猜测：它是否暗示着弗洛雷斯坦即将获救呢？皮萨罗并没有被号声震慑住，继续发起对弗洛雷斯坦的攻击，而被锁链禁锢住的弗洛雷斯坦无力反抗。莱奥诺拉拔出了藏在身上的手枪。突然，小号声再次响起。它演奏着之前的旋律，但声音更加响亮、距离更近。只有皮萨罗知道号声意味着国王的大臣唐·费尔南多即将到来。对于除皮萨罗以外的所有人来说，号声预示着救赎，它象征着希望已经到来，正义可能会得到伸张。用以提醒皮萨罗的号声为最后的升华做好了铺垫。

在歌德的《浮士德》第一部分的结尾，梅菲斯特告诉监狱中的格蕾琴，她因谋杀了自己襁褓中的孩子而受到诅咒。但是突然间，一个"来自上方的声音"呼喊道："她得到了救赎。"这句话让格蕾琴得到了原谅。《菲岱里奥》中号声的作用和这个"来自上方的声音"一样，象征着希望。

哲学家恩斯特·布洛赫指出，贝多芬没有正式创作过安魂曲，但他"在《菲岱里奥》中确实写了一首安魂曲，这是一首毋庸置疑的安魂曲，其中包括为皮萨罗写的'震怒之日'

333

（Dies irae）以及为弗洛雷斯坦写的'神奇号角响遍四方'
（Tuba mirum spargens sonum）"。[14] 在布洛赫看来，小号声
不仅象征着大臣的到来，也象征着救世主的出现。在这一幕结
束时，观众进入了一个全新的音乐世界和戏剧世界："音乐对
乌托邦真相的第一次全面探索始于《菲岱里奥》。"[15] 这部改编
自法国文学作品的德意志戏剧也有一些矛盾之处。卡尔·马克
思曾幽默地说："一切内在条件一旦成熟，德国的复活日就会
由高卢雄鸡的高鸣来宣布。"[16] 没有高卢雄鸡宣布大革命的爆
发，也就没有贝多芬的歌剧。

　　1814 年版《菲岱里奥》的光明结局加深了小号声给人留
下的印象。在故事情节和心理上，观众和犯人一起从阴暗的监
狱中走了出来。两段小号的旋律都在莱奥诺拉与皮萨罗对峙的
时刻响起。虽然小号声的本意是提醒皮萨罗大臣即将到来，但
这响亮的声音也为犯人带来了希望的曙光、救赎的可能甚至预
示了未来的幸福生活。莱奥诺拉、弗洛雷斯坦、罗科以及在
场的观众都感受到嘹亮的号声宣告了命运的转折。从音乐角度
来看，《菲岱里奥》中的小号独奏呼应了亨德尔《弥赛亚》第
三部分中小号演奏的乐段。在《弥赛亚》中，低音声部唱出
了《哥林多前书》第 15 节中那句著名的话："小号将响起……
我们都将迎来改变。"《菲岱里奥》中的小号声宣告了正义终将
降临：善将取代恶，光明将取代黑暗，正义将取代暴政。到了
1814 年初，贝多芬希望所有受压迫的人都能获得自由。在这
部歌剧的最后一幕中，唐·费尔南多说："一位兄弟向他的兄
弟们寻求帮助，/ 如果可以，他很乐意伸出援手。"他的这段开
场白清晰地表达出了法国大革命的理念。

　　但在这段发言中，唐·费尔南多的其他话语却是意义不明
的："我遵从最贤明的国王的旨意和愿望 / 来到此地。"有政治
头脑的贝多芬是否在这里将弗朗茨一世称为"最贤明的国王"，

以提高这部作品的成功率呢？布伊的原始文本中没有也不可能出现这句话，因为法国国民议会在 1793 年将最后一位 ① 波旁王朝的君主送上了断头台。1789 年，布伊的剧作首次上演时，法国没有国王，也没有国王候选人。1805 年和 1806 年的版本中也没有这个说法。它最早就出现在特赖奇克 1814 年的版本中。赞美"最贤明的国王"似乎体现了贝多芬对奥地利国王弗朗茨一世的支持，但细想之后我们发现这种可能性不大。更有可能的是，贝多芬希望让观众意识到唐·费尔南多代表的不是小肚鸡肠、不愿让犯人走出牢房享受几分钟新鲜空气和阳光的弗朗茨一世。在这个场景中，他希望展现的是一位贤明公正的统治者应该做的事。

贝多芬旨在通过"最贤明的国王"这个说法告诉观众以及隐藏在观众中的梅特涅的密探，他无意与当局作对。这是一个戏谑的说法。剧中的国王也许有着开明的思想，但他并不在场。他是如此的遥远，以至于即便在奥地利严格的审查制度之下，贝多芬也清晰地表达出了对君主制的鄙夷。剧中暗指的是奥地利的当权者，而当权者对这部剧的干涉也可以说明这一点。贝多芬与奥地利当局的审查制度玩起了猫鼠游戏。1805 年时，他的歌剧在王后的帮助下才通过审查。而到了 1814 年，他不再需要现任的新王后——弗朗茨的第四任妻子——来拯救他的歌剧。1814 年版本中唐·费尔南多的言辞比前几个版本更为温和，这些言辞虽然坚定但体现出了和解的性质。它们强调的是一种具有普适性的人道主义精神。如果弗朗茨有一位像唐·费尔南多这样有才干、有智慧和有善心的大臣，他也就不会遗臭万年了。

---

① 前文提到波旁王朝的最后一位国王是路易十八的继任者查理十世，此处应指波旁王朝复辟前的最后一位君主。

再谈拿破仑

当时，世俗救世主的说法在欧洲流传甚广。从某些方面来说，莱奥诺拉和唐·费尔南多都是贝多芬歌剧中的救世主。在他的脑海中，也许还藏着另一位救世主。我认为这位救世主就是拿破仑。1796 年之后，不仅是贝多芬，在当时很多人看来，拿破仑逐渐且间歇性地成了这个时代的救世主。我无意对拿破仑、约瑟夫二世和唐·费尔南多进行具体对比。相反，拿破仑在《菲岱里奥》中的"化身"可能和他本人关系不大，而更接近 1804 年前他所代表的人们理想中的民间领袖。虽然事实证明他并不是一位完美的领袖，但在 1799 年被任命为第一执政官后的四五年里，很多人认为他是最接近欧洲救世主的一个人。而正是在 1799 年，贝多芬构思并创作了《莱奥诺拉》。

在贝多芬早期对拿破仑的想象与理解中，拿破仑不仅是约瑟夫二世理想主义改革理念的继承者，也是一位现代的普罗米修斯、欧洲的守护者，甚至可能是欧洲的救世主。我们很难判断贝多芬在每一个时期对拿破仑的看法，但唐·费尔南多是否可能是理想领袖拿破仑的化身，这是一个值得探讨的问题，其中的意义值得我们深思。在贝多芬自述"为波拿巴所作或关于波拿巴"的"英雄"交响曲中，他在法国大革命和拿破仑的启发下塑造出了一个理想主义世界。他有没有可能在次年的《莱奥诺拉》中将拿破仑以唐·费尔南多的形象写进一个同样理想的世界呢？这两个形象很少被联系起来，乍一看两者体现的理念也相去甚远，但他们之间却有着密切联系。

自由

将《莱奥诺拉》改名为《菲岱里奥》时，贝多芬曾大声疾呼："自由！！！除了自由人们还需要什么呢？？？"[17] 不论是从个人层面、心智层面还是政治层面来说，自由都是贝多芬的理想。他坚称："我更喜欢心灵的帝国，我认为它高于一切精神和世俗的君主国。"[18]他一直秉持着这样的信念。1814 年秋天，修改后的歌剧大获成功后，贝多芬在写给他慷慨的支持者——捷克律师、作曲家、受人尊敬的业余大提琴家约翰·内波穆克·坎卡（Johann Nepomuk Kanka）的感谢信中提到，他认为自己的使命是"通过我的艺术为生活在苦难中的人类效力"。[19]他很乐意为他人作曲。他崇尚自由，想让自己的音乐成为解放之声。1814 年版的《菲岱里奥》比前几个版本更深刻地反映了他希望所有人生活在共和国的理想。

贝多芬一直自称是个博爱的人。这份爱有时通过行动表达，有时通过抽象的形式表达。虽然最终版的《菲岱里奥》对人性的歌颂比前几个版本更为抽象，但贝多芬常常通过实际行动践行他广泛而慷慨的人道精神。1811 年他给约瑟夫·冯·瓦雷纳（Joseph von Varena）写信承诺进行慈善捐赠时说："从幼年开始，我就一直对通过艺术为受苦受难的人服务怀有极大热情，这种热情从未让步于其他更卑微的动机。"[20]贝多芬喜欢与瓦雷纳这样志同道合的人打交道。他告诉瓦雷纳："我非常高兴能遇到你这样一位受压迫者的朋友。"即便在手头拮据的情况下，贝多芬也没有放弃他的核心信念。1813 年，他在给瓦雷纳的另一封信中写道，他从未"在涉及人类福祉的问题上收过一分钱"。也就是说，他从不做损人利己、唯利是图的事情。他称自己"和去年一样，尽我所能为我的朋友们、修道院的女士们做好事，在我有生之年不断为受苦受难的人努力"。他向瓦雷纳保证，他将"一如既往地工作，造福所有善良有用的人"。[21]

337

《菲岱里奥》的上演

1814 年 5 月 23 日，《菲岱里奥》的最终版在霍夫堡剧院上演。特赖奇克写道："演出经过了充分的准备。"虽然听力每况愈下，但贝多芬还是指挥了这场演出。他的热情总会让乐队演奏得一塌糊涂，但演奏家都暗地里认真遵循乐长迈克尔·乌姆劳夫（Michael Umlauf）的指挥。前文提到过的著名作曲家、演奏家路德维希·施波尔也认为当晚的首演大获成功。观众的掌声极其热烈，而且在此后的演出中，掌声一场比一场热烈。《菲岱里奥》表达的情绪似乎很契合拿破仑失败后欧洲各地出现的喜庆气氛。歌剧上演的过程中，贝多芬增加了一些内容，比如他将 1805 年版本中罗科的"黄金"咏叹调又加回了剧本中（7 月 7 日）。这一版本中的罗科也与以往版本不同。这个原本有些唯利是图的监狱看守成了一个更感性的人。3 个月之后，《菲岱里奥》成了维也纳会议的与会者观看的第一场歌剧。

338　　　虽然贝多芬在哈布斯堡王朝内部不太受欢迎，但此时他已经享誉欧洲。在维也纳会议召开的 9 个月（1814 年 9 月至 1815 年 6 月）里，修改后的《菲岱里奥》共演出了 21 场。这部旨在抨击专制君主、代表受压迫群体发声的歌剧为何会受到如此欢迎，这是个值得探讨的问题。诚然，听众可能受到了歌剧中激昂音乐的鼓舞。更有可能的是，观看演出的君主和达官贵人将唐·皮萨罗看作被流放的拿破仑的替身。他们可能把自己想象成了唐·费尔南多，认为自己将欧洲人民从拿破仑的奴役下解放了出来。虽然贝多芬无疑也为这部歌剧的成功感到高兴，但这样的解读并不符合他的本意。

对于后来的听众来说，《菲岱里奥》中的政治和人文寓意则更为明显。恩斯特·布洛赫称这部歌剧旨在鼓舞人们推翻以巴士底狱为代表的监狱。毕竟这部歌剧的歌词就来源于法国大革命期间人们的亲身经历和文字记录。如果我们将布洛赫的观点与贝多芬在维也纳的生活经历结合来看，就能明显看出《菲岱里奥》

的音乐也脱胎于大革命时期的音乐和理想。特奥多尔·阿多诺指出，这部歌剧"并不是在描绘那场革命，而是再现了那场革命，也就是说，它是一种仪式上的重现"。阿多诺认为《菲岱里奥》不仅是音乐界的巅峰之作，更是人类文化史上的巅峰之作。阿多诺并不是唯一一位指出《菲岱里奥》具有开创性意义和持久价值的评论家。二战期间生活在洛杉矶的托马斯·曼（Thomas Mann）在战争末期的作品《浮士德博士》（*Doctor Faustus*）中写道："曾经有那么几年，我们这些地牢里的孩子梦想着高唱欢乐的歌曲——《菲岱里奥》《第九交响曲》——用它们庆祝德国的解放，德国的自我解放。"[22] 认可该剧主旨的听众会被其中的音乐深深打动。观看《菲岱里奥》时，艺术史学家贝尔纳·贝伦森（Bernard Berenson）深受触动，他"抽泣、大哭、哽咽"。[23] 和其他歌剧不同，这部歌剧让我们热泪盈眶。

19

维也纳会议及其影响

哈布斯堡家族的野心让我彻夜难眠！

——詹姆斯·费尼莫尔·库柏

（James Fenimore Cooper）[1]

1814 年拿破仑投降后，人们对这年秋天将在维也纳举行的欧洲会议议论纷纷，据说这次会议将改变欧洲大陆的命运及未来。出席此次会议的主要国家包括俄国、普鲁士、英国和奥地利。9 月，超过 200 名各国的代表齐聚哈布斯堡首都，共商拿破仑战败后欧洲的未来大计。这时人们认为被流放到厄尔巴岛的拿破仑已经退出了历史舞台。几乎所有欧洲国家的元首都带着大量的随行人员来到维也纳，吸引了几千人围观。多数人都认为这次会议至多持续几周。会议召开期间，一切似乎充满了可能，也充满了不确定性。协商都以轻松愉快的方式进行，最终会议持续了 9 个月，出乎了所有人的意料——除了有意安排娱乐活动、设法拖延会议进程的奥地利首相克莱门斯·冯·梅特涅公爵。作为与拿破仑对抗时间最长（虽然成效甚微）的国家的首都，再加上合适的地理位置，维也纳成了欧洲各国商讨未来的绝佳地点。事后来看，这次会议标志着奥地利在欧洲的声誉达到了顶峰。它成了当时社会关注的焦点。维也纳和这里的权贵似乎很乐意担任东道主的角色。具有爱国情怀的奥地利历史学家也将这次会议视为最令他们骄傲的历史事件。

参加维也纳会议的欧洲列强无意建立一个《菲岱里奥》所推崇的社会。相反，他们决心按照各自的理念巩固或重建旧制度。实际上，在维也纳参会的权贵希望建立起一个专制的欧洲，实施比 1789 年之前或拿破仑统治的任何时期都更加严苛的专制制度。此外，与会方同意未来每年举办会议，通过合作镇压各地以各种形式进行的呼吁自由权利的运动。事实证明，与会各国确实履行了这一承诺。

因循守旧、害怕变革的奥地利皇帝弗朗茨一世是这场盛会的官方东道主。但幕后的实际操纵者是梅特涅。保守派政论家弗里德里希·根茨担任他的助手，负责管理会议纪要。与会的外国权贵都是各国有头有脸的人物。具有德意志血统的沙皇亚历山大一世也破天荒地参加了这一泛欧洲地缘政治活动。拿破仑认为亚历山大一世神秘莫测，是个他无法解开的谜。他的皇后是个很受欢迎的人，维也纳会议期间曾给予贝多芬慷慨支持。贝多芬曾经的赞助人俄国伯爵拉祖莫夫斯基和十分关注贝多芬的奥地利外交官莫里茨·迪特里希施泰因（Moritz Dietrichstein）伯爵也参加了会议，前者在 1815 年获得了沙皇授予的亲王头衔。路易十八派出了极具才干、老奸巨猾的外交大臣塔列朗代表法国。卡斯尔雷子爵（Viscount Castlereagh）代表英国、腓特烈·威廉三世代表普鲁士出席了会议。

虽然许多重要人物的出席让当地的民众感到维也纳成了欧洲首屈一指的城市，但为大量客人提供餐饮、娱乐、住宿所需的费用让这个城市的经济陷入了困境。几个月来，各种各样的活动让维也纳的市民不堪重负，毕竟归根结底开会的费用是从他们那里征收来的。为了进一步攫取利益，将奥地利重建为真正的强国，梅特涅安排了一系列奢华活动——舞会、音乐会、短途旅行、晚宴——有意拖延会议的进程。他的政策还起到了另外一个作用：巩固了维也纳轻浮奢侈的名声。

在维也纳会议上，最睿智的一位与会者是 71 岁高龄的利涅亲王，他是哈布斯堡王朝的子民，也是一位军事领袖。这

341

位老兵（他最终在会议期间去世）说过一句著名的话，巧妙地总结了这次会议过程："人们说我曾说过参加维也纳会议的人只会跳舞，不会走路［前进］（On a dit que j'ai dit que le Congrès danse et ne marche pas）。"[2] 他这个双关的说法可谓一语中的。当时欧洲的外交活动都以轻松的大型社交活动为主。每天寻欢作乐、玩弄阴谋，以及观看音乐会，解决拿破仑战败后诸多复杂的政治问题似乎并不是一件紧迫的事。二十年的战乱过后，参加会议的代表都希望重新规划欧洲的政治版图，也就是瓜分利益。在维也纳会议上，各国都心照不宣的前提就是确保各自在可预见的未来不再受革命困扰以及现有君主制不再受到民间动乱的威胁。最糟糕的是，各国建立了一个所谓的"神圣同盟"，这个同盟最初由奥地利、普鲁士、俄国三个国家组成。后来，法国也加入了同盟，但信仰新教的英国拒绝加入。

在维也纳会议召开的 9 个月里，当局实施了严格的审查制度。梅特涅管理着一个高效的间谍机构。城市里到处都是他的密探和线人。无处不在的监视让外国代表感到吃惊。这些密探不仅监视参会的外交官，也监视许多维也纳居民和文化界人士。虽然与会代表和普通居民知道自己的活动受到了监视，但他们并不知道这种监视有多么无孔不入。城市里的男女老少都成了当局监视的对象。

342

贝多芬为维也纳会议作曲

1814 年 9 月 23 日，维也纳会议开幕后不久，不少代表观看了一场《菲岱里奥》的特别演出。演出结束后，他们报以热烈掌声，并表达了对这部歌剧的认可。这些代表是否赞同贝多芬在歌剧中表达的希望和信仰呢？他们是否将皮萨罗看作拿破仑的化身，或甚至（据柏辽兹推测）将他看作这位因战败被流放的皇帝的夸张写照？他们是否将自己看作欧洲大陆的救世主、欧洲的唐·费尔南多？贝多芬的真正意图似乎与他们的理解相去甚远，如果这些外国权贵领会了贝多芬的真实想法，很多人可能会对《菲岱里奥》歌颂的自由理想避之不及。但由于当时的资料很少被保存下来，我们也很难得出确切结论。

贝多芬在音乐界的显赫地位并没有为他赢得奥地利当局的信任。维也纳会议期间，也可能在会议召开之前，弗朗茨一世曾要求密探向他汇报贝多芬的日常活动。奥地利的官员一直对贝多芬的政治立场和充满活力的音乐有所怀疑。从很早开始，贝多芬可能就察觉到维也纳会议的主要参与者打算通过瓜分欧洲获取利益。贝多芬希望看到一个由能够回应人民诉求、尊重人民基本自由权利的政府组成的新欧洲，但到了此时，这个希望应该很快就破灭了。他意识到，不论各国在维也纳会议上做出什么决定，结果都不容乐观。这种情况似乎对贝多芬的创作产生了影响。到了1813年底，前十年作品中标志性的英雄主义气概开始逐渐消失。贝多芬在1814年前半年修改完成的《菲岱里奥》标志着它的终结。

在与会代表参加的娱乐活动中，最受欢迎的是丰富多彩的音乐演出。代表们观看了交响乐、室内音乐会及歌剧演出。贝多芬也为这些庆祝活动创作了乐曲，获得了不错的反响。实际上，维也纳会议让他获得了极高的声誉，虽然这种声誉只是暂时的。这年春天，贝多芬创作《e小调钢琴奏鸣曲》（Op.90）时，失聪已经剥夺了他大部分的社交生活以及作为钢琴家的收入来源。贝多芬将这部奏鸣曲献给了莫里茨·冯·利赫诺夫斯基伯爵，即已故的卡尔·冯·利赫诺夫斯基亲王的弟弟。此前不久，卡尔亲王不幸坠马身亡，1806年10月之前，他一直是贝多芬的主要赞助人，长期以来深受贝多芬的喜爱。莫里茨伯爵也是贝多芬十分敬重的人，他维持着利赫诺夫斯基家族与贝

343

多芬的联系。同时期的另一部作品是《降 B 大调钢琴三重奏》（WoO 39），当时贝多芬可能并未完成这部作品。"大公"三重奏 ① （因作曲家将其献给鲁道夫大公而得名）的首演于 1814 年 4 月 11 日以慈善音乐会的形式进行。再次回到维也纳的舒潘齐格演奏了小提琴部分，约瑟夫·林克（Joseph Linke）演奏大提琴部分，贝多芬演奏钢琴部分，这也是他最后一次作为钢琴演奏者进行公开演出。贝多芬的"英雄"风格原本是为歌颂法国大革命和拿破仑所代表的理想而产生，在为庆祝联军战胜拿破仑而作的音乐中，这种风格走到了终点。

《第七交响曲》、《第八交响曲》以及《菲岱里奥》的演出让贝多芬获得了观众的认可。但最受欢迎的是他为特殊场合创作的乐曲，尤其是他在维也纳会议前一年创作的"战争交响曲"《威灵顿的胜利》，以及他在会议期间创作的康塔塔《光荣的时刻》（*The Glorious Moment*）。前者庆祝的是 1813 年 6 月威灵顿在西班牙击败法军，很多人认为这场战役为无尽的冲突带来了转折；后者庆祝的是 1814 年 4 月拿破仑在巴黎投降，结束了法国与奥地利及其盟友长达 20 年的战争。尽管两部作品都缺乏连续不断的精彩乐思或深刻的情感共鸣，但在维也纳会议期间它们为贝多芬赢得了热烈的掌声。比起将辉煌的《第七交响曲》看作一部独立的杰作，公众更倾向于将其看作《威灵顿的胜利》的附属品，虽然这个观点让今天的我们感到意外，但贝多芬并不在意。他很清楚这部交响曲的价值。他在维也纳会议期间完成的大多是歌颂联军功绩的营利性作品，旨在取悦参加会议的权贵。这些作品包括《塔皮雅》

---

① 此处作品号疑有误，贝多芬的"大公"三重奏为《降 B 大调第七号钢琴三重奏》（Op.97）。WoO 39 是《降 B 大调第八号钢琴三重奏》，是贝多芬逝世之后人们根据他的遗稿整理而成的一首单乐章乐曲，贝多芬将这部作品题赠给了当时 10 岁的马克西米安·布伦塔诺。

（*Tarpeja*）、《日耳曼尼亚》（*Germania*）、《莱奥诺拉·普罗哈斯卡》（*Leonore Prohaska*）以及为《大功告成》（*Es ist vollbracht*）谱的曲。它们为贝多芬赢得了广泛的赞誉和相当可观的稳定收入。他满意地将会议期间的演出收入兑换成了8支银行股。此外，鉴于贝多芬在会议期间所做的贡献，维也纳授予他荣誉市民的证书。贝多芬曾在私下里问别人是否有"非荣誉市民"的证书。他认为这个称号可能更适合他。

我们不能简单地说贝多芬具有"爱国情怀"。贝多芬习惯为重要的作品编号。他没有给维也纳会议期间创作的作品编号，这意味着至少对他来说，这些作品不那么重要。贝多芬很快就完成了这些作品，其中有几部确实较为平庸。它们体现了贝多芬对维也纳会议及其与会者的鄙夷。这些歌颂联军功绩、难以给人留下深刻印象的作品并不是贝多芬发自内心而是出于经济目的而作。在订票过程中，贝多芬结识了当时刚刚成立的"音乐之友协会"（Gesellschaft der Musikfreunde）中的一些成员，这个组织至今依然十分活跃。此时的贝多芬甚至过上了小康生活。如果说在1813年时，贝多芬的生活较为窘迫，那么1814~1815年，他的经济状况已经有所好转。虽然他在维也纳会议期间受到的关注是短暂的，但贝多芬很欢迎甚至享受人们对他的认可。实际上，他迫切渴望得到认可。齐聚一堂的权贵有大把的机会听他的音乐、与他见面。毫无疑问，一些人会为他有失水准的演奏感到惊奇，或因他奇怪的指挥方式目瞪口呆，但多数人知道贝多芬的耳疾，这时他几乎已完全失聪，难以胜任演奏和指挥的工作。有些人被他的音乐所打动，有些人则感到这种音乐难以接受。即便是一些熟悉贝多芬作品的人也认为这样的音乐过于激进。

尽管如此，对于贝多芬来说，维也纳会议是一个关键的机遇。在维也纳生活期间，贝多芬和他的音乐只有在这个时期受

344

到了维也纳人的热情欢迎，部分原因在于维也纳人希望通过这些音乐讨好他们尊贵的客人。他终于在维也纳出了名。他在这里获得的赞誉也极大地提高了他的国际声誉。这个经历不仅对贝多芬的发展起到了重要作用，也影响了此后古典音乐的发展走向。马丁·格克评论说："没有维也纳会议，也就没有'贝多芬'的神话，甚至西方音乐的发展都可能因此发生转向。"[3]格克的话有一定道理。拿破仑的光辉时代过去之后，贝多芬的光辉时代到来了。

实用音乐

军乐在法国大革命和拿破仑统治时期得到了蓬勃发展。这类音乐在贝多芬的作品中占据了重要地位。以前贝多芬也曾接受委托创作过一些"实用音乐"（*Gebrauchsmusik*），这类音乐为某一特定活动或目的而作，通常是爱国主义音乐。在1796年和1797年，奥地利军队在意大利战役中不敌拿破仑的军队之时，维也纳当局两度要求年轻的贝多芬创作爱国主义歌曲或进行曲，鼓舞即将奔赴前线的士兵。虽然他满足了当局的要求，但与他歌颂自由的作品相比，这些作品都不够热情。其他作曲家为维也纳会议创作的乐曲甚至更差。被这些低劣作品激怒的 E.T.A. 霍夫曼曾向"肤浅的音乐传统宣战"，其中就包括"战争交响曲"。[4]但遗憾的是，为时已晚。

贝多芬为维也纳会议创作的作品大多形式大于内容。在这些作品中，过去十年多标志性的英雄气概已经荡然无存。在一些重要的作品上，贝多芬向来要花费不少时间。它们表达了他的崇高情怀，而这种情怀源于他热情拥护、深信不疑的自由信仰。贝多芬通常会对重要作品进行反复打磨，而为维也纳会议创作的作品却是他草草完成的。这些作品损害而非提高了贝多芬的声誉。它们大多已无人问津，被音乐爱好者遗忘。表面上来看，这些作品庆祝了拿破仑时代的终结和奥地利的复兴。从这方面来说，它们毫无疑问是成功的。只有《威灵顿的胜利》如今还受到少数人的关注，但它一般只出现在流行音乐会上。

《光荣的时刻》

《威灵顿的胜利》首演后不到一年，贝多芬创作了一首名为《光荣的时刻》的康塔塔。这部专门为维也纳会议而作的乐曲创作于 1814 年夏天，1814 年 11 月 29 日，它和《第七交响曲》一同在霍夫堡皇宫最大的音乐厅——大宴会厅（Grosse Redoutensaal）里进行了演出。当天音乐厅里宾客满座，观看演出的不仅有高级别的贵族，还有几个国家的君主。这部作品以博爱为主题。但即便经过贝多芬多年的好友——新闻记者约瑟夫·卡尔·贝尔纳德（Joseph Karl Bernard）的多次修改，阿洛伊斯·魏森巴赫（Aloys Weissenbach）的歌词在表达人们迎接新时代时的狂欢和喜悦时依然略显幼稚。此后，这部作品也曾被多次演奏，同年 12 月 2 日和 28 日，《光荣的时刻》分别与《威灵顿的胜利》和《第七交响曲》同时上演。

和《威灵顿的胜利》一样，《光荣的时刻》也受到了人们的广泛欢迎。在这首专为维也纳会议及与会代表创作的乐曲中，贝多芬表达了人们在 20 年断断续续的战乱过后对即将到来的和平时代的期冀。齐聚维也纳的权贵对这部作品的反响十分热烈。在维也纳会议期间，《光荣的时刻》多次上演，它在当时的受欢迎程度可见一斑。如今，这首乐曲因内容浮浅、歌词佶屈聱牙，很少能引起听众的兴趣，或给人留下深刻印象。歌词中抽象的人物形象，如"人民领袖""天才""先知"，甚至"维也纳"，加上男声、女声、童声齐声高唱的陈腐的理想主义歌词，都让这部作品缺乏现实的人文关怀。说它与当时其他爱国主义作品相比也没有那么糟糕，只是评价作品的一种思路，虽然可能不是最好的思路。

巴兹尔·拉姆（Basil Lam）曾问道，在贝多芬为维也纳会议创作乐曲的过程中，"这位'英雄'交响曲的作者是否考虑过在作品中讽刺教权主义和保皇主义的胜利？"[5]贝多芬可能确实考虑过这种讽刺意味。他很有可能想通过《光荣的时刻》来嘲讽维也纳会议。与《菲岱里奥》和他青年时期的作品《约瑟夫二世之死康塔塔》不同，《光荣的时刻》是一部缺乏激情和感染力的作品。贝多芬很清楚如何随机应变，发挥他的创作才华。他可以创作出不朽的杰作，也可以创作适合保守的、不喜欢音乐的听众的作品，以在重要庆祝活动上使用。此外，他还向反法同盟领导人赠送了"制作非常精美的乐谱"作为礼物。辛德勒告诉我们，《光荣的时刻》赢得了观众的热烈欢迎。这部作品在贝多芬去世十年后的1837年才得以出版、编上了号，由此我们可以推断，它对贝多芬来说并不重要。

维也纳会议的与会者也意识到，大会召开了几个月，但仍未取得任何积极进展，因此对于听众来说，《光荣的时刻》一定是一部意味深长的作品。实际上，我们可以将其理解为一个音乐上的"真人静态场景"（*tableau vivant*）①，它是一个政治上令人向往的幻影，一个不太可能实现的"时刻"。这个被庆祝的"时刻"不涉及任何形式的解放。相反，正如贝多芬意识到或猜测到的那样，它纪念的是更加僵化、更加严苛的欧洲专制主义的回归。

拿破仑的出逃

在法国，拿破仑的坚定支持者并没有放弃希望。1814~1815年冬天，维也纳会议召开时，支持者将拿破仑称为

---

① 一种结合了戏剧和视觉艺术的表演形式，指一个或多个演员或者模特组成的静态场景，他们穿着戏服，在舞台的灯光、布景下精心摆出姿势，保持静止和沉默。

"紫罗兰之父"（Père la Violette）。他们梦想着在 3 月紫罗兰盛开时，拿破仑会回到法国。[6]神奇的是，在维也纳会议召开、贝多芬为了生计写着粗制滥造的营利性作品时，拿破仑真的回来了。1815 年 2 月 26 日，被流放于厄尔巴岛 8 个月后，贝多芬带领 1200 人乘着三艘船逃出了这座岛屿。3 月 1 日，他在法国地中海沿岸地区——今天的朱昂莱潘（Juan-les-Pins）和戛纳之间登陆。他的突然回归让欧洲领导人陷入了混乱。最感震惊的是巴黎的路易十八和维也纳的梅特涅。拿破仑出逃 9 天后，消息在 3 月 7 日传到了维也纳。梅特涅将消息汇报给了弗朗茨一世，然后通知了在维也纳参加会议的其他君主。这则消息让正在进行商议的代表炸开了锅。不论敌友，所有人都对此大为震惊。一些参加会议的保守派，包括普鲁士的贵族，甚至对拿破仑的出逃表示欢迎。在他们看来，反对拿破仑统治的解放战争在德意志激起的人们对自由的渴望应该被遏制，而他们将被流放的拿破仑视为抵御革命热潮的一座堡垒。

　　登陆法国后，拿破仑大胆地宣布，他的雄鹰——拿破仑荣耀的象征——将向北飞过所有教堂的尖顶，在整整 20 天后降落在巴黎圣母院的尖塔上。他断言，没有人会因此失去生命。此时，路易十八已集结了 20 万人的军队抵御拿破仑。为避开驻扎在那里阻截他的保王党军队，拿破仑没有选择人们常走的罗讷河谷北上，而是精明地选择了人迹罕至、更为崎岖的山路，从法国境内的阿尔卑斯山前往格勒诺布尔（Grenoble）。

　　得知拿破仑出逃后，路易十八派兵对抗并抓捕拿破仑。3 月 7 日，拿破仑向北行军途中，首次在狭窄的拉弗雷（Laffrey）峡谷正面遭遇保王党军队。双方相对而立，死寂笼罩着峡谷。双方都不愿打响第一枪，于是拿破仑走到了对方面前，看到其中许多都是早年间随他征战的老兵。他说自己才是他们真正的君主，而非路易十八。拿破仑要求他们放弃已不得人心的国王，加入他的队伍，支持他的事业。士兵们陷入了长时间的静默。突然，一名士兵喊道："皇帝万岁！"其他人也跟着喊了起来。最终，整个部队都归顺于他，集结在他的大旗之下。拿破仑先向北抵达格勒诺布尔，然后向西到达里昂，再转向北前往巴黎，在此过程中，路易十八派来阻截他的军队纷纷倒戈，他的军队规模迅速扩大。3 月 20 日晚 8 点，拿破仑的马车开进了空无一人的杜伊勒里宫，他也在这里重新安顿下来。波旁家族和他们的贵族支持者于前一天离开了这座城市，向北逃往比利时。拿破仑的"雄鹰"确实在他预言的那天落在了巴黎圣母院的尖塔上。一路上，他未动一兵一卒。拿破仑再次成为法国的霸主。

就这样，拿破仑开始了他最后的统治，这一时期被称为百日王朝。百日王朝的高潮是 1815 年 6 月 18 日在比利时展开的滑铁卢战役，拿破仑将首次与率领英荷普联军的威灵顿交锋。奥地利军队没有参加这场战役。拿破仑输掉了这场著名的战役，匆忙返回巴黎。滑铁卢战役之后，英国封锁了法国海岸周边所有的出逃路线。最终，拿破仑不得不在 7 月 15 日向英国皇家海军军舰"柏勒洛丰号"（*H.M.S. Bellerophon*）投降。他再一次被迫退位。他希望前往英国避难，但不到一个月后，英国人将他转移到了皇家海军军舰"诺森伯兰号"（*H.M.S. Northumberland*）上，将他送往南大西洋上的孤岛——英属圣赫勒拿岛。自此，欧洲进入了一个新的时代，贝多芬也是如此。

其他营利性作品

听说滑铁卢的消息后，贝多芬与《菲岱里奥》的作词者特赖奇克合作了另一部营利性作品《凯旋门》（*Die Ehrenpforte*），这是一部纪念滑铁卢战役的短篇歌唱剧

（Singspiel）①。这部作品分别于 1815 年 7 月 15 日、16 日和
23 日上演。第四段的结尾处写道，"感谢上帝，感谢吾王，大
功告成"（"Es ist vollbracht"）。这几句话借鉴了《圣经新
约》和歌德作品中的内容，让人联想到耶稣被钉在十字架上说
的话。尽管如此，它依然是一首毫无新意的歌。"大功告成"
出自《浮士德》第一部分梅菲斯特的话。此处的音乐甚至直接
引用了奥地利国歌中的旋律！这部差劲的作品标志着贝多芬
"英雄"时期的终结。

　　贝多芬是否和当时很多人一样，因拿破仑的战败和流放感
到欢欣鼓舞呢？这似乎不太可能。几个月前的 1815 年 4 月 8
日，即拿破仑突然返回巴黎四周后，贝多芬给布拉格的一位朋
友写信时说道："告诉我，基于流亡国王［指流亡至比利时的
路易十八］的独白或篡位者［拿破仑］的伪证所作的音乐，你
更想听哪个？"⁷这句晦涩难懂的评论说明他将这场持续了几
十年的冲突看作一场音乐上和政治上的抢椅子游戏，不过是风
水轮流转。至少从表面上来看，最终的结局让他感到漠然、沮
丧，但也许从某些方面来说，他甚至也有些高兴。不管怎么
说，维也纳会议让他获得了观众的喜爱和可观的经济收入。也
许在这个时期的作品中，热情、漠然、遗憾、接受这四种情绪
都发挥了作用。

　　虽然贝多芬因得到维也纳会议与会者的关注而感到高兴，
但他对这次会议的宗旨依然持怀疑态度。他对会议商讨的结果
不抱任何幻想。到了 1814 年底，甚至在此之前，贝多芬一定
就已意识到，在后拿破仑时代的欧洲，他所信仰的自由理想已
难以实现，甚至注定要失败。建立一个共和制的欧洲，甚至是
一个为数百万被剥夺权利的人赋予自由的改良版欧洲都不是维

---

　　①　歌唱剧，18 世纪发展起来的德国民间喜歌剧，音乐带有鲜明的民族特色。

也纳大会的议题。但比起复辟的波旁王朝，贝多芬更支持拿破仑，虽然他也有种种缺点。贝多芬早年对约瑟夫二世的热情支持表明他对君主制本身并不排斥。但他不相信那些剥夺了被统治者发言权的独裁政府。对于他来说，只要君主为子民谋福利，君主的统治就具有合法性。和当时（以及后来）崇尚精神发展的德意志人一样，贝多芬意识到若要维持自己的创造力，就需要与政治活动保持一定距离。

维也纳会议之后

维也纳会议的结束标志着一个新时代的开始。欧洲重新走上了专制主义的老路。统治者卷土重来，变得更加强大，使又一代人不得不生活在专制统治之下。君主们在会议上达成的合作似乎要使专制君主长盛不衰。当这一代人感到不堪重负时，人们也会再次奋起反抗。

对于包括贝多芬在内的不少人来说，拿破仑被流放之后，欧洲似乎大不如前。更严苛的统治和更多政治权利的丧失似乎成了生活的常态。在维也纳会议结束后的 10 年里，贝多芬和很多人一样，对拿破仑有了新的看法。比起维也纳会议之后统治欧洲的君主，拿破仑在贝多芬和很多人眼中几乎就是一位救世主。在贝多芬的家乡莱茵兰（此时已被普鲁士吞并），拿破仑的间接统治实际上让人们的生活水平得到了提高。专制君主不关心人们的生活状况，只关心统治阶级的利益。如果拿破仑能抑制住穷兵黩武的野心，人们可能会享受到更多的自由权利。现在拿破仑已退出历史舞台，专制君主可以像过去一样为所欲为了。

1815 年之后，和其他思想进步的欧洲人一样，贝多芬对拿破仑的流放怀有一种矛盾情绪。总体而言，人们向往着和平。法国大革命已经过去将近 25 年了，最终旧制度取得了胜利，拿破仑也经历了崛起与失败。这位贝多芬心目中的偶像与对手、曾经震惊世界的人已被流放至远方，贝多芬预感欧洲将再次迎来巨变，在哈布斯堡王朝的土地上，人们拥有的自由权利也将一年少似一年。

贝多芬一如既往地心神不宁，对维也纳的政局也越来越失望，因此他再次考虑移居到巴黎。1815 年，和前一年一样，反法同盟再次将不得民心的路易十八推上了法国的王位。在普鲁士军队、奥地利军队和英国军队（他们还将在法国盘踞多年）的支持下，路易十八再次对法国实施了日益严苛的专制统治。这样的环境也不适合贝多芬的发展，因此他还是决定继续在这个欧洲管理最严格的警察国家的首都生活下去。

在公民事务方面，梅特涅继续着他的铁腕统治。他继续通过庞大的系统对国内公民生活的方方面面进行监视，包括报纸、期刊、文学、艺术和大学。用弗朗茨·格里尔帕策的话说，向来缺乏安全感的弗朗茨一世"对密探有着一定程度的迷信，这在近代历史上几乎是少有的"。[8] 通过继续实施或强化先前的密探政策，弗朗茨一世和梅特涅进一步镇压了大革命思想。"安定与秩序"（*Ruhe und Ordnung*）成了奥地利的口号。在后拿破仑时代，虽然多数欧洲政府都采取了镇压手段，但无孔不入的间谍系统让奥地利臭名远扬。就连试图对弗朗茨一世进行正面描述的历史学家 C.A. 麦卡特尼（C.A. MacCartney）也承认："我们无法对弗朗塞斯［弗朗茨］的一生抱有任何期望，他对变革的厌恶日益严重，几乎到了病态的地步。"[9] 哈布斯堡的统治者依然对贝多芬的立场心存疑虑。在维也纳会议结束后的十年里，当局继续对贝多芬和他的朋友进行监视。弗朗茨一世仍然将他看作革命者，认为他的音乐具有革命性。贝多芬也对此心知肚明。中年时期，在身体状况不佳的情况下，他尽最大努力与这座他寄居的城市进行着和解。

在弗朗茨一世统治时期，对艺术的审查从未中断过。到了1815年，戏剧的感染力和趣味性已几近丧失。因此，剧院逐渐成了专制制度的喉舌，进一步助长了梅特涅的愚民政策。才华横溢的维也纳青年剧作家爱德华·冯·鲍恩费尔德（Eduard von Bauernfeld）用充满讽刺意味的文字写道，"奥地利的制度被吹捧"为仁慈专制，它"完全是负面的：对知识的恐惧与否定，绝对的停滞，死气沉沉，愚昧无知。"[10]虽然听力日渐衰退的贝多芬很少去剧院，但他知道当局封禁了许多剧作家的作品，包括他年轻的朋友格里尔帕策的作品。当局对新闻出版物实施了更严格的审查，导致人们只能关注自己的私人生活。审查制度对艺术也产生了不小的影响。虽然梅特涅本人并没有直接插手艺术事务，但他坚持认为艺术作品不应体现甚至暗示对奥地利社会的批判。艺术家展出作品之前必须通过审查，连进山写生也要获得当局的批准。[11]

再次焕发的创造力

1815年8月拿破仑第二次也是最后一次被流放，以及欧洲专制主义的复兴，似乎对贝多芬产生了深层次的影响。维也纳会议带来的混乱和影响让他筋疲力尽。他也对变革越来越不抱希望。维也纳会议期间，他的创作水准有所下降。在这座城市生活的每一个阶段对贝多芬来说都不算轻松。从1814年年中到1817年末，他创作的代表作明显少于其他时期——但他依然在创作。

没有歌词的音乐一般不需要经过维也纳当局的审查。幸运的是，贝多芬主要通过音乐而非语言来歌颂自由。专制国家的生活有时也有利于人们发挥创造力：虽然创作受到限制，但它很考验一个人的才智与谋略，也使艺术家越发下定决心探索新的表达方式。在后拿破仑时代的紧张政治局面下，经过十多年的英勇奋斗，贝多芬再次寻找到一条"新道路"：至少从一开始来看，这条道路似乎比"英雄"时期的道路更加平静。

1815 年 7 月至 8 月，维也纳会议结束后，贝多芬的第四、第五大提琴奏鸣曲（Op.102）问世了。即便有此前作品中各种各样的新尝试作为铺垫，这两部乐曲依然给人留下深刻印象。它们直接而强烈。在当时，大提琴奏鸣曲仍是一种较新的音乐形式。早在 1796 年，贝多芬就在柏林——著名大提琴家迪波尔的居住地——创作了他的前两首大提琴奏鸣曲，因此我们也许可以推断大提琴是贝多芬十分中意的一种乐器。他将这两首奏鸣曲献给了普鲁士国王腓特烈·威廉二世，国王也慷慨地向他回赠了一份礼物。虽然当时的人们认为这两首新的奏鸣曲不尽如人意，但在贝多芬的五首大提琴奏鸣曲中，这两首是最为大胆也是最具争议性的。它们为大提琴奏鸣曲树立了黄金标准。行板与快板交替出现，大提琴和钢琴仿佛在进行着你来我往的对话。保罗·亨利·朗认为它们是贝多芬"以新风格创作的第一部作品，这些作品的开头变化多样，难以形容"。他说这两首乐曲堪称"当时的神作"。[12] 正是贝多芬奠定了大提琴在室内乐中的重要地位。贝多芬也创作了一些小型音乐作品，包括体现个人追求的声乐套曲《致远方的爱人》（*An die ferne Geliebte*）和《平静的海与幸福的航行》康塔塔。这两部作品似乎都预示了他未来的发展方向，而《修道士之歌》（*Gesang der Mönche*）则重申了他对席勒的《威廉·退尔》的喜爱。

《致远方的爱人》

1815~1816 年的声乐套曲《致远方的爱人》算得上贝多芬在那几年间的巅峰之作。这部作品是他根据年轻的维也纳医科学生阿洛伊斯·耶特莱斯（Alois Jeitteles）的 6 首诗创作

354

的。他的音乐表现了这些诗中的自然之美，同时从某些方面来说，也体现了贝多芬的回忆。虽然由一系列相互关联的短诗组成，但整部套曲融合成了一首柔美的抒情诗。19世纪杰出的贝多芬传记作者阿道夫·伯恩哈德·马克斯（Adolph Bernhard Marx）曾将《致远方的爱人》比作"米开朗琪罗的象牙雕刻"。[13] 其美妙程度可见一斑。

355 　　贝多芬从未完全放弃对爱情的追求。年轻时他很容易爱上别人。随着年纪的增长，他的耳疾愈发严重，身体愈发虚弱，个性愈发古怪，因此结婚的希望也变得愈发渺茫。《致远方的爱人》纪念了"那个他永远无法得到的女人"，标志着他忍痛放弃了"在他看来生命中最幸福的事"。[14] 在那个不幸的夏天，贝多芬与"不朽的爱人"告别，四年后他创作了这组乐曲，可见他依然对这段感情念念不忘。这是一组关于渴望的诗，而贝多芬的音乐也体现了这种渴望。此时，"不朽的爱人"究竟是谁已显得不再重要，重要的是贝多芬投入的感情、他挥之不去的失落感以及这些情感给他的生活及创作带来的影响。

　　《致远方的爱人》开创了声乐套曲的先河。从整体性上来说，它至今仍是此类音乐中的翘楚。当时，艺术歌曲还未兴起，奥地利也没有艺术歌曲的市场。在此后涌现的大量声乐套曲中，包括舒伯特的《冬之旅》（*Winterreise*）和舒曼的《诗人之恋》（*Dichterliebe*），没有一部作品能在结构的统一性上胜过《致远方的爱人》。

《平静的海与幸福的航行》

　　《平静的海与幸福的航行》（1815）将歌德的两首短诗融合在了一起，这首短小的康塔塔演奏下来一般只需9分钟。前半段幽远的旋律和后半段的弦乐四重奏相呼应。它是贝多芬最奇妙、最优美的作品之一。从许多方面来说，它的感染力不亚于贝多芬的后两首大提琴奏鸣曲。

贝多芬可能确实有过海上航行的经历。1783年11月，他和母亲前往荷兰探亲，并在海牙威廉五世的皇宫里举行了一场古钢琴音乐会。在此次旅行中，贝多芬很可能去了附近的海边度假胜地斯海弗宁恩（Scheveningen），这里面朝北海，海水时而澎湃，时而平静。[15] 这是他一生中唯一一次见到如此开阔的水面。为《平静的海》谱曲时，他也许回想起了这次早年经历。也可能他想到的是被流放的拿破仑从英国南海岸到圣赫勒拿岛途中经历的为期三个月（1815年8~10月）的航行。

歌德在《平静的海》中描绘了一艘因无风而停航的船。在航海时代，平静的海让海员惧怕，因为在这种情况下，船无法航行，船上的食物和资源被不断消耗，又没有办法获得补给。在维也纳会议的兴奋和喧嚣散去后，贝多芬是否在思索如何获得内心"沉静的安宁"？歌德的《平静的海》是否让贝多芬产生了共鸣？贝多芬的"船"——他的灵感——是否也停滞不前？这种情况会持续多久？他什么时候才能继续航行？

作为一个兼具汹涌澎湃和广阔无垠两种含义的意象，大海令许多浪漫主义诗人着迷，包括拜伦、柯勒律治和海涅。[16] 海涅的组诗《北海集》描写了一个人对神秘大海的忧郁深思。在拜伦的《恰尔德·哈洛尔德游记》第四章中，海洋象征着浩瀚、逃离、自由以及还乡的可能。柯勒律治的《古舟子吟》讲述了一位老水手摆脱无风停航的困境，驶回英国港口的故事，作为唯一生还的船员，他精神失常，不论走到哪里都会给人讲起这个故事。

难怪在歌德的诗歌中，重新启航的水手回到港口后会欢呼雀跃。贝多芬的音乐描绘了船员们在宁静的海上忽然迎来了转机，结合贝多芬的个人经历来看，这也许暗示着作曲家可能迎来"幸福的航行"。和他的几首大提琴奏鸣曲一样，这部作品预示着混乱的十年过后迎来喘息。我们甚至可以认为

《平静的海与幸福的航行》预示了《钢琴奏鸣曲》（Op.111）结尾的柔板乐章，或《庄严弥撒曲》降福经中小提琴沉思般的独奏旋律，抑或是《第九交响曲》中的柔板，甚至是《弦乐四重奏》（Op.132）中的慢板乐章"感恩圣歌"（Heiliger Dankgesang）。即便创作了如此多的名作，但在贝多芬的创作"旅途"中，他直到1817年才再次创作出一部重要作品。带着歌德《平静的海》中那种迸发的活力，贝多芬创作出了"槌子键琴"奏鸣曲（Op.106）。

《修道士之歌》

同一时期的另一部作品《修道士之歌》是由三个男声声部组成的阿卡贝拉①，该作品是贝多芬为席勒的《威廉·退尔》第四幕第三场谱写的乐曲。很早之前，贝多芬就希望基于《威廉·退尔》创作一部歌剧。因此他在没有受到委托的情况下创作了这样一首乐曲。如前文所述，老实的退尔落入了残暴的奥地利总督赫尔曼·格斯勒的圈套，后来从其掌控中侥幸逃脱。他发誓要向格斯勒报仇。退尔埋伏在格斯勒及其士兵必经之路旁的悬崖上时，目睹这位总督将一名女性求情者踩在马蹄下。于是他毫不犹疑地放箭射向了这位暴虐的统治者。他再次准确地击中目标，受了致命伤的格斯勒从马上摔下。这时一支婚礼队伍由此路过，人们惊恐地围到这个将死之人的身旁。随后，当总督的士兵开始散去时，一群修道士出场了，他们在尸体旁边围成一个半圆。在他们唱起圣歌之前，退尔的朋友、瑞士自由战士施图西（Stüssi）讽刺道："受害者死去，渡鸦聚集！"这是在讽刺教会对暴君的支持，这种情况不仅存在于威廉·退尔生活的时代，也存在于贝多芬生活的时代。《修道士之歌》再次让

---

① 即无伴奏合唱，其起源可追溯至中世纪的教会音乐，当时的教会音乐只以人声清唱，并不使用乐器。

357

我们看到席勒的作品对贝多芬产生的深远影响。他和席勒一样憎恨暴君和宗教暴政、热爱自由。

毕德麦雅时期的奥地利

1815 年之后，奥地利和德意志其他地区进入了被后世称为毕德麦雅（Biedermeier）的时期，这一时期也被戏称为"烤鸡"（*Backhendl*）时期。毕德麦雅时期从拿破仑在滑铁卢战败开始，到 1848 年 3 月结束，持续了 30 余年，其间奥地利和其他几个欧洲国家爆发了革命。"毕德麦雅"原本是由 20 世纪的两位打油诗诗人创作出的一个人物形象，他是一位谦卑、害怕改变的斯瓦比亚校长兼诗人。[17] 这个词象征着对宁静时刻和单纯的家庭生活的追求。德意志文学史学家赫尔曼·格拉泽（Hermann Glaser）曾风趣地说毕德麦雅时期的人是"逃避外界生活"的"内向者"。[18] 毕德麦雅时期的人强调自我培养、重视隐私、歌颂家庭生活、不愿与外部世界交往，艺术、音乐、文学的发展得不到支持，因此人们的创造力也得不到发展。

借用詹姆斯·费尼莫尔·库柏的话说，1815 年之后，在整个欧洲，"对于长期生活在专制统治下的人来说，听天由命、与世无争虽然算不上是一种美德，但已成了他们的一种习惯"。[19] 这种内向趋势在奥地利体现得尤为明显。贝多芬的音乐是为那些仍心怀人文精神的人创作的。舒伯特的作品与贝多芬的作品虽然从本质上来说截然不同，但在此方面却十分相似。舒伯特和维也纳文人一起走进了他们自己的诗歌世界。与志同道合者聚会时，他们可以自由大胆地表达革命性的想法以及内心隐秘的欲望。和舒伯特一样，在构思《第九交响曲》时，贝多芬也对革命潮流十分关注。

贝多芬认为，维也纳严苛的政治环境和艰苦的生活不利于他创造力的发挥。他憎恨当时的政治制度，并将自己的不适归咎于它。如前文所述，在 1816 年的一封信中，他半开玩笑地将自己称为"可怜的奥地利音乐苦工"，以表达自己的悲惨处境。[20] 两年后，他在一封信中说了几乎同样的话。[21] 讽刺的是，只有当他强调自己被困在维也纳的痛苦时，这位骄傲的莱茵兰人才会将自己称为"奥地利人"。甚至在找不到合适的管家时，他也会表达对维也纳人做事方式的不满，他哀叹道："在奥地利这个道德败坏的国家，从某种程度上说，如果能找到个正经人就好了。"[22] 在此后的几年里，这种情况也没有得到任何改善。他在 1821 年抱怨道："除了呼吸的空气之外，我们这些维也纳的可怜虫几乎要为所有东西买单。"[23] 他经常提到别处的生活环境可能更好。1822 年，在给莱比锡出版商彼得斯（Peters）写信时，也许是回忆起了他造访那里时的快乐时光，贝多芬说道："生活在莱比锡的人很难意识到，生活在维也纳及其周边地区的人永远无法过上不受干扰的生活。"[24] 莱比锡隶属于独立的萨克森，远不在哈布斯堡王朝的控制范围内。

侄子卡尔

1815 年，贝多芬的弟弟卡什帕·卡尔去世，留下了 9 岁的儿子。卡什帕·卡尔是贝多芬兄弟几人中唯一一个有孩子的。他原本在遗嘱中将贝多芬指定为儿子的唯一监护人。但也许是不放心让这位性情暴躁的兄长照顾他唯一的儿子和继承人，卡尔在遗嘱的结尾加了一段话，让孩子的母亲、他的妻子约翰娜作为小卡尔的共同监护人。贝多芬对此颇为不满，希望独自抚养侄子。他不喜欢约翰娜，在信中将她称为《魔笛》中邪恶的"夜后"，因此与约翰娜共同抚养孩子是贝多芬不能接受的。他向法院起诉，申请获得小卡尔的完全监护权。一开始他赢了这场官司，后来又输掉了，经过长达五年反反复复的法律纠纷和抚养权的变更，他最终如愿以偿。但这场漫长的官司对贝多芬、孩子的母亲和孩子本人都造成了伤害。很多人认为贝多芬是个很难相处的人。此时的贝多芬几乎完全失聪，还有一个孩子要抚养，他需要处理大量的琐事，成为一个称职的监护人。

在抚养孩子方面，贝多芬毫无经验，而小卡尔也给他带来许多问题和不小的开销。虽然贝多芬用心良苦，但他无法胜任父亲的角色，甚至在这个时期，他也适应不了任何家庭生活。作为监护人，他十分关心小卡尔的教育问题，例如，他坚持要求小卡尔接受"法语方面的学术指导"。[25] 由于他在波恩时就接触了法语，他也希望小卡尔能熟练掌握这门语言，因为法语仍是贵族和上流人士的通用语。他认为学习法语能让小卡尔走上成功之路。然而，小卡尔是一个资质平平的孩子，贝多芬花了很长时间才意识到他的局限性。

贝多芬的书信、"谈话录"（见本书第 20 章）和朋友的话都能让我们从贝多芬的视角了解这件事，但也许这些信息让我们忽略了小卡尔的想法。小卡尔幼年丧父，如今他的伯父又要将母亲逐出他的生活。伊迪莎（Editha）和理查德·斯泰尔巴（Richard Sterba）在他们具有开创性、争议性但整体来说可信的研究《贝多芬和他的侄子：对两人关系的精神分析》（*Beethoven and His Nephew：A Psychoanalytic Study of Their Relationshiip*，1954）中，从小卡尔的视角探讨了这件事。他们记录了贝多芬对小卡尔的过高要求，并展现出了这个小男孩懂事、体贴、对监护人关心的一面。而卡尔的母亲约翰娜的情况就更加鲜为人知了。如能从这方面进行研究，我们也将对这个复杂且说法多样的情况有更多了解。此外，在这些年里，年纪越来越大的贝多芬经常受到一些原因不明的病痛的困扰。一场从 1816 年 10 月 15 日冬季持续到 1817 年 4 月 19 日的重病让他难以继续创作。[26] 由于法律事务缠身，同时又要照料小卡尔，他已没有精力创作大型作品了。

361

贝多芬音乐中的含义

贝多芬曾说，他希望听众认为他的作品是有意义的。他这样说一方面是为了模糊这些作品的含义，一方面也是为了避免对其进行解释。与贝多芬关系密切的人都知道，他的作品深深扎根于他的生活。辛德勒曾表示，贝多芬的某些作品包含了"音乐之外的想法"。贝多芬的作品几乎都有特定的含义，他也希望听众理解这些含义。贝多芬波恩好友的儿子费迪南德·里斯曾谈到贝多芬运用了一些"心理意象"。贝多芬忠实的学生和终生的朋友卡尔·车尔尼也认同这一说法。[27]

早在 1810 年，贝多芬就有意出版一部作品全集（*Gesamtausgabe*）。1816 年和 1823 年，他考虑出版一本奏鸣曲曲集，并对每部作品的音乐理念和创作时的心理状态进行阐述。[28]但直到去世，贝多芬也未能将这一想法付诸实践。如果这样一部曲集真的得以出版，也许我们就可以将奏鸣曲划入标题音乐的范畴。

贝多芬不仅希望阐释奏鸣曲的含义，有时他也希望阐释交响乐、协奏曲和其他作品的含义。[29]但是，他希望别人理解他作品的高调行为也是有限度的。作曲时，贝多芬的脑海中会浮现出一些画面、想法、人物、情绪和音乐事件，但他担心它们会妨碍听众对音乐的感知，因此很少透露这些信息。贝多芬向来十分理智。贝多芬知道如果想在哈布斯堡王朝统治下的维也纳生存下去，他就必须做出取舍。将《第三交响曲》命名为"波拿巴"是不明智的。几年后，他也不敢将《C 大调弥撒曲》献给拿破仑。[30]将作品献给拿破仑这个想法是不切实际的，甚至是鲁莽的。贝多芬经常有些不切实际，但他从不鲁莽行事。

362

我们必须承认，贝多芬有时喜欢故弄玄虚。讨论他的作品就是一个揭开它们神秘面纱的过程。如果不能直接阐明创作意图，那么让同时代或后世的人自己去揣测作品的含义不是更好吗？费利克斯·门德尔松认为，在阐释音乐方面，文字的作用有限。在他看来，用语言描述音乐作品时"表达出的情感总是不如音乐本身表达得准确"。[31] 我想，贝多芬也会同意这一观点。他为我们留下的线索寥寥无几。一般来说，他很少吐露内心的想法。这就意味着，由于缺乏权威的说法，后世的人们可以畅所欲言，无休止地讨论他的作品。而事实也的确如此。

法国大革命的一大宗旨是解放思想。对于聆听贝多芬音乐的听众来说，贝多芬已成为自由思想的先知。他的音乐歌颂自由。他的不少作品都具有革命特征。随着 1809 年之后哈布斯堡王朝的统治日益严苛，1815 年后情况更不容乐观，贝多芬意识到讨论或写文章评论这些作品没有丝毫益处，还会为他自己招致风险。如果当局猜测出或理解了某些作品的真正含义，它们一定会被禁演。贝多芬意识到他不应通过语言来表达思想，因为语言会被当局审查，他应发挥自己的天赋，通过音乐来表达。他希望通过创作音乐作品来逃避审查。尼采曾指出，"对于一个有创造力的人来说，知道如何等待，让思想自然地孕育是很重要的"。贝多芬天生就懂得这个道理，并将它运用得炉火纯青。但贝多芬也受到了其他因素的影响。奥地利的出版物都要经过严格的审查，因此在这些出版物中人们找不到任何呼吁自由的声音。

贝多芬的日记

关于贝多芬在维也纳会议前后的发展和思想，我们可以从他 1812 年至 1818 年的日记（*Tagebuch*）中找到答案。这是目前已知他写过的唯一一本日记。在前三年里，拿破仑的运势逐渐走上了下坡路；在后三年里，这本日记与拿破仑被流放的初期阶段重合。贝多芬开始写这本日记时，拿破仑遭遇了最

363

惨烈的一场败仗，他的"大军"在冰天雪地的俄国几乎全军覆没。也许这正是贝多芬开始记日记的原因。在这本日记中，贝多芬思考了自己的阅读、生活、思想、朋友，以及作为作曲家的理想与目标。在这些年间，贝多芬创作的音乐比他成熟时期大多数阶段都要少。编辑和翻译该日记的梅纳德·所罗门评论说："在这六年里，贝多芬通过记日记来梳理现状、恢复平衡、了解自己内心的矛盾，并将每况愈下的生活带来的痛苦和困惑外化。"[32] 简而言之，贝多芬通过记日记让自己重新振作起来。直到1818年春天，在完成他最具震撼力、最宏大的"槌子键琴"奏鸣曲（我们将在后文讨论这部作品）后，贝多芬才停止记日记。也许此时的他不再需要记日记了。

贝多芬终其一生都在思考社会和人性的本质。他一直在思考如何通过音乐创造更美好的世界。生活在拿破仑时期和毕德麦雅时期（虽然当时还没有这个说法）交汇点的贝多芬是个既务实又脚踏实地的人，无法全盘接受乌托邦思想。但是，他并没有因此停止寻找通过音乐来缓解痛苦的方法。

20

聚焦贝多芬，1817~1820

1817 年的一个夏夜，贝多芬和诗人库夫纳（Kuffner）在努斯多夫的玫瑰酒馆吃鱼的时候，库夫纳发现贝多芬心情不错，于是大胆地询问这位音乐大师，他最喜欢自己创作的哪一部交响曲（当时他只创作了 8 部）。

"嗯！嗯！"贝多芬愉快地说，"是'英雄'交响曲"。

询问者回答道："我还以为是 c 小调的那首。"

"不，"贝多芬坚定地说，"是'英雄'交响曲。"

——安东·辛德勒 [1]

哈维·萨克斯（Harvey Sachs）曾说："失聪之于贝多芬如同流亡异乡之于其他人。"20 世纪离开祖国俄罗斯的约瑟夫·布罗茨基（Joseph Brodsky）认为，流亡异乡"让一个人的事业加速进入或陷入孤立状态，产生一种绝对的视角：这个人的世界里只剩下自己和自己的语言，中间没有任何人也没有任何事物"。[2]贝多芬的语言就是音乐，他用音乐描绘自己的内心生活。随着听力的日渐衰退，他的音乐变得越来越不同凡响。对他来说，生活在维也纳就是流亡异乡。在此之前，孤独对他来说只是一种心理状态，现在它却成了生活中的现实。他生活在自己的世界里，一个对日常细节和需求不甚关注的世界，在这里他努力维持着自己的创造力。

1817 年夏天，当"槌子键琴"奏鸣曲（Op.106）的灵感喷涌而出的时候，他期待这部作品像此前的"英雄"交响曲一样，为他开辟出一条"新道路"。1790 年的《约瑟夫二世之死康塔塔》为贝多芬"英雄时期"的作品奠定了基础。如今，近

30 年后，社会压迫带来的挫败感让贝多芬进入了一个类似于"英雄时期"的创作新高峰。1818 年，他完成了"槌子键琴"奏鸣曲，此后又着手创作了多部主要作品，包括最后三首钢琴协奏曲、《迪亚贝利变奏曲》、《庄严弥撒曲》以及《第九交响曲》。这些作品歌颂人类的解放，表达了对人类欢乐和团结的追求，体现出了一种比"英雄"交响曲更贴近个人、更具普适性的英雄主义。此后，贝多芬创作了最后几首四重奏，它们是如此炽热、令人不安，难以用语言来形容。

此时的欧洲各国正处于严苛的暴政统治之下，但在镇压政策以及随之而来的恐怖统治和社会压迫方面，能与奥地利媲美的只有后来的沙皇尼古拉一世（1825~1855 年在位）。专制主义在维也纳会议后重新抬头，贝多芬的不满情绪也愈演愈烈。在 1817 年的一封信中，贝多芬将一位奥地利官员称为"帝国的头号蠢驴（这说明了很多问题）"。[3] 他也不断地批评弗朗茨一世。尽管如此，贝多芬依然希望通过他的新作品来改善"国家的现状"。

伦敦的诱惑

在维也纳会议的"民族大杂烩"中寻找一种理想的新政治模式时，贝多芬将目光投向了英吉利海峡对面的英格兰。具有讽刺意味的是，在 1816 年后的几年里，当身在威尼斯的拜伦痛斥着自己的故土时，贝多芬却将英国视为自由之岛。在后拿破仑时代的欧洲，亲英情绪大行其道。德意志史学家汉斯·科恩（Hans Kohn）告诉我们："德意志人回顾当时的西方时，他们更喜欢日耳曼式的英格兰，因为他们认为英格兰自由传统的根基扎根于古老的萨克森土地上。"[4] 杰出的普鲁士外交官施泰因（Stein）男爵就是一位坚定的亲英人士。19 世纪的许多德意志人也是如此。

　　英国音乐传统的发展方式与德意志不同。从詹姆士一世时期开始，器乐曲在英格兰的地位就高于声乐曲，是英格兰在欧洲社会开创了这种音乐传统的先河。在英国，歌剧的受欢迎程度远低于欧洲其他国家。受大众品味影响，从18世纪30年代末开始，常住在英格兰的亨德尔开始从歌剧转向清唱剧。尽管如此，作为欧洲最富裕的国家，英国的音乐文化得到了蓬勃发展，这种发展从很大程度上来说是由外国音乐家推动的。继亨德尔之后，海顿在18世纪90年代的两次长期停留中，凭借新创作的交响曲和个人魅力让伦敦和牛津的听众折服。里斯、莫谢莱斯、韦伯等音乐家也追随海顿的脚步来到英格兰，虽然没有在此定居，但他们依然获得了在自己的国家难以获得的成就和收入。

　　和海顿一样，贝多芬也将英国视为一个不同的社会。他经常提到要追随先师的脚步访问甚至定居伦敦。

　　他曾多次设想前往英国。这种想法时时出现，1815年之后，变得越来越强烈。在生命最后的十年里，他常说要前往伦敦这座欧洲规模最大、最富有的城市，甚至为出发做了一些初步准备。他不仅被伦敦的音乐吸引，也对限制了君主权力的英国议会制度很感兴趣。

　　正如早先渴望前往巴黎时一样，贝多芬十分清楚这样的旅行会有多么艰辛。此外，他还要应付一种新语言，对于一个几乎完全失聪的人来说，这样的旅程困难重重。身体上的残疾和旅行中可能遇到的困难让他留在了维也纳。简而言之，对于一个处于职业发展中期且还有一个孩子需要抚养和教育的人来说，在伦敦开始新的生活并非易事。

　　早先贝多芬似乎没有意识到在拿破仑统治的法国存在何种程度的审查制度。1815年之后，他似乎也没有意识到英国审查的严格程度。他对英国政坛的看法具有一定的理想主义色

367

彩，他支持少数派辉格党，该党派与占主导地位的托利党保持着长期的对立。几十年没有获得执政权的辉格党在 19 世纪 30 年代初——也就是贝多芬去世之后——才重新掌权。贝多芬的一大愿望就是参观下议院。在辉格党的政治家中，他最支持口才过人的律师、杰出的演说家、自由事业的坚定支持者亨利·布鲁厄姆（Henry Brougham）。滑铁卢战役之后，每当下议院召开会议，贝多芬都会让人将报纸送到他的公寓，以便关注议会的辩论。他兴致勃勃地读着报道，几乎成了"一个英国反对派"。[5]

当时的英国政治家并不十分了解滑铁卢战役后欧洲各国受到了何种程度的政治压迫。他们也不理解欧洲贵族对自由思想有多么恐惧。实际上，贝多芬错误判断了英国的自由程度。但好在他从未将前往伦敦的想法付诸实践。如果去了伦敦，他坚定而狂热的理想必定会破灭。

会议之后的维也纳

虽然贝多芬没有离开奥地利，但他在维也纳频繁搬家。据估计，1824 年，维也纳的人口数已达到 289598 人，其中只有 49550 人居住在老城区。18 世纪中叶，老城区内 7/8 的土地归贵族、神职人员和皇室成员所有。由于住房有限，且维也纳的租户每年有两次在特定日期退租的机会，因此贝多芬频繁地更换住所。但这种不安定的生活更多反映出社会压迫和高房租使他产生了焦虑情绪。虽然贝多芬喜欢住在市中心附近，但此时这里的房租让他难以负担。贝多芬不愿离开这座城市，于是每隔一段时间他就要换一个住所。有时他甚至会同时租好几套公寓，有时也会回到以前住过的地方。确实，贝多芬不是个受欢迎的房客。他的住处总是异常混乱，也不爱护家具。他经常在晚上弹钢琴，洗澡时水常常流到地板上，漏到楼下的住户家中。

在维也纳生活了近 25 年后，维也纳人多少已经习惯了贝多芬和他的处事方式。卡尔·车尔尼曾说："其他国家的人经常说贝多芬在维也纳受到了忽视和压制。事实是，从青年时期起，贝多芬就受到了我们贵族的支持、鼓励和尊重，这种待遇是年轻艺术家很少能享受到的。"车尔尼认为，贝多芬不需要人们的过多同情。维也纳人容忍他的暴躁和多疑。他总结道："他在别的地方不太可能被如此宽容对待。"[6] 车尔尼真诚而出于善意的看法反映了一些现实。但我们常常听说贝多芬在维也纳过着困苦的生活，这些说法至少体现了这座城市给他带来了痛苦。贝多芬不是"维也纳的宠儿"，也永远不会成为这样的人。和一个世纪后的马勒一样，"他内心的强硬与当时维也纳人的软弱做着抗争"。[7]

维也纳当局没有对艺术家进行大肆迫害，但正如格里尔帕策的经历所体现的那样，这种迫害依然存在。虽然贝多芬在维也纳会议期间获得了荣誉市民的称号，但他认为这是一项空洞的荣誉，并且他依然对当局保持警惕。1815 年之后，他经常表达对维也纳的蔑视。给亲近的人写信时，他常常愤怒地抱怨在这里享受不到人权，审查制度也愈发严格。格里尔帕策曾告诉贝多芬，如果帝国的审查员能像理解文字一样理解音乐，就会把他关进大牢。

从谈话录中可以得知，贝多芬曾在 1818 年之后表达过他对共和主义的支持，但在此之前他肯定也说过类似的话。在信件中——现存的多数信件都是他在最后十年写的（可能是因为这个时期的收件人更多地保留了他的信件）——贝多芬也常常提到他对维也纳的生活越来越失望。1817 年 2 月 15 日，在写给波恩的朋友弗朗茨·布伦塔诺的信中，贝多芬将他的病痛归咎于维也纳的政治局势："至于我，很长一段时间以来，我的

369

健康每况愈下。我国的局势负有部分责任；目前看来，我的健康状况不会得到任何改善，只会越来越糟。"[8]

贝多芬在维也纳从未完全感到过自在。他不喜欢这座城市，而是忍耐着它的方方面面。1815 年 4 月 12 日，他写信给拉脱维亚的卡尔·阿门达说："可以说，在这个德意志最大的城市里，我过着非常孤独的生活，迫不得已远离所有我热爱、我能够热爱的人。"[9]格里尔帕策也有同感。他抱怨道："与某些国家相比，奥地利的条件极不利于他的艺术活动和个人发展。"[10]到了 1815 年，维也纳开始走向衰落，这种趋势持续了长达一个世纪。如果说维也纳仍然是德语世界的文化中心，那么它已不再是这个世界的政治中心或领导者。[11]而文化方面的主导权也逐渐转向德国北部的莱比锡、德累斯顿以及蓬勃发展的柏林。

谈话录

1816 年，贝多芬尚能借助助听器勉强进行一些对话，但到了 1818 年，他几乎完全失聪。虽然晚年的贝多芬常说自己十分孤独，但他的身边也聚集了一众朋友和熟人，这些人大多是记者和音乐家。虽然他们远不如 1815 年之前贝多芬的贵族赞助人富有，也远不如他早期的朋友显赫，但他们为贝多芬提供了陪伴，甚至友谊。他们大多与贝多芬志同道合，贝多芬也喜欢与他们分享他对维也纳社会产生的愈发激进的观点。于是，"谈话录"（Konversationshefte）的时代就这样开始了。

1818 年初，贝多芬的一些好友意识到了他的社交需求，开始在小酒馆或咖啡馆与他见面，把他们想对他说的话写在笔记本上。贝多芬通常以口头方式回复，偶尔也会在笔记本上留下一些评论，我们也由此了解到他的一些想法。在这些朋友身边，贝多芬可以畅所欲言。他曾对一位对话者说："心灵上的最大共性构成了友谊的基础。"[12] 他终于找到了一群志趣相投的朋友。

据西奥多·阿尔布雷希特（Theodore Albrecht）称，贝多芬谈话录的数量一度达到了 250~275 本。贝多芬死后，安东·辛德勒得到了几乎所有对话录，在 1822 年和其他一些时间段里，辛德勒常为贝多芬处理日常杂事。思想保守且支持君主制的辛德勒显然对贝多芬及其朋友自由甚至激进的政治观点感到不适。贝多芬去世后，辛德勒在谈话录中添加了大约 240 条对他有利的评论，以渲染他和贝多芬之间的亲密关系。[13] 1840 年，他出版了第一部关于贝多芬的长篇传记，并引用了谈话录中的一些内容。随后他销毁了大部分记录。最终，有 139 本记录幸存了下来。1845 年，他将尚存的 137 本出售给了柏林的普鲁士国家图书馆。后来，人们找到了遗失的两本谈话录。在现存的所有记录中，有 65 条是贝多芬对时事发表的评论。如果所有谈话内容都被保存下来，我们很可能会看到一个思想更为激进的贝多芬。[14]

贝多芬的许多男性朋友是关心政治的中产阶级专业人士，和贝多芬一样，他们都喜欢讨论奥地利内外发生的大事。虽然受审查制度的限制，维也纳的报刊主要报道国内新闻，但人们也经常能看到关于欧洲其他国家局势的新闻，有时这些报道甚至出奇的详细。人们也能偶尔买到国外的报纸。贝多芬对 1820 年意大利和西班牙爆发的革命以及 1823 年希腊革命的进展十分了解。他谴责 1823 年法国对西班牙的侵略。此外，如前文所述，贝多芬也对英国议会十分关注。在谈话录中，我们除了可以看到贝多芬对梅特涅政策的不满，也可以看出他对被流放的拿破仑的态度越来越积极。

谈话录也让我们认识了贝多芬在这些年间的一些好友。1815 年之前，贝多芬的朋友当中有不少贵族，而到了晚年，他

371

的朋友大多是劳动者、记者、办事员、音乐出版商，偶尔也有些知识分子，如作曲家兼音乐评论家弗里德里希·奥古斯特·坎内（Friedrich August Kanne）。另一位是约瑟夫·卡尔·贝尔纳德，此人是《浮士德》歌剧的作曲家。贝尔纳德在1816年遇见了贝多芬，并与他成了好友。贝尔纳德也是一位职业记者，在咖啡馆与贝多芬聊天的朋友里，他似乎是最具政治头脑的一位。他让贝多芬不断了解到奥地利及其他地区所受的政治压迫。也是他让贝多芬了解到了1817年德意志各地爆发的学生起义。两年后，德意志大学生卡尔·桑德（Karl Sand）刺杀了保守派剧作家奥古斯特·冯·柯策布，贝多芬和贝尔纳德也谈论起了这件震惊世人的谋杀案。

谈话录中记录的所有交谈几乎都发生在当地的餐厅或酒馆中。贝多芬与朋友约见的所有公共场所可能都潜伏着偷听他们谈话的政府密探。由于贝多芬已几近失聪，他的朋友不得不提高音量说话。而贝多芬自己也无法控制音量，经常说话声音很大。因此他们常常会引起其他客人的不满。

贝多芬的朋友经常提醒他不要在公共场合随意评论政治。不光是谈话，写信时也要注意。这种风险是真实存在的。由于担心被窃听，人们很少自由地聊天，毫无疑问，讨论的话题也十分有限。有时某位在场的人会提醒大家附近潜伏着政府密探，暗示他们放低声音、转移话题或保持沉默。谈话录中有一条记录（可能是一群朋友在咖啡馆谈话）就表现了谈话突然被打断："下次再说——刚才这里有密探。"[15] 贝尔纳德在1820年3月对贝多芬说，约瑟夫·车尔尼（此人与卡尔·车尔尼没有关系）告诉他，多年前曾与贝多芬斗琴的盖利奈克神父（Abbé Gelinek）在卡梅尔酒馆"非常气愤地"说贝多芬的坏话。卡梅尔酒馆是当地一家知名的酒馆，作曲家和他的朋友有时会光顾那里。盖利奈克影射柯策布被刺事件，说贝多芬"是第二个桑德，对皇帝、大公、大臣不敬，最终会被送上绞刑架"。[16] 但更让贝多芬难以忍受的是不能在公共场所畅所欲言，他抱怨道："我必须补充的是，我们身边的一切都迫使我们保持绝对沉默。"[17]

尼采曾说，长期来看，没有发生的比已经发生的具有更深远的影响。在维也纳，很多事情没有发生。1815 年之后，报纸、图书、戏剧、其他形式的舞台演出、带有歌词的音乐作品都面临着日益严格的审查。梅特涅的维稳政策一直持续到1848 年的大革命，也就是他被迫下台的那一年。

政治动乱

在好战的学生团体青年会社（*Burschenschaften*）中，年轻的成员为德意志民族主义热情所鼓舞。作为基督徒和民族主义者，他们与政治压迫作斗争，渴望实现想象中那种中世纪的自由生活。23 岁的卡尔·桑德是吉森大学（University of Giessen）神学院的一名学生，也是青年会社的成员。1819 年3 月 13 日，他刺杀了著名剧作家柯策布，希望通过此举向保守势力发起攻击。被捕后，桑德对犯罪事实供认不讳，被处以绞刑。但他的大胆举动标志着公众意识的一个转折点。柯策布原本是一名支持自由事业的民主主义者，但 1818 年后，他开始大肆宣扬保守主义思想。他通过新创办的《文学周刊》（*Literarischen Wochenblatt*）反对德意志青年的民族起义活动。他在低俗喜剧《情人的誓言》（*Lovers' Vows*）中对青年会社进行了嘲讽，因此招致了后者的怨恨。

柯策布之死激怒了保守派，也使得德意志各邦进入了一个政治压迫更加严重的时期。在奥地利的梅特涅的鼓动下，腓特烈·威廉三世统治的普鲁士颁布了臭名昭著的卡尔斯巴德法令，对个人自由施加了更严格的限制。该法令禁止德意志大学中的青年会社存在，成员受到警察监视，对所有媒体出版物进行严格审查，并规定任何公开表达对当局不满的人都将受到严厉惩罚。长期被当作替罪羊的犹太人再次被剥夺了担任公职的权利。1819 年 11 月 25 日至 1820 年 5 月 15 日，梅特涅在维也纳召开了一次会议，这次会议不仅通过了卡尔斯巴德法令，而且对奥地利民众——尤其是大学生——实施了进一步的限制。桑德的行为产生的影响远远超出了德意志地区。亚历山大·赫尔岑指出，激进派的俄国知识分子（包括赫尔岑本人）"像卡尔·桑德那样戴上天鹅绒贝雷帽，并在脖子上系上一模一样的三色围巾"。[18]

这个阶段对贝多芬来说是艰难的。欧洲的政治局势让他忧心忡忡。侄子卡尔的教育问题不断给他带来压力，他也依然受到黄疸、风湿热等各种疾病的困扰。然而，他对基本自由权利的热情没有丝毫减弱。

374

约瑟夫·卡尔·施蒂勒为贝多芬画像

从约瑟夫·卡尔·施蒂勒（Josef Karl Stieler）的贝多芬肖像中可以看出，贝多芬仍希望被视为关心政治的人。如今，它依然是贝多芬最著名的一幅肖像。施蒂勒是一位常住在慕尼黑的画家，曾为这里的许多名人画过像。后来，他还为歌德画了一幅著名的肖像。施蒂勒早年师从当时著名的维也纳艺术家海因里希·弗里德里希·菲格尔，而贝多芬 20 年前就认识了菲格尔。在 1819~1820 年的谈话录中，施蒂勒偶尔也会以作曲家朋友的身份出现。

1819 年底，贝多芬的老朋友、当时住在法兰克福的弗朗茨·冯·布伦塔诺委托施蒂勒为贝多芬画一幅肖像。施蒂勒曾为布伦塔诺、布伦塔诺的妻子安东尼和他们的孩子画像。1808~1811 年布伦塔诺一家在奥地利首都生活时，贝多芬几乎将他们看作自己的家人。为贝多芬画像的想法可能是安东尼提出的，长期以来有人认为她就是贝多芬"不朽的爱人"。为了完成画像，贝多芬与施蒂勒见了三次面。作为布伦塔诺家的朋友，性情温和的施蒂勒与贝多芬相处得很融洽。1804～1805年，威利布罗德·梅勒为贝多芬画像时在作曲家的帮助下巧妙地表现了画中主人公对革命的支持。施蒂勒也是这么做的。从施蒂勒的画像中，我们可以清晰地看到，贝多芬的革命热情丝毫没有减弱，他依然对"英雄"交响曲和《菲岱里奥》表达的信仰充满希望。

　　施蒂勒对贝多芬的塑造比梅勒更具戏剧性。和梅勒一样，他参考了贝多芬住处挂在墙上的祖父肖像。画中贝多芬的坐姿与祖父的坐姿相反。色彩在这幅作品中也起到了关键作用。尽管贝多芬有棕色、灰色和深绿色等传统颜色的礼服外套，但他的衣着再次被描绘成了深蓝色。一个异常宽大的白领托住了他脸颊的下半部分。拜伦的画像中常出现这种领子，施蒂勒可能也见过拜伦的肖像版画。比梅勒画中的传统领巾更显眼的是，施蒂勒将领子夸张地向外翻出，其幅度甚至超过了拜伦的衣领——当时这位英国诗人因积极支持反抗奥地利政治压迫的伦巴第起义而闻名。

375

　　施蒂勒用一条异常巨大的亮红色围巾来衬托贝多芬的蓝色外套和白色衣领。除军装外，当时的男性服装中很少出现红色。这个颜色一定是贝多芬自己选的。在19世纪政治压迫最严重的时期，作曲家希望再次穿上红、白、蓝色的衣服。画家不仅将红色作为革命的象征，而且在贝多芬的下巴、手指，甚至是脸颊和嘴唇上都使用红色突出重点。红润的脸颊让贝多芬看起来比实际更年轻、更健康。现实中的贝多芬面色苍白、身体虚弱，但他被描绘成了容光焕发、散发着成熟活力的形象。

　　简而言之，施蒂勒不光通过贝多芬的衣着体现他的革命热情，还将他整个人塑造成了革命的化身。画中的贝多芬是个充满战斗力的人。在梅勒的画作中，贝多芬身处一个充满象征意义的自然环境中，而施蒂勒只描绘了贝多芬腰以上的部分，这不仅拉近了距离，也让画像更具震撼力。梅勒笔下的贝多芬向我们招手，邀请我们与他一起投身革命事业，而施蒂勒描绘的则是绞尽脑汁进行创作的贝多芬。他的表情坚定果决：头微微前倾，牙关紧闭，目光专注，眼神里透露着深思。贝多芬的座右铭是普林尼（Pliny）的名言"无日不卒行"（nulla dies sine linea），①体现出了他是一个对艺术有着不懈追求、对自己的使命了然于心的人。

贝多芬坚定的表情表现出他的早期信仰没有丝毫的动摇。如果说有什么不同的话，那就是这些年来，他变得越来越激进。从身体比例来看，在施蒂勒的画中，贝多芬的脸看起来好像被放大了。他注视着观赏者身后的一个点，一个尚未到来的世界。在脸庞上方，他狮子般茂盛而有光泽的头发梳向脑后。此时贝多芬的头发已经花白，比梅勒画像中的更长、更浓密，但仍然乱七八糟、难以梳理。狂野的发型体现了贝多芬狂野的性格，也暗示了他狂野的音乐。他的表情表达了对社会变革和个人自由权利的呼吁，为人们迎来一个更加公平的新社会带来了希望。

在作曲家坚定目光的衬托下，画中郁郁葱葱的背景也进一步体现了重燃希望的重要性。施蒂勒让贝多芬置身于他热爱的大自然之中。然而，施蒂勒作画的时候正值冬季，因此这个背景是施蒂勒想象出来的。画中没有自由之树，因为在1820年，卷土重来的君主们已将所剩无几的自由之树连根拔起。贝多芬左手拿着《庄严弥撒曲》的乐谱，右手持笔，准备作曲。19世

---

① 原文为No day without a line，字面意思为"每天至少写一行"。

纪 20 年代初，也就是这幅画完成的时候，《庄严弥撒曲》的创作还未正式开始。这部作品一直进展缓慢。除《莱奥诺拉 / 菲岱里奥》外，没有任何一部作品如此耗时、如此困难重重。贝多芬犀利的目光也提醒着我们，他对自己的作品寄予厚望，尤其是《庄严弥撒曲》。这将是一部体现他最高理想的巅峰之作。贝多芬一定也很喜欢这幅肖像画。出版商阿尔塔里亚为这幅肖像制作了一些平版印刷画，贝多芬在生命的最后一年将它们送给了朋友。

　　施蒂勒的肖像最终可能是由肖像的委托者——法兰克福的布伦塔诺一家获得。由于学术界近年才真正理解布鲁图的雕像对于贝多芬的意义，也只有到现在我们才能恰当地解读这些肖像以及贝多芬和梅勒、施蒂勒希望通过肖像传达的信息。和布鲁图的雕像一样，这些肖像为我们提供了另一种独特的理解方式，即通过贝多芬的艺术形象了解他的政治观点。

21

拿破仑之死和罗西尼的崛起

> 总是他，哪里都是他，人们就像谈论拿破仑一样谈论着他。
>
> ——焦阿基诺·罗西尼

1815 年后，欧洲专制政权的地位似乎比以往更加牢固，在这种情况下，贝多芬有理由对拿破仑进行重新审视。这位被流放的皇帝虽然有他的缺点，但依然远远胜过当时欧洲的其他统治者。20 年前，贝多芬曾希望拿破仑为欧洲带来解放，现在他决心用音乐来推进这一进程。

贝多芬并不是唯一一个将自己的职业生涯与拿破仑进行比较的人。拜伦也做过同样的事。1814 年 4 月，在得知拿破仑选择了退位而非战死沙场后，拜伦十分愤慨，在沮丧和愤怒中写下了《拿破仑颂》。但不久之后，他就对拿破仑再次崇拜起来。在 1816 年之后的几年间，这位被流放的皇帝经常以英雄形象出现在拜伦的诗歌中。在这段时期，拜伦也积极参与了意大利的革命活动，并在 1824 年参加了希腊的独立运动。

在"英雄"时期，即 1814 年之前的 10 年里，从本质上来说，贝多芬的作品是充满活力的。而维也纳会议之后，除了少数作品外，贝多芬的音乐进入了一个平静时期。1821 年拿破仑去世之后，贝多芬的作品再次焕发出活力。即便在被流放期间，拿破仑也对贝多芬的发展产生了重要影响。这位作曲家大胆地利用活跃在他创造性想象力中的各种音乐力量来创作新作品。从他的政治观点、社会观念和音乐作品来看，他与同时代的人一样，是一位浪漫主义的革命者。

拿破仑之死

1821 年 5 月 5 日，被流放的拿破仑在圣赫勒拿岛逝世，享年 51 岁。7 月中旬，他的死讯传到了欧洲。他的死让他成了烈士，为他的一生赋予了更为浓重的神话色彩。被关押和逃亡的经历让他成了一个不折不扣的传奇。拿破仑的死让他的许多崇拜者大为震惊，同时人们也对这位伟人更加崇拜，并越发受到他的影响。贝多芬对拿破仑的抵触情绪逐渐消退，这一趋势在 1821 年之后表现得十分明显，甚至在 1821 年之前就已初见端倪。拜伦也是如此。连夏多布里昂这样的非自由主义者也和贝多芬、拜伦一样，将自己的事业与拿破仑比较，不断对拿破仑进行探究，撰写关于拿破仑的文章，一直持续了将近 30 年，直到他去世。拿破仑的逝世对欧洲各地的很多人产生了深刻的影响。威廉·黑兹利特和沃尔特·司各特也分别从自由主义者和保守主义者的视角为这位已故的皇帝撰写了长篇传记。通过了解拿破仑，我们得以对他主宰的时代，甚至对我们自身有更多了解。

1821 年，随着梅特涅在维也纳会议上强势建立的神圣同盟开始分裂，欧洲各地——波兰、意大利、撒丁王国、莱茵兰、普鲁士、英国和教皇国——爆发了大大小小的起义。进步主义者、自由主义者、共和主义者，尤其是社会主义者和革命者都对拿破仑津津乐道。英格兰从很早开始就不再积极支持欧洲各国政府镇压起义活动，1823 年，路易十八统治下的法国单枪匹马地攻打西班牙，帮助不得民心的斐迪南七世实现了复辟。这些事让很多欧洲人想起曾经的拿破仑支持的不是镇压活动，而是民族解放运动。

失败比胜利更能体现一位英雄的气概。人们常常认为英雄取得胜利是理所当然的，但英雄的失败则更加让人印象深刻。

379

失败不会毁掉传奇；相反，失败通常铸就、放大且升华传奇。失败可以成就史诗般的传奇：《伊利亚特》中的赫克托耳在特洛伊城下被阿喀琉斯杀死，阿喀琉斯屈服于普里阿摩斯的哀求，列奥尼达和他的 300 名斯巴达勇士在温泉关阵亡，《罗兰之歌》中查理大帝的后卫军将领罗兰在龙塞斯瓦列斯被穆斯林军队击溃。最后，也是最重要的，拿破仑在滑铁卢战役中战败并被流放至圣赫勒拿岛。

对于包括贝多芬在内的许多人来说，拿破仑存在于两个世界。一个是战争与流血、政治改革与进步的世界，另一个是贝多芬梦寐以求的、他在脑海及音乐中设想的乌托邦式的革命世界。第一个世界是历史上真实存在的，第二个世界代表了一种希望。正如法国文学批评家阿尔伯特·贝甘（Albert Béguin）所说，梦想可以成为更美好的现实。[1] 对贝多芬来说也是如此。

早在拿破仑去世之前，世间就流传着很多关于他的传闻和传说。这些传说让他的崇拜者感到，失势之后的拿破仑和鼎盛时期一样伟大。在许多欧洲人眼中，拿破仑在圣赫勒拿岛遭受的苦难反而让他的救世主光环更加耀眼，这段经历也成了他传奇故事中一个重要的组成部分。不可否认的是，当时也存在另一种说法，认为拿破仑不是弥赛亚，而是基督的敌人、魔鬼的化身。这种说法在 1814 年、1815 年和 1821 年（拿破仑去世的那一年）最具影响力。贝多芬对这两种说法都十分熟悉，但整体而言，他对拿破仑持积极态度。

早在 1796~1797 年的意大利战役期间，拿破仑的传说就流传开来了。15 年来，拿破仑试图燃起欧洲统一的燎原之火。即便被流放到欧洲大陆 1 万英里之外的圣赫勒拿岛，拿破仑依然制订了一个计划。在滑铁卢战败之后，他开始诉诸文字。在一些支持者的帮助下，他开始口述自己的奋斗生涯，共形成了 18 部回忆录。在这些叙述中——无论是将他送往圣赫勒拿岛的诺森伯兰号船员写下的，还是岛上的访客写下的，抑或是陪他流放至此的同伴记录的——拿破仑都以他一贯的热情为他和他的原则进行辩护。他将自己描述为神圣同盟的受害者，并说自己所做的一切都是为了解放欧洲。拿破仑大胆地说，自己的命运代表了1815年之后受胜利者压迫的人民的命运。他改写了当年的历史，将自己描述为可以替代欧洲专制君主的自由主义者。一份又一份的手稿被秘密传到了欧洲。这些手稿很快就出版了，并让无数读者着迷。

因此，拿破仑注定不会被人遗忘在圣赫勒拿岛。相反，他身上出现了一种浪漫主义的光环，这个光环是他自己和众多崇拜者共同赋予的。在圣赫勒拿岛，拿破仑再次成为一位自由的捍卫者和变革的推动者，这一次的形象甚至更加深入人心。除少数陪同他一起流放的人之外，他几乎完全与世隔绝，因此受到了欧洲人的同情。虽然现实中的拿破仑已无法实现许多人的梦想，但在传说中，他变得更加伟大。

在拿破仑的陪同人员撰写的作品当中，埃马纽埃尔·德·拉斯卡斯（Emmanuel de Las Cases）在拿破仑去世后出版的长篇著作《圣赫勒拿岛回忆录》（*Mémorial de Sainte Hélène*，1823~1824）最为有名。在这部著作中，作者以具有说服力的论述和详尽的细节论证了拿破仑愿景的合理性，将这位皇帝描述为一位革命者和支持共和制的自由派领袖。荷兰历史学家彼得·海尔（Pieter Geyl）认为，包括维克多·雨果、司汤达、拜伦和贝多芬在内的"滑铁卢一代的显著意识形态特征，是将拿破仑传奇与激进主义联系起来"。从很大程度上来说，拉斯卡斯对拿破仑职业生涯进行的具有影响力的重新解读为拿破仑死后的声誉奠定了基础。对柏辽兹、雨果等一些成长于拿破仑鼎盛时期的人来说，拿破仑统治下的欧洲是一个失乐园，一个本可以实现的世界，这个世界的消亡对他们的影响比他们最初意识到的还要大。在雨果著名的诗歌《他》（*Lui*）中，诗人并未提到拿破仑的名字。但是所有读过这首诗的人都知道"他"指的只可能是拿破仑，而且只有雨果能写出这样一首诗。[2]

拿破仑之死让年轻的德意志诗人海因里希·海涅感到震惊，他在作品中想象着后人前往圣赫勒拿岛的拿破仑墓朝圣的场景。在司汤达的《帕尔马修道院》中，主人公法布里斯·台尔·唐戈（Fabrice del Dongo）得知拿破仑的死讯后感到十分迷惘，难以想象没有拿破仑的世界会是什么样。他问道，"如今革命帝国的冒险已经被扼杀"，自己又能做点什么呢？其他将拿破仑视为圣人的同时代人也提出了相同的问题。格里尔帕策虽在诗歌《拿破仑》中表现出怀疑态度，但仍提到拿破仑带来的"史诗般的壮阔和英雄般的哀叹"。令人感到意外的是，虽然拿破仑曾在 1812 年入侵俄国，导致莫斯科被烧毁，但许多俄国人也崇敬拿破仑。听闻他的死讯后，亚历山大·普希金（Alexander Pushkin）以诗歌寄托哀思，把拿破仑称为"将永恒自由馈赠给世界的人"。[3] 俄国自由主义者包括米哈伊尔·莱蒙托夫（Mikhail Lermontov）和后来的费奥多尔·陀思妥耶夫斯基（Fyodor Dostoevsky）也表达过对拿破仑的缅怀。[4]

贝多芬对拿破仑之死的看法

那么贝多芬对此有何看法呢？拿破仑的死讯似乎对他产生了很大影响。当辛德勒问他是否要纪念拿破仑时，贝多芬回答说他"已经为那场灾难创作了合适的音乐"。他指的可能就是"英雄"交响曲中的葬礼进行曲。[5] 与其他艺术家一样，拿破仑的死让贝多芬对他重新产生了敬意。1824 年，贝多芬偶然了解到沃尔特·司各特即将出版多卷册的《拿破仑传》时，他对车尔尼感叹道："拿破仑，之前我很受不了他。现在我的想法完全不同了。"⁶回顾拿破仑在欧洲取得的丰功伟绩时，贝多芬意识到自己对这位皇帝的批评有些过于苛刻。当他看到1815年之后，战胜了拿破仑的君主们不是对臣民实施开明统治，而是加强或重新引入专制主义时，他便对被流放的拿破仑产生了更多好感。

在1820年1月，即拿破仑去世前一年多，贝多芬的谈话录中有一条关于拿破仑的详尽评论。在这条记录中，海关官员弗朗茨·扬希克（Franz Janschikh）对拿破仑的不朽与伟大进行了有力的论述。这段话可能也体现了贝多芬对这位皇帝的看法：

> 如果拿破仑能东山再起，他很可能会更受欧洲人的欢迎……他深谙时代精神，懂得统治之道……我们的后代会对他给予更高的评价……作为一个德意志人，他是我最大的敌人，但随着时间的推移，我已经接受了这件事……忠诚和信仰的承诺已成为过去……他所说的话具有更重要的意义……他能够欣赏艺术和科学，憎恶黑暗……他会更重视德意志人，应该会保护他们的权利……在［统治］末期，他被叛徒包围，将领们的斗志也丧失殆尽。最优秀的陆军元帅已退出历史舞台……虽然他推翻了封建制度，成了权利和法律的保护者，但革命人民和时代精神需要这样一种钢铁意志……与路易丝公主结婚是他的巅峰……目的是为世界带来和平以及公平的法律，摒弃征服的欲望……因为傲慢，极度的好运也会变成极度的厄运。⁷

作曲家这里的沉默可能体现了他对扬希克观点的认同。扬希克简洁而有力的话语可能借鉴了贝多芬本人的观点，因为他的话显然与作曲家对拿破仑的看法契合。贝多芬的朋友很少

383

质疑他的观点。扬希克力劝贝多芬为拿破仑写一首赞歌，[8] 但他最终也没有写。相反，他创作了伟大而富有人道主义色彩的《迪亚贝利变奏曲》《庄严弥撒曲》《第九交响曲》，以及最后的三首钢琴奏鸣曲，这些作品都充满了革命热情。

在奥地利这个警察国家生活了 30 多年，不管拿破仑的性格和行为有什么缺点，比起维也纳会议强加于欧洲大陆的日益严苛的统治，贝多芬都更喜欢这位皇帝统治下的欧洲。曾为贝多芬出版作品的柏林出版商阿道夫·马丁·施莱辛格（Adolph Martin Schlesinger）对贝多芬说："如果拿破仑没有成为一个贪得无厌的征服者，而是继续担任第一执政官，他会成为有史以来最伟大的人。"[9] 可能贝多芬也会赞成这个看法。

不可否认的是，贝多芬对拿破仑的看法从来不是简单的或直截了当的。甚至到了 1826 年，在一次典型的情绪爆发中，贝多芬评论道："至于拿破仑：我也看错了那个笨蛋。"[10] 他对这位法国皇帝的看法总是十分极端。前一天鄙视他，后一天又对他充满敬意。但可以肯定的是，不论是在拿破仑生前还是身后，贝多芬总是不断根据当时的社会背景重新审视拿破仑的品格和功绩。

夏多布里昂和拜伦对拿破仑之死的看法

拿破仑死后，越来越多的欧洲人开始重新评判他的功绩。夏多布里昂说："在德意志，走到哪里都能听到人们在谈论他，因为在这个国家［法国］，抵制他的年轻一代［活跃于 1806~1815 年的一代］已经消亡了。"人们对拿破仑的敬意重新占据了上风。拜伦得知拿破仑的死讯时，表达了那一代人内心的失落感："我们生活在宏大而夸张的时代，亲眼看着拿破仑像帖木儿一样崛起，又像巴亚捷一样失利，我们对原本可能成为重要历史的事件也没了兴趣。"[11] 帖木儿曾经在欧洲所向披靡，而被他打败的巴亚捷则被装进笼子挂在了城墙上。可以说，拿破仑的辉煌功绩不仅让同时代的大人物相形见绌，也让昔日的伟人变得不值一提。

和当时的许多人一样，拜伦长期爱好收藏与拿破仑相关的纪念品。他尤其喜欢一个内部绘有拿破仑肖像的鼻烟盒，也收集了一些刻有拿破仑头像的金币。1822 年 2 月，将妻子的姓氏"诺埃尔"（Noel）合法地加到自己名字前的拜伦开始在信件中以"诺埃尔·拜伦"或"N.B."作为署名，而"N.B."也是拿破仑名字的首字母缩写①。在他那首伟大却被低估的诗《青铜时代》（1823）中，他先是细致地回顾了拿破仑的发展历程，然后对君主制复辟后欧洲的惨状进行了描写。

拿破仑之死也对夏多布里昂产生了重要影响。在夏多布里昂去世后才于 1849~1850 年出版的长篇自传《墓中回忆录》中，夏多布里昂提到了自己对这位已故皇帝的看法，他的观点也有助于我们了解贝多芬的看法。他将自己的一生与拿破仑的一生进行了对比，并且在自传中花了相当篇幅介绍了这位皇帝的生平。他认为自己与拿破仑的经历颇为相似，感到自己的命运和拿破仑的命运紧密相连。拿破仑征战四方的经历反映了夏多布里昂的经历，而夏多布里昂的生平也有助于人们理解拿破仑的生平。夏多布里昂旨在通过普鲁塔克式的对比手法更加清晰地展现两人的特点，最终他也成功做到了这一点。

我们也可以通过这一方式将贝多芬与拿破仑进行对比，以解读贝多芬在维也纳会议后十年里的发展历程。贝多芬也希望通过音乐领域的成就展现和抨击欧洲倒退的社会现实。贝多芬在维也纳度过的最后十年是十分艰辛的。他的健康状况持续恶

385

---

① 拜伦应妻子安妮·伊莎贝拉·米尔班奇的要求将姓氏改为"诺埃尔"，以继承她母亲的遗产。

化。1817 年之后，贝多芬作为作曲家的地位产生了动摇，他的经济也再度陷入了不稳定。观众品味和音乐受众发生了变化。受过教育的中产阶级逐渐成为主要的音乐受众。这时他们喜欢的不再是莫扎特、海顿甚至贝多芬的音乐，而是焦阿基诺·罗西尼的作品。

新星

司汤达在他洋洋洒洒的《罗西尼传》中写道："拿破仑已死，但一位新征服者已经出现。"这位新征服者就是还不到 32 岁的罗西尼。贝多芬不得不面对一个现实问题，那就是席卷维也纳的意大利歌剧浪潮已经让他在这座城市的音乐地位受到了挑战。这种在音乐中逃避现实的阶段持续了大约十年，但直到今天它仍未完全消失。

18 世纪 80 年代，莫扎特失望地发现，意大利音乐一直对维也纳音乐界产生着深刻的影响。罗西尼的出现更是加剧了这种影响。歌剧《坦克雷迪》(*Tancredi*，1813) 的上演让维也纳人为之疯狂。此后，1816 年 2 月 20 日，《塞维利亚的理发师》(*The Barber of Seville*) 再度掀起了热潮。人们对罗西尼歌剧的喜爱一直持续到了 19 世纪 20 年代。甚至连舒伯特也是罗西尼的崇拜者，他常在作品中借用罗西尼的经典手法。与此同时，虽然贝多芬的名声已受到音乐爱好者的承认，但他的作品已经过时，很少被人演奏。

维也纳音乐爱好者对这位意大利新星的痴迷一定给贝多芬带来了很多困扰。罗西尼可以在三周内写出一部歌剧，之后很快就能上演，观众也对此赞不绝口。与贝多芬经过十年反复修改才完成的那部歌剧相比，罗西尼的歌剧总是更为成功。对许多有文化的维也纳人来说，罗西尼歌剧中看似简单但常常引人入胜的音乐体现了智慧与美。在《塞维利亚的理发师》中，这位作曲家展现出了意大利歌剧史上罕见的喜剧才华。事实证明，《塞维利亚的理发师》成了一部永恒的经典，它是第一部由意大利作曲家创作的获此殊荣的歌剧。

罗西尼的目的是取悦和娱乐大众，而非刺激或震撼他们。尽管如此，他的歌剧还是受到了有思想的听众的欢迎。叔本华最喜爱的作曲家就是罗西尼，这位哲学家对罗西尼的偏爱体现出了罗西尼作品中诙谐的对白和生动的音乐让他深受感染。也许贝多芬会因为罗西尼的歌剧取代了他的作品而感到愤懑，但他也真心佩服罗西尼的喜剧天赋。贝多芬在《塞维利亚的理发师》中听到了"活力的迸发"，因此它也一定获得了贝多芬的认可。

1822 年 3 月至 7 月的某一天，罗西尼在维也纳见到了贝多芬。萨列里曾就贝多芬不近人情的性情提醒过罗西尼，两人虽听不太懂对方的语言，而且贝多芬还有听力上的问题，但两人相处得还算融洽。罗西尼对贝多芬的评价颇高。在维也纳期间，他一定听说过贝多芬的伟大之处，但亲眼见到后，他还是很受震撼。罗西尼评价说："总是他，哪里都是他，人们就像谈论拿破仑一样谈论着他。"[12]

贝多芬对罗西尼说，他认为罗西尼应该继续创作喜歌剧。正如理查德·奥斯本（Richard Osborne）所说："从《第八交响曲》——一部"洋溢着欢乐与幽默感"的作品——"的成就来看，传闻中他极富热情的说法似乎十分可信"。[13] 罗西尼的喜歌剧也进一步营造了维也纳轻松的音乐氛围。这些作品旨在安抚大众、分散人们的注意力，"让他们忘却"在生活中受到的压迫，哪怕这只是暂时的。但罗西尼的最后一部歌剧《威廉·退尔》（1829）却让我们看到罗西尼也可以对欧洲历史进行严肃的解读。

维也纳人热衷的不仅是罗西尼创作的新型轻歌剧。如前文所说，圆舞曲也越发成为奥地利生活中的时尚主流。1815年君主制复辟，赫尔岑将其讽刺为"旧时代的复兴"，在这里"年轻人完全无法融入"。战后的维也纳变得"成熟、商务，简而言之，小资产阶级成了主导"。[14] 对此阿历克西·德·托克维尔补充说："革命对于1815年成长起来的那一代人来说已经十分遥远，他们只能短暂地感受到那些让革命者备受鼓舞的激情。"[15]

在生命的最后十年里，疾病缠身的贝多芬常常遇到意料之外的麻烦。1822年夏季，贝多芬到巴登避暑。一天晚上，他在巴登和维也纳新城之间的森林里散步时迷了路。维也纳新城的警察看到衣衫褴褛、未戴帽子的贝多芬盯着店铺的橱窗，以为他是一名乞丐，便逮捕了他——由此也可以进一步看出这位曾经衣着考究的音乐家后来变得多么不修边幅。虽然贝多芬极力表明身份，说自己是"贝多芬"，但警察并不相信，并将他关进了牢房。贝多芬自然因此暴躁起来。最终，在他不停的抗议下，警察找来了村长，村长找来了一位名叫赫尔佐克（Herzog）的人，他是当地的乐团指挥，就住在附近，也认识贝多芬。赫尔佐克在午夜前不久来到监狱，证明了贝多芬的身份，把他带回了家，给他安排了家中最好的卧室，并借给他一套体面的衣服。第二天，他用自己的马车将贝多芬送回了巴登。[16]

瓦尔德米勒的贝多芬肖像

在年轻的画家费迪南德·格奥尔格·瓦尔德米勒（Ferdinand Georg Waldmüller）1823年绘制的贝多芬画像中，我们可以看出那些年里贝多芬的紧张状态。瓦尔德米勒是当时首屈一指的肖像画家。为贝多芬画像时他只有30岁，但此时他已享有很高的声誉。德国艺术史学者普遍认为他比梅勒和施蒂勒更加伟大。他十分注重细节，能够准确表现出景色和人物的特点，有时甚至真实得有些残酷。

　　施蒂勒善用明亮的主色调，这在 19 世纪早期的肖像中十分罕见。在男性贵族和富有的公民领袖的肖像中，主人公通常身着正装，画面色彩一般较为柔和。而瓦尔德米勒则运用奥地利和德意志毕德麦雅时期的常见色彩，他笔下的人物通常佩戴白色领巾，身穿黄色马甲，搭配深棕色或黑色外套。瓦尔德米勒的绰号"奥地利的安格尔"体现了这位艺术家无懈可击的技艺、高超的手法以及相片般的写实功底。在他为贝多芬绘制的肖像中，作曲家的表情和紧闭的嘴唇格外吸引我们的注意：画家牢牢抓住了 53 岁的作曲家犀利的目光。

　　遗憾的是，贝多芬和瓦尔德米勒的合作并不顺利。瓦尔德米勒要求贝多芬坐在光线明亮的窗边，而作曲家却对此十分不满。第一次作画还未结束，失去了耐心的贝多芬就将瓦尔德米勒打发走了。画家离开之后，贝多芬甚至大发雷霆。毫无疑问，两人已不可能再次见面了。但从某些方面来说，瓦尔德米勒与贝多芬一样固执和骄傲，于是他根据第一次也是唯一一次见面的记忆绘制了贝多芬肖像。好在他对人物特征过目不忘，很快就完成了这幅肖像。瓦尔德米勒笔下的贝多芬和今天我们对贝多芬的普遍印象相去甚远。由于见过了性情暴躁的贝多芬，他画出了作曲家面色阴沉的样子。这幅肖像表现了贝多芬的愤怒，但也体现出了他的坚定、果决、毫不妥协。瓦尔德米勒的贝多芬肖像让我们联想到戈雅笔下那些不苟言笑的面孔。理查德·瓦格纳在青年时期第一次看到瓦尔德米勒绘制的贝多芬肖像时惊呼道："我感到这是对贝多芬公正的诠释，因为它毫不做作，真实的肖像就该如此。在我看过的所有贝多芬肖像中，这幅是最好的。" [17]

22

贝多芬与格里尔帕策

> 我从贝多芬那里了解到，如果我觉得某些东西是虚假、奇怪或是牵强的，我应该完全遵从他的判断，从我自己身上找原因。
>
> ——特奥多尔·阿多诺[1]

反法同盟在滑铁卢战役中获胜、专制君主重新建立政权之后的十年里，大多数欧洲人的生活每况愈下。税负加重，贫富差距加大，数百万人仍深陷战争之中。这令贝多芬十分痛心，但他没有失去希望，依然努力地坚持着。令人备感惊奇的是，在生命的最后十年中，他再次进入了一个伟大而辉煌的创作高峰期。

"迪亚贝利"变奏曲

在 1818 年完成了宏大的"槌子键琴"奏鸣曲后，贝多芬的脑海中再次充满了新的灵感。1819 年，维也纳音乐出版商安东·迪亚贝利（Anton Diabelli）写了一支毫无新意的小曲子。为了宣传他的业务，迪亚贝利邀请了一众维也纳作曲家根据这首乐曲创作变奏曲。贝多芬一开始拒绝了迪亚贝利的邀请，但后来改变了主意。写了一段变奏之后，贝多芬发现了其中的乐趣，继续写了 29 段变奏。之后，似乎是为了证明什么，他接着写了两段变奏，此后又加了一段。最终他断断续续地写了三年多。这些短小的乐段并无过多内涵或隐喻，但从广义的乐思上来说，它们的独立性、独创性以及丰富的美感深深地吸引着我们。最终的成果可以说是贝多芬钢琴作品中的上乘之作。人们就乐曲的含义提出了诸多观点，不停地进行着讨论，但"迪亚贝利"变奏曲的神秘面纱至今仍未被揭开。贝多芬自己也会时不时地弹起这首作品，但不是在公开演出中，而是为朋友和熟人演奏。1825年到访维也纳的英国音乐界企业家乔治·斯马特（George Smart）说，有一次贝多芬"精彩地演奏了大约20分钟，有时他弹得很响亮，充满了才思"。

钢琴奏鸣曲

创作钢琴奏鸣曲时，作曲家的头脑需要保持高度活跃。贝多芬在一生中写了一首又一首奏鸣曲，最终一共完成了32首。1822年，他创作了最后三首，即第109号、110号和111号作品。这三首作品与他此前创作的奏鸣曲全然不同，达到了全新的高度。每一首乐曲都有独特的个性，同时又一脉相承。辛德勒将这些风格迥异的乐曲比作莎士比亚戏剧中多样的人物角色。[2] 贝多芬创作这些作品依然是出于财务方面的考虑。他惋惜地说这些作品并非自己想写的音乐，而是"为了钱不得不写"的音乐。不论是在什么条件下创作的，最后的这几首奏鸣曲都达到了一个新高度，体现出了与维也纳的音乐潮流相反的趋势。

在这里，我只讨论这些奏鸣曲中的最后一首——第111号作品《c小调奏鸣曲》。此前贝多芬创作的c小调作品包括《第三钢琴协奏曲》《第五交响曲》以及早期作品《钢琴三重奏》（Op.1，No.3）。《c小调奏鸣曲》的与众不同之处在于它只有两个乐章。第一乐章"庄严的－生气勃勃而热情奔放的快板"（Maestoso – Allegro con brio ed appassionato）充满了活力，但更让人难以忘怀的是极为动人的第二乐章"小咏叹调：质朴而如歌的柔板"（Arietta: Adagio molto semplice e cantabile）。乐曲以安静、柔和的明暗变化和坚定的音乐风格向前推进着。欧文·科洛丁（Irving Kolodin）指出，可以将这首奏鸣曲看作"迪亚贝利"变奏曲的"第34段"变奏。失聪给晚年贝多芬带来的一个影响似乎是他这一阶段的作品充斥着大量的颤音，尤其是高音上的颤音。这些颤音会带你一步一步走向更高的领域，最终到达极乐之地，也就是杰里米·西普曼（Jeremy Siepmann）所说的"至美的静谧"。[3]

《菲岱里奥》的重演

贝多芬一生中曾多次表示希望再写一部歌剧。他对神话传说和童话题材没有什么兴趣。从他曾经尝试或希望尝试的题材来看，反映社会不公（《菲岱里奥》）或与历史相关（《埃格蒙特》）的题材或是两者的结合（如席勒的《威廉·退尔》）对他来说更有吸引力。多年来，他考虑过多部剧本。公然表明政治立场的剧本必定会让维也纳的剧院管理层感到不安。此外，这类作品风险太大，很难通过审查。尽管如此，贝多芬一直没有放弃基于歌德的《浮士德》或奥德修斯的故事（指约翰内斯·海因里希·福斯对荷马史诗《奥德赛》的精彩翻译）创作歌剧的想法。

在1814年的修改版《菲岱里奥》以及1805~1806年的《莱奥诺拉》中，贝多芬将矛头指向奥地利的政治监狱，那里的囚犯大多含冤入狱，很多人被指控参加了莫须有的革命活动。到了1822年，剧中影射的这种糟糕状况未见好转，甚至进一步恶化。《菲岱里奥》虽然在1814~1815年维也纳会议前后欢腾的日子里取得了成功，但此后七年一直未能重新上演。1822年11月4日再度上演时，它正好赶上了意大利歌剧尤其是罗西尼的作品带来的热潮。尽管如此，《菲岱里奥》的重演仍然取得了成功。威廉明妮·施勒德－德弗里恩特饰演的主角赢得了满堂彩。安东·海青格（Anton Haitzinger）扮演的弗洛雷斯坦也令人赞叹。次年春天，该剧在德累斯顿再度成功上演。同时，《埃格蒙特》和"英雄"交响曲在维也纳的重演也受到了人们的欢迎。

1812年，贝多芬请青年诗人特奥多尔·克尔纳（Theodor Körner）为他写一部关于布鲁图的歌剧剧本。克尔纳完成了一份草稿，但不久后他就在反抗拿破仑的行动中阵亡了。十年后，贝多芬与另一位青年诗人爱德华·冯·鲍恩费尔德（Eduard von Bauernfeld）讨论起这件事。虽然两次尝试都没成功，但这并不意味着贝多芬和两位诗人对这一题材不感兴趣。在自己的房间里端详布鲁图的雕像是一回事，而在公开场合表露自己对这位古罗马英雄的想法又是另一回事。在《菲岱里奥》之后，贝多芬未再创作其他歌剧，也极少创作舞台作品，原因之一可能就是维也纳令人捉摸不透又极其严格的审查制度。在哈布斯堡王朝的统治下，写一部关于布鲁图和罗马共和国的歌剧，再配上贝多芬的音乐，可能会给创作者带来极大的风险。

贝多芬希望将重新上演的《菲岱里奥》献给与奥斯曼帝国斗争的希腊自由战士。虽然君主专制的奥地利无意支持这样的运动，但支持这一自由事业的民众不在少数。德意志各邦生活着很多亲希腊人士，歌德的朋友中就有不少这样的人。和拜伦、德拉克洛瓦、青年雨果等其他欧洲著名文学家、艺术家一样，贝多芬希望至少通过自己的艺术对反抗奥斯曼帝国的希腊人表示支持。

格里尔帕策的坎坷经历

正如本书所体现的那样，将贝多芬与当时其他创作者进行比较有助于加深我们对他的了解。这些人物不一定生活在维也纳，也不一定是贝多芬的同龄人。在此方面，我们已经讨论过拜伦、夏多布里昂、克莱斯特、戈雅，最重要也最经常讨论的就是拿破仑。还有一位创作天才，他比贝多芬小 20 岁，同样生活在维也纳，贝多芬与他相识很久，他也和贝多芬一样经历了各种挫折。他就是弗朗茨·格里尔帕策。

在《论革命》（*On Revolution*，1963）中，汉娜·阿伦特将积极地参与身边的生活视为人类活动的最高形式。从政治领域来看，阿伦特所说的"公共领域"，即维也纳的生活，对贝多芬和当时的创作者来说是十分有局限性的。阿伦特认为，剥夺人的公共政治身份就是剥夺他们的人性。从这个角度来说，贝多芬和格里尔帕策都遭受了严重的剥削，但身为剧作家的格里尔帕策遭受的剥削更为严重，受到的影响也更大。

格里尔帕策的舅舅约瑟夫·松莱特纳曾在 1805 年为贝多芬提供了《莱奥诺拉》的德语剧本。这一年 7 月，小格里尔帕策在松莱特纳家中第一次见到了贝多芬。出生于 1790 年 [①] 的格里尔帕策十分崇拜歌德，他在青年时期就看过歌德狂飙突进风格的精彩剧作《葛兹·冯·贝利欣根》。格里尔帕策一家与舒伯特一家关系很好，因此年轻的格里尔帕策结识了比他年纪更小的弗朗茨·舒伯特并与他成了朋友。1809 年 5 月，格里尔帕策的父亲在拿破仑对维也纳的炮轰中丧生，十年后他的母亲也自杀了。年纪轻轻就失去了双亲，这在一定程度上也导致了他阴郁的性格。在一生的大部分时间里，他一直在追求一位女性——卡塔琳娜（卡蒂）·弗勒利希［Katharina（Katty）Fröhlich］。两人相识 50 年后，他才向她求婚，但卡塔琳娜笑着拒绝了。然而他并没有放弃。威廉·M. 约翰逊（William M. Johnson）曾一针见血地指出，"贝多芬有着德意志式的性

---

① 《不列颠百科全书》载，格里尔帕策出生于 1791 年 1 月 15 日。参见《不列颠百科全书》第 7 卷，中国大百科全书出版社，1999，第 295 页。

情，但格里尔帕策是个典型的奥地利人。贝多芬不屈不挠的坚定性格与格里尔帕策的胆小怯弱形成了鲜明的对比"。[4] 19 世纪 20 年代初，格里尔帕策似乎有望成为奥地利最伟大的剧作家。他与贝多芬的关系在这一时期变得更加紧密。他坎坷的职业生涯与贝多芬的职业生涯有一些相似之处。交错的轨迹有助于我们进一步了解两位创作者的生平和作品。[5]

　　格里尔帕策 1823 年创作的自传性质的小说《可怜的乐师》（*The Poor Musician*）讲述了一位音乐家在维也纳艰难维生的故事。在主人公的坎坷经历中，我们似乎看到了格里尔帕策的经历。从某种程度上来说，主人公身上可能也有着贝多芬的影子，因为贝多芬曾至少两次将自己称为"可怜的奥地利音乐苦工"。贝多芬也许算得上"可怜"，他也确实从事"音乐"行业，但他并不认为自己是奥地利人或者是一名苦工。尽管如此，由于许多维也纳人不欣赏也不认可他的作品，在一生中的大多数时候，他不得不勒紧裤腰带。不过贝多芬并不在意。他立志创作出不朽的作品，并且以此为傲。他始终坚信自己的作品终将获得成功。

　　作为一个极度克制的人，格里尔帕策在贝多芬面前常常感到胆怯和不安。他写过一首关于贝多芬的诗，名为《如果你愿意》（*If You Please*），从这首诗中可以看出，两人的友谊应该是友好而不是深厚。[6] 尽管如此，两人的关系也很复杂。如前文所说，青少年时期的格里尔帕策对拿破仑十分痴迷。1809年，他每周二上午都会到美泉宫的练兵场观看拿破仑检阅部队。拿破仑的风度令格里尔帕策着迷。格里尔帕策一生都被自卑困扰，这样震撼的场面让他感受到了军纪的威严。虽然格里尔帕策的品味十分保守，但正如他有时声称的那样，在政治方面，他并不是一个纯粹的反对变革者。此时的他已经对时局有着敏锐的观察。奥地利历史学家伊尔莎·巴里亚（Ilsa Barea）

认为，"没有人比格里尔帕策更深刻地意识到这个城市和国家存在的冲突"。⁷与舒伯特和他的朋友不同，格里尔帕策不是一个生活在社会边缘的离经叛道者，他是一位文官，在国家机构中任职。奥地利当局常常任命文学家和艺术家担任文官，这种情况在当今很多国家（尤其是法国）依然十分普遍。政府的意图是让这些人忙于处理公务，这样他们就不会创作诋毁国家的作品或给政府惹麻烦了。具有讽刺意味的是，格里尔帕策的工作单位正是负责对他的剧作进行审查的机构。

即便在1809年10月拿破仑离开维也纳之后，格里尔帕策从一开始就对他产生的强烈好感也丝毫没有减弱。1821年拿破仑去世时，这种崇拜之情甚至变得更为强烈。讽刺的是，格里尔帕策的第一部"爱国主义"戏剧《奥托卡国王的兴衰》（*King Ottokar's Fortune and Fall*，1823、1825）却给他带来了麻烦，这部颇具争议的剧作通过一个拿破仑式的主人公演绎了奥地利的早期历史。奥托卡国王的经历和命运与拿破仑十分相似，他的兴衰显然影射了拿破仑的兴衰。和其他许多人一样，格里尔帕策被拿破仑的命运所吸引，一直到他漫长生命的最后一刻。这部作品被视为奥地利最伟大的民族戏剧，同时也是公认的19世纪最杰出的历史题材悲剧。

格里尔帕策对拿破仑看法的变化过程和贝多芬的心路历程出奇的一致。青年时期的格里尔帕策曾说："维也纳人认为伟大是危险的，而名声不过是一场空洞的演出。"⁸生活在14世纪^①的奥托卡国王是位一呼百应的冒险者，也是波希米亚的专制统治者。在马希费尔德——维也纳东北部血流成河的平原上——哈

---

① 疑似原文有误。《不列颠百科全书》记载波希米亚的奥托卡二世生卒年为1230~1278年。因此下文中与他对战的应该是哈布斯堡王朝的鲁道夫一世（1218~1291）。

布斯堡王朝的鲁道夫一世战胜了这位波希米亚国王，这场战役
也成了欧洲历史上一场决定性的战役。[9]战败的奥托卡不久后
便去世了。当时的人们在这位国王身上看到了刚刚去世不久的
拿破仑的影子。然而，这部剧作和贝多芬的初版《莱奥诺拉》
一样，让它的创作者受到了皇室的冷待。它最初并未通过当局
的审查并遭到了禁演。

后来当格里尔帕策（在贝多芬的鼓励下）鼓起勇气与负责
审查的官员对质时，这位官员却告诉他，虽然作品本身似乎没
什么问题，但是"谁也说不好"。[10]这位审查员担心自己遗漏
了什么内容（可能也怕因此失业），于是选择撤下这部戏剧，
禁止该剧在维也纳最著名的霍夫堡剧院上演。当格里尔帕策向
贝多芬寻求意见时，贝多芬让他对审查员的决定提出申诉，格
里尔帕策便照做了。最终审查员做出了让步，《奥托卡国王的
兴衰》在 1825 年 2 月 29 日 ① 进行了首演。

让格里尔帕策感到困扰的并非审查的严格程度，而是它的
不确定性。无处不在的审查就像达摩克利斯之剑一样时刻威胁
着他精心创作的作品。格里尔帕策在1829年的日记中写道："在
这种情况下还没有完全丧失信心的人是真正的英雄。"[11]虽然奥
托卡国王时运不济，但这部剧依然让弗朗茨一世感到十分不安。
格里尔帕策的初衷显然是表现爱国主义精神，但多疑的弗朗茨
认为该作品还有更深层次的含义。在当时的情况下，他的担忧
也有一定道理。剧作家经常利用历史主义手法达到借古讽今的
效果。虽然讲述的是历史故事，但它们反映的是当下的政治问
题和局势。最终，在弗朗茨一世的第四任妻子卡罗琳·奥古丝
塔（Caroline Augusta）皇后的帮助下，《奥托卡国王的兴衰》
才在 1825 年上演，并赢得了观众的热烈欢迎。然而，这部剧

396

---

① 疑似原文有误，1825 年为平年，2 月没有 29 日。

的成功让弗朗茨一世更加担忧。他召来格里尔帕策进行面谈，并提出购买这部剧作。格里尔帕策的直觉告诉他如果将作品卖给弗朗茨一世，这部剧就永远不会再上演了。于是他拒绝了弗朗茨。

确实，审查的事情"谁也说不好"！格里尔帕策的麻烦还在继续。1836 年，他的喜剧《说谎者该倒霉！》（*Woe to Him Who Lies!*）上演后，观众反应平平，于是格里尔帕策撤下了这部剧。官方的冷落让他深受打击，如今新作又未能被公众所接受，于是他决定不再推出后续作品进行演出，也不再出版剧作。在 1848 年，即欧洲革命爆发的那一年，格里尔帕策总结道："专制暴政毁了我的生活，戕害了我的文学生命。"[12] 但格里尔帕策没有被专制暴政击垮。到了 40 多岁时，和这一阶段的贝多芬一样，格里尔帕策决定为后世写作，不再为当代舞台写作。1872 年格里尔帕策去世后，他的晚期作品才在霍夫堡剧院上演。

"在梅特涅执政的时代，脑力劳动是最危险的职业。"20 世纪专门研究维也纳和哈布斯堡王朝的著名学者爱德华·克兰克肖（Edward Crankshaw）如是说。[13] 克兰克肖概括说："伟大的作家，即使他们的思想混乱，在僵化且长期存在的审查制度营造的谨慎的文化氛围中，他们也无法得到发展。"[14] 虽然他说的是整体情况，但对于生活在维也纳的格里尔帕策来说，事实确实如此。

贝多芬与格里尔帕策成为朋友

格里尔帕策十分崇拜贝多芬。在为贝多芬写的第二篇回忆录中，格里尔帕策提到了他们的友谊："我十分喜爱贝多芬。如果说我无法回忆起他说的许多话，那主要是因为在我看来，一位艺术家所做的比他所说的更重要。"格里尔帕策尤其钦佩贝多芬的勇气。他曾惋惜地对作曲家说："如果我能有你千分之一的力量和勇气就好了。"[15] 作为一名音乐家，贝多芬的境遇比身为作家的格里尔帕策要好一些，他十分清楚也很愿意承认这一点。在贝多芬的谈话录中，格里尔帕策曾略带羡慕地问作曲家："审查员知道你作曲时的想法吗？"[16] 比起文字中的革命情绪，人们更难听出音乐中的革命动机，因此文化领域的审查员对音乐的限制没有对戏剧的限制严格。讽刺的是，审查制度阻碍了格里尔帕策的事业，却无意中推动了贝多芬的事业发展。由于无须太过担心审查问题，贝多芬可以将更多时间投入创作。格里尔帕策甚至担心贝多芬会因此冒不必要的风险。这时的格里尔帕策已开始根据波希米亚历史故事创作戏剧《德拉霍米拉》(*Drahomira*)。这个故事本可以被写成歌剧剧本供贝多芬作曲使用，但格里尔帕策告诉我们："我不想让贝多芬被有些邪恶的主题误导，给他理由去接近音乐上的极限边界，不管怎么说，这个边界一直存在，就像一个危险的深渊。"[17]

与意志坚定的贝多芬不同，敏感的格里尔帕策十分不擅长与权威机构打交道。和贝多芬一样，他也开始逐渐诉诸一种内部迁移。贝多芬十分清楚他的音乐中有多少活跃的反叛思想可以逃过审查员的眼睛。他不断地试探着审查制度的底线。没有一位审查员会禁止他用音乐表达对世界的所思所感。贝多芬的音乐可以逃过审查，但格里尔帕策的文字却做不到这一点。格里尔帕策意识到了其中的危险，并向贝多芬寻求建议。我们可以感受到——虽然很难说清楚——格里尔帕策在意志更为坚定的贝多芬面前会感到不安。格里尔帕策缺乏贝多芬的勇气，也不愿离开维也纳，他担心表现出对当局的不满情绪会为自己惹上麻烦。

比起浪漫主义音乐，格里尔帕策更喜欢古典主义音乐。虽然他说自己喜爱贝多芬，但实际上他更喜欢莫扎特的音乐。[18] 格里尔帕策在他的五六首诗作中提到了贝多芬，但大多是一

398

笔带过。有些诗歌讨论了贝多芬的作品，其中最为详尽的是他 1834 年的《论贝多芬为〈埃格蒙特〉创作的音乐》（To Beethoven's Music for *Egmont*）。这首诗赞扬了这部激动人心的作品，尤其是它的序曲。格里尔帕策在 1827 年 3 月 6 日贝多芬去世当天写下的《贝多芬》（*Beethoven*）中将这位作曲家称为音乐文学史上最伟大的人物之一。格里尔帕策在日记中写下的内容也许最能体现他的看法，他写道"混乱——贝多芬"。[19] 正如歌德难以接受贝多芬的音乐，格里尔帕策有时可能也感到贝多芬的音乐令他无法招架。

在格里尔帕策最著名的诗作《别了，维也纳》（Farewell to Vienna）中，格里尔帕策将毫无生气的维也纳比作"卡普阿"（卡普里）。在卡普阿这个传说中的岛屿上，感官享受让汉尼拔的士兵失去了战斗力。格里尔帕策在维也纳度过了漫长的一生，对于这座城市，他写道："你很美，但是也很危险。"在诗的结尾，作者对维也纳死气沉沉的文化氛围发出哀叹："你是心灵上的卡普阿。"[20] 格里尔帕策的诗句让我们联想起荷马在《奥德赛》中对"费埃克斯人"的描述，在贝多芬眼中，维也纳人与"费埃克斯人"别无二致。

23

《庄严弥撒曲》和《第九交响曲》

现在我老了，留给我的时间不多了，我感到我必须将所剩不多的精力和体力全部花在贝多芬身上。在所有昔日的音乐家当中，他是最让我捉摸不透的。

——罗曼·罗兰

贝多芬的最后一场个人音乐会

1817 年，汉斯－格奥尔格·内格利（Hans-Georg Nägeli）将巴赫的《b 小调弥撒曲》称为"有史以来最伟大的音乐作品，无人能及"。正如巴赫的传记作者克里斯托夫·沃尔夫（Christoph Wolff）所说，内格利的论断本质上是一种感性判断。但对于贝多芬来说，这句话产生了重要作用：它向贝多芬发出挑战，促使他创作一部能与巴赫的作品媲美的弥撒曲。贝多芬创作《庄严弥撒曲》的初衷是庆祝他多年以来的学生鲁道夫大公被祝圣为奥尔米茨（Olmütz）的大主教。1818 年夏天，居住在默德灵（Mödling）的贝多芬在乐曲的创作上取得了不错的进展，但到了第二年举行祝圣仪式的时候，这首弥撒曲仍远未完成。鲁道夫大公跟随贝多芬学习钢琴和作曲已有十几年，此时他是贝多芬唯一的学生。贝多芬由衷地喜爱这位学生，献给鲁道夫大公的作品比献给任何人的都要多，但他有时候也会抱怨上课占用了他的创作时间。贝多芬一直没能在奥地利的音乐机构谋得一个职位，但他仍未放弃希望。由于长期担任宫廷乐长的安东尼奥·萨列里体弱多病，贝多芬可能认为如果向弗朗茨一世最小的弟弟献上一部作品，也许他就有望成为下一任宫廷乐长。但事实证明，宫廷对他并无兴趣。

贝多芬相信音乐能够促成变革，因此他希望通过他的主要作品表达神圣的精神和超凡的热情。正如与贝多芬同时期的、极富才情的 E.T.A. 霍夫曼所说，音乐"是所有艺术中最为浪漫的……因为它的题材是无限的"。[1]贝多芬的作品中蕴含着他向全人类传达的信息。贝多芬告诉几位潜在的出资人，这部弥撒曲与亨德尔的清唱剧和莫扎特的安魂曲一样，不仅适合在宗教场合演奏，而且适合在音乐厅里演奏。

《庄严弥撒曲》也许是贝多芬尝试过的最为复杂的一部作品，在接下来的几年中，他在这部作品上花费了大量时间。到了 1823 年，这部作品才基本完成。它虽然体现了巴赫和亨德尔的影响，但也让我们看到贝多芬从凯鲁比尼的《c 小调安魂曲》（1816）中受益良多。没有《c 小调安魂曲》，《庄严弥撒曲》也不会呈现出现在的样子。虽然这部作品是一部深刻的宗教音乐，但它歌颂的是一种不受外部教义约束而源自内心的信仰。奇妙的是，《庄严弥撒曲》也能让人回想起 1793 年 12 月在巴黎兴起的"至上崇拜"（Cult of the Supreme Being）①。在西斯廷礼拜堂穹顶的壁画中，米开朗琪罗将亚当与上帝联系起来。据说歌德曾感到"他的上帝无处不在——在植物里，在风景中，在古迹中，在歌德自己的身体里"。[2]约翰·蒂施拜因的歌德像描绘了诗人眺望罗马乡间平原的情景，而梅勒的贝多芬肖像则将音乐家置于一个理想化的、充满深层次含义的风景中。

为了通过这部新作赚到钱，贝多芬付出了不少努力。他向大约 50 位王公贵族和当时的重要人物发出了邀请，请他们订购《庄严弥撒曲》和特别出售的手写版乐谱。有 10 个人

---

① 法国大革命时期，罗伯斯庇尔推行以自然神论为基础的"至上崇拜"，以取代天主教成为法兰西共和国的国教。

接受了邀请，其中包括俄国亲王尼古拉斯·加利钦（Nicolas Galitzin）以及法国国王路易十八。后者甚至授予贝多芬一块金牌。其他做出积极回应的出资人包括托斯卡纳大公斐迪南三世和丹麦国王腓特烈六世。然而，一些贝多芬原以为会出资的人，包括时任瑞典国王贝纳多特和歌德，却没有给出回应。由于歌德的好朋友、音乐教师卡尔·策尔特已经为柏林声乐学院订购了一份乐谱，因此歌德可能认为自己没有必要再订购了。曾经的英国摄政王 ① 也没有回应。这可能也是件好事。此前他就没有接受贝多芬《威灵顿的胜利》的题献，如果这次再明确拒绝购买《庄严弥撒曲》乐谱的话，贝多芬可能会更加沮丧。如此多的位高权重者对贝多芬这部重要作品表现得兴趣寥寥或毫无兴趣，可能让贝多芬进一步认识到——如果他此前还不确定的话——自己的作品在其他人心目中并未受到重视。

1818 年，当被问及哪一部交响曲是他的"最爱"时，贝多芬的回答是"英雄"交响曲。但到了 1823 年 2 月 5 日，贝多芬给一位出版商写信时却说《庄严弥撒曲》是他"有史以来创作过的最伟大的作品"。[3] 对于不同体裁的作品来说，"最爱"和"最伟大"可能有着不同的含义。威廉·德拉布金（William Drabkin）指出，我们应结合贝多芬的生平和动机来解读他对自己作品的评价，《庄严弥撒曲》这样一部复杂难懂的合唱曲尤其需要他的极力推荐。

1824 年 5 月 7 日，贝多芬举行了最后一场个人音乐会。这是他十年来首次进行新作品的公演。音乐会上的第一首曲目是《大厦落成序曲》（*Zur Weihe des Hauses*），这是他晚期的一部舞台作品，原本为庆祝布达佩斯一座剧院落成而作。接着观众听到了《D 大调弥撒曲》（即《庄严弥撒曲》）中的三个

---

① 应该指的是乔治四世（1762~1830），1810~1820 年担任英国的摄政王。

乐章，最后是《第九交响曲》。在十年前的个人音乐会上，《第七交响曲》和《威灵顿的胜利》大获成功，贝多芬希望这场音乐会能和十年前的那场音乐会一样赢得观众的热烈反响。

402 　　在信仰天主教的国家，弥撒曲的演出只能在教堂进行。创作这部弥撒曲时，由于贝多芬已经错过了鲁道夫大公的祝圣典礼，因此他计划在教堂以外的地方进行该作品的首演。尽管如此，非宗教性质的演出仍然需要审查机构的批准。审查机构允许他进行演出，但条件是这部作品不能完整上演，也不能用拉丁语演唱。[4] 于是贝多芬将唱词改成了德语。和此前《C大调弥撒曲》的演出一样，贝多芬从五个乐章中选了三个乐章，并将其称为"颂歌"。[5] 贝多芬是否想起法国大革命时期的爱国主义者经常将他们的歌曲称为"颂歌"呢？他选了哪三个乐章呢？贝多芬与朋友们为此讨论了很久。最终，他选择了弥撒曲中的慈悲经、信经和羔羊经。

　　从解放人类的决心来看，贝多芬的《庄严弥撒曲》和托马斯·卡莱尔史诗级的历史著作《法国大革命》（1837）有一些相似之处。两位作者都将他们的才华发挥得淋漓尽致。卡莱尔通过激情澎湃的语言倡导人类的救赎，而贝多芬则希望通过史无前例的深刻音乐促成这种救赎。"英雄"交响曲本身就是一场音乐上的革命。贝多芬希望《庄严弥撒曲》能成为人类的新《圣经》，一部能够拯救世界的作品。全身心地体验卡莱尔的《法国大革命》和贝多芬的《庄严弥撒曲》，能让你身临其境地感受法国大革命，让你产生更深刻的理解。"英雄"交响曲强调世俗革命的必要性，而《庄严弥撒曲》则鼓励人们摆脱哈布斯堡王朝的天主教约束，获得宗教上的自由。两部作品都为人类带来了希望。

聆听《庄严弥撒曲》

　　《庄严弥撒曲》篇幅过长，也过于复杂，不适用于宗教仪式。它是一部以弥撒经文为基础创作的大型声乐作品和器乐交响曲。奥地利学者汉斯·盖尔（Hans Gal）曾恰当地指出，这部弥撒曲的作者是一个"艺术理想坚如磐石、思想坚定、没有任何疑虑的人"。贝多芬通过《庄严弥撒曲》表达了深刻的个人信仰以及全人类的信仰。与此同时，盖尔也认为贝多芬是"不抱任何幻想的现代怀疑论者的原型，但他有最深层次的虔诚信仰"。[6]

403

开篇令人印象深刻的"慈悲经"预示着一部伟大的作品即将展开。罗曼·罗兰认为，之后的"信经"可能受到了贝多芬书桌上三句埃及箴言的影响。其中一句为"万物我也"。罗兰认为，贝多芬"在他的泛神论理想主义中……与上帝融合，——当人必须出现在信经中时，他坚信这些唱词必须以胜利的赞美诗的形式演唱。——上帝的儿子不是耶稣，而是所有人。上帝在我们每个人的心中；上帝在我们的身体里，我们就是上帝"。[7]这一观点与歌德的观点有着异曲同工之处。在贝多芬最后一首钢琴奏鸣曲（Op. 111）的两个乐章中，第二乐章"小咏叹调"也以更为灵性的方式体现了类似的宗旨。

用奥尔德斯·赫胥黎（Aldous Huxley）的话说，在信经中的"降福经"部分，贝多芬表达了"处于事物核心的某种欢愉"。[8]它是贝多芬的乌托邦愿景，虽然只是一种理想，却是个值得关注的理想。这里极为动人的小提琴独奏体现了圣灵及其带来的欢愉，即"超越一切理解的平和感"。在荣耀经中我们听到上帝的愤怒，而在降福经中我们听到的却是天堂的宁静。"'诞生'（Et incarnatus）段落的长笛表现出圣灵以鸽子的形象现身"，在这里贝多芬可能从他的"田园"交响曲中汲取了灵感。[9]随着这段音乐减弱结束，我们进入了更为刺耳的乐段。

终曲乐章"羔羊经"体现了人类的启蒙之路将是漫长而

艰辛的。最终，人类的命运将在现实世界中实现。在"请赐"
（Dona nobispacem）段落，贝多芬将内心和外界区分开来。
在这里，"祈求内心与外界的安宁"这句歌词首次出现，最终
乐章也以此结束。指挥家安塔尔·多拉蒂（Antal Dorati）断
言："这不是他唯一一次努力、尝试或呐喊。"贝多芬——

404

> 只将它写进了这部作品，但在他写下的所有乐曲和许
> 多文章中，我们都能听到或读到这样的内容……这种自相
> 矛盾的"为和平而战"的宗旨所处可见，通常披着自由和
> 忠诚这两个世俗理想的外衣，但正如他常常直接地——甚
> 至可以说毫不掩饰地——表现出来的那样，这是他生命的
> 原动力。

多拉蒂令人信服地指出，《庄严弥撒曲》和《第九交响曲》是
"以音乐形式发出的最强烈、最直接的对人类和平的呼吁，对
于理解音乐语言的人来说，它是人类能发出的最有力的呼
声。"10

乐曲结束之前，两声震耳欲聋的巨响毫无预兆地出现，如
同凡世的混乱突然爆发。小号和定音鼓奏出战斗般的音乐，毫
不留情地打断了人们对和平的呼吁。最后这段具有米开朗琪
罗般"惊人威力"（terribilità）① 的旋律逐渐演变成令人难以
忍受的刺耳声音。贝多芬在此借鉴了海顿《战时弥撒》中的讽
刺手法（但使用得更加隐晦），表达了对人类无法获得和平的
嘲讽。独唱者们唱出了惊恐慌乱的情绪。正如利昂·普兰丁格
（Leon Plantinga）所说，和平让贝多芬想到了它的对立面，

---

① 指米开朗琪罗作品的一种特质，艺术家的同代人用这个词形容他的作品会使观看
者产生恐惧感、敬畏感和崇高感。

即"战争、苦难和斗争"。[11] 我们不禁思索，人类的破坏力会
消失吗？但贝多芬很快就重建了平衡，他祈求道："拜托了！
愿我们所有人获得内心与世界的和平！"伴随着如"田园"交
响曲终曲乐章一般的旋律，《庄严弥撒曲》悄然结束。

威尔弗里德·梅勒斯指出，"在他并不漫长但思想丰富的
一生即将结束时"，贝多芬"已经成为一位前无古人的宗教
作曲家"。[12] 耶胡迪·梅纽因在谈到指挥家威廉·富特文格勒
（Wilhelm Furtwängler）时写道，"他体现了一种神秘传统，
即将音乐视为人与上帝之间联系的古老理念"。[13] 富特文格勒
本人也曾将《庄严弥撒曲》称为贝多芬"最伟大的作品"。[14] 405
这意味着上帝超越了所有宗教。上帝存在，但不被某一种信
仰所局限。此前，19 世纪维也纳评论家爱德华·汉斯立克讨
论《庄严弥撒曲》时曾说，在他看来，贝多芬的所有作品都具
有宗教性。[15] 正如贝多芬在 1822 年给鲁道夫大公的信中所说，
《庄严弥撒曲》将人类与上帝联系了起来，它象征着"自由和
更进一步的力量"。同样，贝多芬个人音乐会上的最后一部作
品《第九交响曲》也是一部关于自由和力量的作品。

苏格拉底与耶稣

贝多芬在 1820 年声称他心目中的终极偶像不是前辈作曲
家，而是"苏格拉底和耶稣"。[16] 苏格拉底和耶稣所做的事情
有一定的联系。他们的生平事迹，尤其当他们面对死亡时展
现出的无畏气概，都对贝多芬产生了深远影响。他们都为坚守
自己的道德理想献出了生命——苏格拉底喝下了毒酒，耶稣被
钉死在十字架上。苏格拉底是一个善良的、不断进行思考的
人，他被邪恶的雅典统治者迫害并判处死刑；耶稣是人类的解
放者，他无视当时宗教礼数的约束，无畏地拯救被社会排斥的
人。两人都极为正直，不惧死亡。贝多芬将他们视为英雄、烈

士和革命者。苏格拉底和耶稣是完美的典范，他们挑战权威，相信全人类可以并且很快就会迎来一个更美好的世界。

1819~1820 年斯蒂勒为贝多芬画像时，贝多芬意识到要实现这样的解放，人类要花费的时间可能比他预想得更长。《庄严弥撒曲》问世将近一百年后，在 1914 年，欧洲会爆发一场由 17 个君主制国家和 3 个共和制国家参与的战争。尽管如此，贝多芬并不会失去对不可避免的（即便是缓慢的）进步的信心。再过一个世纪——一个艰难得令人难以置信的世纪——人类也许会向解放更进一步，哪怕只是很小的一步。贝多芬感到道德和社会正在缓慢发展着。他并不是个有耐心的人，但这一次，他耐心地等待着。他会一直等下去。

《第九交响曲》

1812 年，贝多芬一共写了三部交响曲。他很快完成了《第七交响曲》和《第八交响曲》，但 d 小调的《第九交响曲》却进展缓慢。虽然现存的手稿最早可追溯到 1812 年，但贝多芬实际上从很久之前就开始构思这部作品了。《第九交响曲》的伏笔最早出现在他 1792~1793 年创作的《管乐八重奏》（Op.103）中。交响曲的终曲乐章——基于席勒的《欢乐颂》创作的合唱曲——甚至可以追溯到贝多芬在波恩生活的时期。席勒的《欢乐颂》于 1785 年首次出版，贝多芬从青少年时期起就对它十分着迷。但直到 1815 年，贝多芬才正式对这个脑海中挥之不去的想法进行探索。在 1816 年和 1818 年，他不断地打着草稿、构思着乐曲的发展，但直到 1821 年或 1822 年初，他才再次开始正式创作。贝多芬曾说："很长时间以来，我走到哪里都在思考，不停地删掉重写，直到满意为止。"显然，合唱形式的终曲乐章是贝多芬后加上去的，也许是完成《庄严弥撒曲》之后才想到的。贝多芬告诉我们，这部交响曲将音乐与文字结合在一起。他将这种形式看作"他的真正特色"。贝多芬称《第九交响曲》是他"毕生的心血"。[17] 他前前后后一共花了 40 年才完成这部作品，贯穿了他的整个成熟阶段。它是一部为全世界创作的乐曲。

《第九交响曲》的第一乐章以一种不祥的、几乎是舒伯特式的静谧开始。神秘的开场体现了创造这一行为本身的特点，秩序诞生于混沌之中，思想的结晶脱胎于嘈杂的虚无。在这些年里，贝多芬重新研究了巴赫和亨德尔的作品。八分半钟的赋格乐段与贝多芬后来的作品《弦乐四重奏》（Op.131）有着异曲同工之妙。贝多芬晚期创作了不少非同寻常的作品，而《弦乐四重奏》是其中最不寻常的一部。

第二乐章开头的节奏很快，随后逐渐放慢。这一乐章的整体节奏和各类乐章间的配合都体现出它是贝多芬的一个新尝试。贝多芬在乐曲中重复着这一模式，它有着塔兰泰拉般的节奏和意大利舞曲的活泼旋律。这一宏大的乐章深受美国导演斯坦利·库布里克（Stanley Kubrick）的喜爱，他在电影《发条橙》（*A Clockwork Orange*）中大量使用了其中的乐段。《发条橙》改编自安东尼·伯吉斯（Anthony Burgess）的同名小说，而伯吉斯本人也是一位作曲家兼作家。

第三乐章柔板从某种程度上来说更像是行板。贝多芬写过很多动人的柔板，但许多人认为这一乐章是最动人的。第四乐章的开头回顾了前三个乐章的主题，但都被突然出现的低音打断，仿佛在说"不要老调重弹"。6/8 拍的欢快进行曲与前面的旋律构成了第一个对比。在随后出现的男高音独唱中，酒神式的曲调与革命性的旋律交织在一起，体现出了朝气蓬勃的英雄气概。这一乐章以民主为主题，让人想起法国大革命初期流行的《卡马尼奥拉》舞曲。席勒的《欢乐颂》本是一首祝酒歌，但其内涵远比祝酒歌丰富得多。贝多芬从席勒的诗歌中选取了一些段落，构想了一个天下大同的景象，字里行间充满了欢乐与希望。

《第九交响曲》的终曲乐章包含了一段土耳其进行曲。希望顾及所有受众的贝多芬并不介意在合唱曲中加入土耳其元素及相关的乐器。在 1811 年创作的序曲《雅典的废墟》(*The Ruins of Athens*)中，他插入了一段土耳其进行曲。《庄严弥撒曲》结尾部分的羔羊经也突然被不协调且带有挑衅意味的土耳其音乐打断。《第九交响曲》的终曲乐章有时会让人联想到啤酒节的气氛和小酒馆里的场景，它的主题是支离破碎的，有时甚至被压缩成一个音符。贝多芬呼吁道："亿万人民团结起来！"[1] 在他看来，不仅德意志人或欧洲人，所有人都能听到上帝的声音。

《欢乐颂》

《第九交响曲》的创作是分阶段进行的。贝多芬对法国大革命中的人道主义及进步思想进行了诗意颂扬，并将其融入这部新交响曲中。30 年来，这些思想在他的心中扎下了根。《约瑟夫二世之死康塔塔》让他对社会进行了深刻的反思。歌词"四海之内皆兄弟"既是对约瑟夫二世的歌颂，也是对法国大革命理想的呼应。在此后创作的《利奥波德二世登基康塔塔》中，喜庆的旋律也凸显了席勒《欢乐颂》中的主题。这两首康塔塔都是贝多芬 20 岁之前创作的，但奇妙的是，两部作品中都包含了《第九交响曲》终曲乐章中的核心元素。十多年后，贝多芬创作出了"英雄"交响曲，战斗、伤感和胜利之情在葬礼进行曲中轮番出现，哀悼了一位理想中的英雄的死亡。次年，他又在《莱奥诺拉》结尾的合唱部分歌颂了一位为解救丈夫与暴君斗争的巾帼英雄。在 1808 年不太顺利的个人音乐会上，压轴的《合唱幻想曲》可以算是《第九交响曲》的一次预

---

[1] 参见邓映易所译的通行译文。

演。1814~1815 年创作的精美音乐小品《平静的海与幸福的航行》康塔塔不仅呼应了合唱幻想曲，也预示了《第九交响曲》和贝多芬晚期的几首四重奏作品。

直到 1822 年，贝多芬才真正提炼出席勒《欢乐颂》中的精髓并为其谱曲。席勒自己对这首诗并不满意，经常表现出对它的轻视，因此如果知道贝多芬为它谱了曲，席勒一定会感到很惊讶。该诗歌颂了博爱的精神，同时也对美酒的功效大加赞美。贝多芬对文本进行了取舍，最终删掉了不到一半的内容。被删掉的主要是与饮酒相关的内容以及席勒更为激进的情绪。贝多芬选取的段落强调人类因欢乐走到一起，而这种非比寻常的团结来自对永恒天父的爱。和《第五交响曲》以及贝多芬的多数管弦作品一样，不论从哪个层面上来说，《第九交响曲》都不是专为贵族或精英阶层创作的，它是为人民、为所有人写的。

并非所有人都对《欢乐颂》赞誉有加。1907 年在芬兰担任指挥时，马勒遇到了西贝柳斯（Sibelius），后者对贝多芬的《第九交响曲》评价颇低。两位作曲家对优秀的交响曲应具备哪些特点产生了分歧。马勒认为，"交响曲应该和这个世界一样，必须是包罗万象的"。他说的似乎就是《第九交响曲》的终曲乐章。这部交响曲的内容十分丰富，它既是一部管弦乐作品、声乐协奏曲，也是一部包含了宣叙调、二重唱、三重唱的歌剧，涵盖了许多不同的音乐体裁与类型。它还包含了一首土耳其进行曲，确实是"包罗万象"。

《第九交响曲》的题献

贝多芬离开后，莱茵兰发生了翻天覆地的变化。到了 1794 年，法国占领了莱茵兰的大部分地区，包括贝多芬的家乡波恩。1806 年，拿破仑建立了莱茵联邦之后，波恩被划入贝尔格大公国（Duchy of Berg），这个公国是拿破仑为他的妹夫若阿基姆·穆拉建立的，首都为杜塞尔多夫。拿破仑下台之后，公国也不复存在。1815 年，根据维也纳会议达成的协议，莱茵兰西岸虽然不毗邻普鲁士领土，但仍受普鲁士统治。1818 年，波恩大学得以重建，波恩也逐渐重新成为该地区的文化中心。

贝多芬原本打算将《第九交响曲》献给俄国沙皇亚历山大一世，但这部作品首演之后还没来得及出版，亚历山大一世就于 1825 年驾崩了。于是作曲家决定将作品献给普鲁士国王腓特烈·威廉三世。[18] 虽然这位国王没有比弗朗茨一世开明多少，但他和他的政策对贝多芬并没有产生什么影响。贝多芬原本希望在柏林进行交响曲的首演。但他在维也纳的崇拜者和支持者听说之后，共同努力把贝多芬留在了这座他寄居的城市。他们极力劝说贝多芬，并怀着对贝多芬由衷的喜爱与崇拜，在 1824 年 2 月给他写了一封长长的联名信。这些努力背后的主导者是莫里茨·利赫诺夫斯基伯爵，他的哥哥就是 30 多年前首次邀请贝多芬到家族宅邸里演出的利赫诺夫斯基亲王。贝多芬被他们的关切所打动，决定在维也纳进行首演。尽管如此，贝多芬还是利用这个机会宣称自己是"波恩的公民"。由于他的家乡此时归普鲁士帝国管辖，贝多芬可以将自己看作普鲁士人，或是莱茵兰人，而不是奥地利人。他一定更喜欢这样的身份。即便在维也纳生活了 32 年，贝多芬依然将自己看作波恩的公民，他在那里长大，一辈子都期待着再次看到波恩周边的风景。

贝多芬自称为波恩的"公民"，并不意味着他臣服于普鲁士国王。他并不效忠于腓特烈·威廉三世，尤其是在 1816 年之后，这位国王的立宪倾向出现了明显的减弱。从贝多芬早期为 G.C. 普费菲尔 ① 的诗歌《自由人》谱写的乐曲中可以看出，

---

① 本书英文原版第 45 页和索引中的拼写为 Gottlieb Konrad Pfeffel，第 70 页和此处的拼写为 Gottlieb Conrad Pfeffel。

他一直将自己视为波恩的"公民"。由此可见，贝多芬希望与哈布斯堡王朝统治下的奥地利保持距离，也从未将自己视为普鲁士的臣民。

"自由"还是"欢乐"？

1989年，东德消亡。柏林墙倒塌之后，人们在这一年的圣诞日用贝多芬的《第九交响曲》纪念这一划时代的事件，从政治层面讲，这也许是《第九交响曲》最恰当、最令人振奋的一次演出。演出在原来的东、西柏林各举行了一场，均由伦纳德·伯恩斯坦（Leonard Bernstein）担任指挥。在这两场历史性的演出中，伯恩斯坦将席勒诗歌中的第一句"欢乐女神圣洁美丽"（Freude, schöner Götterfunken）改为"自由女神圣洁美丽"（Freiheit, schöner Götterfunken）。在两德统一后，伯恩斯坦做到了生活在维也纳的贝多芬做不到的事。在这个场合，演奏《第九交响曲》再合适不过了。可以想象，伯恩斯坦对贝多芬交响曲的演绎一定会得到作曲家的认可。

将"欢乐"替换为"自由"可能还有一个更深层次的历史原因。查尔斯·罗森（Charles Rosen）曾提到"一个站得住脚的理论，即贝多芬希望人们将《欢乐颂》……理解为《自由颂》，'欢乐'显然是用来替代具有明显煽动性的'自由'一词"。[19]法国贝多芬研究者布里吉特和让·马森指出，早在18世纪90年代，德意志地区的革命支持者就经常对席勒诗歌中的此类词语进行替换。种种迹象都表明贝多芬也是法国大革命的支持者，因此三十多年后，他很可能也持有类似的看法。

用"自由"的概念解读终曲乐章中的合唱比"欢乐"更合适。该乐章中的土耳其进行曲带有一种军事色彩，但有谁听说过为欢乐而战？此外，没有自由，就没有真正的欢乐。在维也纳生活时，贝多芬的信件和谈话录中经常出现"欢乐"一词。他不能使用"自由"。在维也纳，这是个禁词。贝多芬希望他的音乐成为人类的希望之声。1810 年 8 月 11 日，贝多芬写道："是希望支撑着我，它撑起了世界的半边天。在我的一生中，我一直以它为伴，没有它我将变成什么样子？"他的合唱曲描绘的不是世界的现状，而是未来的希望。席勒本人也考虑过将《欢乐颂》改为《自由颂》。但即使贝多芬对此毫不知情，他也不太可能忽略席勒诗中的政治信息："在你光辉照耀下面，四海之内皆成兄弟。/ 你的力量能使人们消除一切分歧！"

412　　虽然贝多芬常与精英人士交往，但他的音乐并不为精英阶层而写。《马赛曲》席卷法国并在欧洲各国流行之时，莱茵河畔的大革命支持者喜欢将《马赛曲》中的一句歌词替换为席勒《欢乐颂》中的诗句。青年时期的贝多芬很可能听过这个改编后的版本。像哈布斯堡王朝这样向来对民主思想和民主运动十分警惕的专制政府迅速将《马赛曲》列为禁曲也是理所当然的，但弗朗茨一世错误地以为它不过是一阵无法掀起波澜的"微风"。[20] 毫无疑问，如果 1824 年奥地利当局事先知道了这部作品的主旨，他们就会将《第九交响曲》列为禁曲。但贝多芬《第七交响曲》和《第八交响曲》的演出已经是十年前的事了，奥地利当局可能也已经忘了贝多芬的交响曲有多么振奋人心。《第九交响曲》的终曲乐章是一首为全人类而作的歌曲，通过这首歌，贝多芬展现了他对 20 岁之前就心怀的热情理想的矢志不渝。

平等

席勒的早期戏剧《强盗》中，阿玛莉亚曾对社会的颠覆性变化表示惊讶，她说："这个世界为何本末倒置了，/ 乞丐成了国王，而国王成了乞丐。"[21]《强盗》表达的这种平等思想也是哈布斯堡当局禁止它在维也纳上演的主要原因。但阿玛莉亚的话不无道理：社会中的不平等观念由来已久，至少在宫廷贵族看来，社会就是不平等的。虽然现实生活中有很多不平等现象，但平等这个概念对贝多芬来说很有吸引力。1793 年，波恩教授巴托洛梅乌斯·路德维希·菲舍尼希（Bartholomaeus Ludwig Fishenich）给席勒的妻子夏洛特写信时说，他年轻的朋友贝多芬"打算一字一句地为席勒的《欢乐颂》进行谱曲。我相信他能创作出完美的乐曲，因为他的追求是崇高而伟大的"。[22] 贝多芬接受了席勒的观点，并将其发扬光大。合唱部分唱道："亿万人民团结起来！大家相亲又相爱！/朋友们，在那天空上，仁爱的上帝看顾我们！"贝多芬希望团结在一起的不是社会中的精英阶层，而是我们所有人。

早在 18 世纪，席勒和贝多芬所表达的"欢乐崇拜"思想就已在德意志土地上生根发芽。到了 19 世纪，这一概念在德意志哲学领域中已十分普遍。《第九交响曲》中的欢乐源于兄弟情谊，这是一种所有人共有的权利——虽然从字面上看，"兄弟情谊"仅限于男性，但这是一项无论男女都可以享有的权利。贝多芬用欢快的音乐传达了博爱的理念。正如贝多芬传记作者理查德·施佩希特（Richard Specht）所说："真正听懂了贝多芬音乐的人，从此都会感受到快乐的真谛。"[23]

对于信仰共和制和政治自由的人来说，19 世纪 20 年代是一段黑暗的时期。随着意大利、希腊和西班牙的起义遭到镇压，反对派失去了他们的阵营。从黑格尔的"正反合"理论来看，旧制度为正题，法国大革命及由此产生的革命政府为反题，而合题似乎预示着专制主义的回归。专制统治者有的被推翻（拿破仑），有的实现了复辟（路易十八），这似乎意味着人类进步的希望十分渺茫。但反抗几乎是不可避免的。评论家马丁·杰伊（Martin Jay）写道，"与黑格尔不同，贝多芬拒绝接受欧洲君主复辟的新现实；在晚期的作品中，除了依然持积极态度的《第九交响曲》以外……都在与革命失败的合题进行着斗争。"[24]（虽然杰伊的论断不无道理，但除了此处提到

413

的几部作品外，贝多芬的其他晚期作品也表达了同样的积极态度）不止一位评论家讨论过为何并非每个人都会陷入这种"欢乐崇拜"。马克·埃文·邦兹（Mark Evan Bonds）指出，无法陷入欢乐崇拜"不是因为这个人有任何性格缺陷，而是因为这个人还没有充分实现自我价值"。[25]

在当时，包括歌德在内的一些人认为，合唱是一种训练公民的恰当方式。贝多芬交响曲中的"极乐世界""以阿卡狄亚（Arcadia）①为原型，是一种向黄金时代的乌托邦式回归"。[26]贝多芬本人并非总是如此乐观，但正如他在谈到《庄严弥撒曲》时所说的那样，他的音乐作品都是"发自内心、深入人心"的。那些反对贝多芬在《第九交响曲》的终曲乐章中使用歌词的人没有理解贝多芬的意图：他首次在交响乐中使用歌词，是为了让所有人——不论贵族、知识分子还是普通人——都能理解他所表达的关于博爱和自由的信息。他希望能将早期作品中的信息更清晰地表达出来。《马赛曲》就是一个典范，它的歌词与音乐一样振奋人心。晚年的贝多芬希望借助席勒的诗歌，通过音乐再现 18 世纪 90 年代的革命热情。《庄严弥撒曲》的核心是和平，而《第九交响曲》的核心是欢乐。没有自由，和平与欢乐都无从谈起。

《第九交响曲》：反响与声誉

1824 年 5 月 7 日，《庄严弥撒曲》中的三个乐章和《第九交响曲》全曲的首演进行得十分顺利。正如贝多芬期望的那样，交响曲的每一个乐章都获得了观众的掌声。演出结束后，观众对贝多芬报以五轮经久不息的掌声。由于皇帝规定此类演出只允许三轮掌声，因此警长站起来喊道："肃静！"掌声这才

① 古希腊伯罗奔尼撒半岛中部一高原地区。后世西方某些文艺作品中，常以"阿卡狄亚"一词形容田园牧歌式的生活。今属希腊。

停了下来。[27] 不到三周后，即 1824 年 5 月 23 日，这两部作品在霍夫堡皇宫的大宴会厅里再度上演。但这场演出不如前一场成功，观众只坐满了一半的座位，反响也没有前一场热烈。

此后的一段时间里，《第九交响曲》一上演，评论家就会发出质疑的声音。有些人认为这部作品显然带有说教性，有些人则认为它过于冗长。许多人对终曲乐章发起攻击。与贝多芬同时期的音乐家路德维希·施波尔（Ludwig Spohr）说这一乐章是"骇人的"。在当时其他一些人看来，这部交响曲体现出贝多芬不懂审美。连格里尔帕策也认为《第九交响曲》是"深奥而混乱的东西"。[28] 施波尔和格里尔帕策都算得上是贝多芬音乐的崇拜者，但他们对贝多芬作品的评论让人想起了约瑟夫二世对莫扎特的作品《唐璜》的批评，这位皇帝曾说："这样的音乐不利于维也纳人的耳朵。"[29]

《第九交响曲》如一石激起千层浪。瓦格纳认为它引用了歌德的《浮士德》，因为"这位浮士德无疑是西方人的象征，他一直在奋斗、在成长，（因此）可以得到救赎"。一个世纪以来，人们对《第九交响曲》的评论愈演愈烈，以至于当德彪西看到"这部交响曲还没有被相关的评论文章所掩埋"时，他感到十分惊讶。[30] 并非所有人都对《欢乐颂》持肯定态度。威尔第（Verdi）认为《第九交响曲》的前三个乐章是十分出色的，但最后一个乐章则表现欠佳。近年来，一些女权主义学者对这部交响曲大加挞伐，理由是它过于阳刚、具有侵略性。例如，阿德里安娜·里奇（Adrienne Rich）就在她的诗作《贝多芬〈第九交响曲〉：原来是有关性事》（*The Ninth Symphony of Beethoven Understood at Last as a Sexual Message*）中表达了这样的观点。当代哲学家杰米·琼斯（Jamie Jones）写道："在贝多芬之后，音乐依然是形而上的，但从对超验的追求转向了对内在的追求。神性存在于人的精神中，而不存在于一个遥远的、理论上的宇宙中。"[31] 美国音乐学家马克·埃文·邦兹则直接将终曲乐章称为"一个错误"。[32]

一生挚爱音乐的托马斯·曼认为，在经历了两次世界大战和纳粹大屠杀的恐怖岁月之后，贝多芬的交响乐没有给人类留下乐观的空间。在他的小说《浮士德博士》（1947）中，主人公阿德里安·莱韦屈恩（Adrian Leverkuhn）希望"收回《第九交响曲》"。在关于《浮士德博士》的著作《小说的故事》（*The Story of a Novel*）中，曼评论道："谐谑曲或柔板是我的最爱——但我对终曲乐章中缺乏生气的变奏依然喜欢不起来。"此前，曼曾对这部交响曲的基本前提表示怀疑："人类会实现普遍进步是一个未被证实的论点。所有的东方国家都没有出现这种情况。"[33]

虽然《第九交响曲》常常受到一些音乐评论家的批评，但它总是能引发听众的热烈反响。由克里·坎代勒（Kerry Candaele）执导的纪录片《追随〈第九交响曲〉的脚步》（2013~2014）展现了这部交响曲对世界各地人民的影响。在纪录片中，坎代勒将贝多芬与政治抗议和革命事件的纪实影片联系起来，不仅展现了伯恩斯坦在倒塌的柏林墙两侧指挥《第九交响曲》的场面，也展现了 20 世纪 70 年代奥古斯托·皮诺切特（Augusto Pinochet）独裁统治期间，智利的女性在监狱外给她们的丈夫和兄弟演唱《第九交响曲》中的《欢乐颂》、为他们带去希望的场景。我们在影片中看到，每年的新年夜，日本的大型合唱团都会唱起《第九交响曲》，这让我们感受到《第九交响曲》的伟大之处在于它不仅代表了一种革命的力量，也代表了日常生活中社会各界团结一心、迎来新起点的体验。席勒的《欢乐颂》强调的是"四海之内皆兄弟"（alle Menschen werden Brüder）中所蕴含的积极、人道和博爱的精神。我们应该铭记，"人类"这个词不仅指"男人"，也指"女人",更重要的是,它也指全人类通过努力可以实现的理想。

虽然到了 1824 年,德意志统一的希望几经出现又几经破灭,但许多人依然对建立泛德国家心怀希望。启蒙思想家将拥有过人的天分视为先知的典型特征。而贝多芬就将自己视为先知。拿破仑战败、君主制复辟之后,公众逐渐放弃了曾经的民主理想。《第九交响曲》旨在重燃这一理想。随着贝多芬年纪越来越大,耳疾也愈发严重,他的作品逐渐进入了一个他自己创造的理想世界中。在《第九交响曲》中,贝多芬为自己赋予了救世主的角色,决心将神话中和现实中英雄们的未竟事业继续下去——无论这些英雄是普罗米修斯还是唐·费尔南多,是退尔还是埃格蒙特,是约瑟夫二世还是拿破仑。在他新创作的交响曲中,他不再描绘神话或历史人物。相反,人们用尽全力高唱着贝多芬改编的《欢乐颂》,描绘着更光明的未来。

417

24

> 贝多芬坐在那里弹着钢琴，仿佛钢琴就是整个宇宙。
>
> ——韦德·梅塔（Ved Mehta）

在诠释贝多芬的音乐时，罗曼·罗兰将他的全部作品想象成一座山峰。正如罗兰所说，将所有伟大的古典作曲家想象成一条连绵的山脉有助于我们理解贝多芬非比寻常的成就。与众不同又明显属于这条山脉最高峰的就是贝多芬。两个世纪之后的我们可以轻易看出这座山的哪些部分与山脉相连，同时我们也有必要区分它在哪些方面高于其他山峰，哪些山坡、悬崖和峭壁让它变得与众不同。在这座山峰的一侧，有一块隐隐外露的暗色岩石，它就是贝多芬的"晚期四重奏"。华兹华斯曾在他的著名诗作《序曲》中想象艾萨克·牛顿在"陌生、孤独的思想之海"中航行。在晚期四重奏中，贝多芬也在探索或尝试探寻无人涉足的领域。

通常情况下，作曲家的年纪越大，创作的作品就越有力度。巴赫的《赋格的艺术》（*Art of the Fugue*）、梅西昂[①]的《亚西西的方济各》（*Saint Francis of Assisi*）以及贝多芬的晚期作品都证明了这一点。贝多芬发现，除了《第九交响曲》和《庄严弥撒曲》之外，他的多数新作都没有受到公众的欢迎。即便在创作的晚期阶段，贝多芬的作品也常常不被人理解。贝多芬开始从《第九交响曲》和《庄严弥撒曲》这些备受

---

① 奥利维埃·梅西昂（Olivier Messiaen，1908~1992），法国作曲家、风琴家、音乐教育家，被公认为20世纪最具代表性的作曲家之一。

欢迎的作品转向另一种音乐，旨在探索当希望（尤其是政治方面的希望）虽未完全破灭但已显得渺茫时，人们的生活还存在哪些可能性。贝多芬感到自己生活在一个令人失望的世界里，而晚期四重奏是他发出的阵阵呐喊。尽管如此，他从未完全放弃希望。

完成了非凡的《第九交响曲》之后，贝多芬的创造力并没有日渐衰退。他也构思了一些其他作品，为《安魂曲》和《c小调第十交响曲》等作品创作了部分草稿。但除了《第十交响曲》的两个乐章外，他的管弦乐作品几乎没有什么进展。相反，他将大量的时间和精力投入弦乐四重奏。我们可能会认为贝多芬创作的主要是一些交响乐、协奏曲和奏鸣曲。然而，他一生创作了 16 首弦乐四重奏，这些作品和他的交响乐等作品一样，让我们看到了他全面而丰富的音乐才华。在创作生涯的最后三年里，即 1824 年至 1826 年，贝多芬完成了最后几首弦乐四重奏。

我们应如何理解和认识最后五首弦乐四重奏的非凡之处呢？在《浮士德博士》中，托马斯·曼描述身为作曲家的主人公阿德里安·莱韦屈恩时提到，观众"在听到他的晚期作品时，通过瓦解、异化、升华进入了一个不熟悉的、怪异的领域，让他们心情沉重"。[1]虽然这句话说的是虚构人物莱韦屈恩，但奇妙的是，它也适用于贝多芬的晚期作品。贝多芬大胆、另类的音乐常常让维也纳人感到震惊，因此贝多芬常常发现他的音乐不被观众所接受。

奥地利皇帝对贝多芬避之不及，公众也无法或不愿接受他的作品，与此同时，贝多芬的音乐却越发受到其他国家一些人的欢迎。1822 年，俄国亲王尼古拉斯·加利钦向贝多芬发出邀约，请他创作三首弦乐四重奏。贝多芬接受了委托。在德意志浪漫主义尤其是巴伐利亚天主教神秘主义者弗朗茨·冯·巴德尔（Franz von Baader）著作的影响下，加利钦将全新的音乐理念引入了俄国，甚至将其介绍给了沙皇亚历山大一世。和贝多芬早期的"拉祖莫夫斯基"四重奏一样，这些晚期的四重奏几乎不带有维也纳或奥地利的音乐特点，却受到了俄国音乐的显著影响。

从初到维也纳时起，贝多芬就对伊格纳兹·舒潘齐格的四重奏乐队青睐有加，舒潘齐格也成了贝多芬的终生好友。在应对贝多芬作品中的挑战时，他们比其他任何乐队处理得都要好。这支乐队原本是安德烈亚斯·拉祖莫夫斯基伯爵的私人乐队，但1814年伯爵的宅邸被烧毁后，舒潘齐格离开了维也纳。从此，这位亲王 ① 的精神和财富迅速衰退。然而在1823年4月，舒潘齐格回到了维也纳，重建起了他的四重奏乐队。于是贝多芬邀请他们演奏了他的新作品。

弦乐四重奏是最复杂的室内乐形式之一。四种乐器之间的和谐配合常常被比作一场对话，其间所有演奏者需齐心协力为同一个目标努力。由于四重奏只涉及四种乐器，因此平等对话的古典理想似乎也有望实现。尽管如此，贝多芬的最后五首四重奏提出了一个不同寻常的难题。对一些听众来说，它们似乎是贝多芬作品中的黑洞。在这几部作品中，乐句变得支离破碎，但它们被一种情感的力量维系在一起，在相隔的空间中遥相呼应。这几首四重奏的成功之处在于它们既发人深省又具有普适性。有人说，伟大的音乐不一定展现作曲家的个人经历，但应该与他们的经历有着某种联系。喜欢这几首四重奏的听众会感到这些乐曲似乎反映了华兹华斯所说的"未知的生命形态"。②

---

① 1815年，安德烈亚斯·拉祖莫夫斯基被授予亲王头衔。

② 参见威廉·华兹华斯《序曲或一位诗人心灵的成长》，丁宏为译，中国对外翻译出版公司，1999，第15页。

尼采认为晚期四重奏是贝多芬最伟大的作品。如今也有不少音乐评论家认同这一观点。在这些乐曲中，贝多芬探索了一种再现激情曲线的全新方式：他在轨迹上选取孤立的点，让观众凭借直觉勾勒出完整线条。在最后的创作阶段，贝多芬以一种深刻且具有普适性的方式表现出了人文精神。难怪后世的艺术家和贝多芬的崇拜者都从他的音乐中总结出"苦难造就天才"。有人认为，要想理解这位许多人眼中最伟大的德意志音乐家，我们必须精通音乐。英国文化评论家克莱夫·詹姆斯（Clive James）指出，这种说法与"你需要识谱才能欣赏贝多芬晚期四重奏的说法"一样荒谬。[2] 在解读贝多芬的发展历程时，我们可以将他的晚期四重奏和伦勃朗的晚期肖像画进行类比，但更有研究意义的是，我们可以将这几部探索性的作品与戈雅晚期的骇人作品进行类比。

戈雅的作品体现了那个时代的动荡和悲剧。在西班牙危机四伏的那几年里，即 1819 年至 1823 年，戈雅绘制了如今被称为"黑色绘画"的作品。最著名的一幅也许是《萨坦吞吃自己的孩子》（*Saturn Devouring His Children*），画中的泰坦神被描绘成了一个怒目而视、正在吞吃自己的女儿的巨人。其他作品还表现了尸体、人的身体部位、女巫和吸血鬼。戈雅常在画作中运用明暗对比的手法，但黑暗总是占据上风。他对未知事物的探索让人想起歌德的《浮士德》第一部分开篇"献诗"中的内容，在这部历时多年才得以完成、1808 年才得以出版的作品中，浮士德惊恐地喊道："你们又靠近了，飘忽不定的身影。"浮士德看到的这些身影也成了当时人们挥之不去的梦魇。正如浮士德见到的可怕身影，戈雅在他的黑色绘画和非凡的蚀刻版画系列《战争的灾难》（*The Disasters of War*，1820）中也细致地描绘出了他心中怪诞惊悚的形象。在《战争的灾难》中，戈雅通过无与伦比的现实主义文字和画面展现了战争对他的国家造成的破坏。

贝多芬的晚期四重奏对 20 世纪的音乐产生了深刻影响，黑色绘画和《灾难》系列同样开创了当代艺术的先河。艺术史学家弗雷德·利希特（Fred Licht）评论说，在这些作品中，"现代生活的黑暗根源原本是暴露在外的"。[3] 他认为，"比起在戈雅所处的时代背景下理解他的晚期作品"，今天的我们更容易"看到这些作品与我们的时代之间的联系"。[4] 我理解他的看法，但并不赞成。

422

贝多芬最后的三首钢琴奏鸣曲比长寿的戈雅年轻 75 岁，它们与戈雅的黑色绘画属于同一时期的作品。作为贝多芬晚期的重要作品，弦乐四重奏也和戈雅的黑色绘画有着紧密联系。将这些画作与贝多芬最后几首神秘的四重奏对比来看，我们会发现这些作品都令人费解、难以捉摸，甚至给人以烦躁不安之感，也许人们永远无法参透其中的奥义。[5] 与戈雅一样，贝多芬致力于探索未知的经验领域。与黑色绘画一样，他的晚期作品为我们窥探人性的黑暗角落和无限深渊打开了新的视野。但是，和戈雅晚期作品不同的是，贝多芬晚期四重奏洋溢着欢愉和超然。在创作于 1824 年至 1826 年的五首四重奏中，我将分别探讨第 130 号作品和第 131 号作品中的一个乐章。

第 130 号作品的最后一个乐章原本是《大赋格》，后来这一乐章成了他的第 133 号作品。贝多芬一直对赋格这一曲式十分着迷。为了摆脱他所继承的传统的束缚，贝多芬再次使用了这一古老的曲式。两个主题陷入了一场战争，其中的元素互相对抗，打断彼此的旋律。《大赋格》的篇幅堪比交响乐，因此也吸引一些作曲家将它改编成了管弦乐版本。斯特拉文斯基称其为"音乐上最完美的奇迹"，还曾说它是"绝对当代的音乐，永远不会过时——它是一部纯粹发自内心的音乐作品"。斯特拉文斯基说自己"对它的爱超过了所有其他作品"。[6] 聆听《大赋格》时，听众会经历音乐上最为激烈的 15 分钟。这部作品也不断给人们带来超乎想象的体验。一位学者认为它是贝多芬创作的"最后一个具有纯粹英雄气概的终曲乐章"。[7]

贝多芬有几位懂音乐的朋友，他们认为《大赋格》过于艰深和复杂，难以演奏、不易理解，要求他为第 130 号作品再写一个结尾。贝多芬很少接受别人的修改建议，即便这些建议是善意的。但这一次，他同意进行修改，重新写了一个篇幅更短、难度更小的终曲乐章。委托人也因此支付了额外的费用，他十分满意。这个新的终曲乐章似乎是贝多芬完成的最后一部作品。近几十年来，人们常常将《大赋格》重新选为第 130 号作品的终曲乐章进行演奏，有时还会将它和替换后的乐章一同演奏，让两者形成了有益的对比。

创作于 1825 年 12 月至 1826 年 7 月的第 131 号作品是贝多芬最伟大的作品之一。多数弦乐四重奏由四个乐章组成，但在贝多芬晚期四重奏中，有些作品的乐章数目超过了四个。额外增加的乐章为这一曲式带来了更多可能性。在第 131 号作品（这个作品编号是贝多芬本人添加的）的七个乐章中，有两个明显较短的乐章，它们主要用作后续乐章的引子，因为贝多芬不希望乐章之间出现中断。聆听第 131 号作品时，你会感觉到这是一部循环往复的作品。尽管它的结构非常复杂，但七个乐章相得益彰。理解第 131 号作品的一种方法是将它看作贝多芬内心深处的话语或歌声。在奥尔德斯·赫胥黎的小说《旋律的配合》（*Point Counter Point*，1929）中，一个人物指出贝多芬的第 131 号作品证明了神的存在。"这是神存在的唯一证据；唯一的一个，因为贝多芬是唯——一个能够将他知道的事情表达出来的人。"[8]

赋格是一种复杂的曲式，专为一定数量的乐器（或声部）设计，其中一种乐器演奏出主题，随后其他乐器按照严格的顺序对主题进行展开。许多人认为第 131 号作品的第一乐章——赋格形式的柔板——是贝多芬作品中最伟大的一个乐章。它的旋律以舒缓的速度推进，在整个乐章中，四个声部起到同样重要的作用。贝多芬希望演奏者能"富有表现力地"（*molto espressivo*）将它演奏出来。理查德·瓦格纳认为这首柔板是"来自另一个世界的启示"。他也认为这一乐章是贝多芬写过的最忧伤的一段乐曲。[9] 这首赋格让他联想起歌德的戏剧诗《浮士德》开头的台词，他引用浮士德的话将这一乐章描述为"如同在一个早晨苏醒过来，一整天……无须满足任何一个愿望：一个都不需要"。[10] 尼采将这种不同寻常的状态生动地描述为："思想者感到自己漂浮在俯瞰大地的星空中，心中怀着不朽的梦想：所有的星星似乎都在他的周围闪烁着微光，大地似乎在不断地下沉。"[11] 整部作品从柔板展开。以慢板乐章为第 131 号作品的开篇，贝多芬希望营造出一种悲伤和超凡脱俗的氛围。虽然他写过很多赋格作品，尤其是在晚年，但在此之前，除了如今被称为"月光"奏鸣曲的早期作品《升 c 小调钢琴奏鸣曲》以外，他很少以慢板乐章作为乐曲的开篇。

第 131 号作品中最核心的行板乐章有着中规中矩的稳定而流畅的节奏。它的演奏时长将近 15 分钟，是第 131 号作品中篇幅最长、最具深情的一个乐章。这部行板由一个徐缓的主题和六段变奏组成，旋律一段比一段深情。正如我们所见，贝多芬晚年致力于创作变奏曲，而这部行板算得上他最成熟、最复杂的作品，他费尽心血才将这一乐章完成。学者发现贝多芬将最后四段变奏修改出了 15 个版本。在贝多芬以外的任何人看来，几乎每一个版本都足够圆满。但对完美有着不懈追求的贝多芬进行了一次次的修改，直到满意为止。结果，这一乐章成了他最美妙的作品之一。接下来的几个乐章分别为急板、柔板以及短小的快板。奏鸣曲中的快板乐章充满了活力，它们将慢板的乐章与悠长的柔板乐章分隔开，仿佛在提醒我们，生活中有欢乐也有悲伤。

　　第 131 号作品之所以是一部有深度的作品，部分原因在于它同时蕴含了幽默和悲痛的情绪。在柔板和之后的急板中，大提琴有时会和一个或多个其他乐器同时拨奏（*pizzicato*）。在我看来——失礼地说——它们听起来像是打嗝的声音。音乐的情绪频繁变化，时而严肃，时而兴奋，但总是让你措手不及。贝多芬是一位出人意料的高手。第二个柔板乐章中的变化会让我们莞尔一笑，甚至开怀大笑，或是无比惊讶。但是，一曲终了时，我们会感到一个巨大的圆环得以闭合。

　　1826 年 8 月，贝多芬给波恩的出版商肖特（Schott）写信说，他的第 131 号作品是 "从其他乐曲里东拼西凑来的"。[12] 可以想象，他的话让肖特大为震惊。毕竟他此前就与贝多芬进行了协商，并支付了一大笔钱，目的就是让贝多芬写一部全新的作品。听到他大呼不满，贝多芬向他保证这部作品确实是他的新作。虽然并非所有内容都是新的，但整首乐曲确实是他新完成的。

　　尽管贝多芬曾经说，在最后创作的几部四重奏中，第 131 号作品是他的最爱，但据我们所知，这部作品在 1826 年 8 月才由舒潘齐格的四重奏乐队进行了试演。[13] 贝多芬于 1827 年 3 月 26 日去世，而肖特在他去世一两个月后才出版了这部作品。听过这部四重奏的一位作曲家是弗朗茨·舒伯特，他的晚期四重奏可以与贝多芬的四重奏相媲美。1828 年 11 月初，十分崇拜贝多芬的舒伯特在临终之际说想听一曲第 131 号作品。四位会乐器的朋友满足了他的要求。这是他临终之前听到的最后一首乐曲，五天后他便去世了。[14]

　　第 131 号作品的首次公开演出在 1835 年举行。在 19 世纪，人们认为贝多芬晚期的四重奏十分复杂、难度较大、刺耳且奇特，甚至有些疯狂。因此，几十年来，这些乐曲很少被演奏。到了 20 世纪，它们开始受到公众的欢迎。如今，这几首四重奏已成为贝多芬最知名的室内乐作品，曾经被人们诟病的特点成了它们备受追捧的原因。现在，我们对不和谐的复杂音乐有了更多理解。许多人甚至认为这些乐曲代表了贝多芬四重奏作品的巅峰，是他艺术创作方面的主要成就。

两首弦乐四重奏与酒神巴克斯

贝多芬希望演奏者"以最崇高的感觉"演奏第 132 号作品的第三乐章"感恩圣歌"。显然，他一度打算以这首四重奏的终曲乐章为基础创作《第九交响曲》的终曲乐章，为《第九交响曲》赋予一个忧郁、悲惨的结局，而非使用现在这首整部作品中最为欢快、热情洋溢的颂歌。但后来他放弃了这个想法。我们可能会感觉到第 132 号作品和 T.S.艾略特的《四首四重奏》之间存在一定的联系。艾略特在 1931 年写给史蒂芬·斯彭德（Stephen Spender）的信中说："我的留声机上总放着《a 小调四重奏》，每次聆听我都会产生新的感悟。"贝多芬晚期作品中"天堂般的或至少超越人类的欢乐"让艾略特惊叹，他感到"在经历了极大的痛苦之后，一个人想象中的东西会成为和解与解脱的结晶"。他说："我希望能在离开人世之前，把这种感受写进我的诗中。"[15]

在创作第 135 号作品时，贝多芬可能就已意识到自己时日无多了。他在手稿上写道："必得如此吗？必得如此吗？必得如此"（*Muss es sein? Muss es sein? Es muss sein*）。研究者仔细研究其中的深意，有些人感受到了其中的嘲讽意味，也有些人认为这是贝多芬玩的一个文字游戏。正如米兰·昆德拉在他的小说《不能承受的生命之轻》中所说，这不是一个非此即彼的问题：这句话可能既有玩笑的意味也有严肃的含义。[16]

　　在生命的最后几年里，贝多芬也创作了《第十交响曲》的
部分草稿。这部未完成的作品也是一首写给巴克斯的赞歌。在
尼采看来，巴克斯是"至高无上的神，是一位真性情的神"。
理查德·施佩希特认为，在贝多芬身上，"《第十交响曲》中的
酒神奥秘被唤醒"。[17] 秩序与混沌之间的英勇斗争是贝多芬一
生所面临的挑战，而到了这个时候，这场斗争仍在继续。

死神降临

　　1826 年 9 月，贝多芬带着侄子卡尔前往格内森道夫看望弟
弟约翰。格内森道夫是多瑙河上游的一个村庄，如今是克雷姆
斯镇（Krems）的一部分。虽然多瑙河对岸没有莱茵河对岸那
样美丽的七峰山（Seven Hills），但看着面前静静流淌的河水，
贝多芬一定回想起了年少时莱茵河畔的风景。最终，两兄弟一
如既往地陷入了争吵，12 月初贝多芬就匆忙离开了。由于找不
到马车，贝多芬和卡尔坐上了一辆运牛奶的敞篷马车，经过两
天的旅程——其间还在一个没有供暖的小酒馆里过了一夜——
他们终于回到了维也纳。抵达维也纳的第二天，贝多芬浑身发
冷，身体不适，开始卧床休息。在接下来的几个月里，他的病
情逐渐恶化。找来的几位医生都无法缓解他的病情。贝多芬
的一些好友也来看望他。其中一位是莫里茨·利赫诺夫斯基伯
爵，即 35 年前邀请贝多芬到家族宅邸演出的卡尔·利赫诺夫
斯基亲王的弟弟。但也有许多人，包括贝多芬的一些家境阔绰
的贵族朋友，却始终没有出现。

　　1827 年，贝多芬在临终之际收到一套英国最新出版的 40
卷册的亨德尔乐谱时，他惊呼道："就是这个！"（Das ist die
Wahre!）常住在伦敦的德意志竖琴制造商 J.A. 施通普夫听说
贝多芬想要这样一套曲谱后，便给贝多芬寄了一份。[18] 卧床不
起的贝多芬说，亨德尔"是最伟大、最具才华的作曲家，我从

427

他的乐曲中受益匪浅。把书拿给我"。[19] 贝多芬一直十分欣赏亨德尔的《弥赛亚》，现在他可以享受亨德尔的所有作品了。临终之际，贝多芬依然热切地研读着乐谱，不断赞叹亨德尔过人的才华。

当医生提出用吗啡为贝多芬缓解不适时，贝多芬拒绝了（他也拒绝任何鸦片相关的药物）。他希望保持清醒和机敏，而他也确实这样坚持到了最后一刻。贝多芬的传记作者辛德勒告诉我们，尽管到了此时，"他的想象力甚至比健康时更加活跃，他思绪万千，为旅行和创作伟大的作品制定着计划"。[20] 贝多芬不想就这样告别人世，他坚信自己的创作生涯才刚刚开始。

拿破仑去世将近六年后，贝多芬史诗般的生命走到了终点。1821 年 5 月 5 日，拿破仑在风雨飘摇的南大西洋海岛上因胃癌去世。三年后的 1824 年 4 月 19 日，拜伦在希腊西部迈索隆吉（Missolonghi）的暴风骤雨中悲惨地死去。1827 年 3 月 26 日，在才华和创造力等诸多方面可以与拿破仑和拜伦相提并论的贝多芬也迎来了他的终场。

428　当天下午的四五点钟，密集的乌云从四面八方涌向维也纳，渐渐遮蔽了远处的景物。随后天空飘起了雪花。突然之间，狂风四起，大风裹挟着大雪和冰雹。据说，在贝多芬临终之际，天气大变，暴风雪中出现了普罗米修斯神话中的炸雷和耀眼的"闪电"。在普鲁塔克的著作中，贝多芬常能读到英雄壮烈地死去。如今，他的收场也同样壮烈。病榻上的贝多芬可以看到书桌上为人民的福祉献出生命的罗马执政官卢修斯·尤尼乌斯·布鲁图的雕像。死亡来临之际，贝多芬引用罗马皇帝奥古斯都的话说道："鼓掌吧，朋友们！喜剧收场了！"（Plaudite, amici! comoe-dia finita est!）作为音乐领域的皇帝，贝多芬希望通过这句话向全世界表明他已经度过了自己辉煌的一生。最后，他挣扎着坐起身，对着天空挥了挥拳头，在下午五点离开了人世。当时在场的只有安塞勒姆·冯·许滕布雷纳（Anselm von Hüttenbrenner）和卡尔的母亲约翰娜·凡·贝多芬，前者是舒伯特的朋友，而贝多芬在世时曾给后者带来了不少痛苦。[21] 罗伯特·舒曼哀叹道："他死去的时候充满悲痛，而且像拿破仑一样，身边没有一个孩子。"[22]

　　雷鸣、闪电和举起的拳头象征贝多芬是一个推崇自由、追求自由、崇尚力量的人，他是自己世界里的征服者。与追求军事成就和政治权力的拿破仑以及追求文学成就的拜伦不同，贝多芬将这些特点以及看似无限的意志力用于对音乐生活的塑造。他试图通过自己的作品带领人类走向一个更美好的未来，正如他所说的那样，他希望征服"最遥远的精神领域"。他致力于用音乐实现人类的最高目标，即伸张正义、实现启蒙。

　　贝多芬享年 56 岁。以当时的标准来看，他的生命不算短暂。在那个时代，英年早逝的人不在少数。莫扎特 35 岁去世，舒伯特在贝多芬离世一年半之后去世，享年 31 岁。28 岁即成为科隆选帝侯并推动了贝多芬事业发展的马克斯·弗朗茨在逃亡中死于维也纳，享年 45 岁。贝多芬在波恩时的老师克里斯蒂安·戈特洛布·涅夫 50 岁时去世。贝多芬心目中的遥远灯塔约瑟夫二世也不到 50 岁就去世了。贝多芬的尸检结果公布以后，人们对他的确切死因一直议论纷纷。尸检报告显示贝多芬死于肝硬化，这可能是长期过度饮酒和肾功能衰竭导致的。

429

　　贝多芬的葬礼于 3 月 29 日举行。据估计有 10 万 ~20 万民众跟随贝多芬的送葬队伍从维也纳的方济住院会教堂（Minoriten Church）走到了他的安息之地韦灵公墓（Währing Cemetery）。[23] 皇室没有派代表出席这场葬礼。弗朗茨·格里尔帕策撰写了墓边演讲的讲稿，[24] 演员海因里希·舒茨（Heinrich Schütz）发表了动情的演说。虽然格里尔帕策对贝多芬在"英雄"交响曲之后创作的作品并无太多好感，认为它们既令人费解又十分怪异，但他一直是贝多芬的挚友，他说："我真的很喜欢贝多芬。"[25] 他将贝多芬与德意志最伟大的作家歌德相提并论，以突出贝多芬的非凡成就。"后世无人可以继承他的事业"，[26] 因为他的成就远远超出了所有人的能力范围。这些话在今天听来依然铿锵有力。格里尔帕策的讲稿中没有提到上帝。唯一被认可的神就是音乐本身，而贝多芬是它的大祭司。

* * *

"大自然创造了他，作为送给世界的礼物。"乔治·瓦萨里（Giorgio Vasari）在《拉斐尔传》的开篇如是说。这句话同样适用于贝多芬。歌德曾经写道："归根结底，唯一的道路就是前进的道路！"[27] 从青年到垂暮，贝多芬一直在前进着。他的音乐也一直在向前发展。

拿破仑的职业生涯曾经激励过许多人，尤其是贝多芬。拿破仑给欧洲人带来了摆脱君主专制、国家压迫的希望，如果幸运的话，人们甚至有可能建立一个共和制的欧洲。在贝多芬心目中，拿破仑展现出的无限活力和他一生取得的成就都是弗朗茨一世所没有的。随着贝多芬的逝世，革命英雄的时代终结了。关于拿破仑和贝多芬的传说开始融合，回顾本书的全部内容，我们发现这种融合似乎是不可避免的。

贝多芬主导了 19 世纪的音乐界。文化史学家彼得·盖伊（Peter Gay）评论说："不夸张地说，他在 19 世纪音乐艺术方面的贡献是惊人的。当时的人将贝多芬视为与米开朗琪罗同样伟大的人物。他似乎是浪漫主义天才的化身。"[28] 贝多芬在音乐领域的主导地位一直持续到 21 世纪。虽然如今人们常常将勃拉姆斯、布鲁克纳、马勒和肖斯塔科维奇与贝多芬进行比较，但作为一名交响乐作曲家，他为后世树立了一个难以企及的标准。

我认为，这引出了一个更重要的问题。归根结底，我们应如何看待贝多芬呢？是否应该将他视为海顿和莫扎特的继承者？在音乐学研究中，贝多芬常常被视为古典主义"维也纳乐派"的巅峰。然而，与他同时期的 E.T.A. 霍夫曼却认为贝多芬是一位"纯粹的浪漫主义作曲家"。[29] 我本人更倾向于霍夫曼的观点，但有时我也会想，为什么一定要对贝多芬进行流派划分呢？对于这位也许是音乐史上最伟大的作曲家，划分流派是否真的能够反映出他的独特地位？《第五交响曲》的终曲乐章与莫扎特或海顿的任何作品有任何相似性吗？我们会对西方文明中的伟大创作者——莎士比亚、但丁、拉伯雷、伦勃朗、米开朗琪罗——进行"流派"上的划分吗？那么我们为什么要对贝多芬进行"流派"划分呢？诚然，贝多芬从海顿和莫扎特那里继承了很多东西，他也热爱巴赫的作品，将亨德尔视为偶像。他将作品献给了俄国沙皇、普鲁士国王、英国摄政王，也希望将作品献给拿破仑。但他从未向奥地利皇帝献上过哪怕一支小曲子。创作《第九交响曲》时，在维也纳生活了 32 年的贝多芬依然公开宣称自己是"波恩的公民"。正如我们所知，他原本希望在柏林而非维也纳举行新交响曲的首演，受到朋友们的极力劝说后才改变了主意。最终，他将《第九交响曲》献给了普鲁士国王，因为当时他的家乡波恩受普鲁士管辖。

伟大的创作者们虽然各有千秋，但他们都展现出了一流的才华：坚定而执着的但丁对不完美的人类有着敏锐的判断；富于酒神般活力的拉伯雷善用热情的语言描述生活的欢愉；米开朗琪罗凭借他过人的想象力、意志力和艰苦卓绝的努力，在西斯廷礼拜堂的穹顶上与女预言家、先知和神明一般的青年朝夕相处；从广度、深度和多样性方面来说，莎士比亚的创作天赋

431

都令人惊叹；伦勃朗则对人类灵魂有着深刻的洞察力。

　　第一个将贝多芬与米开朗琪罗相提并论的人大概是约翰·弗里德里希·赖夏特，1808 年，赖夏特在评论贝多芬时颇有先见之明地说："他经常让我联想起凭借着骄傲而大胆的想法将宏伟的万神殿做成圣彼得大教堂穹顶的米开朗琪罗。"[30] 后世的评论家"将贝多芬在作曲过程中经历的痛苦比作米开朗琪罗在雕塑过程中经历的痛苦，他不断地削去石材上的多余部分，塑造出被困在其中的宏伟的、看似浑然天成的形象"。[31] 埃贡·弗里德尔认为我们无法确定贝多芬的才华有多高，而汉斯·凯勒（Hans Keller）认为贝多芬"可能是人类中的最强大脑"。[32]

　　虽然在 1789 年之前，民族主义就以温和的形式存在，但在贝多芬的青年时期，它几乎不具有什么影响力。法国大革命首次极大地促进了民族主义的发展。1806 年拿破仑击败普鲁士之后，德意志民族主义迅速觉醒。但贝多芬（和歌德）没有被这一浪潮影响。正如他的所有作品体现的那样，贝多芬以更为广阔的视角看待人类的命运。虽然扎根于德意志音乐文化，但他十分了解并愿意接受其他民族的传统。他从斯拉夫、意大利、土耳其、匈牙利、捷克以及也许是最重要的法国音乐中汲取养分。贝多芬最青睐的同时期音乐家是凯鲁比尼，并将他视为楷模。在受到委托创作音乐时，贝多芬也借鉴了英格兰、苏格兰及凯尔特等十多个民族的音乐传统。贝多芬生活在一个不断变革的世界中，他试图通过音乐为它发声。他对音乐进行了彻底的革新，以表达他对建立乌托邦式共和国的期望。正如他所希望的那样，他是一位真真正正的"世界公民"。

致　谢

　　在撰写《贝多芬：终生的革命者》一书时，我主要参考了一些一手资料，包括贝多芬写的和他收到的信件、1812~1818年他的日记、1818年之后与他一起饮酒和共进晚餐的人记录的谈话，以及认识他的人留下的回忆和信件。我也参考了一些法语、德语、意大利语和英语的专著与论文，这些文献包括以当时的音乐发展为背景对贝多芬进行的讨论、对奥地利和欧洲历史的研究、对法国大革命的解读、对拿破仑的崛起以及此后动荡年代的探讨，还有贝多芬在世期间欧洲的音乐、艺术、文学、政治和社会生活的相关资料。

　　撰写一本如此复杂的著作耗费了我大量的时间和精力。在此过程中，我也得到了很多帮助。近几十年来，我一直住在新墨西哥州的圣菲（Santa Fe），我要感谢这里的很多人。我非常感谢曾任圣菲交响乐团指挥的史蒂文·史密斯（Steven Smith）和圣菲爱乐乐团（Santa Fe Pro Musica）的指挥汤姆·奥康纳（Tom O'Connor），感谢他们邀请我在贝多芬和其他作曲家的音乐会之前演讲。我也十分感谢才华横溢的音乐家罗伯特·马

库斯（Robert Marcus）博士，他对本书的一些章节进行了仔细的审读。彼得·佩西克（Peter Pesic）是一位技艺精湛的钢琴家，也是音乐科技史领域的著名学者，多年来佩西克通过他的演出、著作和谈话不断为我提供颇有见地的视角和帮助。同样是在圣菲，我在圣菲室内音乐节上的系列演出中结识了比尔·金德曼（Bill Kinderman）。比尔关于贝多芬的精彩著作让我受益匪浅，我很感谢他对我在《贝多芬杂志》（*Beethoven Journal*）等期刊上发表的文章做出的热情回应以及他对本书的持续关注。

　　在与研究人员的通信和实地考察中，贝多芬故居档案馆的

宝贵资料让我获益颇丰。斯蒂芬妮·库班（Stefanie Kuban）
和多罗西娅·格费特（Dorothea Geffert）为我介绍了档案馆
藏资料的范围以及使用方法。现已退休的伯恩哈德·R.阿佩尔
（Bernhard R. Appel）博士曾是《波恩贝多芬研究》（*Bonner
Beethoven-Studien*）年刊的编辑，我在这份期刊上发表文章
时，他通过当面沟通及邮件的方式为我提供了很多有益的建
议。在美国国内，我也从加利福尼亚州圣何塞州立大学的贝
多芬研究中心获得了一些其他方面的重要帮助。该中心的创
始人及长期担任所长（现已退休）的威尔·梅雷迪思（Will
Meredith）和几乎同样资深的档案保管员帕特里夏·斯特罗
（Patricia Stroh）通过多种方式加深了我对贝多芬的理解。作
为重要期刊《贝多芬杂志》的编辑，威尔在与我的交谈中和发
表我的文章期间给予我慷慨支持，并推动我的工作取得了进
展。此外，当我的研究遇到问题时，帕特里夏也多次向我提供
了热情帮助。

　　不同的民族视角也可以加深我们对贝多芬及其时代的理
解。学者根据各自的文化传统对贝多芬进行阐释，其结果可能
会千差万别。美国人对作曲家的看法与英国人不同，法国人与
德国人不同，德国人又与意大利人不同，在二战之后的几十
年，直到1989年德国统一之前，西德人与东德人的看法也不
尽相同。在本书中，我尽量将其他民族的视角也考虑进来，但
在此过程中，我发现美国学者出版的贝多芬相关著作中很少提
及欧洲学者的精彩观点。

　　近年来，最全面的两部贝多芬传记分别由意大利学者皮
耶罗·布斯卡罗利和荷兰学者扬·凯耶斯撰写。在21世纪的
意大利，法布里齐奥·代拉·塞塔（Fabrizio della Seta）对
"英雄"交响曲进行了最新的研究。几年后，贝妮代塔·萨列
蒂（Benedetta Saglietti）对贝多芬肖像的背景及意义展开了

细致的探讨。布斯卡罗利的长篇传记（2004）以独特的视角对贝多芬进行了探索，萨列蒂的研究（2010）则让我们对贝多芬的肖像有了更多了解。而该领域的经典著作仍然是亚历山德拉·科米尼的《贝多芬的形象变化：论神话是如何诞生的》（*The Changing Image of Beethoven: A Study in Mythmaking*, 1987）。

基本上从柏辽兹开始，法国的评论家、学者和狂热者就以深刻的洞察力和满腔的热情对贝多芬进行了探讨。其中包括弗朗索瓦－约瑟夫·费蒂斯、樊尚·丹第、罗曼·罗兰、让·布瓦耶（Jean Boyer）、让·尚塔瓦纳（Jean Chantavoine）、J.-G. 普罗多姆（J.-G. Prod'homme）、爱德华·赫里欧、让和布丽吉特·马森 ①。据我所知，在这些人的作品中，只有柏辽兹、丹第、罗兰和赫里欧的作品被翻译成了英语，而且已有几十年之久。

在 21 世纪，能力过人、学识渊博的伊丽莎白·布里森成了法语世界最著名的贝多芬诠释者。她卓越的著作以及后来的谈话和书信让我对贝多芬有了更多了解。她影响深远的研究《音乐家的加冕：贝多芬中的古代元素》（*Le sacre du Musicien: La référence à l'antiquité chez Beethoven*）于 2000 年在法国出版，开启了贝多芬研究的新纪元。这部著作是我近年见过的对贝多芬思想发展的最精彩的诠释，它对我的影响超过了其他任何著作。同样令我受益匪浅的还有她的重要著作《贝多芬音乐指南》（*Guide de la musique de Beethoven*, 2005）。此外，伊丽莎白还出版了一部介绍性的贝多芬传记、几篇探讨音乐与民主之间关系的重要研究以及一篇对西方艺术、文学及音乐中浮士德主题的充分论述——

---

① 疑似原文有误，正文中均为 Massin（马森），此处为 Masson（马松）。

《浮士德：一个神话的发展历程》(*Faust: Biographie d'un mythe*，2013)。她也在另一篇探索性的研究《神话的领域》(*Les aires mythiques*，2014)中探讨了贝多芬通过歌曲塑造西方文化的力量。

贝多芬相信他的音乐能让他所处的世界变得更美好。克里·坎代勒就对这一理想产生了共鸣。他精彩的纪录片《追随〈第九交响曲〉的脚步》(2013)[①]展现出了这部交响曲的力量，它既能激励听众反抗暴政，又能让暴政的受害者得到慰藉。不论是在1973年皮诺切特统治下的智利，还是在1989年乌布利希统治下的东德，贝多芬的《第九交响曲》都激励着成千上万的人为自由而奋斗。在日本，在新年前夜观看《第九交响曲》的演出(日语称为Daiku[②])已成为一种神圣的传统，这也进一步体现了贝多芬的音乐可以也将继续为人们带来希望。克里的《追随〈第九交响曲〉的脚步》上映之后获得了人们的盛赞，目前他也正在拍摄关于《菲岱里奥》和晚期弦乐四重奏的影片。

不论是在美国还是在欧洲，我都喜欢去二手书店闲逛，而现在这样的书店似乎越来越少了。不论是出差参加学术会议还是休闲旅行，不去当地商店逛一逛，我都会感到这样的行程是不完整的。说到曼哈顿，怎能不提斯特兰德(Strand)和阿戈西(Argosy)两家老书店，我们很高兴地看到，这两家书店的生意都在蒸蒸日上。辛辛那提、伯克利、波士顿和蒙特利尔等许多城市也有不少藏书丰富的书店。在其他国家的城市，如伦敦、巴黎、格勒诺布尔、里昂、米兰、维也纳，以及柏林、

---

① 此处的年份与前文不一致，前文中该纪录片的创作年份为2013~2014年，见原书第416页。

② 即日语中的"第九"(だいく)。

莱比锡、德累斯顿、慕尼黑、法兰克福等德国主要城市，我都在二手书店找到了需要的图书。慕尼黑的海伦妮·特罗特曼（Helene Trottmann）和她的丈夫卡尔先生为我提供了不少帮助。搬到圣菲后，我发现这里有两家很棒的书店。一家是以店主名字命名的"尼古拉斯·波特（Nicholas Potter）"。另一家是由大卫·施密特（David Schmid）创建、由克里·诺顿（Kerry Norton）和莉莲·舒尔（Lillian Schul）协助经营的"大明星"（Big Star）。在这两家书店里，我找到了不少有用的大部头图书以及古典音乐唱片。海伦·麦克劳德（Helen McCloud）是我在圣菲的老朋友，挚爱逛书店的她每次看到贝多芬相关的著作都会慷慨地告知我。

在这里我要感谢圣菲的兰南基金会（Lannan Foundation）。该基金会致力于为倡导政治和文化自由、社会正义和环保责任的杰出作家提供经费并举办公开讲座。该基金会相信如果有足够多的人为自由、进步的社会而奋斗，这个愿景终究会实现，哪怕需要几代人的努力。这些讲座激励了无数圣菲市民以及世界各地在基金会网站观看讲座的人。帕特里克·兰南（Patrick Lannan）和他的妻子安迪·塔奇（Andy Tuch）是我们的近邻，他们每次都会向我们赠送基金会赞助的活动预售票，这些活动十分热门，几乎场场爆满。

从很多方面来说，兰南基金会的愿景呼应了200年前路德维希·凡·贝多芬的愿景。虽然现实是无奈的，但贝多芬从未放弃对"自由与进步"的追求。生活在哈布斯堡王朝统治下的奥地利——一个对新思想和政治自由都充满敌意的社会——贝多芬通过他的音乐、勇气和正直的品格告诉我们，他从未放弃希望。他也告诫我们绝不能放弃希望。他的音乐让我们看到，美好的时代将会到来，甚至必将到来，但实现这一目标的大前提是必须有足够多的人为之努力。

437

　　最后，在这些年来帮助过我的许多人中，我想向其中几位致以特别的谢意。经常与我共进午餐的唐·拉姆（Don Lamm）是我认识的最聪明的人之一，从著书之初他就一直不断地鼓励我。是他建议我在副标题中加上"终生"一词。我也非常感谢唐本人对我的长期支持。他为我提供了许多商业出版相关的宝贵建议与见解。能与W.W.诺顿出版公司的编辑埃米·彻丽（Amy Cherry）共事，我感到十分幸运。她敏锐的判断力、耐心和高超的语言水平都是不可多得的品质。她为我提供了许多帮助和中肯的建议。她的助理里米·考利（Remy Cawley）和扎里娜·帕特瓦（Zarina Patwa）也在其他方面为我提供了热情帮助。我也要感谢才华横溢的设计师艾琳·张（Eleen Cheung）为本书设计了非常合适的封面。同时衷心感谢玛丽莲·布利斯（Marilyn Bliss）对索引的精心整理。最后，感谢我的伴侣琼·布莱思（Joan Blythe）对我不离不弃的忍耐。除了多年来鼓励我将这一艰巨任务坚持下去，她也是我的第一位读者。我很感激她的耐心以及她对我和我的文章提出的深刻见解。没有她的指导，也就没有这本书。

注　释

序　言

1　Hugh Ottaway, "The Enlightenment and the Revolution," in *Classical and Romantic*, ed. Alec Robertson and Denis Stevens (1968; Harmondsworth, Middlesex: Penguin Books, 1986), 86.

2　引自 Publisher's Note to *Romain Rolland's Essays on Music* (New York: Allen Towne & Heath, 1948), x。

1　贝多芬在波恩

1　关于这幅肖像的创作者，学者众说纷纭。对此事的客观总结请见 Ernest Closson, *L'élément flamand dans Beethoven*, 2nd ed. (Brussels: Éditions universitaires, 1946), 251 n4。

2　*Beethoven aus der Sicht seiner Zeitgenossen*, ed. Klaus Martin Kopitz and Rainer Cadenach, 2 vols. (Munich: G. Henle Verlag, 2009), 1: 505; Elisabeth Brisson, *Le sacre du musicien: La référence à l'Antiquité chez Beethoven* (Paris: CNRS Editions, 2000), 12, 125.

3　Willy Hess, *Beethovens Bühnenwerke* (Göttingen: Vandenhoeck & Ruprecht, 1959), 11–12.

4　Hajo Holborn, *A History of Modern Germany, 1648–1840* (New York: Alfred A. Knopf, 1969), 299–300.

5　Gerhard von Breuning, *Memories of Beethoven,* ed. Maynard Solomon, trans. Henry Mins and Maynard Solomon (Cambridge: Cambridge University Press, 1992), 29.

6　Friedrich Heer, *The Holy Roman Empire*, trans. Janet Sondheimer (New York and Washington, D.C.: Frederick A. Praeger, 1968), 279–81.

7　James J. Sheehan, *German History, 1770–1866* (Oxford: Clarendon Press, 1989), 35.

8　Heer, op. cit., 279–80.

9　Sheehan, op. cit., 31.

10　Anton Schindler, *Beethoven as I Knew Him*, trans. Constance S. Jolly (Chapel Hill: University of North Carolina Press, 1966), 45–46.

11　关于此次旅行（以及贝多芬后来的其他旅行），请见 Michael Ladenburger, *Beethoven auf Reisen* (Bonn: Beethoven Haus, 2016), 35–47。

12　Gunter Fleischhauer, "Beethoven und die Antike," in *Bericht über den Internationale*

Beethoven–Kongress 10–12 Dezember 1970 in Berlin, ed. Heinz Alfred Brockhaus and Konrad Niemann (Berlin: Verlag neue Musik Berlin, 1971), 467.

13 Robert C. Solomon, *History and Human Nature* (New York and London: Harcourt Brace Jovanovich, 1979), 291.

14 Richard Friedenthal, *Goethe: His Life and Times* (Cleveland and New York: World Publishing Company, 1963), 272.

15 Robert C. Solomon, op. cit., 18, 66, 101.

16 Ibid., 67.

17 Alan Menhennet, *Order and Freedom: Literature and Society in Germany from 1720 to 1805* (New York: Basic Books, 1973), viii.

18 H. C. Robbins Landon, *Mozart and Vienna* (New York: Schirmer Books, 1991), 45–50, especially 47–48; H. C. Robbins Landon and David Wyn Jones, *Haydn: His Life and Music* (Bloomington and Indianapolis: Indiana University Press, 1988), 63, 172.

19 Hugh Ottaway, "The Enlightenment and Revolution," in *Classical and Romantic*, ed. Alec Robertson and Denis Stevens (Harmondsworth, Middlesex: Penguin Books, 1968), 56.

20 E. M. Butler, *The Tyranny of Greece over Germany* (Cambridge: Cambridge University Press, 1935), 93.

21 Romain Goldron, *Beethoven sans légende* (Lausanne: Cahiers de la Renaissance vaudoise, 1972), 237–39. 斯蒂芬·朗夫（Stephen Rumpf）在标题起得不太恰当的著作《拿破仑之后的贝多芬：晚期作品中的政治浪漫主义》（*Beethoven after Napoleon: Political Romanticism in the Late Works*）中提出了相反的观点。请见我为该书撰写的书评 "Beethoven and Napoleon"，以及其他与拿破仑相关的评论，详见 *European Romantic Review* 17.3 (2006): 377–90。

22 Friedenthal, op. cit., 340–41.

23 Giorgio Pestelli, *The Age of Mozart and Beethoven* (Cambridge: Cambridge University Press, 1984), 110.

24 Mark Evan Bonds, *Music as Thought: Listening to the Symphony in the Age of Beethoven* (Princeton: Princeton University Press, 2006), 17. 丰特内勒早年经常借用一句俏皮话 "奏鸣曲，你想让我怎么样呢？" (Sonate, que me veux-tu?) 来讽刺这种音乐形式不如声乐。

25 Kant, *Critique of Practical Reason*, 引自 Sheehan, op. cit., 179, 181–82。

26 J. C. Adelung, 引自 Sheehan, op. cit., 175。

2　主要影响：席勒与施奈德

1 Richard Specht, *Beethoven as He Lived* (New York: Harrison Smith and Richard Haas,

1933), 120.

2 "Ich schreibe als Weltbürger, der keinem Fürsten dient," 英文版引自 Tim Manning, *The Romantic Revolution: A History* (New York: Modern Library, 2011), 40。贝多芬从未成为一位彻底的民主主义者。

3 Bernt von Heiseler, *Schiller*, trans. John Bednall (1959; London: Eyre & Spottiswoode, 1961), 32–33. 贝多芬遭受的个人暴行主要来自他酗酒、专横的父亲。

4 Paul Bekker, *Beethoven* (London: Dent, 1927), 54–56.

5 E. M. Butler, *The Tyranny of Greece over Germany* (Cambridge: Cambridge University Press, 1935), 159–60.

6 Ibid., 189.

7 Erich Auerbach, *Mimesis: The Representation of Reality in Western Literature*, trans. Willard Trask (1946; Garden City, NY: Doubleday Anchor Books, 1953), 388.

8 Richard Friedenthal, *Goethe: His Life and Times* (Cleveland and New York: World Publishing Company, 1963), 294–95.

9 Egon Friedell, *A Cultural History of the Modern Age,* trans. Charles Francis Atkinson, 3 vols. (1931; New York: Alfred A. Knopf, 1954), 2: 396–97.

10 Hajo Holborn, *A History of Modern Germany, 1648–1840* (New York: Alfred A. Knopf, 1969), 332, 333.

11 Maynard Solomon, "Beethoven and Schiller," in *Beethoven Essays* (Cambridge and London: Harvard University Press, 1988), 208; Kinley J. Brauer and William E. Wright, eds., *Austria in the Age of the French Revolution, 1789–1815* (Minneapolis: Center for Austrian Studies, 1990), 113.

12 Thomas Mann, *Last Essays*, trans. Richard and Clara Winston (New York: Alfred A. Knopf, 1966), 25, 27.

13 Wordsworth, *The Prelude*, Book 11, ll. 108–09.

14 Schiller, *Don Carlos*, Act 2, scene 2, 根据尤利乌斯·恺撒的一句话。这句话也引起了 19 世纪欧洲受压迫青年的共鸣：*My Past and Thoughts: The Memoirs of Alexander Herzen* (New York: Alfred A. Knopf, 1973), 230。

15 引自 Mann, op. cit., 92。

16 部分德语文本（第三节）引自 Christoph Friedrich Cotta, *Eulogius Schneiders Schicksale in Frankreich* (Strasbourg, 1797; rpt. Hamburg: Helmut Buske, 1979), viii–ix。这两节诗的译文来自 Gertrud Wegener, *Literarisches Leben in Köln, 1750–1814*, 2 vols. (Cologne: Heimatverein Alt Köln, 2000), 1: 99。

17 梅纳德·所罗门在他的《贝多芬传》(*Beethoven*, New York: Schirmer Books, 1977) 中指出，施奈德诗作订阅名单中出现了贝多芬的名字，以此证明贝多芬支持革命思想。

在 1999 年的修订本中, 所罗门删去了对施奈德及其诗作的论述, 显然此时的他认为贝多芬订阅诗集并不能表明贝多芬支持革命观点。在修订本中, 所罗门也删去了初版中提到的关于贝多芬革命思想的其他例证。

18　R. R. Palmer, *The Age of the Democratic Revolution*, 2 vols. (Princeton: Princeton University Press, 1959), 2: 438, 439, 441.

19　Andreas Sebastian Stumpf, *Eulogius Schneiders Leben und Schicksale im Vaterland,* ed. Christopf Prignitz (Hamburg: Helmut Buske, 1792), 43–44.

20　Ibid., xiii.

21　施奈德一直活跃在贝多芬的记忆里。关于施奈德职业生涯的精彩概述, 请见 Jean and Brigitte Massin, "Beethoven et la Révolution Française," *L'Arc* 40 (1970): 8–10。

3　两首康塔塔

1　Thomas Scherman and Louis Biancolli, eds., *The Beethoven Companion* (Garden City: Doubleday, 1972), 53. Letter to Eduard Hanslick, May 1884.

2　引自 Friedrich Heer, *The Holy Roman Empire*, trans. Janet Sondheimer (New York and Washington, DC: Fredercik A. Praeger, 1968), 258–59。虽然两兄弟对彼此的优势和劣势十分清楚, 但两人的关系一直很好。

3　Ibid., 138.

4　这幅由庞培欧・巴托尼 (Pompeo Batoni) 绘制的画像纪念了 1769 年两人的罗马之行。翻印版请见 Ernst Wangermann, *The Austrian Achievement, 1700–1800* (New York: Harcourt Brace Jovanovich, 1973), 91。

5　引自 Gordon A. Craig, *The Politics of the Unpolitical: German Writers and the Problem of Power, 1770–1871* (New York: Oxford University Press, 1995), 5。

6　Michael P. Steinberg and Larry Rothe, *For the Love of Music: Invitations to Listening* (New York: Oxford University Press, 2006), 96.

7　Hajo Holborn, *A History of Modern Germany, 1648–1840* (New York: Alfred A. Knopf, 1969), 280.

8　Madame de Staël, *De l'Allemagne,* Introduction by Simone Balayé, 2 vols. (Paris: Garnier-Flammarion, 1968), 1: 79. 我的翻译。

9　James J. Sheehan, *German History, 1770–1866* (Oxford: Clarendon Press, 1989), 54.

10　引自 Fan S. Noli, *Beethoven and the French Revolution* (New York: International Universities Press, 1947), 64。

11　Philip Mansell, *Prince of Europe: The Life of Charles-Joseph de Ligne* (London: Weidenfeld and Nicolson, 2005), 85.

12 Ibid., 152.

13 德语引自 Kurt E. Schürmann collect and edict, *Beethoven Texte* (Münster: Ashendorff, 1980), 211, 212。文中不甚完美的英语是我翻译的。

14 Édouard Herriot, *The Life and Times of Beethoven*, trans. Adelheid I. Mitchell and William J. Mitchell (New York: Macmillan, 1935), 33.

15 Schiller, 引自 Claudia Pilling, Diana Schilling, and Mirjam Springer, *Schiller*, trans. Angus McGeach (London: Haus Publishing, 2005), 25。

16 Scherman and Biancolli, op. cit., 53.

17 Konrad Küster, *Beethoven* (Stuttgart: Deutsche Verlag-Anstalt, 1993), 248.

18 在发表于 *Beethoven Journal* [21.2（Winter 2008）, 47] 的一封信中，Jos van der Zanden 对一次为期更长的旅行进行了透彻的分析。他猜测《平静的海和幸福的航行》的灵感就来源于贝多芬在鹿特丹附近看到的海。

19 Mansell, op. cit., 154.

20 Paul P. Bernard, *From the Enlightenment to the Police State: The Public Life of Johann Anton Pergen* (Urbana and Chicago: University of Illinois Press, 1991), 171.

21 普费菲尔（1736~1809）是一位盲人诗人，他写了一系列讽刺权贵的寓言和诗歌。

22 "外套"和"罩衣"分别指贵族和教士的服装。

23 Hannah Arendt, *On Revolution* (New York: Viking Press, 1963), 33.

24 1791 年的"纪念册"缺少了很多重要的内容。贝多芬的父亲和他的两个弟弟都没有在这本纪念册中留言。

25 *Letters to Beethoven and Other Correspondence*, 3 vols., trans. and ed. Theodore Albrecht (Lincoln and London: University of Nebraska Press, 1996), 1: 22.

26 翻印的段落出处同上，1: 17–18.

27 *Letters of Beethoven*, ed. Emily Anderson, 3 vols. (New York: St. Martin's Press, 1961), 1: 6. 我引用的段落来自贝多芬的信件，而非来自《唐·卡洛斯》第二幕第二场。

28 Ibid. 1922 年，费鲁乔·布索尼（Ferruccio Busoni）称贝多芬为"音乐上第一位伟大的民主主义者"[Martin Geck, *Beethoven* (London: Haus Publishing, 2003),13]。

4 法国大革命

1 Eric Hobsbawm, *The Age of Revolution: Europe, 1789–1848* (London: Cardine Books, 1973), 54, 55.

2 Wilfrid Mellers, *Beethoven and the Voice of God* (London: Faber and Faber, 1983), 4.

3 Donald A. Ringe, 转引自库柏为 *The Bravo* 作的序 (New Haven: College & University Press, 1963), 9。

4　R. R. Palmer, *The Age of the Democratic Revolution*, 2 vols. (Princeton: Princeton University Press, 1970), 2: 180. 这一短语只在 1848 年的法兰西第二共和国时期短暂出现。

5　Dorinda Outram, *Panorama of the Enlightenment* (Los Angeles: John Paul Getty Museum, n.d.), 281.

6　Goethe, *From My Life: Poetry and Truth: Campaign in France*, ed. Thomas P. Saine and Jeffrey L. Sammons (New York: Suhrkamp, 1987), 652.

7　山度士唱片（Chandos CD）戈塞克清唱剧中的歌词 (Chandos 0727), 47。

8　Ibid., 71, 73.

9　引自 *Ludwig van Beethoven 1770/1970* (Bonn-Bad Godesberg: Inter Nationes, 1970), 27。

10　这个问题由 20 世纪德国历史学家戈洛·曼（Golo Mann）在他的 *Secretary of Europe: The Life of Friedrich Gentz, Enemy of Napoleon* [(New Haven: Yale University Press, 1946), 20] 中提出。

11　Paul Henry Lang, *Musicology and Performance*, eds., Alfred Mann and George J. Buelow (New Haven and London: Yale University Press, 1997), 91.

12　转引自 Jean Staroblinski, *1789: The Emblems of Reason* (Charlottesville: University of Virginia Press, 1982), 44。

13　Bernt von Heiseler, *Schiller: Leben und Werke* (Munich: Bertelsmann, 1959), 35.

14　Palmer, op. cit., 2: 444.

15　Richard Friedenthal, *Goethe: His Life and Times* (Cleveland and New York: World Publishing Company, 1963), 293.

16　James J. Sheehan, *German History, 1770–1866* (Oxford: Clarendon Press, 1989), 212–13.

17　*Letters of Beethoven*, ed. Emily Anderson, 3 vols. (New York: St. Martin's Press, 1961), 1:6. 这封"信"是贝多芬在一位朋友的纪念册中写下的，梅纳德·所罗门认为这位朋友就是特奥多拉·约翰娜·福克。*Beethoven Essays* (Cambridge and London: Harvard University Press, 1988）, 344n45.

18　这个观点是由圣荷西州立大学贝多芬研究中心的前任负责人威尔·梅雷迪思（Will Meredith）在 2005 年与我的一次对话中提出的。

19　Tony Tanner, *Venice Desired* (Cambridge, MA: Harvard University Press, 1992), 61.

20　W. J. Turner, *Beethoven: The Search for Reality* (New York: George H. Doran, 1927), 261.

21　引自 *Memoirs of the Life of Monsieur de Voltaire Written by Himself* (1784), trans. Andrew Brown (London: Hesperus Classics, 2007), vii。

22　Martin Cooper, *Ideas and Music* (Philadelphia and New York: Chilton Books, 1965), 46.

23　这首诗发表于 1785 年，席勒在 1803 年对其进行了修改，但此时席勒已经对它失去了兴趣。关于当时的情况，详见 H. B. Garland 的 *Schiller* (New York: Medill McBride, 1950), 97–98。

24 引自 Claudia Pilling, Diana Schilling, and Mirjam Springer, *Schiller*, trans. Angus McGeach (London: Haus Publishing, 2005), 37–39, 52。

25 Uwe Martin, *Deutschland und die Franzosische Revolution 1789/1989* (Berlin: Cantz, 1989), 201.

26 Michael Burleigh, *Earthly Powers* (New York: Harper Collins, 2005), 271–72.

27 Le roy de Sainte-Croix, *Le chant de guerre pour l'Armée du Rhin ou la Marseillaise* (Strasbourg: Hagemann, 1880), 32.

28 Ibid., 15.

29 Jean Tulard, *Napoléon et Rouget de L'Isle* (Paris: Hermann, 2000), 9.

30 茨威格的名作《人类群星闪耀时》(*Sternstunden der Menschheit*) 就是以此命名的。

31 Jean et Brigitte Massin, "Beethoven et la Révolution Française," *L'Arc* 40 (1970): 4.

32 Ibid., 3, 引自 Michel Venedey and Jacob Venedey, *Die deutschen Republikaner unter der Franzosischen Republik* (Leipzig: Brockhaus, 1870)。

33 Martin, op. cit., 201.

34 Venedey and Venedey, op. cit., 3–4.

35 Massin and Massin, op. cit., 5.

5 布鲁图与埃及密语

1 *Letters of Beethoven*, ed. Emily Anderson, 3 vols. (New York: St. Martin's Press, 1961), 1:60. To Wegeler, June 29 [1801].

2 Marion Scott, *Beethoven* (1934; London: J. M. Dent, 1947), 50.

3 Anton Schindler, *Beethoven as I Knew Him*, trans. Constance S. Jolly (Chapel Hill: University of North Carolina Press, 1966), 47.

4 Gilbert Highet, *The Classical Tradition: Greek and Roman Influences on Western Literature* (New York and London: Oxford University Press, 1949), 393–95.

5 *Konversationshefte*, 11 vols. (Leipzig: VEB Deutscher Verlag für Musik, 1972– 2001), 1: 211 ("*Socrates* u. *Jesus* waren mir Muster").

6 曾在 1823 年见过贝多芬的英格兰旅行者 J. R. 舒尔茨（J. R. Schulz）如是说，引自 E. Kerr Borthwick, "Beethoven and Plutarch," *Music & Letters* 79, no. 2 (May 1998): 270。

7 《强盗》，第一幕，第一场。

8 *Thayer's Life of Beethoven*, ed. Elliot Forbes, 2 vols. (Princeton: Princeton University Press, 1967), 2: 680.

9　Harold Talbot Parker, *The Cult of Antiquity and the French Revolutionaries* (Chicago: University of Chicago Press, 1937), 38–39.

10　Ibid., 59.

11　引自 Howard Mumford Jones, *Revolution and Romanticism* (Cambridge, MA: Belknap Press of Harvard University Press, 1974), 136。

12　Irma B. Jaffe, *Trumbull: The Declaration of Independence* (London: Penguin Books, 1976), 35–36.

13　如需查看这尊雕像的图片，可以参考我撰写的关于布鲁图和贝多芬的文章，详见 *Beethoven Journal* 25.1 (Summer 2010): 6。

14　近年的一些贝多芬传记作者，包括 Maynard Solomon (1998), Barry Cooper (2000), Lewis Lockwood (2003), Jan Caeyers (2009) 和 Jan Swafford (2014)，都没有提到布鲁图。我对贝多芬和古典文化的探讨主要受到伊丽莎白·布里森的权威著作《音乐家的加冕：贝多芬中的古代元素》(*Le sacre du musicien: La référence à l'antiquité chez Beethoven*) (Paris: CNRS Editions, 2000) 的影响。她认为贝多芬桌上的雕像是刺杀恺撒的马库斯·尤尼乌斯·布鲁图，但雕像底座上清晰可见"吕克·布鲁图"。

15　Livy (Titus Livius), *The Early History of Rome* (New York: Penguin Classics, 1960), Books I–V, I, 96.

16　Ibid., 97.

17　关于此事的叙述有多种版本，有说是塔奎尼乌斯强奸了卢克雷蒂娅，还有说是他的儿子塞克斯特斯强奸了卢克雷蒂娅，甚至有说是塞克斯特斯的叔叔强奸了卢克雷蒂娅。

18　Livy, op. cit., 99.

19　"Marcus Brutus," in Plutarch, *The Lives of the Noble Grecians and Romans*, trans. John Dryden, rev. Arthur Hugh Clough (London: J. M. Dent, 1957). 普鲁塔克认为马库斯·布鲁图是卢修斯·尤尼乌斯·布鲁图的后代，但这个观点有待商榷。

20　"Poplicola" (Publicola), in ibid., 120. 在 Robert L. Herbert 看来，布鲁图将他的两个儿子判处死刑是"他传奇故事中的核心要素"。*David, Voltaire,* Brutus *and the French Revolution: An Essay in Art and Politics* (New York: Viking Press, 1973），17.

21　我的翻译，法语原文见 Philippe Bordes, *La mort de Brutus de Pierre– Narcisse Guérin* (Vizille: Musée de la Révolution Française, 1996), 8。

22　Carl Czerny, "Recollections from My Life," *Musical Quarterly* 42, no. 3 (July 1956): 306.

23　引自 François Marie de Chateaubriand, *Mémoires d'outre-tombe*, 2 vols. (Paris: Gallimard, 1951), 1: 690。

24　Étienne-Jean Delécluze, *Louis David: Son école et son temps* (Paris: Macula, 1983), 203–04. 我的翻译。

25 海涅的自传，引自 Étienne-Jean Delécluze, *Louis David: Son école et son temps*, 137。

26 *History of the Revolt of the Netherlands*, in *The Works of Frederick Schiller*, trans. A. J. W. Morrison (London: George Bell, 1877), 352.

27 转引自 Günter Fleischhauer, "Beethoven und die Antike," *Bericht über der internationale Beethoven-Kongress 10–12 Dezember 1970 in Berlin*, ed. Heinz Alfred Brockhaus and Konrad Niemann (Berlin: Verlag neue Musik Berlin, 1971), 471。

28 Albert Meier 编注的 *Spaziergang nach Syrakus im Jahre 1802* (Munich: Deutsche Taschenbuch Verlag, 1994), 18。索伊默的经典游记在 1803 年首次出版。Meier 注释翔实的版本以 1805 年的修订版为基础。

29 *Beethoven Remembered: The Biographical Notes of Franz Wegeler and Ferdinand Ries* (Arlington: Great Ocean Publishers, 1987), 68.

30 Bettina Hagen 在她的 *Antike in Wien: Die Akademie und die Klassizismus um 1800* (Mainz: Verlag Philipp von Zabern, 2003) 第 44 页翻印了菲格尔的《布鲁图审判儿子》(*Brutus Judging His Sons*)，菲格尔后来基于这幅粉笔素描完成了一幅尺寸更大的油画。

31 我使用了 George Gregory 对席勒文章的翻译，见 *Friedrich Schiller: Poet of Freedom* (Washington, DC: Schiller Institute, 1988), 2: 307–29。此处引用的文章见 *Die Sendung Moses*, p.989, in *Schillers Werke*, 2 vols. (Munich and Zurich: Knaur Klassiker, 1962), 2: 982–99。

32 席勒可能主要参考了 Carl Leonhard Reinhold 的《希伯来的奥秘，或最古老的宗教共济会……》(*Die hebräischen Mysterien oder die älteste religiöse Freymauererey...*)。另见由 Friederike Grigat 编注的一本具有启发性的小册子《贝多芬的信条：弗里德里克·席勒的文章〈莫西的使命〉中的三句箴言》(*Beethovens Glaubensbekenntnis: Drei Denksprüche aus Friedrich Schillers Aufsatz "Die Sendung Moses"*, Bonn: Beethoven-Haus, 2008)，文中作者对这三句话中的共济会和宗教含义（以及它们在波恩的贝多芬故居出现的意义）进行了深入研究。W. A. Thomas-San-Galli 很早前就提出这三句箴言大约可追溯到 1809 年，见他的传记 *Ludwig van Beethoven* (Munich: Piper & Co., 1920), opp. 240。

33 关于当时在维也纳参加共济会涉及的风险，请参阅 C. A. MacCartney, *The Habsburg Empire, 1790–1915* (New York: Macmillan, 1969), op. cit., 163–65。

34 *Letters*, ed. Anderson, 2: 528, 这封信的日期被错误地标为 1815 年 10 月 19 日，实际日期应该是 1815 年 9 月 19 日。

35 Schiller, *The Mission of Moses*, from Gregory, op. cit., 320, 321, 323.

36 此处我参考了 Ernest Closson, *The Fleming in Beethoven*, trans. Muriel Fuller (London: Oxford University Press, 1936), 116–17。在这部出色但标题具有误导性的著作中，作者引用了一本 1850 年的匿名小册子中的内容。

37 Robert C. Solomon, *History and Human Nature* (New York and London: Harcourt Brace Jovanovich, 1979), 297.

6 哈布斯堡时期的维也纳

1 引自 Marc Vignal, *Mozart et Vienne* (Paris: Fayard, 2004), 20。

2 Janine Burke, *The Sphinx on the Table: Sigmund Freud's Art Collection and the Development of Psychoanalysis* (New York: Walker & Co., 2006), 331, 转引自 1938 年弗洛伊德在伦敦时写下的内容。

3 *The World of Yesterday: An Autobiography by Stefan Zweig* (Lincoln and London: University of Nebraska Press, 1964), 1.

4 Frederic Morton, *Thunder at Twilight: Vienna, 1913–1914* (New York: Charles Scribner's Sons, 1989), 80.

5 Ibid.,52.

6 Ibid.,4.

7 转引自 Ilsa Barea, *Vienna* (New York: Alfred A. Knopf, 1967), 34–35。

8 *The Odyssey*, Book 7.

9 *Thayer's Life of Beethoven*, ed. Elliot Forbes, 2 vols. (Princeton: Princeton University Press, 1967), 2: 644, 766.

10 见 Nicholas T. Parsons [*Vienna: A Cultural and Literary History* (Oxford: Signal Books, 2008), 85] 中具有启示性的章节 "The Life of the Phaecians"。

11 Henry Reeve, *Journal of a Residence in Vienna and Berlin in the Eventful Winter 1805–6* (London: Longmans, Green, 1877), 25. 里夫是一位在爱丁堡接受过训练的年轻医生，在"大陆游学"期间，他将自己对维也纳的敏锐观察记录在这部作品中。

12 Ibid.,196.

13 *Letters of Beethoven*, ed. Emily Anderson, 3 vols. (New York: St. Martin's Press, 1961), 1: 18. 1794 年 8 月 2 日写给尼古劳斯·西姆罗克的信。

14 William M. Johnston, *Vienna: The Golden Age,1815–1914* (New York: Clarkson N. Potter, 1980), 215.

15 Ibid.,10,12.

16 Friedrich Heer, *Der Kampf um die österreiche Identität* (1981), 转引自 Nicholas T. Parsons in *Vienna: A Cultural History* (Oxford: Oxford University Press, 2008), pp. 138–39。

17 H. C. Robbins Landon, *1791: Mozart's Last Year* (New York: Schirmer Books, 1988), 7. 该书对佩茨尔的大量论述进行了翻译。本书中的引文均来自该书。

18 Ibid.,55.

19 Ibid.,56.

20 Philip Mansel, *Prince of Europe: The Life of Charles-Joseph de Ligne* (London: Weidenfeld and Nicolson, 2005), 177.

21 Ibid.

22 Landon, op. cit., 186.

23 Ibid.,76.

24 Reeve, op. cit., 115.

25 Ibid.,118,119.

26 Ibid.

27 Madame de Staël, *Del'Allemagne*,2 vols. (Paris: Garnier-Flammarion,1968),1: 77–79.

28 Paul P. Bernard, *From the Enlightenment to the Police State: The Public Life of Johann Anton Pergen* (Urbana and Chicago: University of Illinois Press, 1991), 181.

29 R. R. Palmer, *The Age of the Democratic Revolution*, 2 vols. (Princeton: Princeton University Press, 1964), 2: 122. 讽刺的是，法国新上任的神经紧张的新统治者却很少或难以容忍来自外国的潜在革命者。

30 Reeve, op. cit., 26.

31 Ibid.,30,44.

32 Ibid.,12–13.

33 Charles Rosen, *Romantic Poets, Critics, and Other Madmen* (Cambridge, MA: Harvard University Press, 1998), 31.

34 Ferruccio Busoni, *The Essence of Music,* trans. Rosamond Ley (London: Rockliff, 1957), 130.

35 Richard Wagner, *Beethoven*, trans. Edward Dannreuther (1870; London: Wm. Reeves, 2003), 93.

36 Friedrich Heer, *The Holy Roman Empire*, trans. Janet Sondheimer (New York and Washington, DC: Frederick A. Praeger, 1968), 279.

37 Egon Friedell, *A Cultural History of the Modern Age*, trans. Charles Francis Atkinson, 3 vols. (1931; New York: Alfred A. Knopf, 1954), 3: 30.

38 Mansel, op. cit., 254.

39 Golo Mann, *Secretary of Europe: The Life of Friedrich Gentz, Enemy of Napoleon*, trans. William H. Woglom (New Haven: Yale University Press, 1946), 78.

40 Stefan Zweig, *The World of Yesterday* (Lincoln: University of Nebraska Press, 1964), 20–21.

41 Hugo Leichtentritt, *Music, History, and Ideas* (1938; Cambridge, MA: Harvard

University Press, 1966), 184.

7 贝多芬的维也纳

1 "Beethoven's Tagebuch," in Maynard Solomon, *Beethoven Essays* (Cambridge, MA: Harvard University Press, 1988), 256.

2 参见 Julia Ronge, *Beethovens Lehrzeit: Kompositionsstudien bei Joseph Haydn, Johann Georg Albrechtsberger und Antonio Salieri* (Bonn: Verlag Beethoven– Haus/Carus, 2011)。

3 Martin Geck, *Beethoven* (London: Haus Publishing, 2003), 18.

4 Frida Knight, *Beethoven and the Age of Revolution* (Chadwell Heath: Lawrence and Wishart, 1973), 35; Konrad Küster, *Beethoven* (Stuttgart: Deutsche Verlags Anstalt, 1994), 248–49.

5 Jean and Brigitte Massin, "Beethoven et la Révolution Française," *L'Arc* 40 (1970): 9.

6 *Letters of Beethoven*, ed. Emily Anderson, 3 vols. (New York: St. Martin's Press, 1961), 1: 24 n1; Bernt von Heiseler, *Schiller* (London: Eyre & Spottiswoode, 1962), 86.

7 H.C.Robbins Landon and David Wyn Jones, *Haydn: His Life and Music* (Bloomington and Indianapolis: Indiana University Press, 1988), 14.

8 *Letters*, ed. Anderson, 1: 246.

9 Geck, op. cit., 11.

10 *Letters*, ed. Anderson, 1: 18.

11 Ibid.,1:58.

12 Ibid.,1:200.

13 Ibid., 2: 845. 1819 年 9 月 15 日写给贝尔纳的信。

8 作为旅行者和作曲家的贝多芬

1 *Letters of Beethoven*, ed. Emily Anderson, 3 vols. (New York: St. Martin's Press, 1961), 1:23.

2 弗里茨·文德里希（Fritz Wunderlich）在 1965 年去世之前灌录了一张出色的《阿德莱德》唱片。

3 Alfred Einstein, *Essays on Music* (New York: W. W. Norton, 1956), 247.

4 Eric Blom, *Beethoven's Pianoforte Sonatas Discussed* (New York: E. P. Dutton, 1938), 93.

5 这个说法最早由威廉·冯·伦茨在 1852 年的 *Beethoven et ses trois styles* 中提出（转引

自 Elisabeth Brisson, *Guide de la musique de Beethoven* [Paris: Fayard, 2005], 236)。

9 拿破仑的崛起

1　*Letters of Beethoven*, ed. Emily Anderson, 3 vols. (New York: St. Martin's Press, 1961), 1: 49. To Franz Anton Hoffmeister, ca. January 15, 1801.

2　引自 Robert C. Solomon, *History and Human Nature* (New York and London: Harcourt Brace Jovanovich, 1979), 166。

3　转引自 Clubbe, "Napoleon and the Young Byron," in *L'Europa scopre Napoleone 1793–1804*, ed. Vittorio Scotti Douglas, 2 vols. (Alexandria: Edizioni dell' Orso, 1999), 1: 342。

4　Hajo Holborn, *A History of Modern Germany, 1648–1840* (New York: Alfred A. Knopf, 1969), 2: 268.

5　引自 *The Life of Napoleon Buonaparte*, in *The Complete Works of William Hazlitt*, ed. P. P. Howe, 21 vols. (London and Toronto: J. M. Dent and Sons, 1930–1934), 13: 273。

6　Maynard Solomon, *Beethoven*, 2nd ed. (New York: Schirmer Books, 1998), 116.

7　H. C. Robbins Landon and David Wyn Jones, *Haydn: His Life and Music* (Bloomington and Indianapolis: Indiana University Press, 1988), 264–65.

8　Douglas Johnson, "Music for Prague and Berlin: Beethoven's Concert Tour of 1796," in *Beethoven, Performers, and Critics*, ed. Robert Winter and Bruce Carr (Detroit: Wayne State University Press, 1980), 37.

9　In his *Heroes and Hero-Worship* of 1840. 见 Clubbe, "Epic Heroes in the French Revolution," in Horst W. Drescher, ed. *Thomas Carlyle 1981*(Frankfurt am Main: Peter Lang, 1983), 175, 引自 Carlyle, *Works* (New York: Charles Scribner's Sons,1904),28:79。

10　Jean Tulard, *Mythe de Napoleon* (Paris: Armand Colin, 1971), 83. 我的翻译。

11　Ibid.,129, 引自 Faure's *Napoleon* (Paris: Crès et Cie,1921),98。我的翻译。

10 平行的人生：贝多芬与拿破仑

1　Childe Harold's *Pilgrimage*, Canto 3, stanza 37, 11. 325–27.

2　1866 年的奥地利官方历史，引自 Egon Friedell, *A Cultural History of the Modern Age*, trans. Charles Francis Atkinson, 3 vols. (1931; New York: Alfred A. Knopf, 1954), 2: 443。

3　Sir Dunbar Plunket Barton, *The Amazing Career of Bernadotte*, 1763–1844, 2 vols. (London: John Murray, 1929), 1: 70, 71, 69.

4　Alan Palmer, *Bernadotte: Napoleon's Marshal, Sweden's King* (London: John Murray, 1990), 65; Barton, op. cit., 1: 78.

5　*Letters of Beethoven*, ed. Emily Anderson, 3 vols. (New York: St. Martin's Press, 1961), 1:120.

6　Ibid.,1:73–74.

7　*My Past and Thoughts: The Memoirs of Alexander Herzen* (New York: Alfred A. Knopf,1973), 449.

8　*Letters*, ed. Anderson, 1: 32.

9　W. J. Turner, *Beethoven: The Search for Reality* (New York: George H. Doran, 1927), 261.

10　*Byron's Letters and Journals*, ed. Leslie A. Marchand, 12 vols. (London: John Murray, 1973–1982), 9: 152. 这句话来自斯塔尔夫人《论文学》（*De la litterature*）第二部分第三章。

11　Friedell, op. cit., 2: 443.

11　贝多芬的崛起

1　"Beethoven's Tagebuch," in Maynard Solomon, *Beethoven Essays* (Cambridge, MA: Harvard University Press, 1988), 254.

2　华兹华斯，《序曲》（1850 年版），第 3 卷，第 63 行。

3　*Letters of Beethoven*, ed. Emily Anderson, 3 vols. (New York: St. Martin's Press, 1961),1:62.

4　海顿每年都会为他的前雇主写一首弥撒曲，这位前雇主的儿子就是此时的艾什泰哈齐亲王。

5　Martin Geck, *Beethoven* (London: Haus Publishing, 2003), 24.

6　这段总结引自 *Thayer's Life of Beethoven*, ed. Elliot Forbes, 2 vols. (Princeton: Princeton University Press, 1964), 1: 255。

7　Jean and Brigitte Massin, "Beethoven et la Révolution Française," *L'Arc*, 40 (1970): 6.

8　*Letters*, ed. Anderson, 1: 247. November 23, 1809 (in French).

9　卡尔·车尔尼引用了 Philip G. Downs, "Beethoven's 'New Way,'" in *The Creative World of Beethoven*, ed. Paul Henry Lang (New York: W. W. Norton, 1971), 83。该书作者认为贝多芬在 1801 年初至 1802 年 4 月表达了这一观点。

10　*Letters*, ed. Anderson, 1: 65.

11　Ibid.,1:68.

12　Elisabeth Brisson, *Guide de la musique de Beethoven* (Paris: Fayard, 2005), 443.

13 梅纳德·所罗门的文章《贝多芬的 "艺术报道"》(Beethoven's "Magazin der Kunst")
是一个例外，这篇文章转载于他的《贝多芬随笔》(*Beethoven Essays*)。尽管在过去的
半个世纪里，学术界对巴贝夫的看法发生了翻天覆地的变化，但他对贝多芬的影响未
能引起美国音乐学界的关注（所罗门的文章除外）。如需阅读巴贝夫的作品选集，请见
Babeuf: Ecrits, ed. Claude Mazauric, 4th ed. (Pantin: Le Temps des Cerises, 2009)。

14 关于巴贝夫对欧洲文化生活的看法，见 Edmund Wilson, *To the Finland Station: A Study
in the Writing and Acting of History*, rev. ed. (New York: Farrar, Straus and Giroux,
1972), 尤其是 83–93, "Origins of Socialism"。

15 *Letters*, ed. Anderson, 1: 48.

16 引自 Wilson, op. cit., 546。

17 Ibid.,88.

18 *Beethoven: Letters, Journals and Conversations*, edited, translated, and introduced by
Michael Hamburger (1951; London: Thames and Hudson, 1991), 48–50.

19 Walter Riezler, *Beethoven,* trans. G. O. H. Pidcock (New York: Vienna House, 1972),
33–34.

20 Joseph Kerman, *The Beethoven Quartets* (New York: Alfred A. Knopf, 1971), 91.

21 Hans Gal, *The Golden Age of Vienna* (London and New York: Max Parrish, n. d.),46.

22 Yehudi Menuhin, *Unfinished Journey* (New York: Alfred A. Knopf, 1977), 150.

23 Marion M. Scott, *Beethoven* (London: J. M. Dent, 1947), 45.

24 *Thayer's Life of Beethoven*, 1: 330.

25 Ibid., 329–30.

12 "英雄" 交响曲：含义与题献

1 *Mencken on Music*, ed. Louis Cheslock (New York: Alfred A. Knopf, 1961), 33.

2 *Wagner on Music and Drama*, ed. Albert Goldman and Evert Sprinchorn (New York:
Dutton, 1964), 160.

3 Hans Gal, *The Golden Age of Vienna* (London and New York: Max Parrish, n. d.), 52.

4 *The New Grove Beethoven*, ed. Joseph Kerman and Alan Tyson (New York and London:
W. W. Norton, 1983), 37.

5 Ernest Wangermann, *The Austrian Achievement, 1700–1800* (New York: Harcourt Brace
Jovanovich, 1973), 145.

6 "Thunderstruck"：引自 Alessandra Comini, *The Changing Image of Beethoven: A Study
in Mythmaking* (New York: Rizzoli, 1987), 228, 243。

7 Leo Schrade, *Beethoven in France: The Growth of an Idea* (New Haven: Yale University

Press, 1942), 50–51.

8　Ibid., 51.

9　*Letters of Beethoven*, ed. Emily Anderson, 3 vols. (New York: St. Martin's Press, 1961), 2: 689.

10　Ibid.,1:68; *Beethoven Briefwechsel Gesamtausgabe*, ed. S. Brandenburg, 7 vols. (Munich: Henle, 1996), 1: 89. Letter of November 16, 1801.

11　Thomas Mann, *Essays of Three Decades* (New York: Alfred A. Knopf, 1947), 188.

12　*Erich Leinsdorf on Music* (Portland: Amadeus Press, 1997), 122.

13　Bruno Walter, *Gustav Mahler* (New York: Alfred A. Knopf, 1958), 90.

14　引自 Beate Angelika Kraus, *Beethoven-Rezeption in Frankreich* (Bonn: Beethoven-Haus Verlag, 2001), 246 ("La symphonie héroique n'est pas encore comprise, mais on y viendra")。

15　Wilfrid Mellers, *Beethoven and the Voice of God* (London: Faber & Faber,1983), viii.

16　Anton Schindler, *Beethoven as I Knew Him*, trans. Constance S. Jolly (Chapel Hill: University of North Carolina Press, 1966), 1.

17　Czerny, 转 引 自 Kenneth Drake, *The Beethoven Sonatas and the Creative Experience* (Bloomington and Indianapolis: Indiana University Press, 1994), 2。

18　Elisabeth Brisson, *Le Sacre de musician: La référence à l'Antiquité chez Beethoven* (Paris: Éditions CNRS, 2000), 170.

19　引自 Robert C. Solomon, *History and Human Nature* (New York and London: Harcourt Brace Jovanovich, 1979), 293。

20　Heinrich Eduard Jacob, *Felix Mendelsohn and His Times*, trans. Richard and Clara Winston (Englewood Cliffs: Prentice Hall, 1963), 52.

21　*Beethoven Briefwechsel*, ed. Brandenburg, 1: 121–23.

22　Lawrence Gilman, *Orchestral Music: An Armchair Guide* (New York: Oxford University Press, 1951), 49.

23　Romain Rolland, *Beethoven the Creator*, trans. Ernest Newman (New York: Harper, 1929), 88.

24　John Updike, reviewing Benita Eisler's biography *Byron* in *The New Yorker*, August 2, 1999: 82–87.

25　Arthur Schopenhauer, *The World as Will and Idea*, trans. R. B. Haldane and J. Kemp, 3 vols. (London: Routledge and Kegan Paul, 1948), 1: 261.

26　Ibid.,261,262.

27 柏林《音乐广讯报》(*Allgemeine musikalischer Zeitung*) ① 一位早期评论家的观点，转引自 Robin Wallace, *Beethoven's Critics: Aesthetic Dilemmas and Resolutions during the Composer's Lifetime* (Cambridge: Cambridge University Press, 1990), 62。

28 *The Critical Reception of Beethoven's Compositions by His German Contemporaries*, ed. and comp. Wayne Senner, William Meredith, and Robin Wallace, 4 vols. to date (Lincoln and London: University of Nebraska Press, 1999–), 1: 15.

29 "C'était un monarque, mais c'était celui de la Révolution; et ils aimaient un souverain parvenu qui les faisait parvenir" (Ségur, 引自 Jean Tulard, *Mythe de Napoléon* [Paris: Colin, 1971], 127).

30 Édouard Herriot, *The Life and Times of Beethoven*, trans. Adelheid I. Mitchell and William J. Mitchell (New York: Macmillan, 1935), 106.

31 Ibid., 106,108,111.

32 转引自 Scott Burnham, *Beethoven Hero* (Princeton: Princeton University Press, 1995), 26。

33 Ibid., xv, 26. 另见 *Wagner Writes from Paris...*, ed. Robert L. Jacobs and Geoffrey Skelton (London: George Allen & Unwin, 1973), 181, 185–87。

34 *Letters to Beethoven and Other Correspondence*, ed. Theodore Albrecht, 3 vols. (Lincoln: University of Nebraska Press, 1996), 1:119.

35 *Letters of Beethoven*, ed. Emily Anderson, 3 vols. (New York: St. Martin's Press, 1961), 1: 116, 117; *Beethoven Briefwechsel*, ed. Brandenburg, 1: 218, 219. 贝多芬将交响曲改为更保险的名字后，一家名为"艺术与工业出版社"(Verlag für Kunst-und-Industrie) 的维也纳公司在 1806 年 10 月出版了这部交响曲。

36 Konrad Küster, *Beethoven* (Munich: Deutsche Verlags-Anstadt, 1994), 252.

37 Carl Dahlhaus, *Ludwig van Beethoven: Approaches to His Music*, trans. Mary Whittall (Oxford: Clarendon Press, 1991), 23.

38 Ibid.,19.

39 虽然拿破仑没有在出版的著作中提到过拜伦，但《恰尔德·哈洛尔德游记》等拜伦的著名诗作很快在法国流行起来。

13 "英雄"交响曲的文学和艺术背景：索伊默的《步行去锡拉库萨》和梅勒的贝多芬画像

1 *Spaziergang nach Syrakus im Jahre 1802*, edited and annotated by Albert Meier (1803;

---

① 原文有误，德语名应为 *Allgemeine musikalische Zeitung*。

Munich: Deutscher Taschenbuch Verlag, 1994), 21. 我曾以贝多芬的"英雄"交响曲为背景讨论过索伊默的《步行去锡拉库萨》，详见 *Beethoven Journal* 29, no. 2 (Winter 2014): 52–65。

2　Romain Rolland, *Beethoven the Creator* (New York: Harper, 1929), 123.

3　*Letters to Beethoven and Other Correspondence*, trans. and ed. Theodore Albrecht, 3 vols. (Lincoln and London: University of Nebraska Press, 1996), 2: 169–70. 格罗斯海姆是一位作曲家，后来也写了不少音乐相关的论文。

4　Ibid., 2: 170, n. 4.

5　Piero Buscaroli, *Beethoven* (Milan: Rizzoli,2004). 我的翻译。布斯卡罗利是一位著名的意大利音乐学家，他认为索伊默不仅和贝多芬志同道合，也和他本人志同道合！

6　根据最新发现，贝多芬在他 1812 年的纪念册（第 138 号）中引用了《步行去锡拉库萨》中的内容，这表明他在瞻仰索伊默墓之后又重读了这本书。这个发现是波恩贝多芬故居档案馆的前任馆长伯恩哈德·R. 阿佩尔（Bernhard R. Appel）告诉我的。贝多芬去世时所拥有的书目清单（藏于维也纳市档案馆）中，有一本就是 1803 年版的《步行去锡拉库萨》。长期担任圣何塞贝多芬研究中心负责人的威尔·梅雷迪思曾寄给我一份书单的复印件。贝多芬去世后，在维也纳当局扣押的五本书中，有三本是索伊默的著作。除了《步行去锡拉库萨》和《新约外传》（*Apokryphen*），另一本可能是《我的 1805 年之夏》（*Mein Sommer im Jahre 1805*，1806）。

7　在席勒的早期剧作《阴谋与爱情》中，席勒严厉谴责了这种贩卖士兵的行为。公爵的仆人告诉公爵的情妇说她收到的那盒钻石没花国家的一分钱，因为"昨天有七千名同胞被送往美洲——他们抵消了所有费用"（2.2）。

8　见彩色版画 *Seume als gefangener Deserteur* (*Seume as Imprisoned Deserter*) in *Deutschland und die französische Revolution 1789/1989* (Stuttgart: Cantz, 1989), 172. 这幅画的翻印版另见 *Beethoven Journal* 29, no. 2 (Winter 2014): 55。

9　"Nachwort," in Seume, *Spaziergang*, 301, 310.

10　Ronald Taylor, *Robert Schumann: His Life and Work* (London: Granada, 1982), 27, 292. 舒曼也在他的书桌上方挂了一幅拿破仑的肖像，并根据《马赛曲》创作了几部作品。

11　埃米尔·路德维希（Emil Ludwig）指出，"索伊默的禁书是 [贝多芬] 最喜欢的读物，他还亲自为这本书做了评注"。*Three Titans* (New York and London: G. P. Putnam's Sons, 1930), 265. 虽然路德维希没有提供任何证据，但这个说法应该是可信的。

12　E. g., *Spaziergang*, xi, 9. 这里的"您"也包括与他一直同行到维也纳的旅伴兼好友——画家法伊特·汉斯·弗里德里希·施诺尔·冯·卡罗尔斯费尔德。

13　"Wir erkennen daran, wie eifrig der republikanisch gesinnte Beethoven die Schriften des Freiheitsschwärmers Seume las" [W. A. Thomas-San-Galli, *Beethoven*, 7th ed. (Munich: R. Piper & Co., 1920), 68]. 据我所知，在 20 世纪用德语为贝多芬立传的作者中，只有

托马斯－桑·加利在阐释贝多芬对维也纳的看法时参考了索伊默的描述。

14 *Letters of Beethoven*, ed. Emily Anderson, 3 vols. (New York: St. Martin's Press, 1961), 1, 212.

15 *Spaziergang*, 22.

16 Ibid., 21–22. 奥地利著名历史学家恩斯特·旺格曼认为 "索伊默应该没有言过其实"（*The Austrian Achievement, 1700–1800* [New York: Harcourt Brace Jovanovich, 1973], 184）。1818 年之后贝多芬和朋友在咖啡馆的谈话记录中经常提到附近有密探出没。

17 *Spaziergang*, 22.

18 Ibid.

19 关于 18 世纪 80 年代之后在维也纳出现的大量政府密探，请参阅本书第 6 章中讨论的约翰·佩茨尔的《维也纳概述》。贝多芬在世期间，维也纳的审查制度不断趋于严格，在贝多芬去世后的几十年里一直无处不在。

20 *Spaziergang*, 24. 维也纳方言很容易与标准德语发生有趣的混淆。

21 离开维也纳后，索伊默向南前往威尼斯，然后穿越意大利到达那不勒斯，从那里乘船前往西西里岛的巴勒莫（Palermo），最后途经巴黎和法兰克福返回莱比锡，全程耗时 9 个月！在当时，索伊默的徒步旅行堪称一项史诗般的成就。在亨利·里夫（1805）、斯塔尔夫人（1807~1808）和约翰·罗素（1822）的旅行日记 [翻印版的分章节见 *Beethoven Journal* 29, no. 2 (Winter 2014)] 中，他们对维也纳的描述也证实了索伊默在哈布斯堡首都的不愉快经历。

22 Beethoven's *Tagebuch*, 引自 Maynard Solomon, *Beethoven Essays* (Cambridge, MA: Harvard University Press, 1988), 258 n43. 虽然所罗门对贝多芬的书房是否真的有这些肖像有所怀疑，但鉴于贝多芬对它们的兴趣，他很可能见过并且喜欢这些版画，也希望将它们放在身边以获取灵感。

23 François René de Chateaubriand, *Mémoires d'outre-tombe,* ed. Maurice Levaillant and George Moulinier, 2 vols. (Paris: Gallimard, 1951), 1: 1008. 我的翻译。

24 Richard Wagner, *My Life*, trans. Andrew Gray (Cambridge: Cambridge University Press, 1983), 30. 这里瓦格纳提到的是瓦尔德米勒为贝多芬绘制的肖像，本书已在第 21 章对这幅肖像进行讨论。

25 Max Graf, *Composer and Critic: Two Hundred Years of Music Criticism* (New York: W. W. Norton, 1946), 167.

26 W. J. Turner, *Beethoven: The Search for Reality* (London: J. M. Dent, 1945), 36.

27 Tim Blanning, *The Triumph of Music. The Rise of Composers, Musicians and Their Art* (Cambridge, MA: Harvard University Press, 2008), 39.

28 拿破仑身高 1.68 米，贝多芬也差不多。1800~1820 年法国成年男性的平均身高略高于

1.64 米。在当时来说, 拿破仑和贝多芬都不算矮。

29 *Beethoven aus der Sichtseiner Zeitgenossen*, ed. Klaus Martin Kopitz and Rainer Cadenbach (Munich: G. Henle Verlag, 2009), 2: 969.

30 Cherubini, in Peter Clive, *Beethoven and His World: A Biographical Dictionary* (Oxford: Oxford University Press, 2001), 71; Goethe, in Kopitz and Cadenbach, op. cit., 1: 359.

31 关于贝多芬外貌上的变化, 西奥多·冯·弗里梅尔 (Theodor von Frimmel) 权威但不完美的著作 *Beethovens äussere Erscheinung* (Munich: Georg Müller, 1905) 已被贝妮代塔·萨列蒂 (Benedetta Saglietti) 的 *Beethoven, ritratti e immagini: Uno studio sull'iconografia* (Turin: De Sono, 2010) 取代。后者对贝多芬的肖像背景进行了更全面的论述, 而相比之下, Silke Bettermann 的德语著作 *Beethoven im Bild* (Bonn: Beethoven Haus, 2012) 对肖像的创作背景则讨论得不够充分。

32 Hugh Honour, 引自 "Neo-classicism" in *The Age of Neo-Classicism*, 大不列颠艺术委员会出版的展览目录, 1972 年, xxiii。

33 此处参考了 Ellen Spickernagel 的短文 "Goethe in der römischen Campagna," in *Museum. Städelsches Kunstinstitut. Städtische Galerie. Frankfurt am Main* (Braunschweig: Westermann, 1983), 73–75, 同时也参考了近年论述更为全面的 *Goethe und Tischbein in Rom: Bilder und Texte*, ed. Petra Maisak (Frankfurt am Main and Leipzig: Insel Verlag, 2004)。

34 *Thayer's Life of Beethoven*, ed. Elliot Forbes, 2 vols. (Princeton: Princeton University Press, 1967), 1: 337.

35 歌德后来在《浮士德》的第二部分也提到了这一概念。

36 Goethe, *Italian Journey*, ed. Thomas P. Saine and Jeffrey L. Sammons (New York: Suhrkamp, 1989), 114.

37 Ibid., 171. 科米尼认为这件乐器是贝多芬的 "阿波罗式表达"。(Alessandra Comini, *The Changing Image of Beethoven* [New York: Rizzoli, 1986], 35.)

38 在贝蒂娜·布伦塔诺 (Bettina Brentano) 写给歌德的那封备受争议的 "信" 中, 贝蒂娜·布伦塔诺声称, 贝多芬告诉她 "音乐是所有智慧和哲学的最高体现; 它是激发我们创作新事物的美酒, 而我就是巴克斯, 为人类压榨出这种美酒, 让他们获得精神上的陶醉"。引自 *Goethes Briefwechsel mit einem Kinde*, ed. Waldemar Oehlke (Frankfurt: Insel Verlag, 1984), 382。这封信的真实性也许存在疑点, 但信中的大部分内容应该是可信的。我的翻译。

39 Peter Schleuning and Martin Geck, *Geschrieben auf Bonaparte: Beethovens "Eroica"—Revolution, Reaktion, Rezeption* (Reinbeck bei Hamburg: Rowohlt, 1989), 96.

40 Thomas Sipe, *Beethoven: Eroica Symphony* (Cambridge: Cambridge University Press, 1998), 95.

41 *Thayer's Life of Beethoven*, 1: 337.

42 *Letters*, ed. Anderson, 1:22; *Beethoven Briefwechsel Gesamtausgabe*, ed. S. Brandenburg, 7 vols. (Munich: Henle, 1996), 1: 19（标注的日期为 "约 1795 年"）。

43 Owen Jander, *Beethoven's "Orpheus" Concerto* (Hillsdale: Pendragon, 2009), 176. 虽然西奥多・弗里梅尔认为这两棵树是杨树（*Beethoven Studien*, 132, n. 3），但从树的形态来看它们应该是针叶树。扬德尔认为 "远处奇异的光" 代表了阴间，但在我看来，这似乎是冉冉升起的（也有较小可能是落下的）太阳的光芒。

44 *Benjamin Franklin: Unaméricain à Paris (1776–1785)* (Paris: Musée Carnavalet, 2007–2008), 223. Exhibition catalogue.

45 本段和下一段均参考了大卫・哈克特・费舍尔（David Hackett Fischer）的杰出著作《自由身份与自由权利》（*Liberty and Freedom*）的第一章（Oxford and New York: Oxford University Press, 2005），尤其是 19–20, 22, 23（插图）, 24, 32, 33。

46 具体涉及的城镇请参阅 *Deutschland und die französische Revolution, 1789/1989*, 155。此页有一张美因茨自由之树的版画，多年来美因茨一直是莱茵兰地区的革命前哨。插在树旁的长矛上挂着弗里吉亚人的帽子（象征革命与反抗——译者注）。1792 年 11 月 3 日，反革命者毁掉了德意志雅各宾派种下的自由之树，此后当地的雅各宾派于 1 月 3 日发起了反击，种下了另一棵树。树上的一块牌子上写着 "Paix aux peoples – Guerre au Tyrans"（向暴君宣战，为人民谋和平）（ibid.）。拉施塔特、曼海姆、科隆、波恩、施派尔、锡根和茨韦布吕肯以及巴塞尔自由之树的版画请见上书的第 264 页和第 266~267 页。

47 *Beethoven zwischen Revolution und Restauration*, ed. Helga Lühning and Sieghard Brandenburg (Bonn: Beethoven-Haus, 1989), 47; Edith Ennen and Dietrich Höroldt, *Vom Römerkastell zur Bundeshauptstadt: Kleine Geschichte der Stadt Bonn* (Bonn: Stollfuss Verlag, 1976), 164–65. Illustration of Bonn's tree, a spruce (*Fichte*), no. 38a. 这棵树及其后继者在广场上屹立了多年。

48 C. A. Mac Cartney, *The Hapsburg Empire, 1790–1918* (London: Macmillan,1969), 157.

49 Comini, op. cit., 35.

50 Owen Jander, in *Beethoven Forum* 8: 60, 63.

51 Jander, *Beethoven's "Orpheus" Concerto*, 177.

52 在勒伊斯达尔的画作《悬崖城堡下的河景》（*River Landscape with a Castle on a High Cliff*, 藏于辛辛那提艺术馆）中，画面前景倒下的山毛榉就是这样一个例子。在博物馆的一些出版物中可以看到这幅画。

53 彼得・施洛伊宁将其称为 "执政官斗篷"（*Konsulmantel*），即拿破仑担任第一执政官时所穿的正装风格的斗篷（Schleuning and Geck, *Geschrieben auf Bonaparte, 96*）。在大革命历法下，拿破仑每隔十天检阅一次部队，检阅时他会身着掷弹兵上校的蓝白

色 制 服 [Philip Mansel, *Dressed to Rule: Royal and Court Costume from Louis XIV to Elizabeth II* (New Haven: Yale University Press, 2005), 80]。

54 Comini, op. cit., 35. 扬德尔认为 "贝多芬显然是在暗指两年前他在《海利根施塔特遗嘱》中表达的那些自杀念头"（*Beethoven's "Orpheus" Concerto*, 173 ）。也许是吧。

14 1808 年贝多芬个人音乐会之前

1 Carson McCullers, *The Heart Is a Lonely Hunter* (Boston: Houghton Mifflin, 1940), 117–18.

2 引自 Ernest Newman, *Unconscious Beethoven: An Essay in Musical Psychology* (New York: Alfred A. Knopf, 1927), 61。

3 Donald Francis Tovey, *Beethoven* (London: Oxford University Press, 1944), 116.

4 引自 David Wyn Jones, *The Life of Beethoven* (Cambridge: Cambridge University Press, 1998), 92。

5 Beethoven, *Violin Concerto*, New Philharmonia Orchestra; Joseph Suk, violinist; Sir Adrian Boult, conductor; Vanguard Everyman Classics SRV 353 SD Vinyl LP, program notes.

6 T. S. Eliot, *The Sacred Wood* (1920; London: Methuen, 1948), 32.

7 引 自 R. Murray Schafer, *E. T. A. Hoffmann and Music* (Toronto: University of Toronto Press, 1975), 96。

8 Romain Rolland, *Beethoven the Creator*, trans. Ernest Newman (New York: Harper & Brothers, 1929), 225.

9 Joachim Maass, *Kleist: A Biography*, trans. Ralph Mannheim (New York: Farrar, Straus and Giroux, 1983), op. cit.

10 Ibid.,92.

11 Gordon A. Craig, *Europe,1815–1914* (Winnipeg: Holt, Rinehart, and Winston, 1966), 62.

12 Ibid.,222.

13 克莱斯特所说的 "边界" 指莱茵河。

14 *Letters of Beethoven*, ed. Emily Anderson, 3 vols. (New York: St. Martin's Press, 1961), 1: 164–65.

15 引自 Dietrich Fischer-Dieskau, *"Weil nicht alle Blütenträume reiften"* : *Johann Friedrich Reichardt, Hofkapellmeister dreier Preussenkönige. Porträt und Selbst Porträt* (Stuttgart: Deutsche Verlags-Anstatt, 1992), 368. 我的翻译。

16 John Clubbe, *Cincinnati Observed: Architecture and History* (Columbus: Ohio State University Press, 1992), 9.

17　*Thayer's Life of Beethoven*, 2: 422–24.

18　Fischer-Dieskau, op. cit., 369. 我的翻译。

19　引自 Ernest Closson, *The Fleming in Beethoven*, trans. Muriel Fuller (London: Oxford University Press, 1936), 117。

15　1809 年拿破仑在维也纳；贝多芬与特雷蒙男爵成为朋友

1　Golo Mann, *The History of Germany since 1789* (New York and Washington, DC: Frederick A. Praeger, 1968), 25.

2　Gunther E. Rothenberg, *Napoleon's Great Adversary: Archduke Charles and the Austrian Army* (Bloomington: Indiana University Press, 1982), 101.

3　*Byron's Letters and Journals,* ed. Leslie A. Marchand (London: John Murray, 1973–1994), 1: 206 (June 22, 1809). 蒂罗尔人在安德烈亚斯·霍费尔（Andreas Hofer）的带领下发动起义，向法国军队发起攻击。

4　Joseph Wechsberg, *Vienna, My Vienna* (New York: Macmillan, 1968), 65.

5　Ilsa Barea, *Vienna* (New York: Alfred A. Knopf, 1967), 123–24.

6　*Beethoven, Letters, Journals and Conversations,* ed. and trans. Michael Hamburger (London: Thames and Hudson, 1951), 77. 除非另有说明，所有特雷蒙对贝多芬的描述均来自汉布格尔缩略版本中的第 77~88 页，引文与原文中出现的顺序一致。如需法语和德语的完整版本，请见 *Beethoven aus der Sicht seiner Zeitgenossen,* ed. Klaus Martin Kopitz and Rainer Cadenach, 2 vols. (Munich: G. Henle Verlag, 2009). 2: 1003–22。

7　Carl Dahlhaus, *Ludwig van Beethoven: Approaches to His Music* (Oxford: Clarendon Press, 1991), 25.

8　Alfred Einstein, *Essays on Music* (New York: W. W. Norton, 1956), 248.

9　Elisabeth Brisson, *Guide de la musique de Beethoven* (Paris: Fayard, 2005), 466.

10　1817 年 12 月，伦敦钢琴制造商布罗德伍德给贝多芬寄了一架 6 个八度的钢琴，但直到次年 6 月，贝多芬才收到这架钢琴。贝多芬为收到布罗德伍德的钢琴而感到荣幸，他一直十分珍视这架钢琴，直到去世。

11　William M. Johnston, *The Austrian Mind: An Intellectual and Social History, 1848–1938* (Berkeley: University of California Press, 1983), 186.

12　*Selected Letters of Beethoven,* ed. Alan Tyson (New York: St. Martin's Press, 1967), 81.

16　创作《埃格蒙特》

1　*Beethoven aus der Sicht seiner Zeitgenossen,* ed. Klaus Martin Kopitz and Rainer

Cadenbach (Munich: G. Henle Verlag), 1: 230. 我的翻译。

2　*Letters of Beethoven*, ed. Emily Anderson, 3 vols. (New York: St. Martin's Press, 1961), 1: 313.

3　Kopitz and Cadenbach, op. cit., 1: 227.

4　斯塔尔夫人在《论德意志》(*Del'Allemagne*) 第一部分第 20 章称赞了席勒的《威廉·退尔》。夏多布里昂在《试论古今革命》(*Essai sur les révolutions，1797*) 中对《威廉·退尔》的评价则没那么积极。

5　Goethe, *Italian Journey*, ed. Thomas P. Saine and Jeffrey L. Sammons, trans. Robert R. Heitner (New York: Suhrkamp, 1989), 129; see n. 135. "贝利欣根" 指歌德的早期剧作《葛兹·冯·贝利欣根》。

6　*Selected Letters of Beethoven* (New York: St. Martin's Press, 1967), ed. Alan Tyson, 101. To Breitkopf & Härtel, August 21, 1810.

7　Ibid., 113–14. April 12, 1811.

8　Ibid., 95. 贝多芬可能在这一年向马尔法蒂求了婚。

9　*Goethe: Early Verse Drama and Prose Plays*, ed. Cyrus Hamlin and Fran Ryder (Princeton: Princeton University Press, 1988), 7: 107.

10　Ibid.,7:107–108,123.

11　引自 Richard Friedenthal, *Goethe: His Life and Times* (Cleveland and New York: World Publishing Company, 1963), 270–71。

12　*Letters*, ed. Anderson, 1: 270. May 2, 1810.

13　Ibid.,1:318.

14　Ibid.,1:246.

15　E.g., ibid., 1: 232; 234, 235.

16　Ibid.,1:356.

17　Ibid.,1:360.

18　Ibid., 1: 372. May 24, 1812.

19　Ibid.,1:376.

17　酒神巴克斯的胜利：《第七交响曲》—《第八交响曲》—《威灵顿的胜利》

1　拜伦，《唐璜》，第三章，第 85 节。

2　*Goethes Briefwechsel mit einem Kinde*, ed. Waldemar Oehlke (Frankfurt am Main: Insel Verlag, 1984), 382. 我的翻译。贝多芬也有一个以巴克斯为原型制作的面部模型。

3　底座上的法语为："Moi je suis Bacchus qui pressure pour les hommes le nectar divin。"

虽然这句话出自一封真实性备受质疑的信件，但它所表达的应该是贝多芬的真实想法。

4　在 1900 年世纪之交，布尔德雕刻的这座极具震撼力的半身像被大都会艺术博物馆收藏后，被命名为"大都会的贝多芬"（Beethoven dit Métropolitain）。这尊雕像最初被放在大都会入口处雄伟的楼梯顶部，现在它被放在博物馆图书馆的显眼位置。图书馆闭馆时，参观者可以透过玻璃门看到这尊雕像。

5　*Letters of Beethoven*, ed. Emily Anderson, 3 vols. (New York: St. Martin's Press, 1961), 1: 355.

6　Bettina von Arnim to Goethe, May 28, 1810, in *Goethes Briefwechsel mit einem Kinde*, 382.

7　*Letters*, ed. Anderson, 1: 313.

8　Virgil, *The Pastoral Poems*, trans. E. V. Rieu (New York: Penguin Books, 1949), 77.

9　Tolstoy, *The Death of Ivan Ilyich and Other Stories*, trans. Richard Pevear and Larissa Volokhonsky (New York: Alfred A. Knopf, 2009), 149.

10　André Suarès, *Musiciens* (Paris: Éditions du Pavois, 1945), 35.

11　引自 Philipp Blom, *The Vertigo Years: Change and Culture in the West, 1900–1914* (Toronto: McClelland and Stuart, 2008), 230。

12　Samuel Taylor Coleridge, *Biographia Literaria*, ed. James Engell and W. Jackson Bate (Princeton: Princeton University Press, 1984), 9.

13　Blom, op. cit., 106.

14　Rudolf Bockholdt, "Freiheit und Brüderlichkeit in der Musik Ludwig van Beethovens," in *Beethoven zwischen Revolution und Restauration*, ed. Helga Lühning and Sieghard Brandenburg, 102.

15　Anya Taylor, *Bacchus in Romantic England* (New York: St. Martin's Press, 1999), 9.

16　Peter Watson, *The German Genius* (New York: Harper Collins, 2010), 99.

17　转引自 Robert C. Solomon, *In the Spirit of Hegel* (Oxford: Oxford University Press, 1983), 2。

18　Theodor Adorno, *Beethoven: The Philosophy of Music*, trans. Edmund Jephcott (Stanford: Stanford University Press, 1997), 167.

19　近年来，一些学者对于《巨人》是否出自戈雅之手提出了质疑。

20　*The Musical Journeys of Ludwig Spohr*, trans. and ed. Henry Pleasants (Norman: University of Oklahoma Press, 1961), 103–04.

21　引自 *The Beethoven Companion*, ed. Thomas Scherman and Louis Biancolli (Garden City: Doubleday, 1972), 588。

22　Martin Geck, *Beethoven* (London: Haus Publishing, 2003), 86.

23　Ernst Bloch, *The Utopian Function of Art and Literature: Selected Essays* (Cambridge,

MA: MIT Press, 1988), 125.

24　Bernard Fournier, "Lamodernité de Beethoven," *Bicentenaire de Beethoven*31, no. 498 (October 1970): 87–98.

25　Jean de Solliers, "Le langage musicale de Beethoven," in ibid., 78.

26　Ibid., 384, 385, 386.

27　Ibid., 387.

28　Paul Henry Lang, *Music in Western Civilization* (New York: W. W. Norton,1941), 766.

29　Emil Ludwig, *Beethoven*, 231, 301.

30　*The New Grove Beethoven*, ed. Joseph Kerman and Alan Tyson (New York: W. W. Norton, 1997), 110.

31　Lang, op. cit., 754.

32　J. W. N. Sullivan, *Beethoven. A Critical Study* (London: Jonathan Cape, 1927), 197.

33　Jan Caeyers, *Beethoven. Der einsame Revolutionär. Eine Biographie* (Munich: C. H. Beck, 2009), 335.

34　引自 Nicholas Mathew, *Political Beethoven* (Cambridge: Cambridge University Press, 2012), 27。

35　Ibid., 39.

18　《菲岱里奥》

1　Galina Vishnevskaya, *Galina, A Russian Story* (San Diego and New York: Harcourt Brace Jovanovich, 1984), 113.

2　引自 Romain Rolland, *Beethoven the Creator* (New York: Harper & Brothers, 1929), 208。

3　John Eliot Gardner, "The Case for *Leonore*, a Work in Progress," notes for Beethoven, *Leonore* (Archiv Produktion, Deutsche Grammophon, 1997).

4　Theodor W. Adorno, *Beethoven: Essays on the Philosophy of Music* (Cambridge: Cambridge University Press, 1985), 164.

5　Letter to Franz Brunswik in *Letters of Beethoven*, ed. Emily Anderson, 3 vols. (New York: St. Martin's Press, 1961), 2: 421.

6　拜伦,《拿破仑颂》, 第 11 节。

7　*Letters of Beethoven*, ed. Emily Anderson, 3 vols. (New York: St. Martin's Press, 1961), 2: 454.

8　Fritz Zobeley, *Ludwig van Beethoven in Selbszeugnissen und Bilddokumenten* (Reinbek bei Hamburg: Rowohlt, 1965), 39; English edition, *Portrait of Beethoven: An Illustrated Biography*, trans. Ann O'Brien (New York: Herder and Herder, 1972), 42. 虽然佐贝利说

的是贝多芬的《c小调第三弦乐三重奏》(Op.9),但这句话也体现出了弗洛雷斯坦的痛苦。

9 *My Past and Thoughts: The Memoirs of Alexander Herzen* (New York: Alfred A. Knopf, 1973), 656.

10 Simon Schama, Chapter 10, "*Bastille*, July 1789," sections i–v, in his *Citizens: A Chronicle of the French Revolution* (New York: Alfred A. Knopf, 1989).

11 Jean Staroblinski, *1789: The Emblems of Reason* (Charlottesville: University Press of Virginia, 1982), 215.

12 Rousseau, *Confessions*, trans. J. M. Cohen (Harmondsworth: Penguin Books, 1954), 166–67.

13 Robert C. Solomon, *History and Human Nature* (New York and London: Harcourt Brace Jovanovich, 1979), 58.

14 Ernst Bloch, *The Principle of Hope*, 3 vols. (Cambridge, MA: MIT Press,1995), 3: 1099–100.

15 Ernst Bloch, *Essays on the Philosophy of Music*, trans. Peter Palmer (Cambridge: Cambridge University Press, 1985), 240.

16 Marx, 引自 Ernst Bloch, *Utopian Function of Art and Literature: Selected Essays* (Cambridge, MA: MIT Press, 1988), 125。

17 *Letters of Beethoven*, ed. Anderson, 1: 453. 1814 年 4 月写给尼古劳斯·兹梅斯卡尔的信件。

18 Ibid., 1:475.

19 Ibid., 2:474.

20 Ibid., 1:345,

21 Ibid., 1:411, 419. 此前瓦雷纳请贝多芬将最近的作品寄给他,以便在格拉茨举办慈善音乐会。

22 Thomas Mann, *Doctor Faustus*, trans. John E. Woods (New York: Alfred A. Knopf, 1997), 509, 511.

23 引自 H. C. Robbins Landon and John Julius Norwich, *Five Centuries of Music in Venice* (London: Thames and Hudson, 1991), 182。

19 维也纳会议及其影响

1 James Fenimore Cooper, *The Bravo*, ed. Donald A. Ringe (1831; New Haven: College & University Press, 1963), 164. 我在此保留了库柏将哈布斯堡(Hapsburg)拼写成 "Hapsburgh" 的写法。

2　*Beethoven zwischen Revolution und Restauration*, ed. Helga Lühning and Sieghard Brandenburg (Bonn: Beethoven Haus Publishing, 2003), 276.

3　Martin Geck, *Beethoven* (London: Haus Publishing, 2003), vii.

4　R. Murray Schafer, *E. T. A. Hoffmann and Music* (Toronto and Buffalo: University of Toronto Press, 1975), 133.

5　Basil Lam, "The Classical Composers—Haydn—Mozart—Beethoven," in *Of German Music: A Symposium*, ed. H.–H. Schönzeler (New York: Barnes and Noble, 1976), 121.

6　Egon Friedell, *A Cultural History of the Modern Age*, 3 vols. (New York: Alfred A. Knopf, 1931), 2: 440.

7　*Letters of Beethoven*, ed. Emily Anderson, 3 vols. (New York: St. Martin's Press, 1961), 2: 508.

8　Franz Grillparzer, cited in Martin Hürlimann, *Vienna* (London: Thames and Hudson, 1970), 55.

9　C. A. MacCartney, *The Habsburg Empire:1790–1918* (London: Macmillan,1969), 146.

10　Ernst Hilmar, "Vienna's Schubert," in *Schubert's Vienna*, ed. Raymond Erickson (New Haven and London: Yale University Press, 1997), 247.

11　Gilbert Frodl, "Viennese Biedermeier Painting," in ibid., 175.

12　Paul Henry Lang, *Music in Western Civilization* (New York: W. W. Norton,1941), 766–67.

13　Adolph Bernhard Marx, cited in Ernest Closson, *The Flemingin Beethoven* (London: Oxford University Press, 1936), 135. 另见 Closson, *L'élément flamand dans Beethoven*, 2nd ed. (1946)。

14　*The Beethoven Companion*, ed. Thomas Scherman and Louis Biancolli (Garden City: Doubleday, 1972), 1074.

15　荷兰学者 Jos van der Zanden 在一封信中提出了这一猜想，详见 *Beethoven Journal* 21, no. 2 (Winter 2006): 47。

16　Kenneth Clark, *Civilisation* (New York: Harper and Row, 1969), 293.

17　*Vienna in the Biedermeier Era, 1815–1848*, ed. Robert Waissenberger (New York: Rizzoli, 1986), 163.

18　Ibid. 另见 Stella Musulin, *Vienna in the Age of Metternich* (Boulder: Westview Press, 1975), 225。如需更全面地了解毕德麦雅时期的特征，请见 Ilsa Barea, *Vienna* (New York: Alfred A. Knopf, 1967), 3–29。

19　Cooper, op. cit., 173.

20　*Letters*, ed. Anderson, 2: 592. 1816 年 8 月 18 日写给兹梅斯卡尔的信。

21　Ibid., 2:704.

22　Ibid., 2:686.

23　Ibid., 2:932.

24　Ibid., 2:970.

25　Ibid., 2: 785. 1818 年写给南内特·施特赖歇尔（Nannette Streicher）的信。如需更全面地了解卡尔在贝多芬生命中起到的积极作用，请参阅 Beata Angelika Kraus 的论文，详见 *Beethoven Liest*, ed. Bernhard A. Appel and Julia Ronge (Bonn: Beethoven-Haus, 2016)，特别是第 93~97 页和第 218~226 页。

26　*Letters*, ed. Anderson, 2: 680. 1817 年 4 月 19 日写给夏尔·尼特（Charles Neate）的信。

27　Carl Czerny, *On the Proper Performance of All Beethoven's Works for the Piano*, ed. Paul Badura-Skoda (Vienna: Universal Edition, 2017). 车尔尼给出了一些贝多芬解释乐曲含义的例子。

28　Anton Schindler, *Beethoven as I Knew Him*, trans. Constance S. Jolly (Chapel Hill: University of North Carolina Press, 1966), 400, 402, 404. 关于贝多芬在 1810 年提出的这个想法，详见 *Letters*, ed. Anderson, 1: 291。

29　Schindler, op. cit., 400n.

30　关于贝多芬最初将"英雄"交响曲献给"波拿巴"的情况，请参阅我的文章 "Beethoven, Byron, Bonaparte," in *Byron the Traveller: Proceedings of the 28th International Byron Conference, 30 August–4 September 2002*, ed. Reiko Aiura and Itsuyo Higashinaka (Kyoto: Japanese Byron Society, 2003), 95–111；另见我的文章 "The Creative Rivalry of Beethoven with Napoleon," *European Romantic Review* 5 (December 2006): 543–58。关于贝多芬可能将《C 大调弥撒曲》献给拿破仑的情况，请参阅我的文章 "Beethoven *contra* Napoleon? The *Akademie* of December 22, 1808, and Its Aftermath," in *Bonner Beethoven-Studien* 10 (2011): 33–62。

31　本杰明·赞德（Benjamin Zander），转引自 1996 年本杰明·赞德指挥的马勒《第九交响曲》（泰拉克唱片公司）唱片内页说明中门德尔松的话。

32　Maynard Solomon, *Late Beethoven: Music, Thought, Imagination* (Berkeley: University of California Press, 2003), 162.

20　聚焦贝多芬，1817~1820

1　这里的"c 小调"指的是《第五交响曲》。

2　约瑟夫·布罗茨基，引自 Harbey Sachs, *The Ninth: Beethoven and the World in 1824* (New York: Random House, 2011), 55。

3　*Letters of Beethoven*, ed. Emily Anderson, 3 vols. (New York: St. Martin's Press, 1961), 2: 671.

4　Hans Kohn, *The Mind of Germany: The Education of a Nation* (New York: Charles

Scribner's Sons, 1960), 99.

5 Gregor Dallas, *The Final Act: The Roads to Waterloo* (New York: Henry Holt, 1997), 231.

6 Carl Czerny, *On the Proper Performance of All Beethoven's Works for the Piano*, ed. Paul Badura-Skoda (Vienna: Universal Edition, 2017), 8.

7 Bruno Walter, *Gustav Mahler*, trans. Lotte Walter Lindt (New York: Alfred A. Knopf, 1968), 72–73, 40.

8 *Letters*, ed. Anderson, 2: 667.

9 Ibid.,2:509.

10 Anton Schindler, *Beethoven as I Knew Him*, trans. Constance S. Jolly (Chapel Hill: University of North Carolina Press, 1966), 221; Douglas Yates, *Franz Grillparzer: A Critical Biography* (1946; Oxford: Basil Blackwell, 1964), 5.

11 Yates, op. cit., 3.

12 *Letters*, ed. Anderson, 1: 114.

13 关于辛德勒, 请见 *Letters to Beethoven and Other Correspondence*, ed. Theodore Albrecht, 3 vols. (Lincoln: University of Nebraska Press, 1996), 1: xxx, xxxvi。

14 1972 年, 在东柏林, 普鲁士国家图书馆 ① 的研究者在卡尔 – 海因茨・科勒 (Karl-Heinz Köhler) 和格里塔・赫尔 (Grita Herre) 的带领下与其他一些研究者共同对幸存的谈话录进行了精心编辑, 并删除了所有被证实为辛德勒虚构的内容。

15 *Konversationshefte*, ed. Karl-Heinz Köhler and Grita Herre (Leipzig: Deutscher Verlag für Musik, 1972–2011), 1: 333. 虽然贝多芬常常抱怨梅特涅对奥地利的统治, 但相对不关心政治的舒伯特却因交友不慎险些被奥地利的警察逮捕。

16 Ibid., 1:339.

17 Ibid.

18 *My Past and Thoughts: The Memoirs of Alexander Herzen* (New York: Alfred A. Knopf, 1973), 106.

21　拿破仑之死和罗西尼的崛起

1 *L'express* (Paris), November 29, 2004: 23, 可能引自阿尔伯特・贝甘的经典著作 *L'âme romantique et le rêve* (1939)。

---

① 1972 年时普鲁士已不复存在。这里说的实际上应该是柏林国家图书馆, 全称 "德国柏林国立普鲁士文化遗产图书馆", 由原设在东柏林的德国国家图书馆和西柏林的国立普鲁士文化遗产图书馆合并而成, 两馆前身是普鲁士国家图书馆。

2　Jean Tulard, *Mythe de Napoléon* (Paris: Armand Colin, 1971), 44.

3　R. A. Peace, in *The Impact of the French Revolution on European Consciousness*, ed. H. T. Mason and William Doyle (Stroud, Gloucestershire: Alan Sutton, 1989), 51.

4　Ibid.,54, 55. 另见 Robert Morrissey, "The *Mémorial de Sainte-Hélène* and the Poetics of Fusion," *Modern Language Notes* 120, no. 4 (September 2005): 716–32。

5　引自 Lewis Lockwood, *Beethoven: The Music and the Life* (New York: W. W. Norton, 2003), 187。贝多芬在乐谱标题页写下了一句著名的话："为波拿巴而作。"（Geschrieben auf Bonaparte）

6　Carl Czerny, *On the Proper Performance of All Beethoven's Works for the Piano*, ed. Paul Badura-Skoda (Vienna: Universal Edition, 2017), 8. 这本书更可能是在 1827 年而非 1824 年出版的。1827 年 6 月，司各特的拿破仑传记（九卷册）在伦敦和巴黎面市。1824 年的版本更像是一个预告版。

7　Theodore Albrecht, *Beethoven's Conversation Books, vol.1: Nos. 1 to 8 (February 1818 to March 1820)* (Woodbridge, UK: Boydell Press, 2018), 210.

8　*Konversationshefte*, ed. Karl-Heinz Köhler and Grita Herre (Leipzig:Deutscher Verlag für Musik, 1972–2011), 1: 247.

9　*Thayer's Life of Beethoven*, ed. Elliot Forbes, 2 vols. (Princeton: Princeton University Press, 1967), 2: 959–60.

10　*Beethoven aus der Sicht seiner Zeitgenossen*, ed. Klaus Martin Kopitz and Rainer Cadenach (Munich: Henle, 2009), 1: 258. 出自奥托·雅恩（Otto Jahn）1852 年的叙述。我的翻译。

11　*Byron's Letters and Journals,* ed. Leslie A. Marchand, 12 vols. (London: John Murray, 1972–1994), 9: 155.

12　Kopitz and Cadenbach, op. cit., 2: 749.

13　Richard Osborne, *Rossini* (London: J. M. Dent, 1987), 74–76.

14　*My Past and Thoughts: The Memoirs of Alexander Herzen* (New York: Alfred A. Knopf, 1973), 109.

15　Alexis de Toqueville, *L'Ancien Régime et la révolution*, 引自 Clive James, *Cultural Amnesia: Necessary Memories from History and the Arts* (New York and London: W. W. Norton, 2007), 586。

16　原叙述见 Friedrich Kerst, *Die Errinerungen an Beethoven*, 2 vols. (Stuttgart: J. Hofmann Verlag, 1925), 1: 278–79; 对此事的英文概述见 *Thayer's Life of Beethoven*, 2: 777–78。

17　出自瓦格纳于 1869 年 3 月 18 日写给赫尔曼·黑特尔的信件，引自 *Beethoven und der Leipziger Musikverlag Breitkopf & Härtel* (Bonn: Beethoven-Haus, 2007), 178。瓦尔德米勒的肖像在二战中不幸被毁，但一些复制品幸存了下来。

22 贝多芬与格里尔帕策

1　Theodor W. Adorno, *Beethoven: The Philosophy of Music* (Stanford: Stanford University Press, 1998), 86.

2　Anton Schindler, *Beethoven as I Knew Him*, trans. Constance S. Jolly (Chapel Hill: University of North Carolina Press, 1966), 405.

3　Jeremy Siepmann, *Beethoven: His Life and Music* (Naperville: Sourcebooks, 2006), 118.

4　William M. Johnston, *The Austrian Mind: An Intellectual and Social History, 1848–1938* (Berkeley: University of California Press, 1983), 22.

5　Alfred Orel 在 *Grillparzer und Beethoven* (Vienna: Verlag für Wirtschaft und Kultur, 1941) 中对两人的关系进行了概述并提供了一些关键的翻印版资料。

6　Ibid., 81.

7　Ilsa Barea, *Vienna* (New York: Alfred A. Knopf, 1967), 18.

8　Nicholas T. Parsons, *Vienna* (Oxford: Signal Books, 2008), 25.

9　Edward Crankshaw, *The Fall of the House of Hapsburg* (New York: Viking Press, 1963), 5.

10　James J. Sheehan, *German History, 1770–1866* (Oxford: Oxford University Press, 1990), 445, 尤其参考了 W. E. Yates, *Grillparzer: A Critical Introduction* (Cambridge: Cambridge University Press, 1972), chap. 6, "Politics and Culture"。

11　Douglas Yates, *Franz Grillparzer: A Critical Biography* (Oxford: Basil Blackwell, 1946), 221.

12　Ibid., 222.

13　转引自 Parsons, op. cit., 207–08。

14　Ibid., 237.

15　Ibid., 50.

16　Giorgio Pestelli, *The Age of Mozart and Beethoven* (Cambridge: Cambridge University Press, 1984), 253.

17　引自 Theodor W. Adorno, *Beethoven: The Philosophy of Music* (Stanford: Stanford University Press, 1998), 154。

18　Alfred Orel, *Grillparzer und Beethoven* (Vienna: Verlag für Wirtschaft und Kultur, 1941), 95.

19　Ibid.

20　转引自 Parsons, op. cit., 42, 80。

23　《庄严弥撒曲》和《第九交响曲》

1　*E. T. A. Hoffmann's Musical Writings*, ed. David Charlton, trans. Martyn Clarke

(Cambridge: Cambridge University Press, 2004), 96.

2 John Armstrong, *Love, Life, Goethe* (New York: Farrar, Straus and Giroux, 2006), 181.

3 *Letters of Beethoven*, ed. Emily Anderson, 3 vols. (New York: St. Martin's Press, 1961), 2: 948.

4 *Schubert's Vienna,* ed. Raymond Erickson (New Haven: Yale University Press, 1997), 103.

5 次年，《庄严弥撒曲》在圣彼得堡进行了完整的首演。

6 Hans Gal, 引自 his *Johannes Brahms: Work and Personality* (New York: Alfred A. Knopf, 1963), 119–20。

7 "Bicentenaire de Beethoven," *Europe* (October 1970): 2.

8 "Musica at Night," in Aldous Huxley, *Collected Essays* (New York: Bantam, 1960), 177.

9 William Drabkin, *Beethoven: Missa Solemnis* (Cambridge: Cambridge University Press, 1991), 102, 103.

10 1988 年 Antal Dorati 灌录的《弥撒曲》唱片［（ Bis–406/407Stereo ），2–3 ］中的封套介绍。

11 Leon Plantinga, *Romantic Music: A History of Musical Style in Nineteenth-Century Europe* (New York: W. W. Norton, 1984), 62.

12 Wilfrid Mellers, *Beethoven and the Voice of God* (London: Faber and Faber,1981), 4.

13 *Furtwängler Recalled*, ed. Daniel Gillis (Zurich: Atlantis, 1965), 41.

14 Elisabeth Furtwängler, *About Wilhelm Furtwängler* (Woodside: Furtwängler Society of America, 1993), 58. 遗憾的是，这位指挥家没有留下《庄严弥撒曲》的唱片。

15 Eduard Hanslick, *Music Criticisms,1846–1899*, trans. Henry Pleasants (London: Penguin/ Peregrine, 1963), 73.

16 "*Socrates* u. *Jesus* waren mir Muster" : *Konversationshefte* (Leipzig: Deutscher Verlag für Musik, 1972), 1: 211.

17 "Bicentenaire de Beethoven," 84–85.

18 国王回赠的戒指让贝多芬十分失望，他很快就卖掉了这枚戒指。

19 Charles Rosen, *Freedom and the Arts: Essays on Music and Literature* (Cambridge, MA: Harvard University Press, 2012), 13.

20 *Beethoven aus der Sicht seiner Zeitgenossen*, ed. Klaus Martin Kopitz and Rainer Cadenbach (Munich: G. Henle Verlag, 2009), 1: 249.

21 Friedrich Schiller, *The Robbers* (New York: Penguin, 1980), 55.

22 引自 Tim Blanning, *The Triumph of Music: The Rise of Composers, Musicians, and Their Art* (Cambridge, MA: Harvard University Press, 2008), 99。

23 Richard Specht, *Beethoven as He Lived* (New York: Harrison Smith and Robert Haas,

1933), 252.

24 Martin Jay, *Adorno* (Cambridge, MA: Harvard University Press, 1984), 143.

25 Mark Evan Bonds, *Music as Thought: Listening to the Symphony in the Age of Beethoven* (Princeton: Princeton University Press, 2006), 78.

26 "Bicentenaire de Beethoven," 28.

27 *Konversationshefte*, 6:160–61.

28 Schoenberg Center, Vienna: pamphlet on Schoenberg and Mozart, 8.

29 Ibid.

30 Debussy, 引自 Ernest Newman, *Unconscious Beethoven: An Essay in Musical Psychology* (New York: Alfred A. Knopf, 1927), 9。

31 Jamie James, *Music of the Spheres: Music, Science, and the Natural Order of the Universe* (Boston: Little Brown, 1994), 196.

32 Bonds, op. cit., 60.

33 Thomas Mann, *Three Essays* (New York: Alfred A. Knopf, 1929), 143.

24 最后的音乐

1 Thomas Mann, *Doctor Faustus*, trans. John E. Woods (New York: Alfred A. Knopf, 1997), 56.

2 Clive James, *Cultural Amnesia* (New York: W. W. Norton, 2007), 579.

3 Fred Licht, *Goya: The Origins of the Modern Temper in Art* (London: Palgrave Macmillan, 1979), 238.

4 Ibid.

5 Ibid., 204, 249.

6 斯特拉文斯基，转引自 André Gauthier, *Beethoven* (Paris: Classiques Hachette, 1969), 84n。

7 Stephen Rumph, *Beethoven after Napoleon: Political Romanticism in the Late Works* (Berkeley: University of California Press, 2004), 131.

8 Aldous Huxley, *Point Counter Point* (New York: HarperCollins, 1965), 215.

9 Joseph Kerman, *The Beethoven Quartets* (New York: Alfred A. Knopf, 1967), 330–38.

10 Richard A. Wagner, *Pilgrimage to Beethoven and Other Essays*, trans. William Ashton Ellis (Lincoln: University of Nebraska Press, 1994), 62. 瓦格纳可能并未听过第 131 号作品，他在世期间这部作品很少被演奏。

11 Friedrich Nietzsche, *Human, All Too Human: A Book for Free Spirits,* no. 155, trans. R. J. Hollingdale (Cambridge: Cambridge University Press, 1987), 82.

12 *Letters of Beethoven*, ed. Emily Anderson, 3 vols. (New York: St. Martin's Press, 1961), 3: 1295.

13 Georg Kinsky and Hans Halm, *Ludwig van Beethoven: Thematisch-bibliographisches Werkverzeichnis*, 2 vols. (Munich: Henle Verlag, 2014), 1: 864.

14 当天在场的卡尔·霍尔茨（Karl Holz）是舒潘齐格四重奏乐队中的第二提琴手，也是贝多芬和舒伯特的共同好友。他评论说："在诀别之时，和声之王为歌曲之王友好送行。"

15 *The Letters of T. S. Eliot*, vol. 5:*1930–1931*, ed. Valerie Eliot and John Haffenden (New Haven: Yale University Press, 2015), 529.

16 Milan Kundera, *The Unbearable Lightness of Being*, (New York: Harper & Row, 1984), chapter 7.

17 Richard Specht, *Beethoven as He Lived* (New York: Harrison Smith and Robert Haas, 1933), 298.

18 施通普夫特地为贝多芬支付了亨德尔谱集的运费。

19 Gerhard von Breuning, *Memories of Beethoven*, ed. Maynard Solomon (Cambridge: Cambridge University Press, 1992), 96.

20 Anton Schindler, *Beethoven as I Knew Him*, trans. Constance S. Jolly (Chapel Hill, University of North Carolina Press, 1966), 31.

21 贝多芬临终情况的描述来自许滕布雷纳。

22 Alessandra Comini, *The Changing Image of Beethoven: A Study in Mythmaking* (New York: Rizzoli, 1966), 151–52.

23 19 世纪 70 年代，贝多芬的遗体和舒伯特的遗体一起被从韦灵公墓移到了新建的维也纳中央公墓。

24 格里尔帕策的墓边演讲现存至少有三个版本。

25 Alfred Orel, Grillparzer und Beethoven (Vienna: Verlag für Wirtschaft und Kultur, 1941), 13. 墓边演讲（德语）见第 97~98 页。

26 Richard Taruskin, *Oxford History of Western Music*, vol. 2: *The Seventeenth and Eighteenth Centuries* (Oxford: Oxford University Press, 2005), 689. 后来，人们在韦灵公墓（现为城市公园）的贝多芬墓前竖立纪念碑时，格里尔帕策再次写了一篇演讲歌颂他的朋友。人们在海利根施塔特（贝多芬曾多次到此避暑）竖立贝多芬纪念碑时，格里尔帕策也起到了重要作用。

27 转引自 Thomas Mann, *Last Essays*, trans. Richard and Clara Winston and James and Teresa Stern (New York: Alfred A. Knopf, 1966), 140。曼引自歌德。

28 Peter Gay, *The Naked Heart: The Bourgeois Experience from Victoria to Freud* (New York: W. W. Norton, 1995), 28n.

29 "Beethoven's Instrumental Music" (1810), 引自 *E. T. A. Hoffmann's Musical Writings*, ed. David Charlton, trans. Martyn Clarke (Cambridge: Cambridge University Press, 2004)。

30 Dietrich Fischer-Dieskau, *"Weil nicht alle Blütenträume reiften": Johann Friedrich Reichardt, Hofkapellmeister drei Preussen Könige* (Stuttgart: Deutsche Verlags-Anstalt, 1992), 366–67. 我的翻译。

31 弗兰克·库柏，加里克·奥尔松（Garrick Ohlsson）的《"槌子键琴"奏鸣曲》（Bridge 9262）CD 中的乐曲介绍。

32 Egon Friedell, *A Cultural History of the Modern Age*, 3 vols. (New York: Alfred A. Knopf, 1931), 2: 435; Hans Keller I 转引自 George Steiner, *Errata: An Examined Life* (New Haven: Yale University Press, 1998), 70。

贝多芬作品索引

总索引

图书在版编目（CIP）数据

贝多芬：终生的革命者 / (美) 约翰·克拉布
(John Clubbe) 著；胡韵迪译. -- 北京：社会科学文
献出版社，2023.12

书名原文：Beethoven: The Relentless
Revolutionary

ISBN 978-7-5228-2207-5

Ⅰ.①贝… Ⅱ.①约… ②胡… Ⅲ.①贝多芬(
Beethoven, ludwing Van 1770-1827) – 传记 Ⅳ.
①K835.165.76

中国国家版本馆CIP数据核字（2023）第141161号

贝多芬：终生的革命者

著　　者 / ［美］约翰·克拉布（John Clubbe）
译　　者 / 胡韵迪

出 版 人 / 冀祥德
组稿编辑 / 段其刚
责任编辑 / 周方茹
文稿编辑 / 徐　花
责任印制 / 王京美

出　　版 / 社会科学文献出版社·联合出版中心（010）59367151
　　　　　 地址：北京市北三环中路甲29号院华龙大厦　邮编：100029
　　　　　 网址：www.ssap.com.cn
发　　行 / 社会科学文献出版社（010）59367028
印　　装 / 北京盛通印刷股份有限公司

规　　格 / 开　本：889mm×1194mm　1/32
　　　　　 印　张：17.125　插　页：0.5　字　数：422千字
版　　次 / 2023年12月第1版　2023年12月第1次印刷
书　　号 / ISBN 978-7-5228-2207-5
著作权合同
登 记 号 / 图字01-2020-6061号
定　　价 / 168.00元

读者服务电话：4008918866